四川省地理国情监测技术方法与实践

杨 升 李建成 等 编著

科学出版社
北 京

内 容 简 介

地理国情监测是了解国情、把握国势、制定国策的重要基础性工作。本书结合四川省地理国情监测工作实践，介绍了四川省地理国情监测技术方法与典型案例。全书分上、下两篇。上篇为理论概况与技术篇，从数据获取、处理、表达、分析及挖掘5个方面阐述了地理国情监测的相关技术；下篇为实践篇，从生态环境保护、资源节约利用、城市空间发展变化、区域发展规划实施及重大工程建设、灾害性地理国情及其他6个方面介绍了四川省地理国情监测的典型案例。

本书可供地理国情监测、摄影测量与遥感、地理信息系统、生态遥感、资源环境科学等相关专业技术人员参考使用。

审图号：川审（2018）006号

图书在版编目(CIP)数据

四川省地理国情监测技术方法与实践 / 杨升等编著. — 北京：科学出版社, 2018.5

ISBN 978-7-03-055791-9

Ⅰ. ①四… Ⅱ. ①杨… Ⅲ. ①地理-监测-四川Ⅳ. ①K927.1

中国版本图书馆 CIP 数据核字（2017）第 298684 号

责任编辑：罗　莉 / 责任校对：张子良
封面设计：墨创文化 / 责任印制：罗　科

科学出版社出版

北京东黄城根北街16号
邮政编码：100717
http://www.sciencep.com

四川煤田地质制图印刷厂印刷

科学出版社发行　各地新华书店经销

*

2018年5月第　一　版　　开本：787×1092　1/16
2018年5月第一次印刷　　印张：23　1/2
字数：596千字

定价：248.00元

本书编委会

主　　编　杨　升　李建成

副 主 编　邓长金　徐志文　李合意

于　桂　张晓燕　陈国阶

刘耀林　杨武年　李见阳

李　胜　辜寄蓉　樊　杰

编　　委　（排名不分先后）

石江南	刘　飞	申学林	霍　健
翟　亮	陈现春	刘慧娟	张夏颖
文学虎	张　璇	王　蕾	王万刚
王章锋	孙晓鹏	应国伟	李建勇
李国明	郭　伟	陈　阳	张建红
张雪梅	胡云华	曹伟超	甄　艳
徐　庆	程多祥	潘　星	杨正银
王　萍	马　辉	任安才	张友挺
向桂权	侯华斌	蒋　勇	杜　勇

序

地理国情监测是了解国情、把握国势、制定国策的重要基础性工作，是构建公益性测绘地理信息服务新格局的重要内容。十八大以来，我国经济发展步入中高速增长的新常态，地表自然和人文信息变化更趋频繁。开展地理国情监测，可以持续准确掌握动态的地理国情信息，揭示社会经济发展与资源、生态、环境的内在关系、演变规律和发展趋势，多层次、多维度分析提炼综合反映国土空间布局、生态环境协调程度、城镇化进程、区域协调发展等方面的规律性特征，能为制定发展战略与规划、调整优化空间开发布局、转变经济发展方式提供科学决策依据，从而更好地融入和服务国民经济建设与社会发展主战场。

“十二五”期间，四川省测绘地理信息局大力实施转型升级发展，推动供给侧结构性改革，圆满完成了四川省第一次全国地理国情普查工作。全面查清了四川省 48.6 万 km^2 行政区域范围内的自然与人文地理要素，构建了由高分辨率遥感影像、地表覆盖、地理国情要素等 9 个空间数据库组成的首个全省地理国情数据库，编制了首张全省地理国情普查图及系列专题图。普查成果客观性强、数据精准、系统全面，为政府科学决策、部门业务管理和社会公众服务提供了权威统一的地理信息数据，对准确掌握资源环境承载能力和发展潜力、科学制定社会经济发展重大战略与长远规划等具有重要意义。

在做好四川省第一次全国地理国情普查工作的同时，四川省测绘地理信息局在地理国情监测领域开展了大量探索性工作，与四川省发展和改革委员会、四川大学、成都理工大学联合成立四川省地理国情与资源环境承载力监测工程技术研究中心。围绕“一带一路”建设、长江经济带建设、四川省“三大发展战略”实施、生态建设与环境治理、新型城镇化建设、成渝经济区建设等重大战略与重大工程，开展了 30 余项监测试点，形成了一系列监测标准与技术规程，探索出一条科学、实用的监测技术路线，监测成果也为重大战略和规划制定、宏观政策研究、空间规划管理、区域政策制定、灾害监测预警、各行业开展调查统计等提供了地理公共基底和服务保障。

本书是在充分吸纳已有监测成果、全面总结监测工作经验基础上编撰完成的。全书分为上、下两篇，共 10 章。上篇为理论概况与技术篇，主要从数据获取、处理、表达、分析、挖掘等 5 个方面阐述了地理国情监测的相关技术，初步建立了四川省地理国情监测体系；下篇为实践篇，结合四川省实际，从生态环境保护、资源节约利用、城市空间发展变化、区域发展规划实施及重大工程建设、灾害性地理国情、其他等 6 个方面介绍了四川省地理国情监测的典型案例。典型案例的监测成果已经成功为四川省生态文明建设、重大工程与重大战略实施、资源环境承载力监测与天府新区建设等提供了服务，充分发挥了地理国情监测成果在经济社会发展中的基础性保障作用。

地理国情监测是地理国情普查的延续和拓展，是“十三五”测绘地理信息事业发展的“五大业务”（新型基础测绘、地理国情监测、应急测绘、航空航天遥感测绘、全球地理信息资源开发）之一。对前期监测工作中积累的技术、方法、成果与经验做一个归纳，也希望能为从事相关工作的人员提供有益的参考和借鉴，同时也期待获得意见和建议以进一步完善工作，更好地推动地理国情常态化监测工作的开展，为社会经济发展与生态文明建设提供服务，为建设美丽繁荣和谐四川做出新的贡献。

2018 年 5 月

前　言

地理国情监测是综合利用全球导航卫星系统(GNSS)、航空航天遥感技术(RS)、地理信息系统技术(GIS)等当代测绘地理信息技术，综合利用各时期测绘成果档案，对地形、水系、交通、城镇、地表覆盖等要素进行动态化、定量化和空间化的监测，并统计分析其变化量、变化频率、分布特征、地域差异与变化趋势等，形成反映各类资源、环境、生态、经济要素的空间分布及其发展变化规律的监测数据、专题地图和研究报告等，从地理空间的角度客观、综合地揭示国情国力。

四川素称“天府之国”，是长江上游的重要生态屏障。全省山区面积巨大、地势险峻，山地、丘陵、高原地貌占全省总面积的 91.2%。因此，四川省地理国情监测具有较强的区域特色。《四川省地理国情监测技术方法与实践》一书旨在针对性、系统性地介绍四川省地理国情监测的理论概况与关键技术，支撑相应的应用实践、人才培养等工作，也为今后地理国情监测工作提供重要参考。

全书共分为上、下篇，上篇为理论概况与技术篇，下篇为实践篇。上篇分为 3 章，第 1 章概论，主要介绍地理国情监测的概念、特点及国内外研究与发展现状；第 2 章四川省地理国情监测概况，介绍四川省地理国情监测的现状及特点；第 3 章介绍四川省地理国情监测技术体系，从数据获取的特点和要求、数据处理技术方法、空间统计分析与数据挖掘等方面，详细阐述其中涉及的若干关键技术。下篇分 6 个专题监测工程，包括生态环境保护动态监测、资源节约利用动态监测、城市空间发展变化动态监测、区域总体发展规划实施和重大工程建设动态监测、灾害性地理国情信息监测及其他监测，共计 14 个案例。

本书的编写得到了四川省测绘地理信息局地理省情监测项目及国家测绘地理信息局 2015 年测绘地理信息公益性行业科研专项——“卫星遥感与地面传感网一体化的湖泊流域地理国情监测关键技术研究项目(201512026)”的资助。

在此谨向对本书的撰写提供支持与帮助的单位、研究人员，以及提出宝贵意见的领导、专家表示诚挚的谢意。

四川省地理环境复杂多变，同时地理国情监测许多相关概念、理论技术还在不断完善，我们团队在这方面的研究与生产实践仅有短短数年时间，书中疏漏在所难免。望读者不吝赐教，以便进一步提高。

目　录

上篇　理论概况与技术篇

下篇　实践篇

上　篇

理论概况与技术篇

地理国情监测工作除了涉及全球导航卫星系统(GNSS)、航空航天遥感技术(RS)、地理信息系统技术(GIS)等当代测绘地理信息技术，更多的是综合采用各相关部门专业资料，从不同的专业领域开展统计、分析、挖掘、评价和预测等工作，体现不同区域、不同时相的监测对象的变化量、变化频率、分布特征、地域差异与变化趋势等，最终形成反映各类资源、环境、生态、经济要素的空间分布及其发展变化规律的监测数据、专题地图和研究报告等。

在地理国情监测具体工作开展过程中，为了开展相关专题监测工作，必须了解和掌握相关专业领域的技术方法和工艺流程，上篇理论概况与技术篇主要通过对监测涉及的专业技术方法梳理、归纳、总结，分别从数据源、数据预处理、数据空间分析方法、地理国情监测数据挖掘、分析评价指标、专题分析评价方法以及成果表达技术与方法等方面进行阐述，为开展具体监测工作提供技术支撑。

第1章 概　　论

1.1 引　　言

国情是一个国家的历史文化传统、自然人文环境、社会经济状况、国际关系等方面的状态及其变化过程的总和。地理国情是指那些与地理相关的自然和人文要素的国情，它从空间角度反映一个国家自然、经济、人文的状况，如：国土疆域概况、地理区域特征、地形地貌变迁、地表覆盖变化、行政区域分界、江河湖海分布、地表水资源、道路交通网络、土地利用、城镇分布、环境与生态、灾害分布、生产力、人口、资源等空间布局基本状况，是基本国情的重要组成部分。地理国情包含3 种信息：感知信息、统计信息和分析信息。感知信息是直观反映在地图、遥感影像、GIS 等介质上的地理信息，例如水系、道路、居民地等信息。统计信息是在感知信息的基础上，经统计分析所获得的数据，如流域面积、路网长度等信息。分析信息是通过不同时间段的监测，检测对象的变化信息，通过分析，揭示监测对象的变化规律，分析其内涵与特点，预测其发展演化趋势与方向。

1.1.1 地理国情监测的内涵

通过地理国情普查工作的开展，为地理国情监测提供本底数据。不同学者对地理国情监测有不同的理解，但其在本质上都是一致的。国土资源部原副部长、国家测绘地理信息局原局长徐德明指出，地理国情监测，就是综合利用全球导航卫星系统(global navigation satellite system，GNSS)、航空航天遥感(remote sensing，RS)、地理信息系统(geographic information system，GIS)等现代测绘地理信息技术，利用各时期测绘成果档案，对自然、人文等地理要素进行动态和定量化、空间化地监测，并统计分析其变化量、变化频率、分布特征、地域差异、变化趋势等，形成反映各类资源、环境、生态、经济要素的空间分布及其发展变化规律的监测数据、图件和研究报告等，从地理空间的角度客观、综合展示国情国力。中国科学院院士陈俊勇认为，地理国情监测就是从地理的角度，采用空间化的方法，对国情进行持续观测并对观测结果进行描述、分析、预测和可视化的过程，即：以地球表层自然、生物和人文现象的空间变化和它们之间的相互关系、特征等为基本内容，对构成国家物质基础的各种条件因素作出宏观性、整体性、综合性和动态性的调查、分析和描述，并通过可视化的方法表达出来。中国科学院院士、中国工程院院士李德仁指出，地理国情监测需要综合利用多种数据获取与处理技术进行地理要素的量测及其动态变化的发现、识别、提取与更新；综合运用空间统计分析、时空数据挖掘与知识发现等技术进行地理国情时空特征的综合分析、时空变化评估与趋势预测；通过网络服务、多媒体等技术进行产品的发布与交互。

综上所述，地理国情监测可理解为：以遥感、卫星导航定位、地理信息系统技术为依托，集成通信、云计算、物联网、数据挖掘和空间统计学等技术，对地理国情数据和信息进行获取、处理与分析，形成多样化地理国情信息产品，并对监测成果进行可视化与发布，连续、动态、综合地反映我国的自然地理环境和社会经济状况，实现地理国情信息对政府、企业和公众服务，为国家战略规划制定、空间规划管理、区域政策制定、灾害预警、科学研究和为社会公众服务等提供有力保障。

1.1.2 第一次全国地理国情普查内容

为适应社会经济发展、国防建设和科学管理需要，更好地反映我国各类地理环境要素的分布与关系，党和国家领导人从战略高度审时度势，对地理国情普查和监测工作作出一系列重要指示，2010年12月，国务院副总理李克强批示“要加强基础测绘和地理国情监测”，2011年5月，又指出“未来二十年是我国工业化、城镇化加快发展时期，也是自然地表、人文地理快速变化时期，开展地理国情监测对于科学推进我国工业化、城镇化进程至关重要”。因此，2011年9月，国务院批复“由国家测绘地理信息局牵头组织实施地理国情普查工作”。

第一次全国地理国情普查是指在2013年至2015年，采用RS、GNSS、GIS等测绘地理信息先进技术，以优于1 m的高分辨率航空航天遥感影像数据为主要数据源，充分利用测绘地理信息部门最新完成的覆盖全国陆地国土的1∶50000基础地理信息、已有的1∶10000基础地理信息以及大量1∶5000、1∶2000或更大比例尺基础地理信息等资源，以及其他重大工程获取的测绘成果等资源，整合利用其他部门已有的普查成果或与地理国情相关的专题信息，通过多源遥感影像快速获取与处理、现场调查、地理统计分析等技术手段，查清反映地表特征、地理现象和人类活动的基本地理环境要素的范围、位置、基本属性和数量特征，通过深入地统计和综合分析，形成这些基本地理环境要素的空间分布及其相互关系的普查结果。

此次普查主要包括以下工作：

一是调查自然地理要素的基本情况，包括与自然资源环境相关的地形地貌、植被覆盖、水域、荒漠与裸露地等地理要素的类别、位置、范围、面积等，掌握其空间分布状况。

二是调查人文地理要素的基本情况，包括与人类活动相关的交通网络、居民地与设施、地理单元等地理要素的类别、位置、范围、面积等，掌握其空间分布的现状。

三是开展地理国情信息统计分析，包括对自然和人文地理要素等重要地理国情信息的统计分析，以及将地理信息与经济社会数据进行整合，对经济社会发展指标进行空间化、合理性统计分析评价。

四是建立地理国情信息数据库，形成一系列地理国情普查图集和普查报告，形成系统、规范的地理国情普查技术和标准体系，建立科学、高效的地理国情普查工作机制。

1.1.3 第一次全国地理国情普查与监测意义

通过开展地理国情普查，全面获取地理国情信息，掌握我国地表自然、生态以及人类活动基本情况，分析其空间分布、基本特征及其相互关系，为开展常态化地理国情监测奠定基础，满足经济社会发展和生态文明建设的需要，提高地理国情信息对政府、企业和公众的服务能力。开展地理国情普查与监测工作不仅具有深远的意义，而且具有重要的必要性和紧迫性。

一是党和政府进行科学决策的迫切需要。我国地形复杂、地表变化频繁、人多地少、资源短缺等问题异常突出。目前，我国也正处在工业化、城镇化快速发展时期，地表自然和人文地理信息变化快速。为了提高决策的科学性和准确性，迫切需要通过开展地理国情监测，掌握权威、客观、准确的地理国情、省情、市情、县情信息；实现各类经济社会信息与地理信息的融合处理，深入揭示经济社会发展的空间演变和内在关系、演变规律和发展趋势，是研究、制定、实施发展战略与规划，调整优化空间开发布局，转变经济发展方式的重要依据，对提升管理决策的科学化水平具有十分重要的意义。

二是准确掌握国情国力的重要手段。地理国情是空间化的国情信息，是不可缺少的国家重要战略性信息资源。通过开展地理国情监测，调查国土疆域概况、地理区域特征、地形地貌特征、交通网络、江河湖海分布、土地利用与土地覆盖、城市布局和城市发展变化、环境与生态状况、生产力空间布局等基本状况，并通过统计分析形成反映各类地理环境要素的分布与关系，及其发展变化规律的监测数据、地图和研究报告等，从地理空间的角度客观地、综合地展示国情国力。

三是各部门开展专业普查的重要基础。近年来，我国的农林、国土、水利、环保等相关部门从各自职责出发，开展了自然资源分布、土地利用、水资源调查、生态环境变化等专题信息的阶段调查或普查工作。专业部门普查在各自领域发挥了重要作用，但普查结果存在不一致、不连续等问题，难以满足当前经济发展方式转变的迫切需要。地理国情监测成果是统一的、规范的、标准的，可以作为专业部门的工作底图，为专业部门提供基础数据参考，有利于各部门充分共享信息，避免重复投入。

四是发展地理信息产业的重要支撑。地理信息产业是国民经济和社会信息化的重要基础和有力支撑，是抢占未来发展制高点的战略性新兴产业。通过开展地理国情监测，将有力推动科技创新，进一步提升监测数据动态获取、快速处理、高可信解译、智能服务等软硬件装备水平，促进产业升级和测绘地理信息事业转型。全面实施地理国情监测，体现新时期测绘地理信息服务方式、生产工艺、组织模式等方面的深刻变革，更好地发挥服务大局、服务社会、服务民生的作用；是转变我国测绘发展方式的重要举措，将对测绘地理信息事业的可持续发展产生重大作用，将有力推动测绘地理信息工作更好地融入经济社会发展全局，同时为推动我国科学发展作出新贡献。

1.2 国内外发展现状

地理国情信息作为重要的战略性信息，一直受到世界各国高度重视。近年来，随着经济全球化、贸易自由化不断发展，为了应对气候变化以及能源资源安全、粮食安全、公共安全等全球性问题，世界主要发达国家纷纷将地理国情监测工作列为国家可持续发展的重要举措。我国的国土、环保、农业、林业、水利、海洋等相关专业部门，从各自的职责出发，也都开展了与地理国情监测相关专题信息阶段调查或普查工作，并且颇见成效。

1.2.1 国外发展现状

近年来，从世界范围来看，许多国家和组织都开展了与地理国情监测相近的项目或工程，并实施了一些重大战略规划和行动计划，以更好地服务于本国或地区的资源、环境、社会等领域问题的解决，例如，美国依托测绘部门，开展了全美和全球重点地区的地理国情监测、世界主要城市更高分辨率的地表覆盖数据库，为生态环境保护、灾害预防、气候变化研究、经济可持续发展等提供基础数据和决策支持；同时，欧盟、加拿大、日本等国家和地区也开展了类似的地理国情监测工作，社会经济效益显著。

1.2.1.1 欧盟

欧盟一直追求共同的协作与发展，在地理国情监测方面，欧盟各国同样采取一致的步调，制定相关政策，采用先进的技术，为欧盟的整体发展提供第一手的国情资料。

1. 欧盟全球环境与安全监测计划(又名哥白尼计划)

2003 年，欧盟的欧洲委员会和欧洲太空总署联合启动了“全球环境与安全监测计划”(Global Monitoring for Environment and Security，GMES)，2013 年 12 月更名为哥白尼计划。GMES 项目目前提供的服务主要有 5 大类：陆地监测、海洋监测、应急管理、大气监测和安全。GMES 项目的协调和管理由欧盟委员会负责，欧洲航天局负责对地观测基础设施中空间部分的建设，欧洲环境局和各成员国负责地面部分的建设。

2. 欧洲全球土壤覆盖图

2008 年 3 月，欧洲航天局和联合国粮食计划署在意大利首都罗马举行的一次国际会议上共同展示了最新绘制的全球土壤覆盖图。该地图根据最新拍摄的卫星图片绘制而成，分辨率超过以往任何地图至少 10 倍以上，为世界首个分辨率为 300m 的免费产品。图中共展示了包括农田、沼泽、人造地表、水体、永久积雪和冰冻地等 22 种不同的土地覆盖类型。同时，该图的主题图例与联合国土地覆盖分类系统兼容。

3. 欧洲和北亚土地利用/土地覆盖变化模拟

国际应用系统分析研究所于 1995 年启动了“欧洲和北亚土地利用/土地覆盖变化模拟”的 3 年期项目，旨在分析 1900 年到 1990 年欧洲和北亚地区土地利用/土地覆盖变化的空间特征、时间动态和环境效应，并预测在全球环境、人口、经济、技术、社会及政治等因素变化的背景下，该地区未来 50 年土地利用/土地覆盖的变化趋势，制定相关对策服务。

4. 瑞典土地利用/土地覆盖调查工作

为推动欧洲信息共享与应用，1985 年 6 月 27 日欧洲议会通过了环境信息协调项目(CORINE)，参加部门包括欧洲环境署(European Environment Agency，EEA)和欧盟主题中心(大气释放、自然保护和土地覆盖)(ETC/LC)，项目内容包括建立与国家数据库兼容的环境条件要素状况及其变化。瑞典环境协调项目是该项工作的内容之一，目标是基于当前的卫星影像以及土地调查局数据，是瑞典官方制图项目的一部分，它致力于建立覆盖全国的植被和土地利用数据库，并为自然规划、环境监测和景观分析等服务。

5. 英国全球干旱监测网

英国的全球干旱监测网是一个免费的、实时监测全球旱情严重程度的网站。该网站由伦敦大学本菲尔德灾害研究中心创建和维护。全球干旱监测网提供了当前全球范围的水文旱灾情况，网站每月更新，数据空间分辨率为 100km。通过网站发布的产品可以预警潜在的食物、水和健康问题。

1.2.1.2 美国

美国依托测绘部门，在其强大的数据获取能力和先进的测绘科技力量支撑下，监测范围不再局限于本土，而是扩大到区域或全球尺度，监测对象不再局限于地理要素，而是扩大到所有的国情信息。

1. 战略规划

美国先后发布了一系列与地理国情监测相关的重大战略规划。

《美国地质调查局地理科学研究战略(2005—2015)》中提出，要研究土地变化的模式和过程，利用各种地理分析方法研究土地变化，预测土地变化趋势，评估社会、经济、政策、技术和环境等因素在土地变化中产生的影响和作用机理。利用遥感技术收集环境监测数据，分析土地利用变化和土地覆盖变化在导致“人类—环境”系统脆弱性及风险过程中的作用(USGS，2011)。美国国家研究委员(National Research Council，NRC)2007 年初公布的未来十年地球空间观测战略报告指出，在 2010 年以前，美国国家航空航天局(National Aeronautics and Space Administration，NASA)的卫星上安装的地球监测设备大部分已经超过了计划服役年限，到 2010 年能够保持运行的设备数量可能会减少 40%，这会使气候研究、预防自然灾害和监测陆地利用的数据丢失。为此美国国家航空航天局和美国国家海洋和大气管理局(National Oceanic and Atmospheric Administration，NOAA)应该对已有和以前计划的卫星项目保证提供长期的支持(NRC，2011)。《美国国家大地测量局(NGS)十年规划(2008—2018)》中提出，将有效监测水位观测数据，努力提高国家海岸测量的水平精度，实施海洋与海岸带综合测图计划(IOCM)(NGS，2011)。《美国宇航局科学规划(2007—2016)》中提出，要监测地球冰川覆盖变化和海面，以及陆地水位变化(NASA，2011)。

2. 全球变化

1)美国气候变化科学计划

美国联邦政府自 20 世纪 80 年代开始酝酿并于 1990 年正式启动美国全球变化研究计划(United States Global Change Research Program，USGCRP)，2001 年设立关注短期科学问题的美国气候变化研究行动(Climate Change Research Initiative，CCRI)以及关注气候变化减缓技术的气候变化技术计划(Climate Change Technology Program，CCTP)，2002 年在 USGCRP 和 CCRI 的基础上成立了美国气候变化科学计划(Climate Change Science Program，CCSP)以统一协调全球变化科学研究行动。其中土地利用和土地覆盖变化是 CCSP 重点关注领域。该计划实施 15 年来，通过全球变化研究法案的立法，通过 220 多亿美元的投资，通过 860 个项目的支持和协调，成功地集中了美国各个方面的资源、政策和力量，形成了全世界最强大的全球变化研究基础设施和持续领先研究的能力，提出了一系列核心研究领域和前沿科学问题，引导了全世界该领域科学研究的潮流，并推进了一些科学问题的研究进程。

2)“行星皮肤”计划

美国国家航空航天局和思科公司在 2009 年 3 月启动了“行星皮肤”(Planetary Skin)的计划，其主要内容是共同研发一个可以捕获、收集、分析和报告全球环境数据的在线全球监测平台。该平台可捕获和分析由分布于全球的卫星、机载、海基和陆基传感器提供的数据。目标是为管理诸如生物量、水、土地、能源等自然资源，海平台升高、干旱、疾病流行等与气候变化有关的危险，以及碳、水和生物多样性等新环境市场提供决策支持能力。

3. 土地覆盖和土地利用

1）美国 USGS 地理信息分析和动态监测计划

美国 USGS 于 2002 年启动了地理信息分析和动态监测（Geographic Analysis and Monitoring Program，GAM）的 5 年计划，并持续进行。GAM 计划利用数字地形图、卫星影像及其他遥感数据，结合计算机建模和野外调查等技术手段，开展了全美和全球重点地区的以地表覆盖、地表变化过程的分析与模拟为主要内容的地理国情监测，为生态环境保护、灾害预防、气候变化研究、经济可持续发展等提供基础数据和决策支持，GAM 已成为美国最为重要的战略性规划之一（USGS，2011）。

2）美国 NASA 土地覆盖与土地利用变化项目

美国 NASA 的"土地覆盖与土地利用变化项目（Land Cover and Land Use Change，LCLUC）"，从一系列的区域性案例研究出发，结合空间观测、实地量测、过程研究以及数据建模等多种技术手段，对造成土地覆盖与土地利用变化的驱动因素、变化过程以及变化的后果进行研究，以进一步了解土地覆盖与土地利用变化所带来的结果，并最终对所发生的过程进行模拟，对所观察到的结果进行评估，对变化进行预测（NASA，2011）。

1.2.1.3　日本

日本政府非常重视地理国情监测工作，制定了一系列政策和规划，积极引导地理空间信息的高度应用和服务。

1. 战略规划

2007 年 5 月，日本国土地理院发布地理空间信息活用推进基本法（Basic Act on the Advancement of Utilizing Geospatial Information，AUGI），AUGI 旨在通过建立基本原则及明晰中央政府和地方政府的责任，广泛地、有计划地推进地理空间信息的应用，AUGI 的颁布对于保障和改善人们现在和未来的生活水平具有重要意义。

在 2009 年 6 月，日本国土交通省国土地理院提出了新的基础测绘长期规划（Long-Term Plan for Basic Surveys），旨在更好地实现基本测绘法（The Survey Act）的目标，即通过提前公开基础测绘的对象和范围，避免重复测绘和保障精度。该规划指出，地理信息是一种基础设施，需要构建良好的地理信息应用环境，促进地理信息在全社会广泛应用。为了实现这个宏伟目标，规划中对大地参考框架建设、基础地理信息数据库建设与更新、数字日本基础地理底图（含栅格地图、影像地图和地名信息等）数据库建设与更新、土地管理（含灾害预防）信息数据库建设等内容，提出了明确的建设目标和建设内容（MLIT，2011；GSI，2011）。

2010 年 10 月，日本国土交通省国土地理院发布了《平成 23 年度国土地理院重点施策》，将"建设祥和与生机勃勃的社会"作为总目标，除开展基础测绘业务外，还将灾害监测、城市景观变化监测、地表运动监测和土地利用现状监测等作为重点项目，以专题地图、互联网地图和文字报告等方式发布（MLIT，2011）。

2. 国土疆域

日本国土交通省提出了“国土监测”计划，围绕包括社会经济发展、土地利用变化、自然地理状况、基础设施建设等国土相关规划的推进情况和实际效果开展持续性的信息收集与分析，在此基础上，围绕人口、经济、资源、环境、土地利用变化、安全与防灾、城市发展等 14 个主题对过去 20 多年的发展过程进行了分析研究，形成了一批重要结果，为制定国家未来的发展规划提供了重要参考。

3. 土地利用

日本国立科学院全球环境研究中心在日本环境署的支持下开展的“为全球环境保护的土地利用研究”(LU/GEC)项目，采用地方性案例分析，遥感与地理信息系统监测和空间模型分析方法，研究土地利用/土地覆盖变化的空间、时间变化以及驱动因子。

4. 自然灾害

日本自然灾害频繁，主要有地震、海啸、火山喷发、台风、暴雨等。为防止自然灾害，日本采取了很多措施，在全国范围内开展了许多防灾项目，如利用 GIS 技术对地震、火山及暴雨所引起的山体滑坡、水土流失等自然灾害对房屋、农田、道路造成的破坏建立危机管理体制，通过信息的准确传送，迅速进行预防及灾害救援。

5. 生态环境

为了对亚太地区的环境灾害、环境破坏和环境退化及其影响进行监测和评估，由日本环境省发起的亚太地区环境革新战略项目(The Asia-Pacific Environment Innovation Strategy Project，APEIS)环境综合监测子项目(The Integrated Environment Monitoring，IEM)自 2001 年开始，建立了一个以 MODIS 卫星数据和地面观测资料为基础的综合环境监视网络系统。该网络系统起初是由日本国立环境研究所和中国科学院地理科学与资源研究所共同建成的。之后，新加坡国立大学和澳大利亚联邦科学与工业研究组织地球观测中心也正式宣布加入，该系统覆盖整个亚太地区。APEIS 项目旨在提供利用该地区精确地面观测数据进行了比较验证的高质量数据集。利用该数据集可以推导出水分亏缺指数、沙尘暴指数、地表面温度、土地覆盖变化，以及净第一性生产量等一系列生态环境指标，从而对环境破坏、环境退化和生态脆弱区进行长期有效地监测(渡边正孝等，2011)。

1.2.1.4 澳大利亚

澳大利亚国土辽阔，长期以来，澳大利亚对本国的国情监测与调查工作非常重视。

1. 战略规划

2010 年 7 月，澳大利亚地球科学署发布了《2010 至 2012 战略规划》(STRATEGIC PLAN 2010–2012)，该规划确定了 8 项主要任务，其中一项重要任务就是研制多时期的全澳大利亚地表覆盖产品，将主要服务于土地利用规划、自然资源管理和其他应用(Geoscience Australia，2011)。

《澳大利亚对地观测战略规划》中提出，将利用新一代对地观测传感器提供关于降水模式、地表土壤湿度、地表温度、积雪覆盖、全部储水量变化的精度更高、空间上更详细的信息；测制近岸和近海海域航行所需的导航海图，用于保障沿海水域和公海海运行动的安全，以及用于海啸预警；开发一套有关特定生物物理参数的国家级对地观测数据集，用于监测农业、林业和生态系统；改进海平面上升区域、沿海环境脆弱性、沿海资源分配等海岸和海洋监测(National Land and Water Resources Audit，2011)。

2. 生态环境

1987～1989 年，澳大利亚就已开始筹划北部预警项目(North Watch)。该预警项目的核心是对各种有害生物问题及其带来的生态、环境风险进行监测和调查。监测和调查技术在该项目实施中发挥了重要作用，通过建立系统、全面的有害生物监测体系，为澳大利亚北部预警系统提供了技术保障，为风险分析和政府决策提供了准确、及时的信息(吴杏霞等，2006)。

3. 地表覆盖

目前，在澳大利亚，有很多由政府部门资助的地表覆盖项目，主要包括澳大利亚各州的遥感监测计划(State-based Remote-Sensing Monitoring Programs)，澳大利亚温室气体办公室全国碳计量系统地表覆盖变化项目(Australian Greenhouse Office National Carbon Accounting System Land Cover Change Program)，农业地表覆盖变化监测工程(Agricultural Land Cover Change Project)，国家植被信息系统(The National Vegetation Information System)，澳大利亚土地利用和管理项目(Australian Land Use and Management)，植被资产与变化项目(Vegetation Assets and Transition)，等等。

澳大利亚各州的遥感监测计划主要依赖 Landsat 和 MODIS 数据进行全国范围的地表覆盖动态监测，具体的研究内容包括：

(1)地表覆盖和树木研究(Statewide Land Cover and Trees Study)，主要由昆士兰州负责。

(2)土地监测工程(Land Monitor Project)，主要由西澳大利亚州负责。

(3)特定区域的监测计划(Rangeland Monitoring Programs)，如火场监测、牧场监测等等。

澳大利亚在陆地碳收支空间观测方面的研究一直处于国际前列，研发的国家碳计量系统在国际上具有很高知名度。国家碳计量系统自 1998 年建成后，能够在各种尺度下开展陆地温室气体收支的空间观测与模拟，其中包括由地表覆盖变化导致的温室气体源汇定量贡献。因此，地表覆盖变化监测是澳大利亚碳计量系统中的重要环节。在该项目中，澳大利亚科研人员收集和整理了全国的 1972～2010 年的 Landsat TM 数据，利用序列遥感影像分类技术，基本形成了如下主要数据产品：

- 森林范围和变化
- 森林密度
- 稀疏灌木和植被分布
- 植被发展趋势
- 植树造林分布
- 居民地分布

1.2.2 国内发展现状

我国地域辽阔、地理国情复杂、地表变化频繁，国土、环保、农业、林业、水利、海洋专业部门都从各自职责出发，开展了全国性的专题信息阶段调查或普查工作，很好地支撑了各行业的快速发展，也为国家重大决策和政策的制定提供了依据。

1.2.2.1 国土资源调查监测

1999 年，国土资源部启动实施了为期 12 年的新一轮国土资源大调查专项。该项调查工作包括基础调查、土地资源监测调查、矿产资源调查评价、地质灾害预警、数字国土工程、资源调查与利用技术等 6 项工程。主要目标是填补和更新基础地质图件，提高基础地质工作进度；加强土地利用状况调查评价与监测，满足土地管理工作要求与经济建设需求；评价全国矿产资源潜力和重点区域矿产资源远景，实现找矿找水新突破；评价重点地区地质环境与灾害，提高地质灾害预警水平；建立较为完整的国土资源信息化体系；研发和引进一批资源调查与利用的关键技术，初步建立国土资源调查评价科技支撑体系，为国土资源规划、管理、保护和合理利用服务。

同时，我国开展了两次土地资源调查工作。第一次全国土地调查于 1984 年 5 月开始一直到 1997 年底结束。调查要素包括耕地、园地、林地、牧草地、居民点、工矿用地、交通用地、水域、未利用土地 9 大类。调查结果于 1999 年向社会公布。全国第二次土地调查于 2007 年 7 月 1 日全面启动，2009 年完成。调查的主要任务包括：农村土地调查、城镇土地调查、基本农田调查；建立土地利用数据库和地籍信息系统，实现调查信息的互联共享。在调查的基础上，建立土地资源变化信息的统计、监测与快速更新机制。第二次土地调查作为一项重大的国情国力调查，目的是全面查清全国土地利用状况，掌握真实的土地基础数据，并对调查成果实行信息化、网络化管理，建立和完善土地调查、统计制度和登记制度，实现土地资源信息的社会化服务，满足经济社会发展、土地宏观调控及国土资源管理的需要。

在第二次全国土地调查的基础上，自 2010 年组织开展全国“一张图”及土地变更调查工程。该工程任务是根据各地土地利用变化特点和管理需要，以第二次土地调查成果为基础，以县级行政辖区为单位，通过国家统一组织开展的遥感监测和地方组织开展的土地变更调查工作，准确掌握全国年度土地利用变化情况，掌握真实的土地基础数据，保持全国土地调查数据库的现势性。

1.2.2.2 环境监测

我国目前已形成多级隶属于政府环保主管部门的环境监测站 2223 个，其他行业和部门建立的环境监测机构约有 2634 个，从业人员达到 57 万人，监测内容涵盖空气质量、地面水、环境噪声、海洋、地下水、生态、酸雨、放射性等领域。在自动监测能力方面，在部分城市建设了空气自动监测系统，在部分省建立了污染源废水和废气在线自动监测系统，使得部分领域实现自动、实时监测。环境监测的主要成果包括《重点城市空气质量日报》《重点城市空气质量预报》《主要流域重点断面水质周报》《全国地表水水质月报》、全国和各省区市环境状况公报、《中国近岸海域环境质量公报》《长江三峡工程生态与环境监测公报》等。

1.2.2.3 农情监测

农情监测是摄影测量与遥感技术在农业领域的应用形成的新领域，通过对冬小麦、春小麦、早稻、晚稻、双季稻、玉米和大豆等农作物的长势进行监测，能够掌握农作物产量，对科学合理地制定国家和区域经济社会发展规划、制定农产品进出口政策和计划、调控粮食市场、及时合理安排地区间的粮食运输调度、宏观指导和调控种植业结构、提高相关企业与农民的经营管理水平等为国家掌握粮食生产、粮食储运、粮食调配和粮食安全具有重要意义。

目前国内开展相关工作的除了农业部门，主要是一些学术机构。中国科学院建成“中国农情遥感速报系统”，包括作物长势监测、主要作物产量预测、粮食产量预测、时空结构监测和粮食供需平衡预警等 5 个子系统，可实现全国范围主要农作物的长势监测、单产预测与估算、作物种植面积提取、种植结构变化监测、粮食总产分析计算、耕地复种指数获取、农业气象分析、农作物旱情遥感监测等，并能获取重点产粮国的作物长势监测和总产预测信息。农业部组织研发并投入业务运行的国家农业遥感监测系统，可定期监测和评价全国大宗农作物面积、长势和产量、草地产草量和草地退化、农业土地资源、土壤墒情、农业灾害等主要农业动态信息。浙江大学建立的“浙江省水稻卫星遥感估产运行系统”，估产精度达到95%左右。

1.2.2.4 森林资源和湿地资源调查

森林资源调查分为三大类，即全国(或大区域)的森林资源清查(一类)、森林经理调查(二类)和作业调查(三类)。一类调查以全国或大林区为调查对象，调查的主要内容包括面积、蓄积量、生长量、枯损量以及更新采伐等，在国家林业局的组织下定期实施，复查间隔期为 5 年。二类调查任务以林业基层生产单位管辖所有森林、林木和林地为调查对象，调查的主要内容包括各地类小斑的面积、蓄积量、生长量和枯损量以及其他专业调查。此类调查是在国家林业局统一部署下，由各省(区)林业主管部门组织实施，调查间隔期为 10 年。三类调查林业基层生产单位为满足伐区设计、造林设计、抚育采伐设计、林分改造等而进行的调查。调查内容包括伐区内森林资源数量、出材量、生长状况、结构规律等。此类调查在二类调查的基础上，根据规划设计的要求逐年进行，由县林业主管部门或林业基层生产单位组织实施。

国家林业局于 1996—2003 年组织完成了首次全国湿地资源调查工作，全面系统地查清了全国面积 100 km^2 以上的湿地类型、面积与分布。为了更好地保护管理湿地资源，完善我国湿地资源监测体系建设，为我国湿地资源保护、管理和合理利用提供完整、及时准确的基础资料和决策依据，2009 年以来，国家林业局组织开展了第二次全国湿地资源调查工作。调查的内容包括湿地的类型、分布、面积、生态状况、主要受胁迫因素和管理状况。调查的基础资料是卫星遥感数据。调查工作基本结束，成果尚未正式发布。

1.2.2.5 水文监测

水文监测的内容主要包括大江大河水情、大型水库水情、重点站雨情、全国日降雨量、热带气旋、卫星云图等。主要成果包括水资源公报、河流泥沙公报、水资源质量年报、水旱灾难公报、水土保持公报、水文情况年报、水情年报、地下水通报，以及各类水质、水量安全信息等。目前，水利部正在开展第一次全国水利普查，全面摸清我国江河湖泊和水利工程的基本情况，系统掌握江河湖泊开发治理保护状况。

1.2.2.6 海洋监测

海洋监测已进入从空间、沿岸、水面及水下对海洋环境进行立体监测的时代。通过点面结合、粗细结合、上下结合，综合应用不同领域、不同手段、不同层次获取的数据，解决不同层次的海洋环境监测问题。每年我国的海洋部门组织实施海洋生态环境监测工作，开展入海河流、陆源入海排污口及其邻近海域、海水浴场和滨海旅游度假区、赤潮、绿潮以及海水入侵和土壤盐渍化等的监测和评价工作。

国土资源部于 2011 年提出了“构建数字中国、监测地理国情、发展壮大产业、建设测绘强国”的总体战略思想，并明确提出在全国范围内全面推进，并在相关省份进行了试点。《人民日报》于 2011 年 3 月 29 日刊发了国土资源部副部长、国家测绘局局长徐德明的署名文章《监测地理国情服务科学发展》，指出“监测地理国情是新时期经济社会发展对测绘工作的新需求、新要求，是测绘部门主动服务科学发展的重要职责和战略任务”。

中国科学院、中国工程院的 6 名院士于 2011 年 3 月联名向国务院提出了《关于做好地理国情监测的建议》，强调“在国家综合国力不断增强的新形势下，全面掌握国情国力，是推动我国经济社会科学可持续发展的重大举措”。

1.2.3 国内外地理国情对比分析

1.2.3.1 国外地理国情监测的特点

从欧盟、美国、日本等国家和地区开展地理国情监测的若干实例来看，各国从战略规划、土地覆盖和土地利用、国土疆域、自然灾害等方面开展了大量地理国情监测工作。国外地理国情监测的特点主要体现在以下几个方面。

1. 测绘机构重视地理国情监测工作

欧盟、美国、日本等国家和地区高度重视地理国情监测工作，美国的官方民用测绘机构(内政部下属的美国地质调查局)、德国的官方测绘机构(隶属于联邦内政部的联邦制图与大地测量局)、加拿大的官方测绘管理机构(自然资源部下属的地球科学局)、日本的官方测绘部门(隶属于土地基础设施交通旅游部的地理信息局)、澳大利亚的官方测绘主管部门(资源能源旅游部下属的地学署)以及美国国家航空航天局、欧洲航天局、欧洲环境署、加拿大航天局等组织实施了 GAM、美国气候变化科学计划、“行星皮肤”计划、土地覆被与土地利用变化、欧洲全球土壤覆盖图、欧盟全球环境与安全监测计划、“国土监测”计划、北部预警项目、雷达卫星合成体使命等多项监测工作，为动态掌握自然资源分布、生态环境变化、社会可持续发展以及科学决策提供了重要手段，取得了显著的社会经济效益。

2. 监测装备先进

美国、欧盟等地理国情监测数据获取装备、数据分析处理装备比较先进，美国 GeoEye－1 卫星可获取 0.41m/1.64m 地面像元分辨率的全色与多光谱图像，美国高空间分辨率的 SAR 卫星已进入实用化阶段，德国的 SAR-Lupe 和意大利的 COSMO-SkyMed 是目前世界上先进的雷达成像卫星星座，具有响应时间快、影像分辨率高、成像带宽宽、定位和测绘精度高等特点；法国研制的 Pixel Factory 系统、加拿大 PCI 公司的 GeoImaging Accelerator GXL 系统等能快速地处理地理国情监测数据。

3. 监测内容较丰富

地理国情监测内容比较广泛，既有土地覆盖、全球变化等综合监测，也有生态环境、自然灾害、农业、社会经济等专题监测。特别是美国 USGS 的网站，在很大程度上就是美国乃至全球地理监测信息的一个动态发布平台，用户既可以按照区域选择查询美国 50 个州中任意一个州的地理国情信息和实时信息，也可以按照气候变化、污染物、旱灾、水灾、地震等专题查询相关地理国情信息。

4. 产品与服务形式多样

地理国情监测产品形式多样，有数据库、研究报告、图形图表、应用系统和预测模拟等。如美国 USGS 地理国情监测成果发布方式比较丰富，除在网站上进行日常动态公布之外，每年会举行 4 次专场报告会，不定期举行媒体通报会，向媒体和公众通报较为重要的监测信息。

1.2.3.2 国内地理国情监测的不足

目前，我国从技术到装备以及人才队伍等方面都具备了实施全国范围的地理国情监测的基础，然而，与国际发达国家相比，我国的地理国情监测工作仍然不够完善，存在如下主要问题。

1. 尚未建立完整、统一和综合的地理国情监测体系

我国虽然开展了土地、环境、经济、人口、文物、林业等方面的调查/普查工作，并且颇见成效，但是缺乏周期性、常态性监测。现有的部门调查或普查结果存在不一致、不连续等问题，缺乏无部门利益的第三方验证，没有形成持续、稳定的常态化监测机制，缺乏统一的主管部门对地理国情监测进行归口管理和综合上报，导致难以获得科学、公正、综合性的地理国情信息。唯有建立了完整、统一、综合的地理国情监测体系，才能够及时、动态掌握国情国力信息，为党中央、国务院以及地方各级党委政府提供内容丰富、形式多样、权威准确的综合性国情、省情、市情信息产品，为国家重大决策提供依据。

2. 尚未形成清晰、完整的地理国情监测内容和指标体系

在地理国情监测内容方面，目前主要在全球变化、土地覆盖和土地利用、生态环境、自然灾害、地表沉降等方面开展了大量的工作，大多以科学研究为主，因此，监测内容不是很清晰，特别是面向国家重大项目和工程、国家战略规划实施等方面的监测还未展开，相关服务和信息共享比较薄弱。在地理国情监测指标和标准规范方面，处于起步阶段，尚未形成地理国情监测的分类和指标体系，地理国情监测的技术标准和产品、服务等规范方面的研究还未展开。

3. 尚未形成完善、先进的地理国情监测技术装备支撑体系

进入信息化测绘时代以来，我国测绘科技工作取得了显著成就，但是，在地理国情监测技术和装备方面，与世界发达国家仍然存在着很大差距，核心技术缺乏竞争力，高、精、尖测绘技术装备严重缺乏。世界发达国家在全球定位技术、遥感技术与地理信息技术等方面继续处于领先定位，特别是在空间定位技术、数据获取、技术装备、信息技术服务等方面具有绝对优势，并呈垄断态势发展，对我国地理国情监测事业的自主发展构成很大的压力。

上述这些问题存在的主要原因是：

(1) 地理国情监测与各行业领域间的各类规范存在一定的差异，未进行全面的差异性分析，缺少互通的运行接口、通用定义术语、通用数据格式、通用产品设计要求等。

(2) 各类面向服务的地理国情监测试点工程的研发规模有限，缺乏足够的精力和实力开展面向专题领域的详细分析和应对各个领域的用户需求分析，由此导致产品的实用性、拓展性不强。

(3) 地理国情监测的历史短，相关工作起步晚，各类地理国情监测的成果应用产品还处于初步的水平，各行业领域对地理国情监测的认知有限，地理国情监测成果与相关领域行业的互认途径还未形成。

(4) 地理国情监测信息的工程应用仍处于初步阶段，要形成完善的地理国情监测机制，用于支撑后端评价分析的地理国情评价体系构建十分必要。

(5) 地理国情监测是一项涉及多领域、综合型、智慧型的工作，跨行业跨领域应用和地理国情信息统计分析方面的人才匮乏是我国现有测绘队伍最大的弱项，因此参与地理国情监测的人员结构、知识结构亟待优化与改善。

第 2 章　四川省地理国情监测概况

2013 年 2 月 28 日，《国务院关于开展第一次全国地理国情普查的通知》(国发〔2013〕9 号)正式印发，要求在全国范围内开展第一次全国地理国情普查工作。2013 年 9 月 17 日，按照国务院文件要求，四川省人民政府下发了《关于开展第一次全国地理国情普查的通知》(川府发〔2013〕48 号)，对全省地理国情普查工作进行了安排与部署，同时按照边普查、边监测的原则，四川省开展了相应的监测工作，普查是手段、监测是目的，普查是数据获取、监测是数据分析并得出结论，最终服务政府与公众。

2.1　四川省第一次全国地理国情普查

2.1.1　工作内容

按照国务院与省政府的要求，四川省第一次全国地理国情普查工作内容包括：①调查自然地理要素的基本情况，具体包括普查地形地貌、植被覆盖、水域、荒漠与裸露地表等的类别、位置、范围、面积等，掌握其空间分布状况；②调查人文地理要素的基本情况，具体包括普查与人类活动密切相关的交通网络、居民地与网络、地理单元等的类别、位置、范围等，掌握其空间分布现状；③调查四川省新增的特定国情要素的基本情况，具体普查包括芦山地震灾区、其他地质灾害、交通干线等。

2.1.2　完成情况

从 2013 年到 2016 年，整个工作历时 3 年多，投入普查单位 38 家，普查人员 3200 多人，省普查办精心组织，普查人员攻坚克难，全面完成四川省地理国情普查各项工作。

本次普查完成了测区 48.6 万 km^2 正射影像生产、地理国情普查信息采集(包括地理国情普查数据及元数据、解译样本、像控点等)、标准时点核准、数据入库检查及预处理、数据建库、基本统计分析以及地理国情普查图制作等工作，形成了高质量的普查数据成果，其中，正射影像成果合格率均达到 100%；地理国情普查矢量数据成果合格率达到 100%，优良品率为 99.7%。

2016 年 11 月 23 日，四川省第一次地理国情普查工作，通过了由宁津生院士为主任，刘先林院士、张祖勋院士为副主任的验收委员会的验收。验收委员会认为四川省普查工作管理科学、技术创新、成果丰实、质量优良、效果显著，全面完成了国务院和省政府布置的各项任务，达到了预期目标，同意通过验收。

2.1.3　普查成果及其主要特点

四川省第一次全国地理国情普查成果主要包括以下几个方面：

(1) 首次全面摸清了四川省地理国情家底。

首次摸清了四川省地理国情家底，全面、系统、客观地掌握了四川省地理国情要素的基本信息情况，为开展常态化地理国情监测奠定了基础，为建设美丽四川提供了基础地理信息保障。

目前，四川省第一次全国地理国情普查的主体工作已全面完成，取得的普查成果广泛应用于国土、交通、环保、规划、水利等部门以及防灾减灾、生态文明建设等领域。

(2) 实现了全省高分辨率卫星影像 2 次覆盖。

实现了普查时期(2012 年～2014 年)优于 1 m 分辨率的高分辨率遥感影像和时点核准时期(2015 年 3 月～2015 年 6 月)遥感影像的全覆盖。高分辨率影像是应急保障、开展实地普查调查工作的重要保障性基础地理信息数据，意义重大。

(3) 搭建了地理国情普查数据库。

首次形成四川省统一和唯一的地理国情大数据，在此基础上进一步结合行业部门资料，初步搭建了自然与人文资源基础数据库，为相关行业开展调查统计工作提供重要的数据基础。

现阶段，在全国和四川省“多规合一”试点、领导干部自然资源资产离任审计试点等重要国家政策的实施和有关行业调查统计工作中，测绘地理信息部门的技术支持和地理国情信息的数据支撑在工作中起到了重要作用。

四川省第一次全国地理国情普查成果内容丰富、特点突出：

(1) 客观性强。

以“所见即所得”的方式获取了一套不受管理属性等因素影响，对地表现状如实表达的客观、独立的数据。

(2) 数据精准。

首次使用覆盖全省面积 98%以上，分辨率优于 1 m 的卫星遥感影像，结合内外业实地核查，精准查清了四川省地理国情现状。

(3) 系统全面。

普查成果系统地表达了四川省地表的类别、数量和空间分布等情况，系统全面翔实。

(4) 互补性强。

四川省普查数据与相关部门的普查调查具有很强的互补性，可为各部门和行业提供客观准确的地理空间公共基底。

2.2　四川省地理国情监测

四川省地理国情监测工作，主要是以国务院第一次全国地理国情普查领导小组办公室下发的《地理国情监测内容指南》和四川省普查办下发的《四川省地理国情监测与综合统计分析指南》作为工作总体指导原则，在国土空间开发动态监测、生态环境保护动态监测、资源节约利用动态监测、城市空间发展变化动态监测、区域总体发展规划实施和重大工程建设动态监测、灾害性地理国情信息监测等多个方面先后开展了大量的地理国情监测项目，重点推进了 23 项地理国情监测项目，其监测区域包括天府新区、成渝经济区、长江经济带、成渝城市群等国家级经济区，理县、茂县等重点生态保护区，都江堰市、彭州市、都汶公路等地质灾害重点防治区，汶川、芦山等灾后重建区等。在服务于重大战略、绿色发展、灾害防治及民生保障等方面做了大量应用服务，并取得了一定的成效。

1. 服务于重大战略

四川天府新区作为国家级开发区，开展了新区设立以来建设现状及变化监测，对新区建设进程和效果进行全面评估，为新区建设的监管提供支撑。结合“4·20”芦山地震灾后恢复重建工作，按照省政府要求，及时开展灾后恢复重建普查工作，服务于灾区规划建设；开展成渝经济区（泸州、宜宾）发展规划重要地理国情信息监测，为深入实施《成渝经济区区域规划》提供数据参考，为谋划四川长江经济带建设提供决策依据，并为泸州和宜宾编制“十三五”规划提供基础；实现全省首个“多规合一”规划信息平台，对绵竹市 60 余项规划成果数据进行了整合，实现了项目并联审批等多项功能，得到国家主管部门的好评。

2. 服务于绿色发展

结合四川省生态文明体制改革和落实美丽四川、绿色发展理念的需要，相继有针对性地开展了川滇重点生态功能区自然生态监测、邛海湿地恢复工程及邛海流域生态环境监测、眉山市“绿海明珠”生态文明建设成效监测与评估、长江经济带绿色宜宾生态屏障监测与评估、四川省主体功能区资源环境承载力监测试点等一系列工作，为政府决策和工作开展提供了重要依据。

3. 服务于防灾减灾及民生保障

由于地质环境等因素，四川是地质灾害较为严重的省份，利用测绘地理信息服务政府防灾减灾是一项重要的工作。2014 年开展了都汶公路沿线重大地质灾害监测与统计分析工作，《都汶公路沿线重大地质灾害监测与统计分析报告》提交给省政府后，省政府办公厅批转给相关部门，并要求各部门结合各自的职责仔细研究报告中所提意见建议，抓好各项工作落实，确保安全度汛，使其成为 2014 年都汶公路沿线汛期防灾减灾工作的重要参考。同时还开展了都江堰市、彭州市地质灾害综合统计分析、四川省地质灾害专题统计分析、川滇区域地质环境稳定性监测等工作，为防灾减灾工作提供科学参考。

在成果应用方面，结合四川省已完成和正在开展各项地理国情监测项目，目前已通过省级或者市县级政府部门，先后移交《都汶公路沿线重大地质灾害监测与统计分析报告》《成渝经济区（泸州市）发展规划监测综合分析报告》《四川省主体功能区（茂县、宝兴县、乡城县）自然生态遥感监测报告》《都江堰市地质灾害风险分析报告》等六项监测成果，为国土、规划、交通、灾害防治、环保等部门日常工作的开展，提供了重要的数据支撑，为四川省的经济社会发展提供了可靠的测绘地理信息保障服务。

通过开展一系列地理国情、省情监测项目，四川省在地理国情监测技术方法、理论研究等方面具有丰富的技术积累，同时，在监测成果应用推广方面积累了一定的经验，为四川省地理省情监测技术方法与实践的编制打下了良好的基础。

第 3 章　四川省地理国情监测技术体系

3.1　主要数据源

地理国情监测数据源一般包括基础地理信息数据、国情普查数据、监测影像以及专题数据四种类型，是地理国情监测的基础，是获取地表覆盖及要素变化的源头。

3.1.1　基础地理信息数据

1. 1：10000 基础地理信息数据资料

四川省已有 1：10000 基础地理信息数据(DLG、DOM、DEM)，2000 国家大地坐标系，高斯-克吕格投影，3 度分带，1985 国家高程基准。截至 2016 年底，其覆盖情况如图 3-1 所示。此外，四川省 1：10000 基础地理信息数据每年还开展部分新测及动态更新工程。

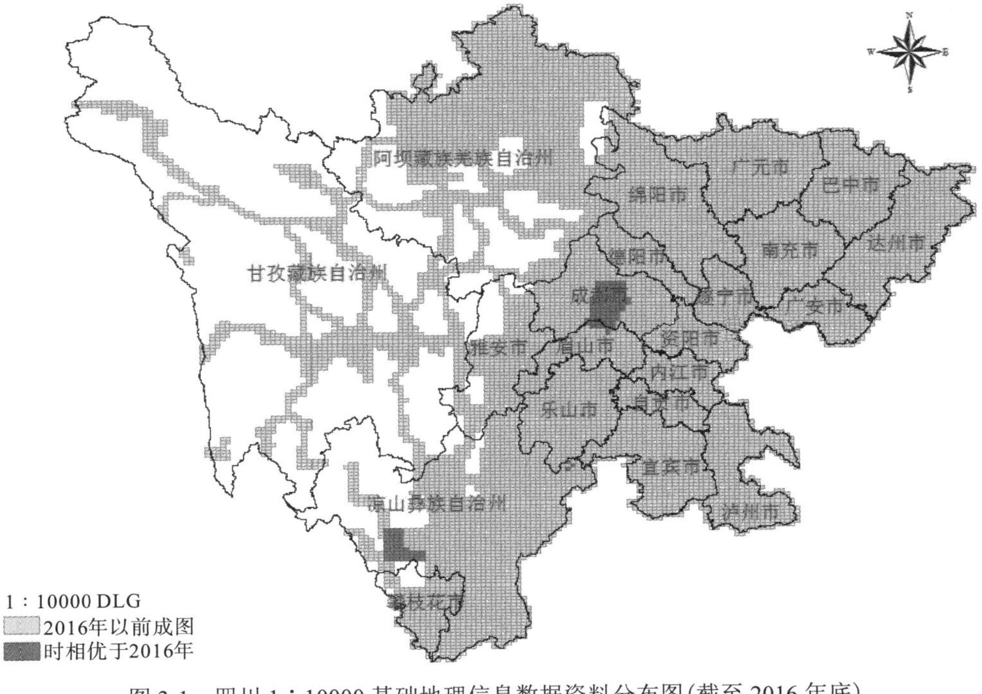

图 3-1　四川 1：10000 基础地理信息数据资料分布图(截至 2016 年底)

2. 1∶50000 基础地理信息数据资料

1∶50000 基础地理信息数据，覆盖四川全省，2000 国家大地坐标系，地理坐标，1985 国家高程基准。国家 1∶50000 基础地理信息数据库动态更新工程，每年对其动态更新。

3.1.2 地理国情普查数据

四川省第一次全国地理普查数据，包括正射影像成果、地理国情普查数据及元数据成果、遥感解译样本成果、精细化 DEM 数据。

3.1.2.1 正射影像

正射影像包括普查时期的分幅正射影像，空间分辨率主体优于 1 m，局部地区优于 2.5 m；时点核准时期的整景正射影像，空间分辨率优于 2 m；均为 2000 国家大地坐标系，高斯-克吕格投影，6 度分带。

3.1.2.2 普查数据及元数据

普查数据及元数据为 2000 国家大地坐标系，地理坐标。普查数据包括地表覆盖分类数据和地理国情要素数据及入库阶段增加的图层，共 45 个图层，包含地表覆盖、道路、水域、地理单元等内容；元数据包括 17 个图层，是对地理国情普查数据生产各工序和数据本身的说明。

1. 地表覆盖分类成果

地表覆盖分类成果反映地表自然营造物和人工建造物的自然属性或状况。地表覆盖不同于土地利用，一般不侧重于土地的社会属性(人类对土地的利用方式和目的意图)等。地表覆盖通常采用规则格网形式的场模型(也称作域模型)进行描述。地理国情普查内容分为 12 个一级类，58 个二级类，133 个三级类(表 3-1)。

表 3-1 地表覆盖分类

代码	一级类	定义	二级类数量	三级类数量
0100	耕地	指经过开垦种植农作物并经常耕耘管理的土地。包括熟耕地、新开发整理荒地、以农为主的草田轮作地；以种植农作物为主，间有零星果树、桑树或其他树木的土地(林木覆盖度一般在 50%以下)；专业性园地或者其他非耕地中临时种农作物的土地不作为耕地	2	2
0200	园地	指连片人工种植、多年生木本和草本作物，集约经营的，以采集果实、叶、根、茎等为主、作物覆盖度一般大于 50%的土地。包括各种乔灌木、热带作物以及果树苗圃等用地	7	9
0300	林地	指成片的天然林、次生林和人工林覆盖的地表。包括乔木、灌木、竹类等多种类型	8	12
0400	草地	以草本植物为主连片覆盖的地表。包括草被覆盖度在 10%以上的各类草地，含以牧为主的灌丛草地和林木覆盖度在 10%以下的疏林草地	2	8

续表

代码	一级类	定义	二级类数量	三级类数量
0500	房屋建筑(区)	包括房屋建筑区和独立房屋建筑。房屋建筑区是指城镇和乡村集中居住区域内，被连片房屋建筑遮盖的地表区域。具体指被外部道路、河流、山川及大片树林、草地、耕地等形成的自然分界线分割而成的区块内部，由高度相近、结构类似、排布规律、建筑密度相近的成片房屋建筑的外廓线围合而成的区域。独立房屋建筑包括城镇地区规模较大的单体建筑和分布于分散的居民点、规模较小的散落房屋建筑	5	10
0600	道路	从地表覆盖角度，包括有轨和无轨的道路路面覆盖的地表 从地理要素实体角度，包括铁路、公路、城市道路及乡村道路	4	4
0700	构筑物	为某种使用目的而建造的、人们一般不直接在其内部进行生产和生活活动的工程实体或附属建筑设施(GB/T 50504—2009)。其中的道路单独列出	9	28
0800	人工堆掘地	被人类活动形成的弃置物长期覆盖或经人工开掘、正在进行大规模土木工程而出露的地表	4	14
0900	荒漠与裸露地表	指植被覆盖度低于 10%的各类自然裸露的地表。不包含人工堆掘、夯筑、碾(踩)压形成的裸露地表或硬化地表	5	5
1000	水域	从地表覆盖角度，是指被液态和固态水覆盖的地表。 从地理要素实体角度，本类型是指水体较长时期内消长和存在的空间范围	5	8
1100	地理单元	按照规划、管理、识别或利用的需求，按一定尺度和性质将多种地理要素组合在一起而形成的空间单位	4	30
1200	地形	反映地表空间实体高低起伏形态的信息	3	3
总计	12 类		58	133

2. 地理国情要素成果

地理国情要素信息反映与社会生活密切相关、具有较为稳定的空间范围或边界、具有或可以明确标识、有独立监测和统计分析意义的重要地物及其属性。如城市、道路、设施和管理区域等人文要素实体，湖泊、河流、沼泽、沙漠等自然要素实体，以及高程带、平原、盆地等自然地理单元。通常采用要素模型(也称作对象模型)来进行描述，按照其空间特征分为点、线、面、体四种基本对象。地理国情要素数据成果及各图层主要字段见表 3-2。

表 3-2　地理国情要素数据成果

名称	图层名	图层内容	几何类型	主要字段
地理单元	BERA1	主体功能区	面	名称、代码、等级、类型、面积、说明
	BERA2	开发区、保税区	面	名称、公告文号、等级、规划面积、类型、说明
	BERA4	自然、文化保护区	面	名称、代码、等级、类型、面积、说明
	BERA5	自然、文化遗产	面	名称、代码、等级、类型、面积、说明
	BERA6	风景名胜区、旅游区	面	名称、代码、等级、类型、面积、说明
	BERA7	森林公园	面	名称、代码、等级、类型、面积、说明
	BERA8	地质公园	面	名称、代码、等级、类型、面积、说明
	BERA9	行、蓄、滞洪区	面	名称、代码、等级、类型、面积、说明
	BERP3	国有农、林、牧场	点	名称、代码、等级、类型、面积、说明
	BERP6	风景名胜、旅游区(点)	点	名称、代码、等级、类型、面积、说明

续表

名称	图层名	图层内容	几何类型	主要字段
	BGBA	流域区	面	名称、代码、流域
	BGLA	地貌类型单元	面	名称、代码、类型
	BGMA	沼泽区	面	名称、代码、说明
	BGWA	湿地保护区	面	名称、代码、类型、面积、说明
	BOUA2	省级行政区	面	名称、代码
	BOUA4	地市州行政区	面	名称、代码
	BOUA5	县级行政区	面	名称、代码
	BOUA6	乡、镇行政区	面	名称、代码
	BOUA8	城市中心城区	面	名称、代码
	BOUA9	其他特殊行政管理区	面	名称、代码
	BOUL	行政区划与管理单元界线	线	代码
	BOUP7	行政村	点	名称、代码
	BUCA	城市综合功能单元(面)	面	名称、类型、归属、建筑年代、代码
	BUCP	城市综合功能单元(点)	点	名称、类型、归属、建筑年代、代码
构筑物	SFCA	构筑物(面)	面	名称、类型、代码
	SFCL	构筑物(线)	线	名称、类型、代码
	SFCP	构筑物(点)	点	名称、类型、代码
交通	LRDL	交通(公路)	线	代码、车道数、道路编码、单双向、铺设材料、全称、路宽、简称、是否高架、技术等级
	LRRL	交通(铁路)	线	线路编码、类型、实体编码、起点、终点、单双线、建成时间
	LCTL	交通(城市道路)	线	车道数、名称、类型、路宽
	LVLL	交通(乡村道路)	线	车道数、名称、类型、路宽
水域	HYDL	水域(线)	线	流域、名称、类型、等级、同行性质、平均宽度
	HYDA	水域(面)	面	流域、名称、类型、水质、用途类型

3.1.2.3 遥感解译样本

遥感解译样本数据为四川省第一次全国地理国情普查时，基于普查正射影像及实地拍摄的景观照片。该数据包含遥感影像、景观照片，及遥感影像与景观照片对照关系表。

3.1.2.4 精细化 DEM 数据

精细化 DEM 数据为四川省第一次全国地理国情普查时期，利用格网间距 25 m 的 1∶50000 DEM 经过精细化处理形成的格网点间距 10 m 的 DEM 数据；数学基准：2000 国家大地坐标系，高斯-克吕格投影，6 度分带，1985 国家高程基准。

3.1.2.5　基本统计成果

基本统计是地理国情普查工作的重要内容，是根据地理国情普查采集的点、线、面等几何特征类型和地理实体对象，以规则地理格网单元、行政区划与管理单元、地形单元为统计单元，进行地形地貌、植被覆盖、荒漠与裸露地表、水域、交通网络、居民地与设施、地理单元的数量、密度、位置、高程、范围等内容的统计。统计成果使用 Excel 存储，主要包含内容详见表 3-3。

表 3-3　基本统计成果主要内容

表号	名称	表号	名称
地基 1-1 表	地形地貌基础表	地基 5-5 表	道路实体基础表
地基 1-2 表	地形地貌(高程带)基础表	地基 6-1 表	房屋建筑区基础表
地基 1-3 表	地形地貌(坡度带)基础表	地基 6-2 表	城镇综合功能单元基础表
地基 2-1 表	植被覆盖基础表	地基 6-3 表	工矿企业分类基础表
地基 2-2 表	植被覆盖(高程带)基础表	地基 6-4 表	单位院落分类基础表
地基 2-3 表	植被覆盖(坡度带)基础表	地基 6-5 表	行政村基础表
地基 3-1 表	水面基础表	地基 6-6 表	行政村分类基础表
地基 3-2 表	水面(高程带)基础表	地基 6-7 表	高速公路出入口不同距离内行政村基础表
地基 3-3 表	水域基础表	地基 6-8 表	居民地与最近公共服务设施交通距离基础表
地基 3-4 表	水域(高程带)基础表	地基 6-9 表	人工堆掘地基础表
地基 3-5 表	水工设施基础表	地基 6-10 表	构筑物基础表
地基 3-6 表	河流实体基础表	地基 6-11 表	公共服务设施到行政村数量统计表(交通距离)
地基 3-7 表	湖泊实体基础表	地基 6-12 表	公共服务设施到居民区数量统计表(交通距离)
地基 4-1 表	荒漠与裸露地表基础表	地基 6-13 表	公共服务设施到行政村数量统计表(距离)
地基 4-2 表	荒漠与裸露地表(高程带)基础表	地基 6-14 表	公共服务设施到居民区数量统计表(距离)
地基 4-3 表	荒漠与裸露地表(坡度带)基础表	地基 7-1 表	行政区划与管理单元基础表
地基 5-1 表	路面基础表	地基 7-2 表	社会经济区域单元基础表
地基 5-2 表	道路基础表	地基 7-3 表	自然地理单元基础表
地基 5-3 表	道路分类基础表	地基 7-4 表	实体个数基础表
地基 5-4 表	交通设施基础表		

3.1.3　影像数据

(1) 高分一号(GF-1)：全色影像地面分辨率为 2 m，多光谱影像地面分辨率为 8 m。

(2) 高分二号(GF-2)：全色影像地面分辨率为 0.8 m，多光谱影像地面分辨率为 3.2 m。

(3) 资源三号(ZY-3)：全色影像地面分辨率为 2.1m，多光谱影像地面分辨率为 6 m。

(4) 天绘一号(TH-1)：全色影像地面分辨率为 2 m，多光谱影像地面分辨率为 10 m。

(5) 北京二号(TC2/TC3)：全色影像地面分辨率为 1 m，多光谱影像地面分辨率为 4 m。

(6) WorldView-1、WorldView-2 卫星影像：全色影像地面分辨率为 0.5 m，其中 WorldView-2 多光谱影像地面分辨率为 2 m。

(7) QuickBird 卫星影像：全色卫星影像地面分辨率为 0.61 m，多光谱卫星影像地面分辨率为 2.44 m。

(8) Pleiades 卫星影像：全色卫星影像地面分辨率为 0.7 m，多光谱卫星影像地面分辨率为 2.8 m。
(9) GeoEye-1 卫星影像：全色卫星影像地面分辨率为 0.5 m，多光谱卫星影像地面分辨率为 2 m。
(10) IKONOS-2 卫星影像：全色卫星影像地面分辨率为 1.0 m，多光谱卫星影像地面分辨率为 4 m。

3.1.4 专题数据

专业资料是开展地理国情监测，特别是专题性监测与分析评价型监测项目的重要基础。根据四川省第一次全国地理国情普查时期的经验，开展地理国情监测所需的专题资料可以分成行业部门专业资料、公开出版的图集图册、网上公开发布的地理信息三类。

3.1.4.1 行业部门专业资料

专业部门资料包括但不限于水利、林业、国土、交通、统计、民政、环境保护等行业部门，具体见表 3-4。

表 3-4 部门专题数据资料内容

序号	部门	部门专题数据资料内容
1	国土资源厅	全国土地调查成果的相关资料、矿产资源、地质公园及已查明的地质灾害隐患点数据
2	省统计局	社会经济统计、基本单位名录库、统计年鉴以及全国经济普查资料
3	省发展改革委	各类规划区域、主体功能区域等数据资料、芦山地震灾区恢复重建规划及实施等数据资料
4	省经济和信息化委	产业园区名称，工业企业、中小企业名称、位置等资料
5	民政厅	负责地名、各级行政区划设置、各级行政区划界线及重要自然地理实体名称等数据资料的协调保障工作，提供全省应急避难场所、物资储备点相关数据资料
6	环境保护厅	风景名胜区、森林公园、野生动植物保护、湿地环境保护、荒漠化防治、环境统计公报及环保部门主管自然保护区等数据资料
7	住房城乡建设厅	城乡规划建设、风景名胜区、城镇园林绿化、市政设施、城市建筑资料，城镇建设用地的性质、范围等数据与资料，城镇建成区范围、位置、面积等数据资料，地震灾区的城镇规划体系、住房建设、城市道路等数据资料
8	交通运输厅	省内国家和省级高速公路网(含桥梁、隧道、交叉、沿线设施)、省内国省干线公路有关数据资料
9	水利厅	全国水利普查成果，水利行政主管部门管理的水利设施、水土保持、水资源保护等统计数据，已有行、蓄、滞洪区数据资料，常规水利统计资料
10	农业厅	农业资源区划及主要农作物统计资料，机电提灌、机耕道建设等资料，野生植物资源、农业生物特种资源保护资料，国有农场及草地、牧场等数据资料
11	林业厅	全省森林覆盖、绿化等调查数据资料，生态公益林范围数据资料，林业部门管理的湿地、湿地自然保护区、湿地公园等数据资料，荒漠化和沙化等调查数据资料，国家级森林公园、林业部门管理的自然保护区数据、国有林场的名称、位置、面积等信息，地震灾区生态修复资料
12	省旅游局	旅游景区、旅游规划、旅游资源开发、重大旅游项目规划建设等数据资料
13	省地震局	地震监测设施、活动断层、历史地震、地震区带、烈度区划等数据资料，涉及地震灾区余震分布、发震构造、烈度分布等数据资料
14	省能源局	水电统计和全省水能资源普查成果等资料
15	民航西南管理局	民航数据资料
16	省文物局	不可移动文物基本资料，不可移动文物保护工程、全国重点文物保护单位、省级文物保护单位及四川省第三次全国文物普查成果等其他有关资料

3.1.4.2　公开出版的图集图册

公开出版的图集图册，可为确定相关要素的位置和采集有关属性提供信息。选择和收集公开出版的图集图册时应注意资料的可靠性，须选择信誉度好的出版社和系列地图产品。

3.1.4.3　网上公开发布的地理信息

网上发布的各类地理信息可在相关要素的位置确定和属性采集中提供信息。这些信息具有内容全面、现势性好、获取方便的特点，但同时存在可靠性不确定的问题，因此监测外业核查阶段需要进行信息排查。

3.2　多源数据处理

依据地理国情监测的数据源，将地理国情监测数据处理方法分为基础地理信息与地理国情数据处理、遥感影像处理、专题数据处理、变化检测四大内容。

3.2.1　地理信息数据与普查数据预处理

3.2.1.1　数据提取

地理国情监测数据提取包括基础地理信息数据与地理国情数据提取，监测项目实施时，以监测内容为导向，根据基础地理信息数据和地理国情数据的属性进行相关数据的提取，并根据监测需求，修改其属性，并构建单独的空间数据库，以方便后续监测工作的开展。

基础地理信息数据包括 11 种比例尺：1∶100 万、1∶50 万、1∶25 万、1∶10 万、1∶5 万、1∶2.5 万、1∶1 万、1∶5000、1∶2000、1∶1000、1∶500。用于地理国情监测的数据比例尺较多为 1∶1 万与 1∶5 万。

地理国情数据主要包括地表覆盖与地理要素两大类。地表覆盖数据实现了地表的全覆盖，地理要素按照点、线、面三类采集。

3.2.1.2　数据拼接裁剪

当监测区域跨越多个图幅或行政区时，就需要开展数据拼接工作。当数据接边误差不超限时，可以通过移动两边的数据实现拼接；当数据接边误差超限时，则需要对原始数据进行检查，经过数据处理后再拼接。数据接边误差限值来自监测项目的设计书或者国家、行业规定的相关标准。

基础地理信息与地理国情数据通常以行政区划作为存储单元，而监测区域并不以行政区划为基础，因而需要以监测区域为基准，对地理国情数据进行裁剪。监测区域以矢量格式进行存储，基础地理信息数据与地理国情数据均为矢量格式，数据裁剪属于矢量-矢量的数据裁剪。

3.2.2 遥感影像预处理

遥感影像预处理主要是指正射遥感影像的制作。因遥感平台的不同，遥感影像可以划分为航空遥感影像与卫星遥感影像两类。由于地理国情监测使用的遥感影像以卫星遥感影像为主，本节主要介绍卫星遥感影像的正射影像制作方法，其制作流程图如图 3-2 所示。

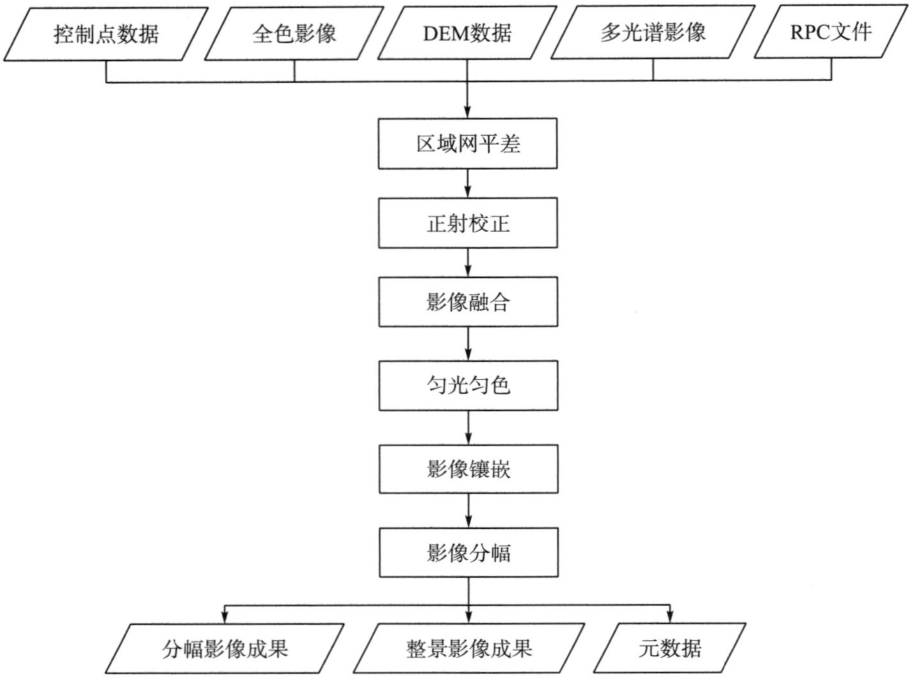

图 3-2 遥感影像处理流程

3.2.2.1 控制点采集

受地形起伏、传感器误差等因素的影响，遥感影像的原始空间定位精度不能满足地理国情普查要求，需要采集地面控制点对影像进行带约束平差。按照控制点的来源，可以划分为野外像控测量、矢量数据上采集、标准正射影像上采集。

3.2.2.2 区域网平差

遥感卫星大多采用 CCD 线阵推扫成像方式，(即每一条影像在不同的时刻成像)，所以对这种传感器要有特殊的处理方式，目前已有许多不同的成像几何模型，其复杂程度、严密程度和精度各不一样，但可以粗略地分为严密几何成像模型和通用几何成像模型两大类。

严密几何成像模型是考虑成像时造成影像变形的各种物理因素如地表起伏、大气折射、卫星位置、传感器姿态变化等，然后利用这些物理条件构建而成的成像几何模型。这类模型数学形式较为复杂，但在理论上是严密的，能真实地反映成像时空间几何关系，并且模型的定位精度较高。

通用几何成像模型一般不考虑传感器成像的物理因素，直接采用某种数学函数如多项式、直接线性变换方程以及有理多项式函数来描述地面点和相应像点之间的几何关系。这类模型在理论上不甚严密，与具体的传感器无关，但具有数学形式简单、计算速度快等优点。

利用严密几何成像模型处理高分辨率卫星影像虽然在理论上严密，但其优越性却往往被求解参数众多，数值解算不稳定等缺点所淹没；利用属于通用几何成像模型的有理多项式模型进行卫星影像的对地定位，其精度仅次于基于共线方程式的严密几何模型。

3.2.2.3　正射校正

正射校正就是利用区域网平差结果，对影像进行校正的过程。通过区域网平差，建立了像点的行列号坐标(r, c)与物方坐标系(B, L, H)的转换关系，即

$$\begin{cases} r = f_1(B, L, H) \\ c = f_2(B, L, H) \end{cases} \begin{cases} B = g_1(x, y, H) \\ L = g_2(x, y, H) \end{cases} \tag{3-1}$$

正射校正是将像方坐标转换为物方坐标的过程，可以划分为直接法与间接法两大类(图 3-3)。直接法是利用像点的像方坐标计算其物方坐标，然后通过灰度重配置完成像点灰度值的获取。间接法是从大地坐标系的空白影像出发，反算各像点在原始像方坐标系中的空间位置，然后通过内插法获取像点的灰度值。

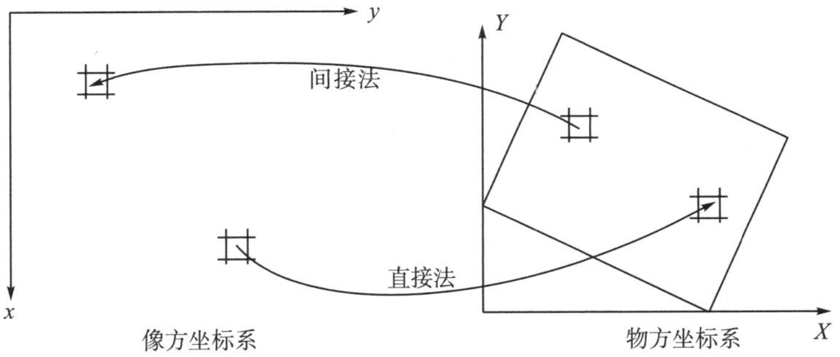

图 3-3　直接法与间接法示意图

无论是直接法还是间接法，像点空间位置确定及灰度值获取是其中两个关键的环节。像元空间位置确定可以通过多项式函数确定，像元灰度值获取通常需要经过影像重采样来获取。常用的影像重采样方式包括最近邻法、双线性内插法、三次卷积内插法。

3.2.2.4　影像融合

影像融合是将多光谱波段与全色波段进行融合。多光谱波段的颜色信息丰富，便于地物判读，但空间分辨率较低；全色波段的颜色信息缺乏，但空间分辨率较高，地物定位精度高。通过影像融合，可以提高多光谱波段的空间分辨率，增强地物的几何定位精度。

影像融合方法分为像素级、特征级、决策级，如图 3-4 所示。

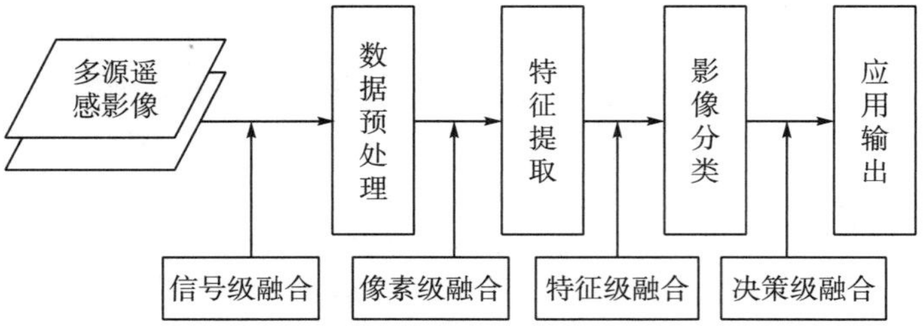

图 3-4 影像融合分类

3.2.2.5 匀光匀色

匀光匀色是对影像色彩的一致性处理，主要消除影像在获取过程中由于内外部环境因素的影响(如光学透镜的不均匀性，相机成像方式的不同、镜头和曝光时间差异、影像获取时间、光照条件、大气条件的不同等)而导致的一幅影像内部不同部分以及多幅影像之间存在的色彩、亮度等存在的差异。

匀光匀色主要可以分为单幅影像匀光处理和影像间的色调匹配两个方面的内容。

单幅影像的色彩一致性处理也即单幅影像匀光处理，主要解决单幅航空影像由于光学透镜成像的不均匀性，大气条件以及光照条件不同等因素造成的色彩、亮度、反差等分布的不均匀性。

影像间的色调匹配即多幅影像间的色彩一致性处理，主要是为了解决区域范围内多幅影像间色彩一致性问题，实际上是一种相对辐射校正问题。处理模型可分为两类：一类是线性模型，这类方法也是最受关注的方法；另一类是非线性模型。

3.2.2.6 影像拼接

影像拼接包括无重叠区域拼接与有重叠区域拼接。无重叠区域拼接直接利用影像坐标完成拼接；有重叠区域拼接则需要选取镶嵌线，镶嵌线的选择要满足以下要求：镶嵌线应尽量选取线状地物或地块边界等明显分界线，以便使镶嵌图像中的拼缝尽可能地消除，一般避开建筑物、桥梁等独立地物，同时镶嵌线应尽量选择在影像重叠区内接边误差最小处，兼顾考虑影像接边处颜色过渡时相对容易的区域，使不同时相影像镶嵌时保证同一地块内纹理、色彩自然过渡，有利于判读。

3.2.2.7 影像分幅

通过影像拼接后获取了整个区域的正射遥感影像，需要按照数据分幅的规则对遥感影像进行分幅，以便后期进行管理。

分幅数字正射影像数据产品由数字正射影像文件、影像坐标信息文件、影像投影信息文件、元数据文件和影像控制点数据等五部分组成。如数字正射影像的分辨率优于(包含)1 m，应按照 1∶25000 分幅裁切，则一个 1∶50000 图幅内应存在 4 个数据文件、4 个影像坐标信息文件、1 个影像投影信息文件、1 个元数据文件和 1 个影像控制点数据目录。如数字正射影像的分辨率为 2 m，应按照 1∶50000 分幅裁切，则一个 1∶50000 图幅内应存在 1 个数据文件、1 个影像坐标信息文件、1 个影像投影信息文件、1 个元数据文件和 1 个影像控制点数据目录。

3.2.3　专题数据预处理

3.2.3.1　数据提取

专题数据的种类多样，且来源较广，因此首先要对专题数据进行质量检查，确保专题数据的正确性与可靠性；其次对专题数据的一致性进行检查，防止专题数据自相矛盾。同时应以监测内容为导向，从专题数据中提取与监测内容相关的有效专题数据，过滤掉与监测内容无关的专题数据。将提取出来的有效专题数据单独进行建库处理，并尽可能实现专题数据的空间化。

3.2.3.2　坐标转换

专题数据的坐标系统各不相同，为了统一坐标格式，需要采用坐标转换方法将其他坐标系的数据转换到 2000 国家大地坐标系。坐标转换分为二维坐标转换与三维坐标转换两种。前者是对二维的平面坐标系之间进行转换，后者是对三维大地坐标系之间进行转换。

1. 二维坐标转换

二维坐标转换通常是高斯平面直角坐标系之间的转换，其通常采用 4 参数转换模型：2 个平移参数 Δx 、 Δy ，1 个缩放参数 λ，1 个旋转参数 α 。

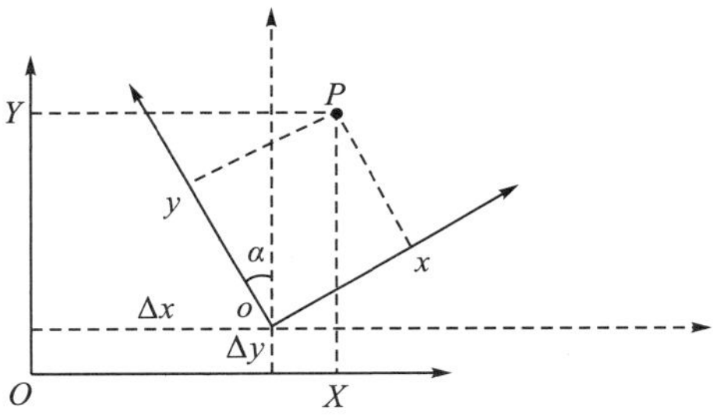

图 3-5　二维坐标转换图

如图 3-5 所示，令点 P 在旧坐标系中的坐标为 $(x,\ y)$ ，新坐标系中的坐标为 $(X,\ Y)$ ，这两者之间的关系如下：

$$\begin{bmatrix} X \\ Y \end{bmatrix} = \begin{bmatrix} \triangle x \\ \triangle y \end{bmatrix} + (1+\lambda) \begin{bmatrix} \csc\alpha - \sin\alpha \\ \sin\alpha - \csc\alpha \end{bmatrix} \begin{bmatrix} x \\ y \end{bmatrix} \tag{3-2}$$

要求解 4 个参数，至少需要 2 个重合点。多于 2 个重合点时，可以采用最小二乘法获取最优参数解。

2. 三维坐标转换

三维坐标转换通常用于空间三维直角坐标系之间的坐标转换，通常采用七参数模型。目前使用最广的是布尔莎(Bursa)七参数模型。7 个参数分别是 3 个平移参数 Δx 、Δy 、Δz ，3 个旋转参数 ε_x、

ε_y、ε_z 和 1 个缩放参数 λ。布尔莎模型是三维坐标系之间严密的坐标转换模型，不存在模型误差和投影变形误差，适用于任何区域的坐标转换。

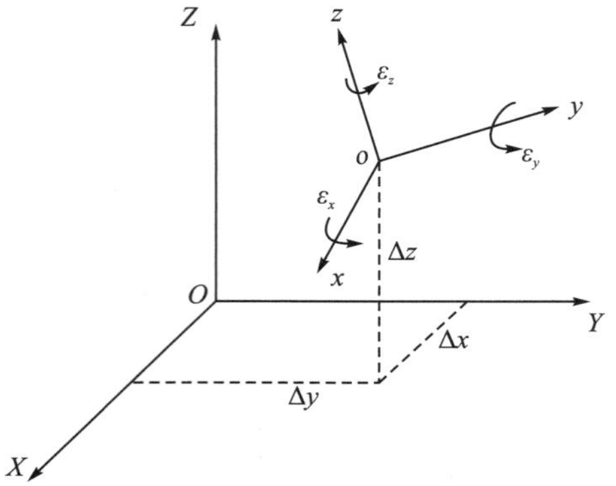

图 3-6　二维坐标转换图

如图 3-6 所示，令点 P 在旧坐标系中的坐标为 (x,y,z)，新坐标系中的坐标为 (X,Y,Z)，这两者之间的关系如下：

$$\begin{bmatrix} X \\ Y \\ Z \end{bmatrix} = \begin{bmatrix} \Delta x \\ \Delta y \\ \Delta z \end{bmatrix} + (1+\lambda) \begin{bmatrix} 1 & \varepsilon_z & -\varepsilon_y \\ -\varepsilon_z & 1 & \varepsilon_x \\ \varepsilon_y & -\varepsilon_x & 1 \end{bmatrix} \begin{bmatrix} x \\ y \\ z \end{bmatrix} \tag{3-3}$$

要求解 7 个参数，至少需要 3 个重合点。多于 3 个重合点时，可以采用最小二乘法获取最优参数解。

3. 坐标转换流程

通常情况下，坐标转换的流程如下：①收集、整理转换区域内的重合点坐标；②从重合点坐标中选取用于计算坐标转换参数的重合点，这些点要尽可能分布均匀，且覆盖整个区域；③确定坐标转换采用的计算方法与坐标转换模型；④两坐标系下重合点坐标形式的转换。若采用二维四参数模型，则要将重合点的两坐标系换算成同一投影带的高斯平面坐标；若采用布尔莎七参数转换模型，则要将重合点的两坐标系坐标换算成各坐标系下的空间直角坐标；⑤依据选定的坐标转换模型与重合点坐标，利用最小二乘法求解转换参数；⑥分析重合点的转换残差，将残差超限的粗差点予以剔除；⑦重新计算坐标转换参数，直到所有点的残差合格为止；⑧利用计算出来的坐标转换参数，将待转换点的坐标转换至目的坐标系的坐标。

3.3　数据空间分析方法

空间分析是基于空间数据的分析技术，它以地学原理为依托，通过分析算法，从空间数据中获取有关地理对象的空间位置、空间分析、空间形态、空间形成和空间演变等信息。空间分析涉及地理空间数据的分析、计算、表述等内容，与一般的数据分析方法不同，它强调事件(如森林火灾)或参数(如地面温度)的时空变化。空间分析的根本目标是建立有效的空间数据模型来表达地理实体的时空特征，发展面向应用的时空分析模拟方法，以数字化方式动态地、全局地描述地理实体和地理现象的空间分布关系，从而反映地理实体的内在规律和变化趋势；地理国情监测空间分析方法主要包括空间信息量算、缓冲区分析、叠加分析、空间网络分析、空间统计分析以及数字高程模型分析。

3.3.1　空间信息量算

空间信息量算是指对 GIS 数据库中各种空间目标的基本参数进行量算和分析，如空间目标的位置、距离、周长、面积、体积、曲率、空间形态以及空间分布等。

空间信息量算是空间信息分析的定量化基础。空间信息量算包括质心量算、几何量算、形状量算。

3.3.1.1　质心量算

描述地理对象空间分布的最有效的单一量算量是对象的质心位置。地理对象的质心是对象的平均位置，它是对象保持均匀分布时的平衡点，它可以通过对对象坐标值加权平均求得。

质心量算可用于对地理分布变化的跟踪，计算目标物对周围地区的经济辐射范围。如应用质心量测分析人口变迁、土地类型变化等。

3.3.1.2　几何量算

一般 GIS 软件都具有对点、线、面状地物的量算功能，几何量算对不同的点、线、面地物有不同的含义：

(1) 点状地物：坐标；

(2) 线状地物(1 维)：长度、方向、曲率；

(3) 面状地物(2 维)：面积、长度、形状等；

(4) 体状地物(3 维)：体积、表面积等。

3.3.1.3　形状量算

面状目标物的外观是多变的，很难找到一个准确的量对其进行描述。最常用的指标包括多边形的长短轴之比、周长面积比等。其中绝大多数指标是基于面积和周长的。通常认为圆形地物既非紧凑型也非膨胀型，则可定义其形状系数 r 为

$$r = \frac{P}{2\sqrt{\pi} \cdot \sqrt{A}} \tag{3-4}$$

式中：P 为地物周长，A 为地物面积；$r<1$ 为紧凑型；$r=1$ 为标准圆；$r>1$ 为膨胀型。

3.3.2 缓冲区分析

缓冲区是指为了识别某一地理实体或空间物体对其周围地物的影响度而在其周围建立的具有一定宽度的带状区域。缓冲区分析是对选中的一组或一类地图要素（点、线或面）按设定的距离条件，围绕其要素而形成一定缓冲区多边形实体，从而实现数据在二维空间得以扩展的信息分析方法。

3.3.2.1 缓冲区的基础

缓冲区是地理空间目标的一种影响范围或服务范围在尺度上的表现。它是一种因变量，随所研究要素的形态而发生改变。从数学的角度来看，缓冲区是给定空间对象或集合后获得的它们的邻域，而邻域的大小由邻域的半径或缓冲区建立条件来决定，因此对于一个给定的对象 A，它的缓冲区可以定义为

$$P=\{x|d(x,A)\leqslant r\}$$

式中：d 一般是指欧式距离，也可以是其他的距离；r 为邻域半径或缓冲区建立的条件。

缓冲区建立的形态多种多样，其由缓冲区建立的条件来确定。对于点状要素，常用的有圆形，也有三角形、矩形和环形等；对于线状要素有双侧对称、双侧不对称或单侧缓冲区；对于面状要素则有内侧和外侧缓冲区。虽然针对不同的应用要求所建立缓冲区形体各异，但其建立的基本原理都是一样。

3.3.2.2 缓冲区分析的作用

缓冲区分析是 GIS 的基本空间操作功能之一，一般应用于求地理实体的影响范围，即邻近度问题。如虚拟军事演习系统中，缓冲区分析方法是对雷达群的合成探测范围和干扰效果进行研究的一种非常有效的手段。缓冲区作为一个独立的数据层，还可以参与叠加分析，从而能为不同的工作需要提供科学依据。

3.3.2.3 缓冲区建立方法

1. 矢量数据缓冲区建立方法

1) 点要素的缓冲区

点要素的缓冲区是以点要素为圆心，以缓冲区距离 R 为半径的圆，包括单点要素形成的缓冲区、多点要素形成的缓冲区和分级要素形成的缓冲区等。

2) 线要素的缓冲区

为了加快缓冲区建立的速度，通常要在建立缓冲区之前，对线进行化简，这种对线的化简称为线的重采样。具体的算法设计可以采用线的矢量数据压缩算法。

线要素的缓冲区是以线要素为轴线，以缓冲距离 R 为平移量向两侧作平行曲（折）线，在轴线两端构造两个半圆弧最后形成圆头缓冲区。

3) 面要素的缓冲区

面要素的缓冲区是以面要素的边界线为轴线，以缓冲距离 R 为平移量向边界线的外侧或内侧平

行线(折)线所形成的多边形，其中包括单一面状要素形成的缓冲区、多面要素形成的缓冲区和分级面要素形成的缓冲区。

2. 栅格数据缓冲区建立方法

栅格数据的缓冲区分析通常称为推移或扩散，推移或扩散实际上是模拟主体对邻近对象的作用过程，物体在主体的作用下沿着一定的阻力表面移动或扩散，距离主体越远所受到的作用力越弱。

栅格数据结构的点、线、面缓冲区的建立方法主要是像元加粗法，以分析目标生成像元，借助于缓冲距离 R 计算出像元加粗次数，然后进行像元加粗形成缓冲区。

3. 动态缓冲区

现实世界中很多空间对象或过程对于周围的影响并不是随着距离的变化而固定不变的，需要建立动态缓冲区，根据空间物体对周围空间影响度的变化性质，可以采用不同的分析模型。

(1) 当缓冲区内各处随着距离变化，其影响度变化速度相等时，采用线性模型 $F_i=f_0(1-r_i)$；

(2) 当距离空间物体近的地方比距离空间物体远的地方影响度变化快时，采用二次模型 $F_i = f_0(1-r_i)^2$。

(3) 当距离空间物体近的地方比距离空间物体远的地方影响度变化更快时，采用指数模型 $F_i = f_0 \exp(1-r_i)$。

其中，f_0 表示参与缓冲区分析的一组空间实体的综合规模指数，一般需经最大值标准化后参与运算；$r_i=d_i/d_0$，d_0 表示该实体的最大影响距离，d_i 表示在该实体的最大影响距离之内的某点与该实体的实际距离，显然，$0\leqslant r_i\leqslant 1$。

在动态缓冲区生成模型中，影响度随距离的变化而连续变化，对每一个 d_i 都有一个不同的 F_i 与之对应，这在实际应用中是不现实的，因此往往把影响度根据实际情况分成几个典型等级，在每一个等级取一个平均影响度，并根据影响度确定 d_i 的等级，即把连续变化的缓冲区转化成阶段性变化的缓冲区。

3.3.3 叠加分析

叠加分析是将两层或多层地图要素进行叠加产生一个新要素层的操作，其结果将原来要素分割成新的要素，新要素综合了原来两层或多层要素所具有的属性。也就是说，叠加分析不仅生成了新的空间关系，还将输入数据层的属性联系起来产生了新的属性关系。

3.3.3.1 叠加分析的作用

叠加分析要求被叠加的要素层面必须是基于相同坐标系统的相关区域，同时还必须查验叠加层面之间的基准面是否相同。

3.3.3.2 基于矢量数据的叠加分析

按叠加分析中输入数据层的不同，又可以分为三种类型。

1. 多边形叠加

这个过程是将两层中的多边形要素叠加，产生输出层中的新多边形要素，同时它们的属性也将联系起来，以满足建立分析模型的需要。多边形叠加可以按 Union、Intersect、Identity 等不同运算方式进行，其输出层中多边形分别为输入层的并集、输入层的交集、输入层的并集被第一个输入层边界裁剪后剩余的部分。

1) Clip 运算

Clip 运算是进行多边形叠合时，输出层为按一个图层的边界，对另一个图层的内容要素进行截取后的结果

2) Erase 运算

与 Clip 运算相反，Erase 运算保留了 Clip 运算去掉的特征(点、线和面)，而去掉了 Clip 运算保留的部分。Erase 运算的输出结果来自被擦除的数据集的属性表，是其部分子集。

3) Union 运算

Union 运算是求两个数据集的并集的操作，只限于两个面数据集之间。在操作时，两个面数据集内的所有多边形都被输出到数据集中，在相交的点处多边形将被分裂。

4) Intersect 运算

Intersect 运算是求两个数据集的交集的操作，两个数据集中共同的部分将被输出到结果数据集中，其余部分将被排除。

5) Identity 运算

Identity 运算类似于 Union 运算，要对两个数据集进行相交计算。不同之处在于，Union 运算保留了两个数据集的所有部分，而 Identity 运算只保留第一个数据集的所有部分，去掉第二个数据集中与第一个数据集没有重叠的部分。

2. 点与多边形叠加

点与多边形的叠加是确定一幅图(或数据层)上的点落在另一幅图(或数据层)的哪个多边形中，这样就可给相应的点增加新的属性内容。

3. 线与多边形叠加

将多边形要素层叠加到一个弧段层上，以确定每个弧段(全部或部分)落在哪个多边形内。叠加后为每个弧段产生一个新属性，表示其归属。

3.3.3.3 基于栅格数据的叠加分析

(1) 类型叠加：即通过叠加获取新的类型。如土壤图与植被图叠加，以分析土壤与植被的关系。

(2) 数量统计：即计算某一区域的类型和面积。如行政区划图和土壤类型图叠加，可计算出某一行行政区划中的土壤类型数，以及各种类型土壤的面积。

(3) 动态分析：即通过对同一地区、相同属性、不同时间的栅格数据的叠加，分析由时间引起的变化。

(4) 益本分析：即通过对属性和空间的分析，计算成本、价值等。

(5) 几何提取：即通过与所需提取的范围的叠加运算，快速地进行范围内信息的提取。

1. **布尔逻辑运算**

栅格数据可以按其属性数据的布尔逻辑运算来检索，即进行逻辑选择。布尔逻辑运算包括交(AND)、并(OR)、补(NOT)、异或(XOR)等。

2. **重分类**

重分类是将属性数据的类别合并或转换成新类，即对原来数据中的多种属性类型，按照一定的原则进行重新分类，以利于分析。重分类时必须保证多个相邻接的同一类别的图形单元应获得一个相同的名称，并且这些图形单元之间的边应该去掉，从而形成新的图形单元(图 3-7)。

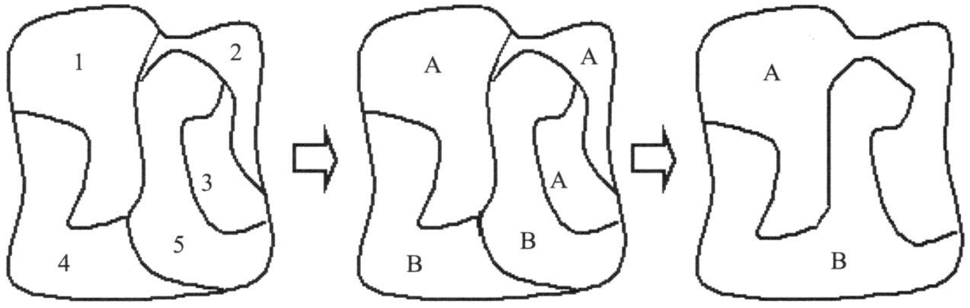

图 3-7　重分类示意图

3. **局部变换**

局部变换是指基于像元与像元之间对应的运算，每一个像元都是基于它自身的运算，不考虑其他的与之相邻的像元。

4. **全局变换**

全局变换是指基于研究区域内所有像元的运算，输出栅格的每一个像元是基于全部栅格运算的结果。

3.3.4　空间统计分析

空间统计分析是指将空间信息(面积、长度、邻近关系、朝向和空间关系)整合到经典统计分析中，以研究与空间位置相关的事物和现象的空间关联和空间关系，从而揭示要素的空间分布规律。

3.3.4.1　属性数据的集中特征树

1. **频数和频率**

将变量按大小顺序排列，并按一定的间距分组，变量在各组出现或发生的次数称为频数，一般用 f_i 表示，各组频数与总频数之比称为频率。按如下公式进行计算：

$$f = \frac{f_i}{n} \tag{3-5}$$

根据大数定理，当 n 相当大时，频率可近似地表示事件的概率；

计算出各组的频率后，就可作出频数分布图。若以纵轴表示频率，横轴表示分组，就可作出频率直方图，用以表示事件发生的频率和分布状况。

2. **平均数**

平均数反映了数据取值的集中位置，常以 $\bar{X}$ 表示。通常有简单算术平均数和加权算术平均数。

简单算术平均数的计算方式为 $\bar{X}=\dfrac{1}{n}\sum_{i=1}^{n}x_i$ 。

加权算术平均数的计算公式为 $\bar{X}=\dfrac{\sum_{i=1}^{n}P_i x_i}{\sum_{i=1}^{n}P_i}$ 。

3. **数学期望**

以概率为权值的加权平均数称为数学期望，用于反映数据分布的集中趋势计算公式为

$$E_x=\sum_{i=1}^{n}P_i x_i$$

式中：P_i 为事件发生的概率。

4. **中数**

中数是有序数据集中出现频率占半数的数据值。若总项为奇数，则中数为 $M_e=X_{\frac{1}{2}(n-1)}$ ；若总项数为偶数，则中数为 $M_e=\dfrac{1}{2}\left(X_{\frac{n}{2}}+X_{\frac{n-1}{2}}\right)$。

5. **众数**

众数是具有最大可能出现的数值。如果数据 X 是离散的，则称 X 中出现最大可能性的值 x 为众数；如果 X 是连续的，则以 X 分布的概率密度 $P(x)$ 取最大值的 x 为 X 的众数。显然，众数可能不是唯一的。

3.3.4.2 属性数据的离散特征数

1. **极差**

极差是一组数据中最大值与最小值之差，即

$$R=\max\{x_1, x_2,\cdots, x_n\}-\min\{x_1, x_2,\cdots, x_n\} \tag{3-6}$$

2. **离差、平均离差与离差平方和**

一组数据中的各数据组与平均数之差称为离差，即

$$d = x_i - \bar{x} \tag{3-7}$$

若把离差求平方和，即得离差平方和，记为

$$d^2 = \sum_{i=1}^{n} \left(x_i - \bar{x}\right)^2 \tag{3-8}$$

若将离差取绝对值，然后求和，再取平均数，取平均离差，记为

$$md = \sum_{i=1}^{n} \left|x_i - \bar{x}\right| / n \tag{3-9}$$

平均离差和离差平方和是表示各数值相对于平均数的离散程度的重要统计量。

3. **方差与标准差**

方差是均方差的简称，是以离差平方和除以变量个数求得的，记为σ^2，即

$$\sigma^2 = \sum_{i=1}^{n} (x_i - \bar{x})^2 / n \tag{3-10}$$

标准差是方差的平方根，记为

$$\sigma = \sqrt{\sum_{i=1}^{n} (x_i - \bar{x})^2 / n} \tag{3-11}$$

4. **变差系数**

变差系数用来衡量数据在时间和空间上的相对变化的程度。它是无量纲的量，记为 C_v：

$$C_v = \frac{\sigma}{\bar{x}} \times 100\% \tag{3-12}$$

式中，σ为标准差；$\bar{x}$为平均数。

3.3.4.3　统计数据的分类分级

为了把 GIS 地理数据中的统计数据用专题地图的形式表示出来，通常需要对统计数据进行分类和分级，其中更包括系统聚类法和最优分割分级法。

1. **系统聚类法**

首先是 n 个样本各自成一类，然后规定类与类之间的距离，选择距离最小的两类合并成一个新类，计算新类与其他类的距离，再将距离最小的两类进行合并，这样每次减少一类，直到达到所需的分类数或所有的样本都归为一类为止。

统计数据的标准化：

标准差标准化 $X_{i,j}^{1} = \dfrac{X_{i,j} - \bar{X}_j}{S_j}$，经过标准差标准化后，每种变量的平均值为 0，方差为 1。

极差标准化 $X_{i,j}^{1}=\dfrac{X_{i,j}-\bar{X}_{j}}{X_{\text{jmax}}-X_{\text{jmin}}}$，经极差标准化后，变量变换到 0 和 1 的范围内。

距离系数：对样本进行分类时，个体之间的相似性程度用“距离”来度量。它是将每个样本看成是高维空间的一个点，点与点之间用某种法则规定距离，距离近的点归为一类，记为 d_{ij}，即

$$d_{ij}=\sqrt{\sum_{k=1}^{m}(x_{ik}-x_{jk})^{2}} \tag{3-13}$$

最短距离系统聚类：计算每两个样本的距离，找出最小的类间距，并将其合并为一个新类，计算新类与其他类的距离，重复以上步骤，直到所有元素都成为一类或达到设定的分类数(图 3-8)。

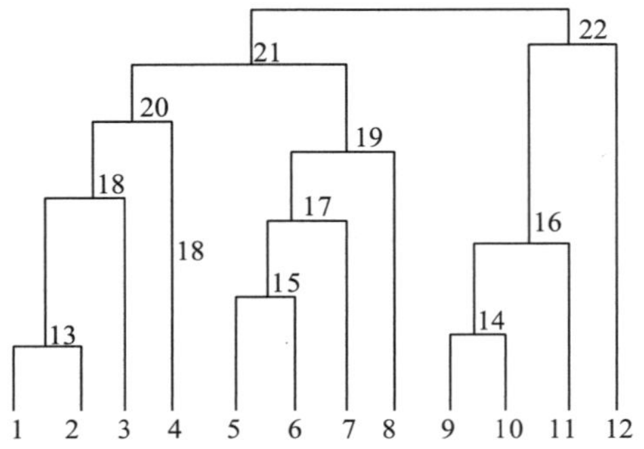

图 3-8　最短距离系统聚类树形图

2. **最优分割分级法**

最优分割分级法是在有序样本不被破坏的前提下，使其分割的级内离差平方和为最小而级间离差平方和为极大的一种分级方法。它可以用来对有序样本或可变为有序(排序)的样本进行分级。

3.3.4.4　主成分分析

通过梳理统计分析，求得各要素间线性关系的表达式(具有实质意义)，将众多要素的信息压缩表达为若干具有代表性的合成变量，从而克服了变量选择时的冗余和相关，然后选择信息最丰富的少数因子进行各种聚类分析，构造应用模型。

3.3.4.5　层次分析

把相互关联的要素按隶属关系分为若干层次，通过专家对各层次各要素的相对重要性给出定量指标，再利用数学方法综合专家意见给出各层次各要素的相对重要性权值，作为综合分析的基础。

3.3.4.6　判别分析

预先根据理论与实践确定等级序列的因子标准，再将待分析的地理实体安排到序列的合理位置上。

3.3.5 数字地形分析

数字地形模型是20世纪50年代由美国MIT摄影测量实验室主任米勒首次提出，并用其成功地解决了道路工程中土方估算等问题。它被用于各种线路选线(铁路、公路、输电线等)的设计以及各种工程的面积、体积、坡度计算，任意两点间的通视判断即任意断面图绘制。在测绘中被用于绘制等高线、坡度坡向图、立体透视图，制作正射影像图以及地图的修测。

DEM：数字地面模型是指地表形态属性信息的数字表达，是带有空间位置特征和地形属性特征的数字描述。

DTM：数字高程模型是一定区域范围内地面高度连续变化的数字化表示方法，通常是指按照一定的格网间隔采集地面高程所建立的规则格网高程模型。

3.3.5.1 基于DEM的信息提取

1. 坡度的计算

地表单元的坡度就是其切平面的法线方向与Z轴的夹角。若需求格网点上的坡度时，可取$N \times N$(N为整数，一般≥3)的格网单元进行计算。也可求出该格网点8个方向上的坡度，再取其平均值。

2. 坡向的计算

坡向是地表单元的法向量在OXY平面上的投影与X轴之间的夹角。

3. 破碎度

破碎度是反映地表的起伏变化和侵蚀程度的指标，一般定义为地表单元的曲面面积与其水平面上的投影面积之比。

4. 高程变异分析

高程变异分析包括平均高程、相对高程、高程标准差、高程变异。
高程变异：为格网顶点的高程标准差与平均高程的比值。

5. 地貌形态的自动分类

通过计算地表形态要素、高程、坡度、坡向等最终实现地貌形态的自动分类。

3.3.5.2 基于DEM的可视化

1. 剖面分析

研究地形剖面，常常可以以线代面，研究区域的地貌形态、轮廓形态、地势变化、地质构造、斜坡特征、地表切割强度等等。如果在地形剖面上叠加上其他地理变量，例如坡度、土壤、植被、土地利用现状等，可以提供土地利用规划、工程选线和选址等的决策依据。

坡度图的绘制应在格网DEM或三角网DEM上进行。已知两点的坐标$A(x_1, y_1)$，$B(x_2, y_2)$，则可求出两点连线与格网或三角网的交点，以及各交点之间的距离，然后按选定的垂直比例尺和水平比例尺，按距离和高程绘出剖面图。

在格网或三角网交点的高程通常可采用简单的线性内插算法，且剖面图不一定必须沿直线绘制，也可沿一条曲线绘制，但其绘制方法仍然是相同的。

2. 通视分析

通视分析是指以某一点为观察点，研究某一区域通视情况的地形分析。通视分析的核心是通视图的绘制。

绘制通视图的基本思路是：以 o 为观察点，对格网 DEM 或三角网 DEM 上的每个点判断通视与否，通视赋值为 1，不通视赋值为 0。由此可形成属性值 0 和 1 的格网或三角网。对此以 0.5 为值追踪等值线，即得到以 o 为观察点的通视图。因此，判断格网或三角网上的某一点是否通视成为关键。

另一种利用 DEM 绘制通视图的方法是，以观察点 o 为轴，以一定的方位角间隔算出 0°～360°的所有方位线上的通视情况。对于每条方位线，通视的地方绘线，不通视的地方断开，或相反。这样可得出射线状的通视图，其判断通视与否的方法与前述类似。

3. 地形三维图绘制

地形三维图绘制流程如图 3-9 所示。

图 3-9　地形三维图绘制流程

4. 地貌晕眩图绘制

地貌晕眩法即阴影立体法，它可以增加丘陵和山地地区描述高差起伏的视觉效果，自动晕眩的原理是基于“地面在人们眼里看到的是什么样子、用何种理想的材料来制作、以什么方向为光源照明方向”等模式。自动地貌晕眩图的计算首先是根据 DEM 计算坡度和坡向，然后将坡向数据与光源方向比较，而向光源的斜坡得到浅色调值，反方向的斜坡得到深色调灰值，介于中间坡向的坡度得到中间灰值，灰值的大小按坡度进一步确定。

3.4　地理国情监测数据挖掘方法

空间数据挖掘，就是从空间数据集中提取事先未知却潜在有用的一般规则的过程。具体而言，是在空间数据集的基础上，综合利用确定集合理论、扩展集合理论、仿生学方法、可视化、决策树、数据场理论等方法，以及相关的人工智能、机器学习、专家系统、模式识别等技术，从大量原始空间数据中，析取人们可信的、新颖的、感兴趣的、事先未知的、潜在有用的和最终可理解的知识，揭示蕴含在数据背后的客观世界的本质规律、内在联系和发展趋势，实现知识的自动获取，为空间决策提供不同层次的技术依据。

3.4.1　数据源及其特点

空间对象是客观世界中自然或人工的地面物体或地理现象，在问题空间的数值化抽象表达。在地理空间信息学中，空间对象可以是空间现象、具有几何特征的空间物体(点、线面或体)、事件、状态和过程，以及附着其上的地物属性及其空间关系。地理国情监测数据成果主要包含三个方面：地表覆盖分类成果、国情要素成果、基本统计成果，具有海量性、多维性、异构性、多源性的特征。

3.4.1.1　海量性

地理国情监测数据的海量性体现在：地理国情监测数据的自生长性，随着时间的推移，地理国情监测系统的数据会自动增加，只要没有人为干预，各种传感器会实时地将各种监测数据及时传到系统中，形成不同时间序列的数据表达，因此，产生了海量的监测数据。

3.4.1.2　多维性

地理国情监测数据的多维性体现在：对于某些监测要素，不同的领域对其监测的侧重点是不一致的，采用的监测方法、使用的传感器也不尽相同，这就决定了对同一地理要素监测数据的多维性。

3.4.1.3　异构性

异构性主要指数据模型的结构不一致。地理国情监测数据的异构性体现在地理国情监测中，由于地理空间数据来源的渠道多种多样，经过不同手段获得的数据存储格式及提取和处理方法各不相同，直接导致数据模型的不一致和数据的异构性。

3.4.1.4　多源性

地理国情监测数据的多源性体现在以下两方面。

1. 多时空性和多尺度性

地理国情监测数据具有很强的时空特性，对同一地理要素的监测数据源既有同一时间不同空间序列的数据，也有同一空间不同时间序列的数据。不仅如此，地理国情监测系统会根据系统需要而采用不同尺度对地理要素进行表达，不同的观察尺度具有不同的比例尺和不同的详细程度。

2. 存储格式多源性

地理国情监测数据不仅表达地理要素的位置和几何形状，同时也需要表达地理要素对应的属性，因此地理国情监测数据包含空间数据和属性数据两部分。

3.4.2 空间数据挖掘

3.4.2.1 数据挖掘理论

空间数据挖掘是人们在不同认识层次上，对空间数据的理解和把握。是先宏观后微观的，多角度知识发现过程。简单地说就是从空间数据集中提取事先未知却潜在有用的一般规则过程。具体而言，是在空间数据集的基础上，综合利用确定集合理论、扩展集合理论、仿生学方法、可视化、决策树、数据场等理论方法，以及相关的人工智能机器学习、专家系统模式识别等技术，从大量原始空间数据中，析取人们可信的、新颖的、感兴趣的事先未知的、潜在有用的和最终可理解的知识。揭示蕴含的数据背后的客观世界的本质规律、内在联系和发展趋势，实现知识的自动获取，为空间决策提供不同层次的技术依据。与一般数据相比空间数据多种多样，具有空间性、时间性、多维性、海量性、复杂性不确定性等特点。

数据挖掘的机理是基于不同的视角“数据→概念→知识”视图，而空间知识则是各级的“类和离群”，或者“规则加例外”。在认知归纳的过程中，每次从较低的认知层次到较高的认知层次进行属性概况、概念提升或特征归纳，都会有一些特殊情况，即总是会有用粒度较细的概念描述的一些空间对象，在粒度较粗的概念中无法被归纳进去，而成为离群体和例外的情况存在，在整体上始终表现为“规则加例外”。因此，知识就是不同认知层上的“规则加例外”，即“宏观层面上的规则加例外”→“中观层面上的规则加例外”→“围观层面上的规则加例外”。图 3-10 表示在发现状态空间中空间数据挖掘随认知层次提高而变化的整体过程。可见“数据→概念→知识(规则加例外)”的挖掘机理揭示了人类有个别到一般，从具体到抽象，既统揽全局又抓住本质，既深入基层又把握重点的认知规律，对于空间数据挖掘具有一般性的理论指导意义(李德仁等，2013)。

空间数据挖掘的整个过程，可以归纳为数据准备(了解应用领域的先验知识、生成目标数据集、数据清理、数据简化与投影)、数据挖掘(数据挖掘功能和算法的选取，在空间的关联、特征、分类、回归、聚类、序列、预测、函数依赖等特定规则和例外中搜索感兴趣的知识)、数据挖掘后处理(知识的解释、评价和应用)三阶段。其中，每一阶段的上升，都是对空间认识和理解的加深，空间数据先变为信息再升华为知识，描述越来越抽象、凝聚和概括，需要的技术难度也越来越大。图 3-10 呈现了一个从数据到知识的升华，这个过程经历数字、空间数值、空间数据、空间信息和空间知识，各个要素之间既相互区别又相互联系，共同在空间数据挖掘中交融。

3.4.2.2 数据挖掘方法

空间知识的基本类型是规则和例外。规则包括空间的特征、区分、关联、分类、聚类、序列、预测和函数依赖等共性和个性规则。

1. 关联分析

关联规则是指空间对象之间同时出现的内在模式关系或规律，描述在给定的空间数据库中空间对象的特性数据线之间频繁同时出现的条件规则。算法主要研究提高算法的效率与发现多种形式规则。

(1) 空间关联规则主要指空间对象的相邻相连、共生和包含等关联规则，包含单个谓词的为单维空间关联规则，包含两个或两个以上的空间对象和谓词的叫作多维空间关联规则。

(2)关联规则的形式包括一般关联规则和强关联规则，一般关联规则时空间对象之间存在的各种规则，强关联规则是空间数据库中使用和发生频率较高的规则，强关联规则，又称广义关联规则，指使意义更深刻，应用范围更广。

(3)关联规则的模式属于描述性的模式，一般以逻辑语言或以 SQL 语言的形式描述关联规则，能够使空间数据挖掘与国际标准的数据库查询语言 SQL 接轨，而趋于规范化工程化。如果空间数据挖掘的空间对象的属性域局限于布尔类型，那么可以通过类型转换，在含有类别属性的数据库中提取关联规则，并合并同一空间对象的若干信息。可通过空间测度等指标反映关联规则的属性。

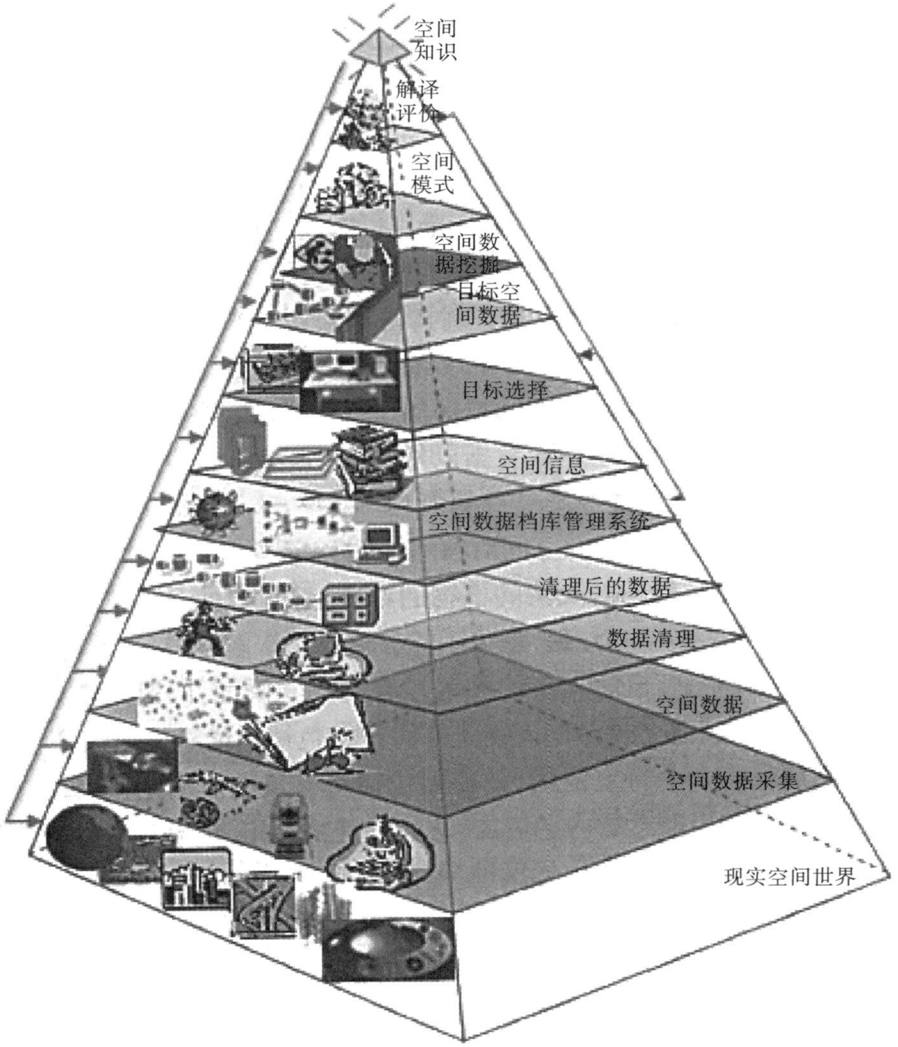

图 3-10　空间数据挖掘金字塔(李德仁等，2013)

(4)关联规则具有时间性和转移性，时间性要求在关联规则模型中，增加描述时效性的时态信息，根据记录之间的时间间隔和相邻记录中项目的类别合并同类记录。

2. 聚类分析

空间聚类把特征相近的空间对象数据划分到不同的组中，组间的差别尽可能大，组内的差别尽可能小。空间对象根据类内相似性最大和类间相似性最小的原则分组或聚类，并据此导出空间规则。空间聚类与分类规则不同，它不顾及已知的类标记，在聚类前并不知道将要划分成几类或什么样，也不知道根据哪些空间分区规则来定义类。空间聚类规则可用于空间对象信息的概括和综合。

空间聚类主要包括五类主要算法，即基于密度的方法、划分聚类算法、层次聚类算法、基于网络的方法和基于模型的聚类方法，详见图 3-11(马程，2009)。

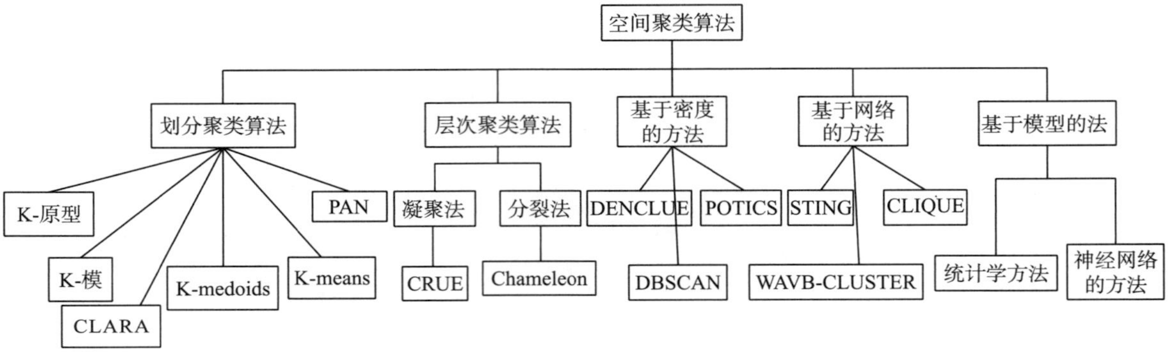

图 3-11 空间聚类算法分类(马程，2009)

结合地理国情监测成果数据中的土地利用类型数据与规划方面的总体规划数据，可对规划容积率与土地利用数据进行分析，得到规划数据的空间聚集性结果与土地利用数据之间的关系(王永峰等，2014)。

3. 趋势预测

空间预测规则是基于可利用的空间数据，利用空间分类规则、回归规则、聚类规则、关联规则或依赖规则，预测空间未知的数据值、类标记和分布趋势等。描述形式常常为数学公式。在预测之前，可以使用相关分析识别和排除对预测无用或无关的属性或空间对象。

4. 空间分类规则

空间分类规则反映同类事物共同性质的特征型知识和不同事物之间的差异型知识。它根据空间分区规则把空间数据库中的数据映射到给定的类上，用于数据预测，是一种分类器。空间分类或回归的规则都是普化知识，实质是对给定数据对象集的抽象和概括。空间分类规则和回归规则主要从空间数据库的数据中挖掘描述并区分数据类或概念的模型，二者的模型常表现为决策树、谓词逻辑、神经网络或函数等形式。

5. 空间依赖

空间依赖规则旨在发现不同空间对象之间、相同空间对象的不同属性之间的函数依赖关系，挖掘的知识常用以空间对象名或属性名为变量的数学方程来表示。

6. 空间序列规则

空间序列规则和时间紧密相关，基于时序，描述空间对象数据随时间的变化或趋势，并建立数学模型。虽然空间序列规则可能包括与时间相关的空间数据的特征、区分、关联、分类、聚类、依赖或预测等，但是基于时间序列相关的数据序列规则与挖掘空间序列规则的空间数据，一般是时空数据，存有同一地区不同时间的历史空间数据。在空间数据挖掘中，用户可能不一定对数据库中的所有数据感兴趣，当用户为了得到更精炼的信息，而只挖掘某一时期内空间数据中隐含的空间模式时，也是一种空间序列规则挖掘。

空间序列规则把空间数据之间的联系与时间连接在一起。在发现序列规则时，不仅需要知道空间事件是否发生，还需要确定事件发生的时间，所以带有时间约束的空间序列规则，有时也被叫作空间演变规则。当根据数据随时间变化的趋势预测将来时，要充分考虑时间因素的特殊性。只有利用现有数据随时间变化的一系列值，才能根据挖掘的结果更好地预测将来的趋势，可以利用时间窗或相邻序列刻画时间约束，采用相邻项目集之间的时间间隔约束，将序列模式的发现从单层概念扩展到多层概念，自顶向下逐层递进。在数据库变化不大时，渐进式序列规则挖掘算法能够利用前次的结果，加速本次挖掘过程。此外，还有基于多概念层的序列规则挖掘，以及序列规则的维护等问题。

3.4.2.3 应用领域

空间数据挖掘能为决策者提供有价值的知识，带来巨大效益，现在空间数据挖掘的应用范围正在扩大，逐步渗透到使用空间数据的领域，可用于市场调查、市场战略、金融保险、社会经济发展、环境保护、城镇规划、防灾减灾、医疗诊断、案件侦破、气象预报、智能交通、食品健康、线路导航、公共安全，土壤分析决策支持等方面(图 3-12)。

3.4.3 地理国情空间数据挖掘技术流程

地理国情数据挖掘是结合地理国情数据成果和其他专业资料进行综合处理和分析。其基本思路如图 3-13 所示。

1. 地理国情数据收集

收集地表覆盖、国情要素数据进行整理，可建立空间数据库，对上述空间数据进行入库，供计算和分析使用。其中，由于基本统计数据使用 Excel 按照县域存储，需要对其进行整理和入库，并按需要向市域、省域进行汇总。

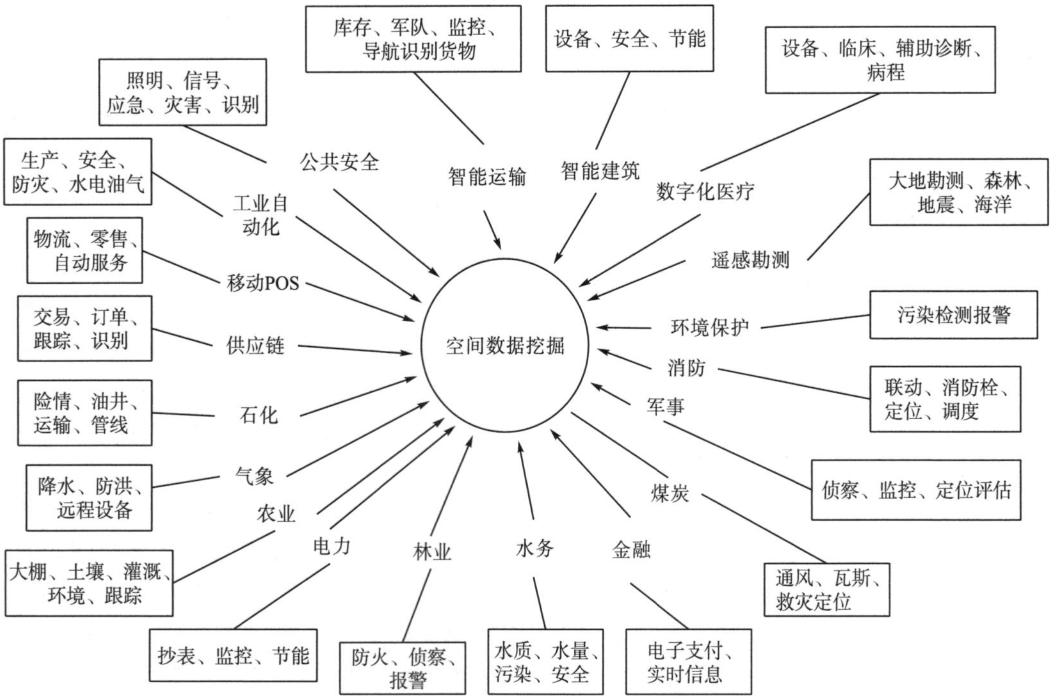

图 3-12 空间数据挖掘应用领域(IDC，2011；McKinsey Global Institute，2011)

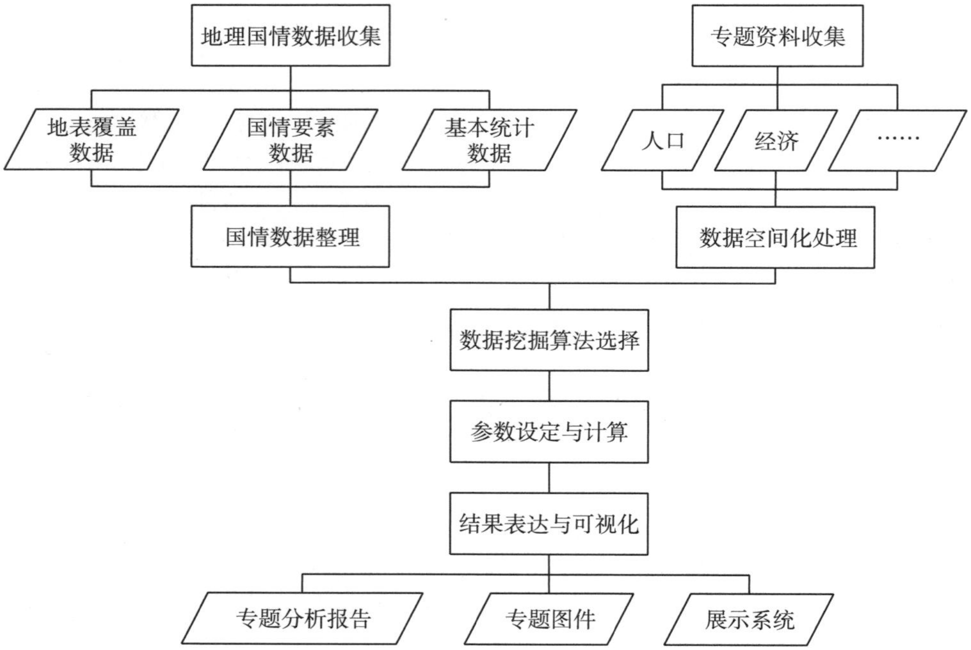

图 3-13 国情数据挖掘技术处理流程

2. 专题资料收集

将从各专业部门收集得到的专题资料、统计年鉴等进行电子化、标准化，并结合基础地理信息数据进行所需数据的空间化，例如按行政区建立空间数据，并将专题数据作为属性进行录入。

3. 数据挖掘算法选择与参数设定

根据需要选择所需挖掘算法并设定计算参数。

4. 结果表达与可视化

针对空间数据挖掘成果，制作专题图，撰写专题分析报告，数据成果同时可作为成果发布系统的数据源，在系统端进行可视化展示。

3.5　分析评价指标

分析评价是在空间数据分析和空间数据挖掘基础上，根据分析评价工作的内容和目标，采用一系列的指标或者指数，对评价对象进行分析评价，并得出相关结论和建议。

关于分析评价指标的选取，应结合地理国情监测分析评价的工作内容、评价对象以及工作要求来选取，一般来说，不同的评价专题需选取一列专题分析评价指标，如生态、交通、地表覆盖等专题。

3.5.1　义务教育学校均衡布局

指标概述：综合考虑区域内部学校教学资源分配的合理利用情况和利用效率，以及居民点到达学校的空间可达性，构成基于区域的布局评判指数，用于衡量该区域学校的整体布局合理性。

计算方法：根据已计算出的每所学校的教育资源利用情况、每个居民点的入学便利度，构建布局指数数据模型，用来计算不同评价单元(县域、各乡镇、城乡)的布局指数。具体计算方法如下：

(1)计算目标评判单元的小学(或初中)教育资源利用情况评判值，即对该评判单元内的所有小学(或初中)教育资源利用情况评判值求平均，得到该评判单元的小学(或初中)教育资源利用情况评判值。

(2)根据已计算出的小学(或初中)居民入学便利度，对目标评判单元范围内的所有居民点的小学(或初中)入学便利度进行求平均，得到该评判单元的居民小学(或初中)入学便利度评判值。

(3)根据(1)(2)计算目标评判单元的小学布局指数，由目标评判单元的小学教育资源利用情况评判值与居民点入学便利度值按 1∶1 加权求和得到。

(4)根据(1)(2)计算目标评判单元的初中布局指数，由目标评判单元的初中教育资源利用情况评判值与居民点入学便利度值按 1∶1 加权求和得到。

(5)目标评判单元布局指数等于小学布局指数与初中布局指数按 1∶1.1(该比例依据《县域义务

教育均衡发展督导评估暂行办法》的拆分原则)加权求和的结果，用于评判该评判单元义务教育学校整体布局的合理性。

具体指标体系流程图详见图 3-14。

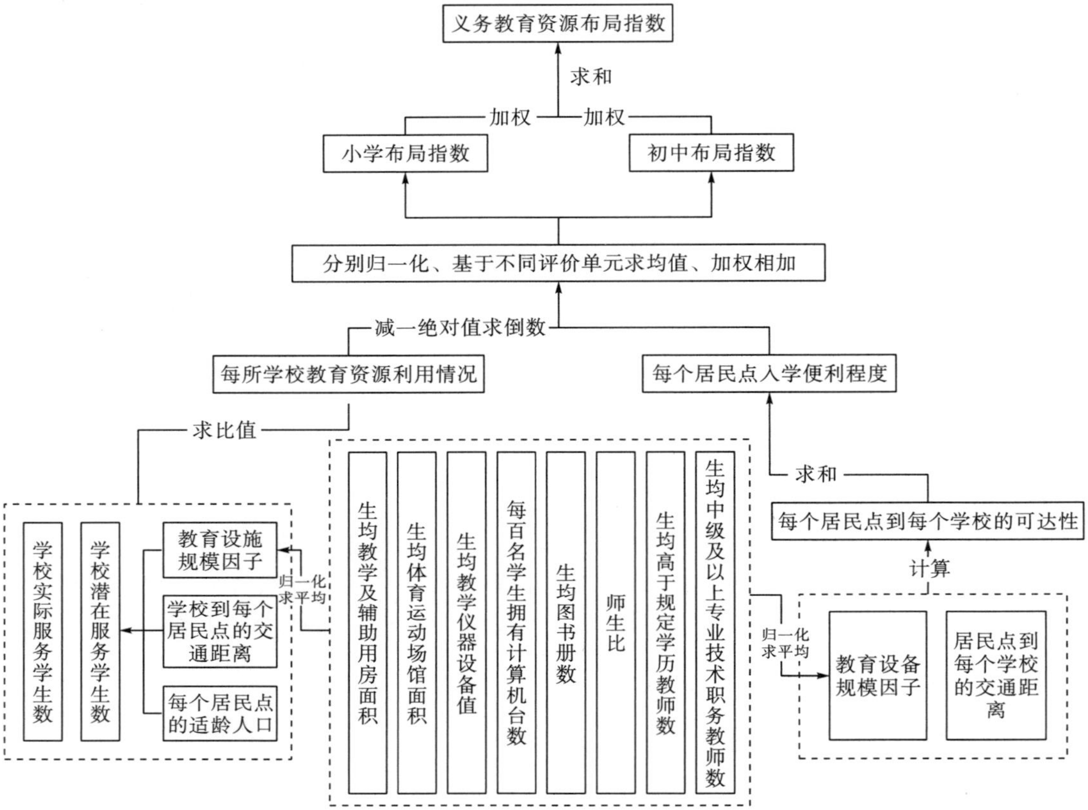

图 3-14 义务教育学校均衡布局评判指标体系流程图

3.5.2 道路交通易损性

指标概述：道路交通易损性是道路交通设施面对自然或社会环境中的压力或扰动可能造成的损毁及其抗损毁能力。

计算方法：用道路交通线密度数据来量化道路交通易损性，利用地理国情普查获得的道路数据，基于 GIS 的网格分析，得到单位面积上的道路长度，即道路交通线密度。

3.5.3 地表覆盖面积及面积占比

指标概述：地表覆盖面积为面状地表覆盖实体在 CGCS2000 参考椭球面上的面积。占比为统计单元内面状要素面积总和与统计单元面积的比值。

计算依据与方法：按照《地理国情普查基本统计技术规定(GDPJ02—2013)》，具体计算方法如下：

$$面积构成比=\frac{S_i}{S_n}\times 100\% \tag{3-14}$$

式中，S_i 为某一地表覆盖类型面积；S_n 为监测区总面积。

3.5.4　地表覆盖程度指数

指标概述：地表覆盖程度指数表现区域地表覆盖强度与强度变化情况。监测时段内若该指数变化量大于零，则表示该区域地表覆盖处于发展期，否则处于调整期或衰退期。

计算依据与方法：按照土地在社会因素影响下的自然平衡状态，赋予各地表覆盖类型不同的利用程度分级标准，计算公式如下：

$$L=100\times\sum_{i=1}^{n}A_i\times C_i L\in[100,400] \tag{3-15}$$

式中，L 为监测区地表覆盖程度指数；A_i 为区域内第 i 级地表覆盖程度分级指数；C_i 为区域内第 i 级地表覆盖程度分级面积百分比；n 为地表覆盖程度分级数。

3.5.5　地表覆盖变化动态度指数

指标概述：地表覆盖变化动态度定量描述了地表覆被变化速度的指标，能很好地反映监测时段内区域地表覆盖变化的总体态势。该指数综合考虑了研究时段内地表覆被类型间的转移状况，以行政区划为统计单元能较好反映区域地表覆被变化的剧烈程度，便于在不同空间尺度上找出变化热点区域，地表覆盖变化动态度值越高，表明各类地表覆盖类型之间的转入、转出频繁，土地覆被状况变化较为剧烈；值越低，表明各类地表覆盖类型之间结构较为稳定，土地覆被状况变化小。

计算方法：本方法要求对两期地理国情普查数据集中地表覆盖图层各土地类型进行面积统计。以研究时段内地表覆盖类型间的转换面积为研究对象，将其各种类型之间的转换面积与前一时期各类型面积进行比较。地表覆盖变化动态度指数计算公式如下：

$$LC_s=\frac{\sum_{i=1}^{n}\left|\Delta LU_{\text{in}-i}+\Delta LU_{\text{out}-i}\right|}{2\sum_{i=1}^{n}LU_{ai}}\times\frac{1}{T}\times 100\% \tag{3-16}$$

式中，LU_{ai} 为监测起始时间第 i 类土地覆被类型的面积；T 为监测时段；$\Delta LU_{\text{out}-i}$ 为监测时段 T 内第 i 类土地覆被类型转变为非 i 类土地覆被类型的面积之和；$\Delta LU_{\text{in}-i}$ 为监测时段 T 内非 i 类转变为第 i 类土地覆被类型的面积之和；n 为土地覆被类型数。

3.5.6　地表覆盖转移矩阵(地类流转)

指标概述：转移矩阵来源于系统分析中对系统状态与状态转移的定量描述。使用转移矩阵及衍生的变化量，能较好地分析区域地表覆盖变化的数量结构特征与各地类变化的方向。

计算方法：通常的地表覆盖转移矩阵中，行表示 T_1 时点地表覆盖类型，列表示 T_2 时点地表覆盖类型。P_{ij}表示T_1–T_2期间地表覆盖类型i转换为地表覆盖类型j的面积占土地总面积的百分比；P_{ii}表示T_1–T_2期间i种地表覆盖类型保持不变的面积百分比。P_{i+}表示T_1时点地类i的总面积百分比。P_{+j}表示T_2时点j种地表覆盖类型的总面积百分比。$P_{i+}-P_{ii}$为T_1–T_2期间地类i面积减少的百分比；$P_{+j}-P_{jj}$为T_1–T_2期间地类j面积增加的百分比，详见表 3-5 所示。

表 3-5 地表覆盖转移矩阵样表

		T_1				P_{i+}	减少
		A_1	A_2	…	A_n		
T_2	A_1	P_{11}	P_{12}	…	P_{1n}	P_{1+}	$P_{1+}-P_{11}$
	A_2	P_{21}	P_{22}	…	P_{2n}	P_{2+}	$P_{2+}-P_{22}$
	⋮	⋮	⋮	⋮	⋮	⋮	⋮
	A_n	P_{n1}	P_{n2}	…	P_{nn}	P_{n+}	$P_{n+}-P_{nn}$
	P_{+j}	P_{+1}	P_{+2}	…	P_{+n}	1	
	新增	$P_{+1}-P_{11}$	$P_{+2}-P_{22}$	…	$P_{+n}-P_{nn}$		

3.5.7 地表覆盖因子 C 与水土保持措施因子 P

指标概述：地表覆盖因子简称C因子，C因子其本质是指一定条件下有地表覆盖或实施田间管理的土地土壤流失总量与同等条件下实施清耕的连续休闲地土壤流失总量的比值。水土保持措施因子简称P因子，是指采取某种工程措施和耕作措施时的土壤流失量与同等条件下无工程措施和耕作措施时的土壤流失量的比值。C、P因子均为无量纲数，为 0~1。

计算方法：基于区域相似性，根据四川、重庆、云南地区已有的基础种植植被类型C值的研究，结合野外调查单元水土保持措施资料(包括种植制度，植被盖度、作物种类、土地利用)，确定各地表覆盖类型C值经验值。参考刘斌涛等(2010，2015)西南土石山区不同利用方式水平梯田P值研究成果(表 3-6)，西南土石山区水田P值为 0.0528，旱地P值为 0.1362，园地P值为 0.1035；林地、草地、人工堆掘地、荒漠与裸露地表、水面无水土保持措施，P 值取 1；硬化地表房屋建筑用地和构筑物P值取 0，部分硬化地表交通设施用地P值取 0.2。

表 3-6 西南土石山区不同地表覆盖类型的 C 值和 P 值

编码	地表覆盖类型	C	P
0110	水田	0.1	0.0528
0120	旱地	0.45	0.1362
0200	园地	0.45	0.1035
0310	乔木林	0.02	1.00
0320	灌木林	0.05	1.00
0330	其他林地	0.10	1.00

续表

编码	地表覆盖类型	C	P
0420	沼泽草甸	0.08	1.00
0430	人工草地	0.08	1.00
0440	其他草地	0.08	1.00
0500	房屋建筑用地	0.10	0.00
0600	交通设施用地	0.20	0.20
0700	构筑物	0.20	0.00
0800	人工堆掘地	1.00	1.00
0900	荒漠与裸露地表	1.00	1.00
1010	水面	0.00	1.00

3.5.8　地类变化动态度

指标概述：地表变化动态度是指某研究区一定时间内某种地类类型的数量动态变化情况。

计算依据与方法：汇总统计的二级地类数据得到一级地类面积，通过计算一级地表覆盖类型单一动态指数定量描述监测区域地表覆盖变化的速度。

单一动态指数计算公式：

$$K=\left[(u_{\mathrm{b}}-u_{\mathrm{a}})/u_{\mathrm{a}}\right]\times\frac{1}{T}\times100\% \tag{3-17}$$

式中，K 为研究时段内某一地表覆盖类型动态度；u_{a}、u_{b} 分别为监测初期和监测末期某一种地表覆盖类型的面积；T 为监测时长。

3.5.9　地形坡度

指标概述：地形坡度表示地表倾斜程度的大小，是势能能否转化为动能和转化速度大小的制约条件，是影响地质灾害发育的重要因素，其直接决定着斜坡的稳定性，亦决定着松散固体物质的分布和聚集。

计算方法：地形坡度的计算可根据 GIS 的地形分析获得，按照《地理国情普查基本统计技术规定》(GDPJ 02—2013)，全国坡度带分级按照[0°，2°)、[2°，3°)、[3°，5°)、[5°，6°)、[6°，8°)、[8°，10°)、[10°，15°)、[15°，25°)、[25°，35°)、[35°-)进行坡度带划分。对于自然条件比较特殊的区域，可以结合区域地形的特点，坡度带的划分可根据实际区域情况在全国坡度带分级的基础上做细分。

3.5.10　高程分级

指标概述：高程对地质灾害的分布有一定影响，不同高程范围内，松散物凌空搁置，在自身重力作用下容易发生崩塌，这为地质灾害的发生贡献了一部分物质来源。但是根据资料显示，地质灾害的发生并不是随着高程的增加就增长的，当高程超过一定界线的时，崩塌、滑坡等地质灾害的相对数量却会减少。

计算方法：高程因子的计算可根据 GIS 的地形分析获得。按照《地理国情普查基本统计技术规定》(GDPJ 02—2013)，全国高程带分级按照(<50m、[50m，100m)、[100m，200m)、[200m，500m)、[500m，800m)、[800m，1000m)、[1000m，1200m)、[1200m，1500m)、[1500m，2000m)、[2000m，2500m)、[2500m，3000m)、[3000m，3500m)、[3500m，5000m)、[5000m-)进行高程带划分。结合区域地形的特点，高程带的划分可根据实际区域情况在全国高程带分级的基础上做细分。

3.5.11 工程形象进度

指标概述：工程形象进度指的是可以直观感觉到的进度。形象进度分为已建成形象进度、建设中形象进度和未开工形象进度，以示工程完成情况。

已建成：和重点项目规划建设目标内容一致的一级类房屋建筑(区)、道路、构筑物归为已建成。

建设中：地表覆盖数据中，和重点项目规划建设目标内容一致的房屋建筑工地、道路建筑工地和其他建筑工地，进度属性为建设中。

未开工：在已开工、建设中两种进度类型判读完成的基础上，规划建设范围内其他需要建设区域判定为未开工。

计算方法：工程形象进度建设主要采用依据规划建设目标、三期地表覆盖数据，结合影像、外业咨询核查的方式进行判别。

(1)已建成、建设中及未开工各进度的覆盖面积及占比

$$\text{面积构成比}=\frac{F_i}{F_n}\times 100\% \tag{3-18}$$

式中，F_i为已建成(建设中/未开工)；F_n为监测区总面积。

(2)道路类工程的已建成、建设中及未开工各进度的长度及占比

$$\text{道路长度构成比}=\frac{R_i}{R_n}\times 100\% \tag{3-19}$$

式中，R_i为已建成(建设中/未开工)道路长度；R_n为规划建设道路总长度。

3.5.12 降雨侵蚀力因子 R

指标概述：降雨侵蚀力指由降雨引起土壤侵蚀的潜在能力，是一项客观评价由降雨所引起土壤分离和搬运的动力，指标用 R 表示。它并非是物理学中“力”的概念，而是由易测的降雨量、降雨强度统计计算出来的指标。降雨侵蚀力指标与土壤侵蚀正相关，因而成为预测预报研究中的重要因子。

计算方法：降雨侵蚀力因子是降雨导致土壤侵蚀发生的潜在能力，根据第一次全国水利普查水土保持专项普查使用的降雨侵蚀力估算方程，利用逐日降水量资料，剔除日雨量小于 12 mm 的非侵蚀性降雨后，计算各气象站多年平均月降雨侵蚀力并进行空间插值，具体步骤如下：

(1)计算半月降雨侵蚀力：

$$\bar{R}_{半月j}=\frac{1}{N}\sum_{i=1}^{N}\left(\alpha\sum_{d=1}^{m}P_{di}^{\beta}\right)$$
$$\alpha=21.586\beta^{-7.1891}$$
$$\beta=0.8363+\frac{18.144}{p_{d10}}+\frac{24.455}{p_{y10}} \tag{3-20}$$
$$p_{d10}=\frac{1}{N}\sum_{i=1}^{N}\left(\frac{1}{m}p_{di}\right)$$
$$p_{y10}=\frac{1}{N}\sum_{i=1}^{N}\left(\sum_{d=1}^{m}p_{di}\right)$$

式中，$R_{半月j}$为第 j 半月降雨侵蚀力［MJ·mm/(hm^2·h)］；P_{di}为第 i 年第 d 日大于等于 12 mm 的日雨量；d=1，2，…，m 是某年日雨量大于等于 12 mm 的日数；i=1，2，…，N 是年数；α、β 为回归系数；P_{d10}为大于等于 12 mm 日雨量的多年平均值(mm)；P_{y10}为大于等于 12mm 的日雨量年总量的多年平均值(mm)。

(2)计算年降雨侵蚀力：

$$\bar{R}=\frac{1}{N}\sum_{i=1}^{N}\left(\sum_{j=1}^{24}\bar{R}_{半月j}\right) \tag{3-21}$$

式中，R 为年降雨侵蚀力［MJ·mm/(hm^2·a)］；i=1，2，…，N 是年数；j=1，2，…，24 是 1 年的 24 个半月。

3.5.13　交通通达性

指标概述：通达性是指利用一种特定的交通系统从某一给定区位到达活动地点的便利程度。研究主要选用了最短时间距离模型来计算交通通达性。

计算方法：最短时间距离指标的定义是区域内网络中某一节点到其他所有节点最快运行时间的总和，该指标主要由被评价节点的空间区位决定，指标得分越低，表示该节点通达性越高，与其他节点的联系越紧密，反之亦然。其模型为

$$A_i=\sum_{j=1}^{n}T_{ij} \tag{3-22}$$

式中，A_i为 i 地区的通达性值；n 为节点个数；T_{ij}是从 i 点到 j 点的最少运行时间。

为更好地表明研究区域城市的相互通达性及在整个城市群交通网络中所处的地位，构建相对通达性模型

$$D_i=\frac{A_i}{\sum\frac{A_i}{n}} \tag{3-23}$$

式中，D_i表示第 i 节点的相对通达性值，D_i值越小，该点与网络中的其他点的联系越容易，通达性越好。

相对通达性小于 1 时，说明该节点通达性优于网络通达性平均水平，其值大于 1 时，说明该节点通达性比网络平均通达性水平低：

3.5.14 交通优势度

计算方法： 采用市县经济社会发展总体规划技术规范与编制导则(试行)方法，按照如下计算：

[交通优势度]=[交通网络密度]+[交通干线影响度]+[区位优势度]

[交通网络密度]=[公路通车里程]/[县域面积]

[交通干线影响度]=Σ[交通干线技术水平]

[区位优势度]=[距中心城市的交通距离]

3.5.15 居民点入学便利度

指标概述： 对于任何一个居民点，在交通距离相等的条件下，教育服务设施规模大的学校，更能够吸引该居民点的学生到该学校学习。根据万有引力模型计算每个居民点到每个学校的可达性，则居民点到所有学校(小学或初中)的可达性之和，就是该居民点学校(小学或初中)的入学便利程度。

计算依据与方法： 依据《国务院办公厅关于规范农村义务教育学校布局调整的意见》和《四川省人民政府办公厅关于规范农村义务教育学校布局调整的实施意见》等相关政府文件。计算方法如下：

(1)采用迪杰斯特拉(Dijkstra)算法计算各居民点到各小学(初中)的交通距离，形成距离矩阵(在ArcGIS 中利用 OD 矩阵得到)。

(2)根据万有引力模型计算每个居民点到每个小学(初中)的可达性，则居民点的小学(初中)入学便利度为 A_i 。也即各居民点到每所学校的可达性，求出各个居民点到所有小学(或初中)的可达性之和，也就是该居民点小学(或初中)入学便利程度。

(3)将试点区内所有居民点的居民点入学便利程度均归一化为百分制，即居民点小学(或初中)入学便利度评判值。

3.5.16 距水系距离

指标概述： 水系反映地表切割的水平和水动力作用的大小，是地貌发育的产物。一般而言，水系越是发达的地区，其发生和发育地质灾害的条件越充分，主要是因为河流的切割和冲刷等能够破坏土体的稳定性，并且河流能够为地质灾害的发生提供动力条件。

计算方法： 以监测区水系数据为基准，向两侧根据水系影响范围绘制多级缓冲区，从而得到距水系距离因子。

3.5.17 开发干扰

指标概述： 开发干扰是评价人类生产活动对自然保护区的干扰程度，利用和开发活动有关的用地类型表示。

计算依据与方法： 依据《生态环境状况评价技术规范》(HJ-192—2015)。其计算方法为开发干扰指数= $A_{dev}\times 0.6\times$(0.4×城镇建设用地+0.1×农村建设用地+0.4×其他建设用地+0.1×耕地)/区域面积。

式中，A_{dev} 为归一化系数。

3.5.18　空间紧凑度

指标概述： 城市的空间紧凑度是指城市在空间上的集中程度，城市外围轮廓的紧凑度被认为是城市空间形态的一个重要指标。一般认为，城市空间紧凑度越大，则城市形状越有紧凑性；反之，紧凑度越小，则城市紧凑性越差。

计算方法： 空间紧凑度的计算公式为

$$C = 2\sqrt{\pi A} / P \tag{3-24}$$

式中，C 指空间紧凑度；A 为城市面积；P 为城市轮廓周长。

3.5.19　空间形状分维数

指标概述： 描述城市形态的分维数主要有网格维数、半径维数和边界维数等，本书使用边界维数来衡量城市空间形态的分形特征，采用格子计数法进行分维估值。

计算方法： 使用不同大小的正方形格网覆盖的城市平面轮廓图形，当正方形长度 r 出现变化时，覆盖有城市轮廓边界线的网格数目 $N(r)$ 和覆盖面积的网格数目 $M(r)$ 必然会出现相应的变化。根据分形理论有如下公式成立：

$$\ln N(r) = C + D\ln M(r)^{\frac{1}{2}} \tag{3-25}$$

式中，D 为城市平面轮廓分形维数；C 为待定常数；$N(r)$、$M(r)$ 分别为当正方形长度 r 出现变化时，覆盖有城市轮廓边界线的网格数目和覆盖面积的网格数目。

3.5.20　粮食安全系数

指标概述： 粮食安全是确保所有的人在任何时候既买得到又买得起他们所需的基本食品，包括：确保生产足够数量的粮食、最大限度地稳定粮食供应、确保所有需要粮食的人都能获得粮食。粮食安全系数是评价粮食安全水平的重要指标。

计算依据与方法： 选用粮食趋势产量增长率评价法，计算方法采用游建章《粮食安全预警与评价的评价》、刘明《我国粮食生产警情的确定》、顾海兵《我国粮食及农业生产的警度》等人的方法，公式如下：

$$R_t = \frac{Y_t}{\mathrm{YTD}_{t-1}} \times 100 - 100 \tag{3-26}$$

式中：R_t 为第 t 年粮食趋势产量增长率；Y_t 为第 t 年实际产量；YTD_{t-1} 为第 t-1 年粮食趋势产量。

同时，采用系统化方法确定粮食生产的警限。系统化在于全面权衡粮食生产的自身变动规律、特征及人口增长的趋势、工业发展速度、粮食进出口及储备的需要以及农业生产的发展和未来。粮食分级详见表 3-7。

表 3-7 粮食安全分级

等级	极低	低	较低	适中	较高
趋势产量	$R \leqslant -9.9$	$-9.9 < R \leqslant -2.1$	$-2.1 < R \leqslant 0$	$0 < R \leqslant 2$	$2 < R$
分值	0	1	2	3	4

3.5.21 林草覆盖率

计算依据与方法： 依据《生态环境状况评价技术规范(试行)HJ 192—2015》。其计算方法如下：

(1)林地覆盖率。林地覆盖率是指县域内林地面积占县域国土面积的比例，计算公式如下：

林地覆盖率=林地面积/县域国土面积×100%

林地面积使用地理国情普查中地表覆盖数据。

(2)草地覆盖率。草地覆盖率是指县域内草地面积占县域国土面积的比例，计算公式如下：

草地覆盖率=草地面积/县域国土面积×100%

草地面积使用地理国情普查中地表覆盖数据。

(3)林草覆盖率。林草覆盖率是指县域内林地与草地之和的面积占县域国土面积的比例，计算公式如下：

林草地覆盖率(A)=林草地面积之和/县域国土面积×100%

使用林地覆盖率与草地覆盖率之和，或者使用地理国情普查地表覆盖要素数据二者面积之和计算。计算结果根据表 3-8 进行分级。

表 3-8 林草地覆盖率分级

等级	低度覆盖	轻度覆盖	中度覆盖	重度覆盖	高度覆盖
覆盖率	$A \leqslant 20\%$	$20\% < A \leqslant 45\%$	$45\% < A \leqslant 60\%$	$60\% < A \leqslant 75\%$	$75\% < A$
分值	0	1	2	3	4

3.5.22 林业易损性

指标概述： 林业易损性是林业设施面对自然或社会环境中的压力或扰动可能造成的损毁及其抗损毁能力。

计算方法： 用林地密度数据来量化林业易损性，利用地理国情普查获得的林地数据，基于 GIS 的网格分析，得到单位面积上的林地面积，即林地密度。

3.5.23 农业易损性

指标概述： 农业易损性是农业生产设施面对自然或社会环境中的压力或扰动可能造成的损毁及其抗损毁能力。

计算方法： 用耕地和园地密度数据来量化农业易损性，利用地理国情普查获得的耕地和园地数据，基于 GIS 的网格分析，得到单位面积上的耕地和园地面积，即耕地和园地密度。

3.5.24　坡长坡度因子 *LS*

指标概述：坡长坡度因子是影响土壤侵蚀的主要地形因子，在 USLE 和 RUSLE 中，地形对土壤流失的影响用坡长坡度因子(*LS*)表示。坡度因子 *S* 是指在其他条件相同的情况下任意坡度下的单位面积土壤流失量与标准小区坡度下单位面积土壤流失量之比。坡长因子 *L* 是指在其他条件相同的情况下，任意坡长的单位面积土壤流失量与标准坡长单位面积土壤流失量之比。

计算依据与方法：根据刘宝元等(2010)《北京土壤流失方程》，坡长因子 *L* 和坡度因子 *S* 利用 DEM 进行计算，提取坡长和坡度后，根据公式计算因子值。具体步骤如下：

$$
\begin{aligned}
&L=\left(\frac{\lambda}{22.1}\right)^m \\
&m=0.2 \qquad \theta\leqslant 1^\circ \\
&m=0.3 \qquad 1^\circ<\theta\leqslant 3^\circ \\
&m=0.4 \qquad 3^\circ<\theta\leqslant 5^\circ \\
&m=0.5 \qquad \theta>5^\circ \\
&S=10.8\sin\theta+0.03 \qquad \theta<5^\circ \\
&S=16.8\sin\theta-0.5 \qquad 5^\circ\leqslant\theta<10^\circ \\
&S=21.9\sin\theta-0.96 \qquad \theta\geqslant 10^\circ
\end{aligned}
\tag{3-27}
$$

式中，*L* 为坡长因子；*S* 为坡度因子；λ 为坡长(m)；*m* 为坡长指数；θ 为坡度(°)。

3.5.25　人口-城市扩展弹性指数

指标概述：弹性系数是指一定时期内相互联系的两个经济指标增长速度的比例，是衡量一个经济变量的增长幅度对另一个经济变量增长幅度的依存关系。

计算方法：人口-城市扩展弹性指数的计算公式如下：

$$E=\frac{L_c/L_{总}}{P_c/P_{总}} \tag{3-28}$$

式中，*E* 为人口-城市扩展弹性系数；L_c 表示建成区面积；$L_{总}$ 表示区域总面积；P_c 表示城市人口；$P_{总}$ 表示区域总人口。

3.5.26　人口易损性

指标概述：人口易损性是人类面对自然或社会环境中的压力或扰动可能造成的损失以及对这些压力和扰动的应对与适应能力，其中这种能力被认为是易损性的决定性因素，也在减少易损性政策中处于核心地位。

计算方法：用人口密度数据来量化人口易损性，基于各行政单元统计年鉴获取的人口数量，结合地理国情普查获得的房屋建筑区数据，量化人口的空间分布，基于 GIS 的网格分析，得到单位面积上的人口数量即人口密度。

3.5.27 人类工程活动

指标概述：考虑到公路铁路等交通建设及矿山开采是区内最具代表性的人类工程活动，对灾害影响最明显，且具有贯穿或覆盖全区的特点。

计算方法：人类工程活动的量化以区内的道路(高速、国道、省道)线及矿山范围面为基准以工程活动影响范围为间距做缓冲区分析，可得到人类工程活动因子。

3.5.28 生态环境状况指数

指标概述：生态环境状况指数是指评价区域生态环境质量状况，即 EI，数值范围 0～100。

计算依据与方法：依据《生态环境状况评价技术规范》(HJ-192—2015)。其计算方法如下：

生态环境状况指数(EI)=0.35×生物丰度指数+0.25×植被覆盖指数+0.15×水网密度指数+0.15×(100 −土地胁迫指数)+0.10×(100−污染负荷指数)。

3.5.29 生物丰度指数

指标概述：生物丰度指通过单位面积上不同生态系统类型在生物物种数量上的差异，间接地反映被评价区域内生物的丰贫程度，是生态环境系统评价的重要指标之一，是地球上生命经过几十亿年的发展、进化的结果。今日地球的稳定状态就得益于生物与环境长期相互作用的结果。生物多样性是人类社会赖以生存和发展的基础，其决定着生态系统的面貌，也是反映生态环境质量最本质的特征之一。

计算依据与方法：依据《生态环境状况评价技术规范》(HJ-192—2015)。生物丰度指数的计算方法为

生物丰度指数=(生物多样性指数+生境质量指数)/2

规范中表明当生物多样性指数没有动态更新数据时，生物丰度指数变化等于生境质量指数的变化，同时《生态环境状况评价技术规范(试行)(HJ/T 192－2006)》中的生物丰度指数计算方法等同于《生态环境状况评价技术规范(HJ/T 192－2015)》中生境质量指数的计算，所以生境环境指数很大程度上可以表征生物丰度指数，所以利用生境质量指数的计算方法来对示范区生物丰度指数进行计算，其方法如下：

生物丰度指数=生境质量指数= A_{bio}×(0.35×林地+0.21×草地+0.28×水域湿地+0.11×耕地+0.04×建设用地+0.01×未利用地)/区域面积。

式中，A_{bio}为生物丰度指数归一化系数，A_{bio} =100/A_{bio}最大值。A_{bio}最大值指生物丰度指数归一化处理前的最大值。

3.5.30　土地规划目标实施程度指数

指标概述：选用土地利用规划实施程度指数，利用地表覆盖类型现状与规划预期规模的偏离程度，衡量地表覆盖类型变化与区域土地资源利用的协调程度，反映土地利用规划实施的效果。

计算方法：偏离度正负号表示偏离方向，对于不同的土地类型有着不同的含义，其绝对值表示与规划目标的偏离程度，其计算公式如下：

$$L_{Di}=\left(\frac{L_{ai}}{L_{gi}}-1\right)\times 100\% \tag{3-29}$$

式中，L_{Di}为第 i 类用地状态的偏离程度，L_{ai}为评价年份第 i 类用地实际面积；L_{gi}为规划预计评价年份第 i 类用地面积。

3.5.31　土地胁迫指数

指标概述：评价区域内土地质量遭受胁迫的程度，利用评价区域内单位面积上水土流失、土地沙化、土地开发等胁迫类型面积表示。当土地胁迫指数大于 100 时，取值 100。

计算依据与方法：依据《生态环境状况评价技术规范》(HJ-192—2015)。其计算方法如下：

土地胁迫指数= A_{ero}×(0.4×重度侵蚀面积 + 0.2×中度侵蚀面积 + 0.2 ×建设用地面积 + 0.2×其他土地胁迫面积)/区域面积。

式中，A_{ero}为归一化系数。

3.5.32　土地退化指数

指标概述：土地退化指数指被评价区域内风蚀、水蚀、重力侵蚀、冻融侵蚀和工程侵蚀的面积占被评价区域面积的比重，用于反映被评价区域内土地退化程度。

计算方法：对于土地退化的评价，采取土地退化指数量化，主要使用植被覆盖度的计算结果，并运用栅格计算得到，其计算公式如下：

土地退化指数=A_{ero}×(0.05×高植被覆盖面积比例+0.25×中植被覆盖面积比例+0.7×低植被覆盖面积比例)

式中，A_{ero}为归一化系数，A_{ero} =100/A_{ero}最大值，A_{ero}最大值指土地退化指数归一化处理前的最大值。

对于以计算格网的植被覆盖指数为输入计算土地退化指数时，其计算公式调整为

$$土地退化指数=\begin{cases} A_{ero}\times 0.05\times(150-植被覆盖指数)植被覆盖指数\in[50,100] \\ A_{ero}\times 0.25\times(70-植被覆盖指数)植被覆盖指数\in[20,50] \\ A_{ero}\times 0.2\times(38-植被覆盖指数)植被覆盖指数\in[0,20] \end{cases} \tag{3-30}$$

3.5.33　土壤可蚀性因子

指标概述：土壤可蚀性是反映土壤对降雨渗透能力及其对降雨和径流剥蚀、搬运敏感程度的一

个重要指标，指标用 R 表示，是影响土壤流失的内在重要因素。

计算方法：土壤可蚀性是反映土壤对降雨渗透能力及其对降雨和径流剥蚀、搬运敏感程度的一个重要指标，是影响土壤流失的内在重要因素，K 值的大小与土壤质地有较高的相关性。K 值的求法主要有直接测定、诺谟图法、公式法。直接测定法可信度高但成本高；诺谟图法需要的参数较多，而且有些参数的准确获取相当困难；公式法简单方便，采用被广泛用来进行 K 值计算的 Williams 等在 EPIC 模型中的估算方法计算土壤可蚀性 K 值。

$$K=\left\{0.2+0.3\exp\left[-0.0256S_a\left(1-\frac{S_t}{100}\right)\right]\right\}\times\left(\frac{S_t}{C_i+S_i}\right)\times\left[1-\frac{0.25c}{c+\exp(3.72-2.95c)}\right]\times\left[1-\frac{0.7S_n}{S_n+\exp(-5.51+22.9S_a)}\right] \tag{3-31}$$

$$S_n=1-S_a/100 \tag{3-32}$$

式中，S_a 为粒径 0.05~2mm 沙粒的百分含量；S_i 为粒径 0.002~0.05mm 粉砂的百分含量；C_i 为粒径 <0.002mm 黏粒的百分含量；c 为有机碳的百分含量。

由于国外土壤可蚀性实测值与我国实测值之间存在明显的差异，由 EPIC 模型计算的值通常要比实际的值偏大，因此国外关于土壤可蚀性估算的研究成果不能直接在我国使用。采用张科利实测研究成果，修正的土壤可蚀性：

$$K_{\text{rejst}}=0.5157K_{\text{epic}}-0.0138 \quad (R^2=0.613，P=0.106) \tag{3-33}$$

3.5.34 水网密度指数

指标概述：水网密度指数是评价区域内水的丰富程度，用评价区域内单位面积河流长度、水域面积和水资源量表示。当水网密度指数大于 100 时，取值 100。

计算依据与方法：依据《生态环境状况评价技术规范》（HJ-192—2015）。其计算方法如下：

水网密度指数=(A_{riv}×河流长度/区域面积 +A_{lak}×水域面积/区域面积+A_{res}×水资源量/区域面积)/3

式中，A_{riv}、A_{lak} 和 A_{res} 分别为河流长度、水域面积、水资源量的归一化系数。

3.5.35 水域易损性

指标概述：水域易损性是水域设施面对自然或社会环境中的压力或扰动可能造成的损毁及其抗损毁能力。

计算方法：用水域密度数据来量化水域易损性，利用地理国情普查获得的水域数据，基于 GIS 的网格分析，得到单位面积上的水域面积，即水域密度。

3.5.36 水源涵养指数

指标概述：水源涵养是指生态系统对水的拦截和储藏。涵养水源的服务功能是生态系统服务功能的重要组成部分，研究其价值具有重要的理论和实践意义。生态系统的涵养水源功能主要表现在以下几个方面：蓄水功能、净化水质、削洪抗旱等。水源涵养指数表征生态系统的水源涵养状况的特征指标，指数通过单位面积上水资源量及涵养水源的覆被类型差异，间接地反映被评价区域内生态系统的水源涵养状况。

计算依据与方法：水源涵养的计算基础数据为地理国情数据中的地表覆盖类型数据，依据《生态环境状况评价技术规范(HJ/T192－2015)》中对水资源涵养指数的计算方法的定义，其计算方法如下：

$$水源涵养指数 = A_{wat} \times (0.45\times水域湿地面积+0.35\times林地面积+0.2\times草地面积)/区域面积$$

式中：A_{wat} 为水源涵养指数归一化系数，$A_{wat}=100/A_{wat}$ 最大值，A_{wat} 最大值指水源涵养指数归一化处理前的最大值。

3.5.37　尾矿库环境风险指数

指标概述：尾矿库环境风险指数是在风险危害性和风险可能性基础上，综合建立的尾矿库风险等级评价指数，是评估尾矿库风险等级的重要指标之一。

计算依据与方法：以环境风险系统理论为指导，以《尾矿库环境应急管理工作指南》为基础，从尾矿库风险的危害性和风险的可能性的角度出发，结合遥感监测获取的数据、专业资料数据等，构建尾矿库环境风险性评价指标体系，监测指标体系说明及计算如表 3-9 所示。

表 3-9　尾矿库环境风险性评价指标体系说明表

目标层	准则层 1	准则层 2	指标层	因子描述及来源
尾矿库环境风险性指数(R)	风险危害性指数(H)	污染	固废类型	尾矿是风险源，矿种不同，其污染不同，毒性高的物质即使量比较小也可能会对周围环境造成大的污染，本书中用固废等级来反映尾矿的毒性。来源于专业资料
		势能	库容	指尾矿坝某标高顶面、下游坡面及库底面所围空间的容积，是衡量尾矿库规模等级及势能的重要指标。本书中用库容作为指标来量化有害物质量的大小。库容包括现状库容和设计库容，本指标体系所用的是现状库容。来源于专业资料
			坝高	指坝顶与坝轴线处坝底的高差，是衡量尾矿库规模和等级的重要指标。来源于遥感监测分析
			下游坡度	指尾矿库下游沟谷的平均坡度，是影响尾矿库溃坝事故发生后流体能量的重要因子，一般情况下能量大小跟坡度大小成正比。来源于地形分析
			下游曲折度	指尾矿库下游沟谷的曲折度，曲折度越大，溃坝后流体能量损耗的就越多，对周围环境的危害相对就越小。来源于地形分析
			下游粗糙度	指尾矿库下游沟谷的土地利用类型所代表的地表的粗糙程度，是影响溃坝后流体能量损耗程度的重要因子，一般粗糙度越大，流体损失的能量越大越迅速。来源于地形分析
		风险受体	农田	来源于遥感监测分析
			居民地	居民地属于人类集中居住的地区，一旦受到尾矿库溃坝事故的影响，势必造成人民的生命安全和财产损失，因此居民地是一个比较重要的风险指标。来源于遥感监测分析
			道路	连接区域内重要节点的交通干线，包括高速公路、国道、省道及铁路等。来源于遥感监测分析

续表

目标层	准则层 1	准则层 2	指标层	因子描述及来源
			河流湖泊	在我国，尾矿库溃坝事故发生后的风险受体首先是河流、湖泊以及水库等涉及人民群众饮水安全的水体。故河流在风险受体中是不可缺少的指标之一。来源于遥感监测分析
			二次风险源	环境风险一旦发生，其周围的风险受体都有可能受到影响，而随着时间的推移，如果存在类似化工厂等二次风险源极有可能会增大环境风险并使其通过二次风险源继续传递，使得环境风险变得越来越复杂。来源于专业资料
		尾矿库自身	运行状况	尾矿库在停止使用后，必须进行处置以保证坝体安全并经过安监部门对尾矿库中的尾砂进行环境达标监测，才能安全闭库。来源于专业资料
			安全等级	尾矿库安全等级的划分主要是根据尾矿库的防洪能力和尾矿坝坝体的稳定性，由安监部门来确定。一般分为危库、险库、病库和正常库四个等级。来源于专业资料
		自然条件	地震烈度	由地震引起的地面震动及其影响的强弱程度称为地震烈度，我国的地震烈度分为 12 个等级，用“度”来表示。烈度的大小与震级、震源深度、震中距、岩土性质、地质构造等因素有关。来源于专业资料
	风险可能性指数（P）		最大降雨量	强降雨是尾矿库风险发生的主要外诱因素。用尾矿库所在地区的历史最大日降雨量来衡量一个地区的降雨强度。来源于专业资料
			日常管理	此项指标用于反映企业在尾矿库日常管理工作的实际执行情况，尾矿库的安全运行与矿山企业的管理状况关系密切，可以说，日常管理的好坏是直接关系到尾矿库危险等级的重要因素。来源于专业资料
		其他因素	事故应急	尾矿库溃坝事故的应急响应机制是降低事故发生后的危害程度的关键因素。合理的应急预案和应急机构以及完善的应急设施是每个矿山企业都必须具备的。来源于专业资料
			监测设施	此项指标用于衡量企业的尾矿库日常监测设施的完备程度和预警方法的有效程度。好的监测设施和预警方案能对防止尾矿库溃坝事故的发生和降低事故发生后造成的损失起到很大的作用。来源于专业资料

基于上述指标体系，在确定指标权重（W）和归一化取值（V）的基础上，利用综合指数法，计算风险危害性指数（H）和风险可能性指数（P），进而得到尾矿库风险指数（R）。

其中，风险危害性指数：$H=\sum_{i=1}^{n} Vh_i Wh_i$；风险可能性指数：$P=\sum_{i=1}^{n} Vp_i Wp_i$；尾矿库风险指数：$R=HP$。

3.5.38 污染负荷指数

指标概述：污染负荷指数是指评价区域内所受纳的环境污染压力，用评价区域单位面积所受纳的污染负荷表示。当污染负荷指数大于 100 时，取值 100。

计算依据与方法：依据《生态环境状况评价技术规范》（HJ-192—2015）。具体计算方法如下：

污染负荷指数=0.2×$A1$×化学需氧量/区域年降水总量+0.2×$A2$×氨氮排放量/区域年降水总量+0.2×$A3$×二氧化硫排放量/区域面积+0.1×$A4$×烟尘排放量/区域面积+0.2×$A5$×氮氧化物排放量/区域面积+0.1×$A6$×固体废弃物丢弃量/区域面积

式中，$A1$、$A2$、$A3$、$A4$、$A5$ 和 $A6$ 为归一化系数。

3.5.39 污染物排放强度

指标概述：污染物排放强度是指县域单位国土面积排放的二氧化硫、化学需氧量、氨氮和氮氧化物之和，单位为 kg/km^2。

计算依据与方法：依据生态环境状况评价技术规范(试行)HJ 192—2015 具体计算方法如下：

主要污染物排放强度(I)=(二氧化硫排放量+化学需氧量排放量+氨氮排放量+氮氧化物排放量)/县域国土面积。单位：kg/km^2。

主要污染物排放强度分级详见表3-10所示。

表3-10 主要污染物排放强度分级

等级	低	较低	一般	较高	高
排放强度	$I \leqslant 3000$	$3000<I \leqslant 7000$	$7000<I \leqslant 10000$	$10000<I \leqslant 15000$	$15000<I$
分值	4	3	2	1	0

3.5.40 斜坡类型(坡体结构类型)

指标概述：坡体结构是坡体内岩体或土体的分布和排列顺序、位置、产状及其与临空面之间的关系。它是形成滑坡的地质基础，主要是控制了滑动面(带)的位置和形状。坡体结构与斜坡体稳定性有密切关系，不同的坡体结构类型往往决定着不同的斜坡的变形破坏模式。一般来说，横向直交坡最为稳定，斜向坡次之，而顺向坡对坡体的稳定性尤为不利。

计算方法：斜坡类型因子的计算可根据GIS的地形分析获得。

3.5.41 畜牧业易损性

指标概述：畜牧业易损性是牲畜及畜牧设施面对自然或社会环境中的压力或扰动可能造成的损毁及其抗损毁能力。

计算方法：用草地密度数据来量化畜牧业易损性，利用地理国情普查获得的草地数据，基于GIS的网格分析，得到单位面积上的草地面积，即草地密度。

3.5.42 灾害点密度

指标概述：灾害点密度指单位面积内的地质灾害隐患点数量。灾害密度是反映灾害次数的一个重要指标，灾害密度大的区域，说明区域孕灾环境复杂、致灾因子活跃，危险性大。

计算方法：根据ARCGIS空间分析点密度计算方法，灾害点密度=评价单元面积/灾害点数量。

3.5.43 植被覆盖指数(2006)

指标概述：植被覆盖指数(2006)指被评价区域内林地、草地、农田、建设用地和未利用地五种类型的面积占被评价区域面积的比重，用于反映被评价区域植被覆盖的程度。

计算依据与方法：根据《生态环境状况评价技术规范(试行)(HJ/T 192－2006)》中的植被覆盖度的计算方法，其计算公式为

植被覆盖指数＝A_{veg}×(0.38×林地面积+0.34×草地面积+0.19×耕地面积+0.07×建设用地+0.02×未利用地)/区域面积。

式中，A_{veg}为植被覆盖指数的归一化系数。A_{veg}=100/A_{veg}最大值，A_{veg}最大值指植被覆盖指数值归一化处理前的最大值。

3.5.44 植被覆盖指数(2015)

指标概述：植被覆盖指数(2015)指评价区域植被覆盖程度，利用评价区域单位面积归一化植被指数(NDVI)标识。

计算依据与方法：依据《生态环境状况评价技术规范》(HJ-192—2015)，其计算方法如下：

$$植被覆盖指数=NDVI_{区域均值}=A_{veg}\times(区域像元值总和/区域像元个数)$$

式中，A_{veg}为归一化系数；像元值来源于MODIS的NDVI数据，为5～9月NDVI像元单月最大值求和后的均值。

3.5.45 自然保护区生态环境保护状况指数

指标概述：自然保护区生态环境保护状况指数指评价自然保护区生态环境保护状况，即NEI，数值范围为0～100。

计算依据与方法：依据《生态环境状况评价技术规范》(HJ-192—2015)。具体计算方法如下：

自然保护区生态保护状况指数(NEI)=0.10×面积适宜指数+0.10×(100−外来物种入侵指数)+0.40×生境质量指数+0.40×(100−开发干扰指数)

3.6 专题分析评价方法

有别于地理国情通用监测指数与方法，地理国情监测专题评价方法是根据多项指标，从多个不同的侧面对某一对象进行综合评价，评价过程中可能会用到多种数据空间分析与数据挖掘技术方法，所使用的评价数据也不仅包含地理国情普查数据，还包括人文、经济、环境等其他行业的专业资料。

根据四川省地理国情监测前期工作，本节主要介绍四川省地理国情监测实施过程中主要使用到的专题评价方法，评价专题包括：地表覆盖监测、基础设施建设监测、城镇空间扩展监测、水土流失评价、地质灾害风险评估、生态环境质量评价、资源环境承载力评价与预警等方面。专题评价方法的理论依据主要有：地理国情普查基本统计分析技术方法、现有技术规程与行业规范、公开出版的专著及部分研究论文等，部分技术方法的计算模型或统计指标按照地理国情普查数据进行了适当

修正，以满足四川省地理国情监测专题评价的需求。

3.6.1　地表覆盖现状分析方法

地表覆盖是地理国情监测的基础，基于地理国情普查地表覆盖数据成果，利用简单的空间面积统计分析方法，可以掌握区域耕地、园地、林地、建设用地、水域等自然地理要素资源的分布及其数量。

3.6.1.1　地表覆盖面积及人均面积统计

按照特定的统计单元，利用地理国情普查地表覆盖数据集，分别提取耕地、园地、林地、草地、水域湿地、建设用地(包括道路、房屋建筑区、构筑物、人工堆掘地四大类)、荒漠与裸露地表地表覆被类型的矢量图斑，并对其进行汇总，得到单元内的地表覆盖面积(表 3-11)。使用区域总面积占比和人均占比对各类地表覆盖进行进一步刻画，得到各地表覆盖类型占区域土地总面积分布图和人均分布图，通过多个时段数据运算，分析各类地表覆盖的变化情况，可得到其对应的空间变化图。

表 3-11　地表覆盖面积统计指标与计算方法

类别	统计指标	计算方法
耕地、园地、林地、草地、水域湿地、建设用地、荒漠与裸露地表	地表覆盖类型面积	GIS 面积统计
	地表覆盖类型占比	
	人均地表覆盖类型面积	

3.6.1.2　地表覆盖垂直分布特征描述

参照地理国情普查基本统计分析地形地貌高程分级标准，我国海拔按＜1000 m、1000~3500 m、3500~5000 m、≥5000 m 等级可分为四类区域，可归类为低海拔、中海拔、高海拔、极高海拔四种类型，分别统计各类型区内，各地表覆盖类型的面积和面积占比(计算公式见 3-14)，可得到各地表覆盖类型的垂直分布特征。

$$R_v = \frac{A_v}{S} \times 100\% \tag{3-34}$$

式中，R_v 表示地表覆盖类型面积占比，A_v 表示统计单元内某地表覆盖类型的总面积；S 表示统计单元的面积。

3.6.1.3　地表覆盖坡度分布特征描述

参照地理国情普查的地形地貌坡度分级标准，我国坡度分级按 0°~2°、2°~6°、6°~15°、15°~25°、25°~35°、≥35° 等级划分为六级，分别以平缓坡、缓坡、斜坡、陡坡、急坡、极陡坡表示。分别统计各坡度带内，各地表覆盖类型的面积和面积占比，可得到各地表覆盖类型的坡度分布特征。

3.6.1.4　景观破碎度统计

景观破碎度指自然分割及人为切割的破碎化程度，即景观生态格局由连续变化的结构向斑块嵌块体变化的过程的一种度量，它反映区域全局的景观特征和不同地表覆盖类型的结构组成和空间配置特征，其计算方法如下：

$$C = N/A \tag{3-35}$$

式中，C 为景观破碎度；N 为图斑总数；A 为区域面积。

3.6.2 地表覆盖变化监测方法

地表覆盖变化作为自然与人类活动在地理空间上的直观折射，是研究各种生物圈过程模型和陆地生态系统动态变化的基本变量之一，基于多期地表覆盖分类数据开展地表覆盖变化分析是区域性环境分析的基础性分析技术方法。主要包含以下内容。

3.6.2.1 地表覆盖转移分析

地表覆盖转移分析主要使用转移矩阵实现，转移矩阵来源于系统分析中对系统状态与状态转移的定量描述。使用转移矩阵（见 3.5.6 节）及衍生的变化量，能较好地分析区域地表覆盖变化的数量结构特征与各用地类型变化的方向。

(1) 各地表覆盖类型转换为其他类型的变化量为 P_{ij}。

(2) 净变化量（绝对变化量）D_j。净含量不能反映地表覆盖的动态演变过程。当净变化量为 0 时，并不一定表示地表覆盖景观没有发生变化，而很有可能是地表覆盖类型空间位置发生了变化。

$$D_j = \left|P_{+j} - P_{j+}\right| \tag{3-36}$$

(3) 总变化量 S_j。由于整个区域是一个封闭系统，新增和减少是一个相互过程，系统内一种地表覆盖类型的增加必然伴随着另外一种地表覆盖类型的减少。总变化量等于净变化量加上交换量，也等于新增量加上减少量。

$$S_j = (P_{j+} - P_{jj}) + (P_{+j} - P_{jj}) \tag{3-37}$$

3.6.2.2 地表覆被变化速率分析

地表覆被变化速率定量描述了地表覆被变化速度的指标，能很好地反映监测时段内区域地表覆被变化的总体态势。该指数综合考虑了研究时段内地表覆被类型间的转移状况，以行政区划为统计单元能较好地反映区域地表覆被变化的剧烈程度，便于在不同空间尺度上找出变化热点区域。

以监测时段内地表覆被类型间的转移面积为研究对象，将其各种类型之间的转换面积与前一时期各类型面积进行比较。某类地表覆盖 i 转换为其他类型的转换速率 $LC_{\text{out-}i}$ 计算公式为

$$LC_{\text{out}-i} = \Delta LU_{\text{out}-i} \times \frac{1}{T} \tag{3-38}$$

其他类型地表覆盖转换为某类地表覆盖 i 的转换速率 $LC_{\text{in-}i}$ 计算公式为

$$LC_{\text{in}-i} - \Delta LU_{\text{in}-1} \times \frac{1}{T} \tag{3-39}$$

对于某一区域其地表覆盖转换速率计算公式如下：

$$LC_{\text{s}} = \left(\Delta LU_{\text{in}-i} + \Delta LU_{\text{out}-i}\right)\frac{1}{T} \tag{3-40}$$

式中，T 为监测时段；$\Delta LU_{\text{out-}i}$ 为监测时段 T 内第 i 类土地覆被类型转变为非 i 类土地覆被类型的面积之和；$\Delta LU_{\text{in-}i}$ 为监测时段 T 内非 i 类转变为第 i 类土地覆被类型的面积之和。

LC_s 的值越高，表明各类地表覆盖类型之间的转入、转出越频繁，土地覆被状况变化越剧烈；值越低，表明各类地表覆盖类型之间结构越稳定，土地覆被状况变化越小。

3.6.2.3　地表覆被变化动态度分析

地表覆盖变化动态度分为综合动态度和单一地表覆盖动态度。

1. 综合地表覆盖动态度

地表覆盖动态度是刻画地表覆盖类型变化速度区域差异的指标，反映人类活动对地表覆盖变化的综合影响。其数学模型见 3.5.5 节。

2. 单一地表覆盖动态度

单一地表覆盖动态度是刻画不同地表覆盖类型在一定时间段内的变化速度和幅度的指标，反映人类活动对单一地表覆盖类型的影响。其数学模型为

$$LC_s = \frac{\left|\Delta LU_{\text{in}} + \Delta LU_{\text{out}}\right|}{LU_a} \times \frac{1}{T} \times 100\% \tag{3-41}$$

LC_s 的值越高，表明各类地表覆盖类型之间的转入、转出越频繁，土地覆被状况变化越剧烈；值越低，表明各类地表覆盖类型之间结构越稳定，土地覆被状况变化越小。

3.6.3　基础设施统计与变化监测方法

地理国情普查采集了丰富的社会基础设施要素数据，利用地理国情普查要素数据集，辅以社会经济统计数据，以行政区划单元为汇总口径，对研究区在监测时段内基础设施数量变化和空间分布进行分析，可反映区域基础设施建设水平，为区域规划及均衡化发展提供数据支撑。

3.6.3.1　交通基础设施分析

以地理国情要素数据中的道路要素系列图层为例(表 3-12)，交通基础设施专题数据主要包含在地理国情要素数据集的 4 个线图层中，分别为图层[LRRL(铁路)、LRDL(公路)、LCTL(城市道路)、LVLL(乡村道路)]。

表 3-12　交通基础设施状况年度汇总信息表

统计指标	公式	单位
交通设施地均占有量(含铁路、公路、城市道路和乡村道路)	$\frac{\text{交通设施总长度}}{\text{区域总面积}}$	千米/平方千米
铁路网络密度	$\frac{\text{铁路总长度}}{\text{区域总面积}}$	千米/平方千米

续表

统计指标	公式	单位
公路网络密度	$\frac{公路总长度}{区域总面积}$	千米/平方千米
高速公路网络密度	$\frac{高速公路总长度}{区域总面积}$	千米/平方千米
城市道路网密度	$\frac{城市道路总长度}{区域总面积}$	千米/平方千米
乡村道路网密度	$\frac{乡村道路总长度}{区域总面积}$	千米/平方千米

按照特定的统计单元，提取交通基础设施的长度信息，反映的交通基础设施类别和等级变化。使用地均占有量和路网密度对交通基础设施进行进一步刻画，得到交通基础设施占区域土地总面积分布图。通过两个时段数据运算，分析交通基础设施的变化情况，得到其对应的空间变化图。

3.6.3.2 水利基础设施分析

以地理国情要素数据中的构筑物系列图层为例，水利基础设施数据主要包含在3个图层中，分别是地理国情要素数据集中的点(SFCP)、线(SFCL)、面(SFCP)图层。

按照特定的统计单元，提取水利基础设施的数量信息(面积、长度或个数)，反映的水利基础设施类别变化。使用地均占有量对水利基础设施进行进一步刻画，其中构面或构线数据提取其几何重心点，得到水利基础设施占区域土地总面积分布图，通过两个时段数据运算，分析水利基础设施的变化情况，得到其对应的空间变化图(表3-13)。

表3-13 水利基础设施状况年度汇总信息表

统计指标	公式	单位
水利设施地均占有量	$\frac{水利设施数量}{区域总面积}$	个/平方千米
堤坝长度		千米
闸个数、长度、面积		个、千米、平方千米
排灌泵站个数、面积		个、平方千米

3.6.3.3 信息基础设施状况分析

以地理国情要素数据中的城镇综合功能单元系列图层为例，信息基础设施(邮政局(所))专题数据主要包含在地理国情要素数据集中的点(BUCP)图层中。

按照特定的统计单元，利用地理国情要素数据集，提取邮电通信机构的数量信息(个数)，得到信息基础设施分布图。通过两个时段数据运算，分析信息基础设施的变化情况，得到其对应的空间变化图(表3-14)。

表 3-14　信息基础设施状况年度汇总信息表

统计指标	公式	单位
信息基础设施地均占有量	$\frac{\text{邮电通信机构数量}}{\text{区域总面积}}$	个/平方千米
邮政局(所)数		个

3.6.3.4　其他基础设施状况分析

以地理国情要素数据中的城镇综合功能单元系列图层为例，其他基础设施(金融机构和科研机构)专题数据主要包含在地理国情要素数据集中的点(BUCP)图层和面(BUCA)图层中(表 3-15)。

表 3-15　其他基础设施状况年度汇总信息表

统计指标	公式	单位
其他基础设施地均占有量	$\frac{\text{科研机构数量}+\text{金融机构数量}}{\text{区域总面积}}$	个/平方千米
金融机构数		个
科研机构数		个

按照特定的统计单元，提取金融机构和科研机构的数量信息(个数)，构面数据提取其几何重心点，得到其他基础设施分布图。通过两个时段数据运算，分析其他基础设施的变化情况，得到其对应的空间变化图。

3.6.3.5　公共服务设施状况分析

以行政区划单元为汇总口径，对研究区在监测时段内公共设施数量变化和空间分布进行分析，反映城市发展中公共服务资源的保障状况。

1. **教育公共设施**

以地理国情要素数据中的城镇综合功能单元系列图层为例，教育公共服务设施专题数据主要包含在地理国情要素数据集中的点图层(BUCP)图层中和面(BUCA)图层中(表 3-16)。

表 3-16　教育公共设施状况年度汇总信息表

统计指标	公式	单位
教育资源地均占有量	$\frac{\text{教育公共设施数量}}{\text{区域总面积}}$	个/平方千米

按照特定的统计单元，提取教育公共设施的数量信息(个数)，构面数据提取其几何重心点。同时，辅以社会经济数据库，提取幼儿园学校数、普通小学学校数、普通初中学校数、普通高中学校数、中等职业教育学校数、幼儿数、普通小学在校学生数、普通初中在校学生数、普通高中在校学生数和中等职业教育学校在校学生数。使用地均占有量对教育公共设施进行进一步刻画，得到教育公共设施占区域土地总面积分布图。通过两个时段数据运算，分析教育公共设施的变化情况，得到

其对应的空间变化图。

2. 医疗卫生公共设施

以地理国情要素数据中的城镇综合功能单元系列图层为例，医疗卫生公共服务设施专题数据主要包含在地理国情要素数据集中的点(BUCP)图层和面(BUCA)图层中(表 3-17)。

表 3-17 医疗卫生公共设施状况年度汇总信息表

统计指标	公式	单位
医疗卫生资源地均占有量	$\frac{\text{医疗卫生公共设施总数量}}{\text{区域总面积}}$	个/平方千米

按照特定的统计单元，提取医疗卫生机构的数量信息(个数)，构面数据提取其几何重心点。同时，辅以社会经济数据库，提取卫生机构数、医院数量和床位数。使用地均占有量对医疗卫生公共设施进行进一步刻画，得到医疗卫生公共设施占区域土地总面积分布图。通过两个时段数据运算，分析医疗卫生公共设施的变化情况，得到其对应的空间变化图。

3. 社会福利公共设施

以地理国情要素数据中的城镇综合功能单元系列图层为例，社会福利公共服务设施专题数据主要包含在地理国情要素数据集中的点层(BUCP)图层和面(BUCA)图层中(表 3-18)。

表 3-18 社会福利机构公共设施状况年度汇总信息表

统计指标	公式	单位
社会福利机构地均占有量	$\frac{\text{社会福利机构公共设施总数量}}{\text{区域总面积}}$	个/平方千米

按照特定的统计单元，提取社会福利机构的数量信息(个数)，构面数据提取其几何重心点。使用地均占有量对社会福利公共设施进行进一步刻画，得到社会福利公共设施占区域土地总面积分布图。通过两个时段数据运算，分析社会福利公共设施的变化情况，得到其对应的空间变化图。

4. 广场公共设施

以地理国情要素数据中的构筑物系列图层为例，广场公共服务设施专题数据主要包含在地理国情要素数据集中的面(SFCA)图层中(表 3-19)。

按照特定的统计单元，按照表 3-19 所示，提取广场的数量信息(个数或面积)。使用地均占有量和人均占有量对广场公共设施进行进一步刻画，得到广场公共设施空间分布图。通过两个时段数据运算，分析广场公共设施的变化情况，得到其对应的空间变化图。

表 3-19　广场公共设施状况年度汇总信息表

统计指标	公式	单位
广场地均占有量	$\frac{\text{广场个数}}{\text{区域总面积}}$	个/平方千米
人均广场占有量	$\frac{\text{广场面积}}{\text{区域常住人口}}$	平方米/人

5. 休闲娱乐景区公共设施

以地理国情要素数据中的城镇综合功能单元系列图层为例，休闲娱乐景区公共服务设施专题数据主要包含在地理国情要素数据集中的面(BUCA)图层中(表 3-20)。

按照特定的统计单元，利用地理国情普查数据，提取休闲娱乐景区的数量信息(个数、面积)。使用地均占有量和人均占有量对休闲娱乐景区公共设施进行进一步刻画，得到休闲娱乐景区公共设施空间分布图。通过两个时段数据运算，分析休闲娱乐景区公共设施的变化情况，得到其对应的空间变化图。

表 3-20　休闲娱乐景区公共设施状况年度汇总信息表

统计指标	公式	单位
休闲娱乐景区地均占有量	$\frac{\text{休闲娱乐景区公共设施数量}}{\text{区域总面积}}$	个/平方千米
人均休闲娱乐景区面积	$\frac{\text{休闲娱乐景区面积}}{\text{区域常住人口}}$	平方米/人

3.6.4　城镇空间扩展专题监测方法

随着我国城镇化进程加快，城镇地区成为地表覆盖变化最为活跃的地区，地理国情普查数据可以有效监测区域城镇化进程，为区域规划提供有效的数据支撑。

3.6.4.1　城市空间扩展的时间变化分析方法

1. 城市扩展面积变化特征

从土地利用角度而言，城市扩展主要表现为城区面积的扩大和扩大过程中土地利用类型的变化，这是城市扩展监测的核心。通过城区面积随时间变化的增长量、所占分析区域总面积的比重、扩展占地情况及土地利用类型的转换等特征分析，可以直观了解城市扩展的整体情况。

2. 城市扩展速度和速度指数

城市用地扩展是城市化过程在空间布局上的具体反映。城市扩展速度表示某一时间段内城市城区面积的年增长速率，表征单位时间内不同城区扩展快慢的绝对(面积)差异。城市扩展速度指数表示某一时间段内城市城区面积相对于基期城区的年扩展比例，表征单位时间内不同城区扩展快慢的相对(比例)差异。通过定量描述区域土地利用变化的速度与速度指数，对分析土地利用变化的差异和预测土地利用变化趋势都具有积极的作用。两者计算公式如下：

$$V_i = {\Delta U_{ij}}\Big/{\Delta t_j}$$
$$K_i = \frac{\Delta U_{ij}}{U_j} \times \frac{1}{\Delta t_i} \times 100\% \qquad (3\text{-}42)$$

式中，V_i为城市扩展速度；K_i为城市扩展速度指数；ΔU_{ij}为j时段第i个研究单元的城区扩展面积；Δt_j为j时段的时间跨度；U_j为j时段初期第i个单元的城区面积。

3．城市扩展的地域差异

城市用地扩展强度指数能对比分析不同区域城区扩展的强度特征，可用来反映城市空间扩展的地域差异性。

城市扩展强度指数是指某空间单元在一定时期内的城市土地利用扩展面积占其土地总面积的百分比，即年均增加的城区面积占土地总面积的百分数，是反映城市扩张空间变化的一个重要指标，用于分析和描述城市城区用地扩展状态，比较不同时期各方位城区面积扩展的程度。其计算公式为

$$N_i = \frac{\Delta U_{ij}}{\Delta t_j \times M} \times 100\% \qquad (3\text{-}43)$$

式中，N_i为城市扩展强度指数；ΔU_{ij}为j时段第i个研究单元的城区扩展面积；Δt_j为j时段的时间跨度；M为分析区域总面积。

3.6.4.2 城市空间扩展形态特征分析方法

城市形态的紧凑度和分维数的变化，反映了城市空间扩展的集约化程度。这两个指标有较强的独立性和相互验证的效果，因而被广泛应用于城市空间的研究。城市形态的紧凑度，是反映城市空间形态内部各部分空间集中化程度的指标。城市空间形态具有内在的自组织、自相似和分形生长的能力，其演变也受到某些隐含规则的支配，因此采用分维数反映城市空间扩展的复杂非线性和分维特征。

1. 城市空间形态的紧凑度

城市形态的紧凑度是随着城市的周期性扩展而变化的。城市形态紧凑度的计算方法有多种，其中使用最为广泛的是 Batty 在 2001 年提出的紧凑度计算公式：

$$\mathrm{BCI}=2\sqrt{\pi A}\,/\,P \qquad (3\text{-}44)$$

式中，BCI 为城市用地的紧凑度；A 为城区总面积；P 为城区周长。BCI 的值为 0～1 时，值越大形状越具有紧凑性；BCI 值越接近 1，形状越有紧凑性，越接近于圆形（圆是一种形状最紧凑的图形）；反之，形状紧凑度越差。

2．城市空间形态的分维数

城市形态的变化，是城市发展过程中空间布局和结构变化的综合反映。从城市空间形态的变化可以分析城市的生长过程，揭示其演化的规律。分形是美国数学家 Benoit B.Mandelbrot 于 1975 年提出的概念，在解释自然界中那些不规则、不稳定和具有高度复杂结构的现象方面，可以收到显著的效果。分形模型适合于城市空间形态与空间过程研究，有助于寻找适合多准则的优化空间

结构，弥补传统城市模式的不足。边界维数，即通过城市的外部特征，利用周长、面积来衡量，计算公式如下：

$$S_t = 2\ln\left(P_t / 4\right) / \ln\left(A_t\right) \tag{3-45}$$

式中，S_t为t时期城市斑块的分形数；A_t，P_t分别是t时期城市斑块的面积和周长。

S_t的理论范围为 1～2，S_t值越大表示图形形状越复杂。当$S_t<1.5$时，说明图形趋向于简单；当$S_t=1.5$时，表示图形处于布朗随机运动状态，越接近于该值，稳定性越差；当$S_t>1.5$时，则图形更为复杂。1.0 代表形状最简单的正方形斑块，2.0 表示等面积的情况下周边最复杂的斑块。可见，分维数越低说明城市用地越整齐规则，用地趋于紧凑节约。

3. **城市空间重心转移**

空间重心是描述城市空间分布特征的一个重要指标，其动态变迁反映了城市空间分布的总体变化趋势。城市空间重心，可通过对城市中各地块的几何中心的坐标值加权平均求得。计算公式如下：

$$\bar{x} = \sum_{i=1}^{n} M_i x_i \bigg/ \sum_{i=1}^{n} M_i$$
$$\bar{y} = \sum_{i=1}^{n} M_i y_i \bigg/ \sum_{i=1}^{n} M_i \tag{3-46}$$

式中，$\bar{x}$、$\bar{y}$为所计算时刻的城市空间重心坐标；M为第i个单元地块的面积；x_i，y_i为第i个单元地块的几何中心坐标。

城市空间扩展监测通过跟踪不同时期的城市空间重心的移动，可以得到城市扩展方向变化的轨迹，进而预测城市未来的空间扩展趋势。

3.6.4.3　城市空间扩展的空间特征分析方法

1. **空间象限方位分析**

城市空间区域的扩展是衡量城市化的一个重要指标，城市扩展的方向性对于研究城市的发展是十分重要的，对城市管理更有应用价值。通常通过象限方位分析法比较分析不同空间方位的城市建设用地扩展差异，来反映城市扩张空间差异特性，这种方法描述城市建设用地空间扩展最常用的方法，该方法能够在总体上勾画出城市建设用地扩展的空间形态。

空间象限方位分析是以城市重心为原点，向外辐射 8 个等分的射线，将城市城区分为 8 个等分的区域，来分析这些区域在空间方向上发展的差异。这种方法具有简单和直观的优势。利用 ARCGIS 制图功能将各时段的用地扩展强度指数按各个象限的大小进行分级，然后用不同颜色来形象地将各象限扩展强度等级按象限表示出来，能更直观地看出各时段各个象限用地扩展强度的定量级别，分清各时段监测城市空间扩展的主导方向的变化。

2. **缓冲区分析**

缓冲区分析法是通过建立围绕中心市区向外等距扩散缓冲带，然后将这些缓冲带作为刻画城市土地利用扩展空间分异的基本单元，用以计算有关空间度量指标，并分析不同时期城市化过程所体现出来的空间行为特征。

城市扩展在空间上主要表现为两种形式轴向扩展和外向扩展。在实际应用中，轴向扩展是沿交通干线进行扩展，而外向扩展则主要是以城镇某一点为中心向外围地域扩展。空间距离衰减规律是造成这两种扩展形态的主要原因,可以利用地理信息系统中缓冲区分析功能来分析城区的扩展模式。

3. **扩展模式分析**

由于城市空间扩展的动力和制约因素各不相同，城市空间扩展的模式也各有差异，城市空间扩展的基本扩展模式主要有：同心圆圈层扩展模式、由单中心到多中心扩展模式、星状扩展模式、带状扩展模式、网结状扩展模式、散珠状扩展模式、复合型扩展模式。

同心圆圈层扩展模式通常情况下形成于地势平坦开阔的平原地带，主城区通常情况下有很强的极化作用；在工业化和城市化快速发展阶段，当旧城区难以满足产业结构、城市功能调整和人口急剧膨胀的要求时，城区外围衍生出新的城区，与主城区有不同的职能类型、不同的发展目标、不同的城区景观特征，这样就形成了由单中心到多中心的扩展模式；由于自然条件或交通运输条件的等因素的影响，城市外围功能区围绕核心在各个方向上表现出指状向外扩展的结构形式，形成星状扩展模式；带状扩展模式是由自然条件的限制或大运量交通线路的建成引起的，通常城市核心区呈带状分布，外围组团与之连片向两侧延展；由于山体、湖泊、湿地等不能用于建设的地类阻隔，城市的核心区形成多个相对独立、具有相对完整功能性及影响范围的中心，城区建设相对分散，城区各中心之间靠交通体系联结，形成网结状空间扩展模式；散珠状扩展模式是在距中心城区一定距离的地方，如同散珠一般建设新城区，以缓解中心城区的压力；复合型扩展模式通常是由于城市在按同心圆圈层模式扩展的过程中，由于地铁、轻轨、高速公路等运输干线的建设，在运输干线附近带状聚集或在某些点上出现圈层扩展。

3.6.4.4 城市空间扩展协调性分析

城市用地扩展系数(也称弹性系数)指一定时期内城市用地增长率与城市人口增长率之比，是测定城市用地扩展程度的方法，可直接反映城市城区扩展与城市人口增长协调性问题。为促进城镇化健康发展，国际社会一般采用城市用地扩展系数作为评价指数，其最优值为 1～1.12。大于此值表明城市城区面积增长速度超过城市人口的增长速度，即城市扩展过快，易造成土地资源的浪费；小于此值表明城市城区面积增长的速度慢于城市人口的增长速度，即城市扩展过慢，城市承载压力较大。

$$K = \frac{\mathrm{GR}}{\mathrm{PR}} \times 100\% \tag{3-47}$$

$$\mathrm{GR} = (\sqrt[\Delta t]{A_t / A_0} - 1) \times 100\% \tag{3-48}$$

式中，K 为城市用地扩展系数；PR 为城市非农人口年均增长率；GR 为城市城区面积年均增长率；A_t 表示某个时间段末城区的面积；A_0 表示某个时间段初城区的面积，Δt 表示时间段的跨度，以年为单位。

计算城市用地扩展系数(K)的人口应该是在城区内工作、生活的人口，该数据很难准确获得，通常利用相应的非农人口代替。非农人口数据来自统计年鉴，源于公安部门的户口登记。但是 20 世纪 90 年代以来，大量的农村人口涌入城市打工，都没有在公安部门登记，也无法被统计局统计，这一数据对真实在城区内工作生活的非农人口来说显得偏小，所以城市用地扩展系数偏大。

3.6.4.5　城市空间扩展驱动因素分析

城市空间扩展与空间形态演变受自然环境、经济增长、交通因素、人口增长以及政策、规划等多种因素的影响，可从这些方面对城市空间形态扩展的机制进行分析。

近年对城市扩展研究表明，城市土地扩展变化从长时间尺度上受到自然和社会经济因素的共同影响，但是从短的时间尺度来看，变化的驱动力则主要是人口增长及政策因素等社会经济因素的制约。

灰色关联分析是指对一个系统发展变化态势的定量描述和比较的方法。其基本思想是对评价指标原始观测数进行无量纲化处理，计算关联系数、关联度以及根据关联度的大小对待评指标进行排序。将多个因子与城区面积进行散点图相关性分析，得出多因子对城区扩展的影响大小差异。

采用灰色关联分析方法测度城市建成区扩展动因，需建立一套可以反映建成区扩展的驱动因子指标体系。现有研究表明，人口增长与经济发展是城市扩展的主要驱动因素。目前该观点得到了大多数专家、学者的认可。除此之外，国内生产总值(GDP)和第二、第三产业生产总值，以及全社会固定资产投资额是对城市空间扩展的影响也相对较大。

综上所述，本节总结归纳了城市空间扩展监测分析指标与方法，具体汇总见表 3-21。

表 3-21　城市空间扩展监测分析指标与方法汇总

指标名称	公式	说明
城市城区年均扩展速度(km²/a)	$V_i = \mathrm{DU}_{ij} / Dt_j$	V_i 为城市扩展速度；K_i 为城市扩展速度指数；DU_{ij} 为 j 时段第 i 个研究单元的城区扩展面积；Δt_j 为 j 时段的时间跨度；U_j 为 j 时段初期第 i 个单元的城区面积
扩展速度指数	$K_i = \frac{\mathrm{DU}_{ij}}{U_j} \times \frac{1}{Dt_i} \times 100\%$	
扩展强度指数	$N_i = \frac{\Delta U_{ij}}{\Delta t_j \times M} \times 100\%$	N_i 为城市扩展强度指数；M 为分析区域总面积
紧凑度	$\mathrm{BCI} = 2\sqrt{\pi A} / P$	BCI 为城市用地的紧凑度；A 为城区总面积；P 为城区周长
分维数	$S_t = 2\ln(P_t / 4)/\ln(A_t)$	S_t 为 t 时期城市斑块的分维数；A_t、P_t 分别是 t 时期城市斑块的面积和周长
城市空间重心转移	$\bar{x} = \sum_{i=1}^{n} M_i x_i \Big/ \sum_{i=1}^{n} M_i$ $\bar{y} = \sum_{i=1}^{n} M_i y_i \Big/ \sum_{i=1}^{n} M_i$	$\bar{x}$、$\bar{y}$ 为所计算时刻的城市空间重心坐标；M_i 为第 i 个单元地块的面积；x_i，y_i 为第 i 个单元地块的几何中心坐标
城市用地扩展系数	$K = \frac{\mathrm{GR}}{\mathrm{PR}} \times 100\%$	K 为城市用地扩展系数；PR 为城市非农人口年均增长率，GR 为城市城区面积年均增长率；A_t 表示某个时

续表

指标名称	公式	说明
	$\mathrm{GR}=(\sqrt[\Delta t]{A_t/A_0}-1)\times 100\%$	间段末城区的面积；A_0表示某个时间段初城区的面积；Δt表示时间段的跨度，以年为单位
灰色关联系数	$\xi_i(k)=\dfrac{\min\limits_i\min\limits_k\lvert y(k)-x_i(k)\rvert+r\max\limits_i\max\limits_k\lvert y(k)-x_i(k)\rvert}{\lvert y(k)-x_i(k)\rvert+r\max\limits_i\max\limits_k\lvert y(k)-x_i(k)\rvert}$ $r_i=\dfrac{1}{n}\sum\limits_{k=1}^{n}\xi_i(k)$，$k=1,2,\cdots,n$	$\xi_i(k)$为关联系数；$y(k)$为参考数列；$x_i(k)$为比较数列；ρ为无量纲公式分辨系数，通常取0.5；r_i为关联度

3.6.5　交通专题监测方法

3.6.5.1　交通优势度评价

参考《省级主体功能区域划分技术规程》，以交通网络密度、交通干线影响度和区位优势度为指标，对四川省交通数据集进行分析，以县为行政单元评价其综合交通网络的优劣水平。流程图见图3-15。

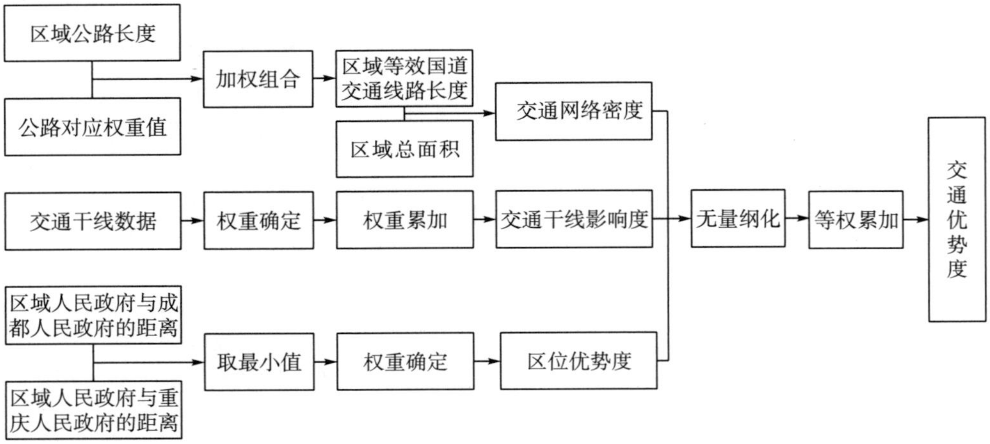

图3-15　交通优势度评价流程图

交通优势度计算方法，采用市县经济社会发展总体规划技术规范与编制导则(试行)方法，按照如下计算。

1. **计算公式**

[交通优势度]＝[交通网络密度]＋[交通干线影响度]＋[区位优势度]

[交通网络密度]＝[公路通车里程]/[县域面积]

[交通干线影响度]＝Σ[交通干线技术水平]

[区位优势度]=[距中心城市的交通距离]

2. 计算技术流程

第一步，获取国道、省道和县道的公路总里程，铁路干线和公路干线、港口和机场的技术等级等数据。

第二步，计算县级行政单元与最近中心城市的距离，每个县级行政单元只对应一个中心城市，中心城市原则上为地位突出的地级市。

第三步，对原始数据进行整理，分别计算交通网络密度、交通干线影响度和区位优势度三个要素指标。

(1) 交通网络密度以公路网为评价主体，其网络密度的计算为各县公路通车里程与各县土地面积的绝对比值，设 L_i 为县域 i 的交通线路长度， A_i 为县域 i 的面积，其计算方法为

$$D_i = \frac{L_i}{A_i}\ ,\ i = 1,2,\cdots,\ n \tag{3-49}$$

(2) 交通干线影响度依据交通干线的技术等级，采用分类赋值的方法，计算各县不同交通干线的技术等级赋值，拥有多条干线(比如高速铁路、高速公路等)可以累积计算，然后进行加权汇总。具体赋值方法见表 3-22。

表 3-22　交通干线技术等级及对应权重建议表

类型	子类型	等级	标准	权重赋值
铁路	铁路	1	拥有复线铁路	2
		2	距离复线铁路 30 km	1.5
		3	距离复线铁路 60 km	1
		4	其他	0
	单线铁路	1	拥有单线铁路	1
		2	距离单线铁路 30 km 距离	0.5
		3	其他	0
公路	高速公路	1	拥有高速公路	1.5
		2	距离高速公路 30 km	1
		3	距离复线铁路 60 km	0.5
		4	其他	0
	国道公路	1	拥有国道	0.5
		2	其他	0
水运	港口	1	拥有主枢纽港	1.5
		2	距离主枢纽港 30 km	1
		3	距离主枢纽港 60 km	0.5
		4	其他	0
	一般港口	1	拥有一般港口	0.5
		2	其他	0
机场	干线机场	1	拥有干线机场	1

续表

类型	子类型	等级	标准	权重赋值
		2	距离干线机场 30 km	0.5
		3	其他	0
	支线机场	1	拥有支线机场	0.5
		2	其他	0

(3) 区位优势度是指由各县与中心城市间的交通距离所反映的区位条件和优劣程度，其计算要根据各县与中心城市的交通距离远近进行分级，并依此进行权重赋值。区位优势度分级及赋值建议如表 3-23 所示。

表 3-23 区位优势度分级及赋值建议表

级别	距离/km	权重赋值
1	0～100	2.00
2	100～300	1.50
3	300～600	1.00
4	600～1000	0.50
5	L>1000	0.00

第四步，对交通网络密度、交通干线影响度和区位优势度三个要素指标进行无量纲处理。数据处理方法依据研究需要确定，建议数据值为 0～1，并对以上数据进行加权求和，计算各县的交通优势度。

经过以上计算，得到各县(市、区)交通网络密度、交通干线影响度和区位优势度数据，参考《省级主体功能区域划分技术规程》，分别对各县(市、区)这三项数据进行无量纲处理，其结果为 0～1。具体计算公式如下：

$$Z_i = (X_i - X_{\min}) / (X_{\max} - X_{\min}) \tag{3-50}$$

式中，Z_i 为指标的标准分数；X_i 为某县(市、区)某指标(上述 3 项指标)的指标值；$X_{\max}$ 为全部县(市、区)中某指标(上述 3 项指标)的最大值；$X_{\min}$ 为全部县(市、区)中某指标(上述 3 项指标)的最小值。

将计算得到的 3 项指标的无量纲化指标测评值，采用 1∶1∶1 的权重进行叠加，求和得到各个县(市、区)的交通优势度。交通优势分级见表 3-24。

表 3-24 交通优势度分级

等级	低	较低	适中	较高	高
优势度	$Z_i \leqslant 0.35$	$0.35 < Z_i \leqslant 0.45$	$0.45 < Z_i \leqslant 0.60$	$0.60 < Z_i \leqslant 0.65$	$0.65 < Z_i$
分级	0	1	2	3	4

3.6.5.2　交通与经济、人口布局的空间关联性分析

以县为研究对象，采集经济总量数据 GDP 作为经济指标，人口指标用人口密度代表、交通指标用交通优势度指数。以三项指标为基础，采用 SPSS 标准化方法得到交通优势度指数 *MN*、经济指数 *G* 和人口指数 *P*。将三项指标分别分等定级，然后将交通优势度指数与经济指数和人口指数相减，得到数据 *MN-G* 和 *MN-P*，根据规则进行分类，规则如表 3-25。

表 3-25　交通关联性定义规则

交通与经济		交通与人口		交通分等定级	
类型	区间(*MN-G*)	类型	区间(*MN-P*)	类型	*MN*
交通经济协调型	$MN-G>0.8$	交通舒适型	$MN-P>0.8$	优	$MN\geqslant 1$
交通经济适应型	$0<MN-G\leqslant 0.8$	交通饱和型	$0<MN-P\leqslant 0.8$	良	$0\leqslant MN<1$
交通滞后经济型	$MN-G\leqslant 0$	交通拥挤型	$MN-P\leqslant 0$	差	$MN<0$

3.6.6　尾矿库环境风险评价方法

从尾矿库危险诱发因素出发，从风险发生的危害性和风险发生的可能性构建尾矿库风险评价分析指标体系，在确定指标权重和归一化取值的基础上，利用层次分析法、综合指数法，计算风险危害性指数、风险可能性指数，进而得到尾矿库风险指数，进行尾矿库风险性评价。

3.6.6.1　权重确定

指标权重采用统计和专家打分相结合的原则，通过两两比较重要性构造判断矩阵，计算最大特征根和特征向量，并进行一致性检验，通过一致性检验的特征向量即为权重。

3.6.6.2　指标归一化处理

尾矿库风险性评价指标体系中各指标的数据来源多样、单位多样、取值范围多样，故需要对各指标进行归一化处理。指标的归一化处理主要基于以下原则进行：

(1)优先借鉴已有的成果。

(2)采取风险最大的赋值为 1，完全无风险的赋值为 0 的原则。

(3)根据统计规律和专家经验对指标进行赋值。

(4)既没有可借鉴的成果，也无统计规律可循时，则根据该指标的分级数，采取等间距赋值。

(5)依据未知即有风险原则，即对于指标具体取值未知的情况下，则按照未知即是存在较大风险的假定，对未知情况下采取折中略偏重的风险程度进行赋值。

遵循以上原则，指标分级与赋值结果如下。

固废类型：根据 GB5085 有色金属工业固体废物污染控制标准，将工业固体废物分为一般固废废物和有害固体废物两种。具体赋值如表 3-26 所示。

表 3-26 固废类型等级分级

固废类型	一般工业固废		有害固体废物
固废危害分级	I 类	II 类	危废
分值	0.2	0.6	1

库容：最终堆积标高时的全库容。具体赋值如表 3-27 所示。

表 3-27 尾矿库库容分级

取值范围/万 m^3	[0，100)	[100，1000)	[1000，10000)	[10000，∞)
等级	五等	四等	三等	二等
分值	0.2	0.4	0.8	1

坝高：与总库容相对应的最终堆积标高时的坝高。具体赋值如表 3-28 所示。

表 3-28 尾矿库坝高分级

取值范围/m	[0，30]	[30，60)	[60，100)	[100，∞)
等级	五等	四等	三等	二等
分值	0.2	0.4	0.8	1

下游坡度：主要依据国际地理学联合会地貌调查与地貌制图委员会关于地貌详图应用的坡地分类来划分坡度等级，规定：0°～0.5°为平原，0.5°～2°为微斜坡，2°～5°为缓斜坡，5°～15°为斜坡，15°～35°为陡坡，35°～55°为峭坡，55°～90°为垂直壁。具体赋值如表 3-29 所示。

表 3-29 尾矿库下游坡度分级

取值范围/(°)	[0，5]	(5，15]	(15，35]	(35，55]	(55，90]
分值	0.2	0.4	0.6	0.8	1

下游曲折度具体分级如表 3-30 所示。

表 3-30 尾矿库下游曲折度分级

取值范围	[1，2)	[2，3)	[3，5)	[5，8)	[8，∞)
分值	0.2	0.4	0.6	0.8	1

风险受体：在对尾矿库风险受体赋值时，以受体与尾矿库之间的距离远近为依据。具体分级如表 3-31 所示。

表 3-31 尾矿库风险受体分级

取值范围/km	[0，0.2)	[0.2，1)	[1，2)	[2，5)	[5，∞)
分值	1	0.8	0.6	0.4	0.1

运行状况：尾矿库运行状况包括已闭库和未闭库两种状态。具体分级如表 3-32 所示。

表 3-32　尾矿库运行状况分级

运行状况	已闭库	未闭库
分值	0.2	1

安全等级具体分级如表 3-33 所示。

表 3-33　尾矿库安全等级分级

安全等级	正常库	病库	险库	危库
分值	0.2	0.6	0.8	1

地震烈度具体分级如表 3-34 所示。

表 3-34　地震烈度分级

地震烈度	[0，5]	6	7	8	[9，12]
描述	基本无影响	稍有影响	轻度破坏	中度破坏	严重破坏
分值	0.2	0.4	0.6	0.8	1

最大降雨量具体分级如表 3-35 所示。

表 3-35　降雨量分级

历史最大日降雨量/mm	[0，25)	[25，50)	[50，100)	[100，200)	[200，∞)
类别	非大雨	大雨	暴雨	大暴雨	特大暴雨
分值	0.1	0.2	0.4	0.8	1

日常管理具体分级如表 3-36 所示。

表 3-36　日常管理分级

日常管理	Ⅰ级	Ⅱ级	Ⅲ级	Ⅳ级
描述	尾矿库日常放堆放尾矿的坝体前冲沟严重，尾矿库管理混乱，没有建立安全管理制度，责任不明确，工人没有经过专门的作业培训	尾矿库日常放矿不均匀，安全管理制度只能落实在文件，各级岗位责任制不健全	尾矿放矿基本均匀，尾矿设施日常安全管理基本满足尾矿库安全生产需要	尾矿放矿均匀，建立了健全的尾矿设施安全管理制度，工人进行了专门的作业培新，落实了各级岗位责任制，隐患排查制度化
分值	1	0.8	0.2	0.1

事故应急具体分级如表 3-37 所示。

表 3-37 事故应急分级

事故应急	Ⅰ级	Ⅱ级	Ⅲ级	Ⅳ级
描述	无应急预案，责任不明确，无抢险救援人员	应急预案只能落实在文件，有抢险救援人员，但演练次数少	尾矿设施应急管理基本满足尾矿库安全生产需要	有完善的应急机构，责任明确，应急通信保障健全，有抢险救援人员、资金和物资准备并能够定期进行应急救援演练
分值	1	0.8	0.2	0.1

监测设施具体分级如表 3-38 所示。

表 3-38 监测设施分级

监测设施	Ⅰ级	Ⅱ级	Ⅲ级	Ⅳ级
描述	无监测设，无尾矿库日常巡查制度	有部分监测设施	个别监测设施失效，但能够基本运行	设施完备且运行正常，监测手段完善
分值	1	0.8	0.2	0.1

3.6.6.3 尾矿库风险评价模型

确定指标权重(W)和归一化取值(V)的基础上，利用综合指数法，计算风险危害性指数(H)和风险可能性指数(P)，进而得到尾矿库风险指数(R)。尾矿库风险指数的计算参照 3.4 节执行。

3.6.6.4 尾矿库环境风险分级

参考《国家突发环境事件应急预案》和《尾矿库应急管理工作指南》，将尾矿库环境风险分为一般、较大、重大、特别重大四等，各等级所对应的环境风险指数取值范围如表 3-39 所示。针对不同的风险等级，参照突发性环境污染事故预警机制等级标准，制定了相应的尾矿库环境风险预警级别。当尾矿库环境风险达到某一等级的风险时，便可以启动相应的预警级别。

表 3-39 尾矿库环境风险分级

取值范围	[0，0.25)	[0.25，0.50)	[0.50，0.75)	[0.75，1]
风险分级	一般	较大	重大	特别重大
预警分级	—	黄色	橙色	红色
等级	Ⅰ	Ⅱ	Ⅲ	Ⅳ

3.6.7 地质灾害专题监测方法

四川省地处我国一、二级地貌台阶过渡地带，地形起伏悬殊，地层岩性复杂，断裂构造发育，地震活动频繁，地质灾害发育密度非常大，是全国地质灾害最为发育的省份。截至 2015 年 6 月 30 日，全省发育地质灾害隐患点 4.3 万处，威胁 220 万人和 900 亿元财产安全。其地质灾害隐患数量、威胁人口、威胁财产数分别占全国总数的 15%、12%、19%，是三项指标均超 10%的全国唯一省份，仅 2011～2013 年，年度发生地质灾害数量就分别占到了全国的 13%、22%和 32.5%。开展地质灾害监测，可为充分掌握地质灾害信息，为地质灾害综合防治，地质灾害易发区的经济建设、环境治理等方面的规划和决策提供数据支撑。

本节所提及的风险评价技术，是指利用遥感影像数据、地理国情普查地表覆盖及要素数据、国土部门调查的土地利用及地质灾害隐患点数据、基础地理信息数据及地质、气象等专业资料，基于遥感解译技术及 GIS 空间统计分析技术，开展的区域性地质灾害监测技术方法，该技术主要适用于常态化地理国情监测中中等工作精度的区域性地质灾害监测。

3.6.7.1　地质灾害危险性评价方法

地质灾害危险性评价又称地质灾害灾变评价。地质灾害危险性评价是在查清地质灾害活动历史、形成条件、变化规律与发展趋势的基础上，进行危险性评价学科，主要包括自然灾害与防治评价。该评价主要是对地质灾害活动程度和危害能力进行分析评判。地质灾害危险性评价指标主要包括灾害点密度、地形坡度、高程、斜坡类型、工程地质岩组、距断层距离、距水系距离、降雨量、人类工程活动等，各指标的计算方法详见 3.5 节相关内容。

参考国土资源部《地质灾害危险性评估规范》DZ/T0286—2015，各种类型的地质灾害都是多个影响因子共同作用下发生的，需要赋予每个影响因子图层一个权重值。通过分析地质灾害危险性评价指标体系，可采用层次分析法确定各评价因子权重。危险性评价指标权重确定后，便可以建立地质灾害危险性评价模型：

$$Y = \sum_{i=1}^{n} W_i \times Z_i \tag{3-51}$$

式中，Y 为地质灾害易发度；i 是各个评价因子的序号；n 是个数；W_i 是各评价因子重值；Z_i 是各影响因子量化值。

最后，利用地质灾害危险性评价模型计算地质灾害危险性指数，最终根据危险性指数对监测区地质灾害危险性进行分区。

3.6.7.2　地质灾害易损性评价方法

易损性是一个复杂的概念，从广义上来理解，易损性即潜在的最大损失。在自然灾害领域的研究中，易损性被定义为暴露程度、应对能力和压力后果的综合体现，地质灾害易损性评价的主要任务是分析承灾区社会经济要素的空间分布状况及承灾能力水平，它对整个地质灾害评估体系完整性的构建及评价结果的科学性、明确性、统一性表达具有举足轻重的作用。地质灾害易损性评价因子主要包括人口易损性、房屋建筑易损性、农业易损性、林业易损性、畜牧业易损性、道路交通易损性、水域易损性等，各指标的计算方法详见 3.5 节相关内容。

参考国土资源部《地质灾害危险性评估规范》DZ/T0286—2015，综合考虑人口易损性和物质易损性(房屋建筑、农业、林业、畜牧业、道路交通、水域易损性)两大指标，使用 ArcGIS 软件栅格计算工具将两大指标进行叠加计算得到，其计算模型为

$$V = \sum_{i=1}^{n} A_i \times L_i \tag{3-52}$$

式中，V 为区域内易损性评价指数；A 为人口易损性评价因子权重；L 为易损性栅格图层；i是各个评价因子的序号。

最后，利用地质灾害易损性评价模型计算地质灾害易损性指数，最终根据易损性指数对监测区地质灾害易损性进行分区。

3.6.7.3 地质灾害风险性评价

地质灾害风险性是由于某特定的自然灾害对经济、社会、人口所可能导致的损失。地质灾害的风险要素亦由危险性和易损性这两个要素系列组成。危险性要素系列包括地质条件要素、地貌条件要素、气象条件要素、人为地质动力活动要素以及地质灾害密度、规模、发生概率(或发展速率)等要素。易损性要素系列包括人口易损性要素、工程设施与社会财产易损性要素、经济活动与社会易损性要素、资源与环境易损性要素。

参考国土资源部《地质灾害危险性评估规范》DZ/T0286—2015，地质灾害风险是由地质环境事故发生的可能性及其发生后将要造成的损害所组成的概念。假设地质环境事故发生的可能性(危险性的含义)为 $P(x)$；这个事故发生后所造成的损失或危害称为“风险后果”(易损性的含义) $V(x)$，风险则可表征为

$$R(x)=\sum_{i=1}^{n}P(x_i)V(x_i) \tag{3-53}$$

由此，地质灾害风险评价的任务就是：求出其 $R(x)$ ［即 $P(x)$，$V(x)$］。

基于此，地质灾害风险性进行定性分级评价如表 3-40 所示。

表 3-40 地质灾害风险定性分析评价

灾害发生可能性	对人类生命和财产产生的后果			
	易损性高	易损性中等	易损性低	易损性极低
危险性高	风险性高	风险性高	风险性中等	风险性低
危险性中等	风险性高	风险性中等	风险性中等	风险性低
危险性低	风险性中等	风险性中等	风险性低	风险性低
危险性极低	风险性低	风险性低	风险性低	风险性极低

按照式(3-52)和式 3-53，根据危险性图层与易损性图层，采用将监测区地质灾害危险性和易损性叠加分析的方法对风险性进行定性评价，最终得监测区地质灾害风险分区图，以讨论地质灾害对人类社会活动的危害程度，进而服务监测区的城镇土地利用规划。

3.6.8 生态环境质量综合评价方法

生态环境指数(ecological environment index)是指反映被评价区域生态环境质量状况的一系列指数的综合。当前，利用各种遥感指数来对行政单元或自然单元的生态系统进行监测和评价，已经是区域生态环境评价的重要技术方法之一。2006 年环保部颁布了行业标准《生态环境状况评价技术规范(试行)》(HJ192—2006)，2015 年又颁布了正式版(HJ192—2015)，采用生态环境质量指数(EI)来评价区域生态环境的总体状况，该规范已经得到较为广泛的应用。

本节所介绍的生态环境质量综合评价技术方法，是指参照我国现有的生态环境评价标准，参考

《生态环境状况评价技术规范(HJ/T 192—2015)》，结合地理国情普查成果数据，建立的基于地理国情普查地表覆盖数据为基础的生态环境质量评价方法。其计算公式为

$$EI=0.35\times\text{生物丰度指数}+0.25\times\text{植被覆盖指数}+0.2\times\text{水源涵养指数}+0.2\times\text{土地退化指数}$$

根据生态环境质量指数，将生态环境分为 5 级，即优、良、一般、较差和差(表 3-41)。

表 3-41　生态环境质量分级

级别	优	良	一般	较差	差
指数	EI≥75	55≤EI＜75	35≤EI＜55	20≤EI＜35	EI＜20

3.6.9　资源环境承载力监测评价方法

目前，环境承载力定量化评价主要是在理论研究的基础上，针对环境承载力评价指标的具体数值，采用统计学方法、系统动力学方法等对环境承载力进行综合分析。概括起来，目前主要有指数评价法、承载率评价法、系统动力学方法和多目标模型最优化方法。本节主要介绍基于指数评价法开展资源环境承载力的监测评价预警的技术方法。

四川省主体功能区资源环境承载力监测的指标体系从基础性指标和专题性指标两个方面开展构建。基础性指标主要从资源、环境、生态和社会经济四个方面构建，专题性指标主要针对重点生态功能区、农产品主产区、重点开发区和市辖区三类区域进行构建，再结合《省级主体功能区规划技术规程》《四川省县域经济发展考核办法》《生态环境状况评价技术规范(试行)HJ 192—2015)》《市县经济社会发展总体规划技术规范与编制导则(试行)》及测绘地理信息、发改、环保、经济、林业、地质、人文等行业专家意见构建指标体系如图 3-16 所示。基础性指标主要包括资源类指标(可利用土地资源、可利用水资源)、环境类指标(环境容量、自然灾害影响)、生态类指标(林草地覆盖率)、社会经济类指标(交通网络密度、人口聚集度、经济发展水平)；专题性指标主要包括重点生态功能区类指标(生态脆弱性、生物丰度、水源涵养指数、植被覆盖指数)、农产品主产区类指标(粮食保护、耕地安全)、重点开发区和市辖区类指标(交通优势度、城镇化水平、污染物排放强度、经济密度)。

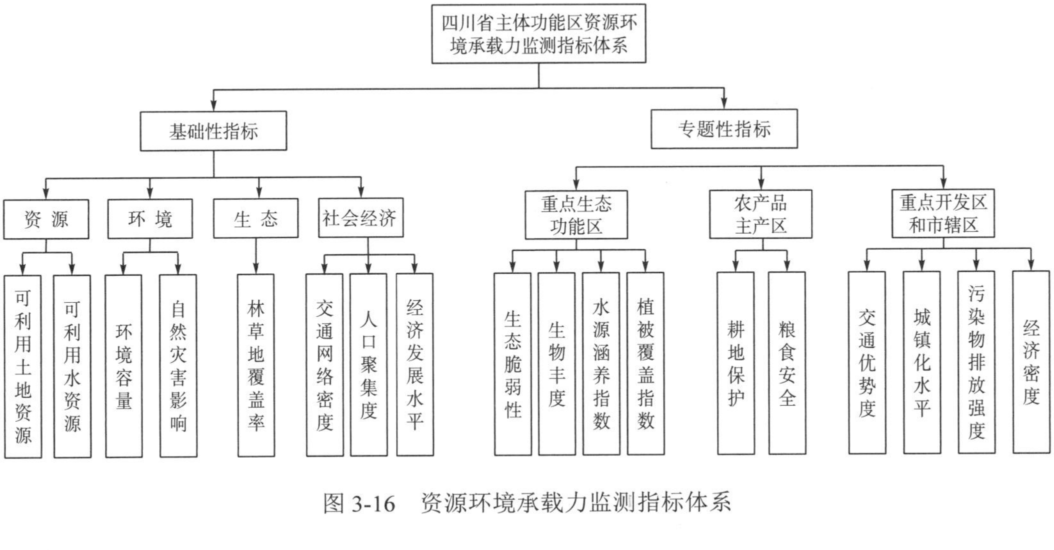

图 3-16　资源环境承载力监测指标体系

3.6.9.1 城镇化水平计算

指标概述：采用人口比重指标法。人口比重指标法反映的是人口城镇化的变化情况，它包括两种：一种是城镇人口比重指标法，另一种是非农业人口比重指标法。这两种方法是世界上比较通用的方法。

计算方法：城镇人口比重指标法是指用某一个国家或地区内的城镇人口占其总人口的比重来表示该国家或地区的城镇化水平。计算公式如下：

$$U=\left[P_{\mathrm{c}}/\left(P_{\mathrm{c}}+P_{\mathrm{r}}\right)\right]\times 100\%=P_{\mathrm{c}}/N\times 100\% \tag{3-54}$$

式中，U 表示城镇化水平(或称城镇化率)；P_{c}表示城镇人口；P_{r}表示农村人口；N 表示区域总人口，即城镇人口与农村人口之和。城镇化水平分级详见表 3-42。

表 3-42 城镇化水平分级

等级	低	较低	中等	较高	高
城镇化率	U≤25%	25%＜U≤40%	40%＜U≤55%	55%＜U≤70%	70%＜U
分值	0	1	2	3	4

3.6.9.2 耕地保护计算

指标概述：耕地保护用耕地安全指数衡量，耕地安全指数是指实际耕地面积与耕地保护红线面积之比。

计算方法：其计算公式如下：

$$K=S/S_{\min} \tag{3-55}$$

式中，K 为耕地安全指数；$S_{\min}$ 为耕地保护红线面积；S 为实际耕地面积。

K 值越大，表明该区域耕地面积越为安全，适宜开发，相反，要加强面积保护，根据耿艳辉《耕地-人口-粮食系统与耕地压力指数时空分布》、李治国《基于耕地压力指数的河南省粮食安全状况研究》等的计算方法，将耕地安全指数等级划分为如下五级，如表 3-43 所示。

表 3-43 耕地保护分级

等级	危险	较危险	适度	较安全	安全
安全指数	K≤0.9	0.9＜K≤1	1＜K≤1.1	1.1＜K≤1.3	1.3＜K
分值	0	1	2	3	4

3.6.9.3 环境容量计算

指标概述：环境容量由大气环境容量承载指数、水环境容量承载指数和综合环境容量承载指数三个要素构成，通过大气和水环境对典型污染物的容纳能力来反映，用于评估一个地区在生态环境不受危害前提下可容纳污染物的能力。

计算方法：环境容量按照下式计算：

$$[\text{环境容量}]=\mathrm{MAX}\left\{[\text{大气环境容量}(\mathrm{SO_2})],[\text{水环境容量}(\text{化学需氧量COD})]\right\}$$

1. 大气环境容量（SO_2）

采用 A 值法，A 值法的原理是将城市看成由一个或多个箱体组成，下垫面为底，混合层顶为箱盖。通过对区域的通风量、雨洗能力、混合层厚度、下垫面等条件综合分析浓度限值的条件下，计算得出一年内由大气的自净能力所能清除掉的大气污染物总量。A 值法为国家标准《制定大气污染物排放标准的技术方法》（GB/T3840—1991）提出的总量控制区排放总量限值计算公式，根据计算出的排放量限值及大气环境质量现状本底情况，确定出该区域可容许的排放量。大气环境容量按照下式计算：

$$[\text{大气环境容量}(SO_2)] = A\times\left(C_{ki}-C_0\right)\times S_i/\sqrt{S}$$

式中，A 为地理区域总量控制系数，根据评价区域的地理位置，A 值的选择根据《制定地方大气污染物排放标准的技术方法》（GB/T13201-91）确定，为此，针对四川省，A 值为 $2.94\times10^4 km^2/a$；C_{ki} 为国家或者地方关于大气环境质量标准中所规定的和第 i 功能区类别一致的相应的年日平均浓度，单位为 mg/m^3；C_0 为背景浓度，单位为 mg/m^3；在有清洁监测点的区域，以该点的监测数据为污染物的背景浓度 C_0，在无条件的区域，背景浓度可以假设为 0；S_i 为第 i 功能区面积，单位为 km^2；S 为总量控制总面积，单位 km^2，总量控制总面积为评价单元的建成区面积。

最后计算大气环境容量后，再通过与已经排放的量比较，即可得到各县市 2010 年、2014 年大气环境容纳情况。

2. 水环境容量的计算

水环境容量按照下式计算：

$$[\text{水环境容量}] = Q_i(C_i - C_{i0}) + kC_iQ$$

式中，C_i 为第 i 功能区的目标浓度，在重要的水源涵养区，采用地表水一级标准，为 15 mg/L；在一般地区采用地表水三级标准，为 20 mg/L；C_{i0} 为第 i 种污染物的本底浓度，无监测条件的区域，该参数可以假设为 0；Q_i 为第 i 功能区的可利用地表水资源量；k 为污染物综合降解系数，根据一般河道水质降解系数参考值，选定 COD 的综合降解系数为 0.20（1/d）。

3. 环境容量的计算

对于特定污染物的环境容量承载能力指数 a_i 按照下式计算：

$$a_i = \frac{P_i - G_i}{G_i} \tag{3-56}$$

式中，G_i 为 i 污染物的环境容量；P_i 为 i 污染物的排放量。

环境容量的计算流程如下：

第一步，按照数值的自然分布规律，对单因素环境容量承载指数 a_i 进行等级划分，分别是无超载（$a_i\leqslant0$）、轻度超载（$0<a_i\leqslant1$）、中度超载（$1<a_i\leqslant2$）、重度超载（$2<a_i\leqslant3$）和极超载（$a_i>3$）；

第二步，将主要污染物（SO_2，化学需氧量）的承载等级分布图进行空间叠加，取二者中最高的等级为综合评价的等级，最后的等级分为 5 级，具体的级别与单因素环境容量评价相同，再按照上式计算。

第三步，根据《省级主体功能区划分规程》中对单因素环境容量承载指数的分级标准，对综合评价等级进行分级，并赋分值，见表3-44。

表3-44 环境容量评价等级表

等级	无超载	轻度超载	中度超载	重度超载	极超载
程度	$a_i \leqslant 0$	$0< a_i \leqslant 1$	$1< a_i \leqslant 2$	$2< a_i \leqslant 3$	$a_i> 3$
分值	4	3	2	1	0

3.6.9.4 经济发展水平计算

指标概述：经济发展水平反映一个地区经济发展现状和增长活力的综合性指标，它由地区生产总值和人均地区生产总值增长率两个要素构成，通过县域地区生产总值增长率和人均地区生产总值规模来反映。

计算方法：经济发展水平按照下式计算：

$$经济发展水平(P)=人均\ \mathrm{GDP}\times k$$

式中，人均GDP= GDP/总人口；k为GDP增长的强度权系数，根据近五年的经济增长强度分级赋值，具体见表3-45。

表3-45 k值的取值

经济增长强度	＜5%	5%～10%	10%～20%	20%～30%	＞30%
k值	1	1.2	1.3	1.4	1.5

根据实际情况，人均GDP可用人均总税收收入、人均工商税收、农民人均纯收入、城镇居民可支配收入等其他指标替代，单位为万元/人；经济增长强度可用相应的总税收收入增长强度、工商税收增长强度、农民人均纯收入增长强度、城镇居民可支配收入增长强度等进行替代。根据市县经济社会发展总体规划技术规范与编制导则(试行)及四川省省情，按照表3-46所示等级进行划分。

表3-46 经济发展水平等级划分

等级	极落后地区	落后地区	中等地区	发达地区	极发达地区
经济发展水平	$P\leqslant1$	$1<P\leqslant2$	$2<P\leqslant4.5$	$4.5<P\leqslant8$	$8<P$
分值	0	1	2	3	4

3.6.9.5 经济密度计算

经济密度(A)是指区域国内生产总值与区域面积之比。其是指单位面积土地上经济效益的水平，一般以每平方千米土地的产值来表示，即万元/平方千米。它表征了城市单位面积上经济活动的效率和土地利用的密集程度，根据四川省各县域整体GDP情况进行等级划分，如表3-47所示。

表 3-47　经济密度等级划分

等级	极落后地区	落后地区	中等地区	发达地区	极发达地区
密度	$A\leqslant 100$	$100<A\leqslant 1000$	$1000<A\leqslant 5000$	$5000<A\leqslant 10000$	$10000<A$
分值	0	1	2	3	4

在资源环境承载力监测试点工作中，各单指标要素的选择及计算方法，将根据示范区实际资料情况及专家意见进行适当调整。

3.6.9.6　可利用土地资源计算

指标概述：可利用土地资源是指可用于人口集聚、产业布局和城镇发展的后备适宜建设用地，由后备适宜建设用地的数量、质量和集中规模三个要素构成，具体通过人均可利用土地资源或可利用土地资源总量来反映，用以评价一个地区剩余或潜在可利用土地资源对未来人口集聚、工业化和城镇化发展的承载能力，对地区经济建设是否具有发展后劲、发展潜力具有重要的影响。

计算方法：[可利用土地资源]＝[适宜建设用地面积]－[已有建设用地面积]－[基本农田面积]。

1. 适宜建设用地面积

[适宜建设用地面积]＝([地形坡度]∩[海拔高度])－[所含河湖库等水域面积]－[所含林草地面积]－[所含沙漠戈壁面积]。

1) 地形坡度与海拔高度

按照《主体功能区省级技术规程》，“([地形坡度]∩[海拔高度])”的选算条件为：以各省(区、市)国家级的选算条件为基础，结合本地区地形高程、坡度分级标准进行适当调整。因此，结合四川省及试验区域的地形地势特征，按地形高程低于 2000m、对应坡度取值小于 15°、地形高程为 2000～3000m、对应坡度取值小于 8°、地形高程在 3000m 以上、对应坡度值小于 3°的条件提取计算出县域土地利用类型面积。

2) 所含河湖库等水域面积

地理国情普查地表覆盖要素水域湿地中液态水面是指河渠、湖泊、库塘、海面等的水面部分，可用水域湿地中液态水面的面积计算。

3) 所含林草地面积

所含林草地面积是指林地和草地两部分面积之和，可用地理国情普查地表覆盖要素草地和林地中的面积之和计算。

4) 所含沙漠戈壁面积

沙漠戈壁指地面几乎被粗沙、砾石所覆盖，植物稀少的荒漠地带。地理国情普查中地表覆盖要素荒漠与裸露地表是指植被覆盖度低于 10%的各类自然裸露的地表，如盐碱地表、泥土地表、沙质地表、历史地表、演示地表等。所含沙漠戈壁面积用地理国情普查地表覆盖要素荒漠与裸露地表的面积计算。

2. 已有建设用地面积

已有建设用地面积包括城镇用地面积、农村居民点用地面积、独立工矿用地面积、交通用地面积、特殊用地面积和水利设施建设用地面积。已有建设用地面积按照下式计算：

[已有建设用地面积]=[城镇用地面积]+[农村居民点用地面积]+[独立工矿用地面积]+[交通用地面积]+[特殊用地面积]+[水利设施建设用地面积]。

1)城镇用地面积、农村居民点用地面积

城镇用地是指城镇规划区内的所有土地。城镇规划区指设有市、镇建制的城镇建成区和因城镇建设发展需要实行规划控制的区域。

农村居民点用地是指建制镇以下的乡和村,以及零散农户、工副业生产、畜圈和晒场等生产设施占用的土地,也包括村内、村旁树木和村内的道路占用地。

地理国情普查中地表覆盖要素房屋建筑区是指城镇和乡村集中房屋建筑用地域内,被连片房屋建筑遮盖的地表区域。

地理国情普查中构筑物是指为某种使用目的而建造的、人们一般不直接在其内部进行生产和生活活动的工程实体或附属建筑设施,道路除外。主要包括水工设施、城墙、温室大棚、固化池及工业设施等。

城镇用地面积和农村居民点用地面积用地理国情普查地表覆盖要素房屋建筑面积与部分构筑物面积之和计算。

2)独立工矿用地面积

独立工矿是指居民点以外的各种工矿企业、采石场、砖瓦窑、仓库及其他企事业的建设用地,包括能源、矿产、火电厂及输电设施等用地。

地理国情普查中地表覆盖要素人工堆掘地是指被人类活动形成的弃置物长期覆盖或经人工开掘、正在进行大规模土木工程而出露的地表,主要包括露天采掘场、堆放物、建筑工地等。如露天采掘煤矿、铁矿、铜矿、稀土、石料、沙石以及取土等活动人工形成的裸露地表,以及人工长期堆积的各种矿物、尾矿、弃渣、垃圾、沙土、岩屑等(人工堆积物)覆盖的地表。

独立工矿用地面积用地理国情普查中地表覆盖要素的人工堆掘地和部分构筑物面积之和计算。

3)交通用地面积

交通用地是指用于运输通行的地面线路、场站等用地,包括民用机场、港口、码头、地面运输管道和居民点道路及其相应附属设施用地。

地理国情普查中地表覆盖要素交通及其设施用地包括交通及其设施用地。从地表覆盖角度,包括有轨和无轨的道路路面覆盖的地表。从地理要素实体角度,包括铁路、公路、城市道路、乡村道路,停机坪及飞机跑道等。

交通用地面积用地理国情普查中地表覆盖要素交通及其设施用地计算。

4)特殊用地面积

特殊用地是指军事设施、使领馆、宗教、监教、墓葬地等用地。军事设施用地指专门用于军事目的的设施用地,包括军事指挥机关和营房等。使领馆用地是指外国政府及国际组织驻华使领馆、办事处等用地。宗教用地指专门用于宗教活动的庙宇、寺院、道观、教堂等宗教自用地。监教场所用地指监狱、看守所、劳改场、劳教所、戒毒所等用地。墓葬地指陵园、墓地、殡葬场所及附属设施用地。

特殊用地面积用地理国情普查中地表覆盖要素部分构筑物面积计算。

5)水利设施建设用地面积

水利设施建设用地是指用于水库、水工建筑的土地,包括水库水面和水工建筑用地。水工建筑用地指除农田水利用地以外的人工修建的沟渠(包括渠槽、渠堤、护堤林)、闸、坝、堤路林、水电站、扬水站等常水位岸线以上的水工建筑用地。

水利设施建设用地面积用地理国情普查中的液态水面面积和构筑物的部分面积计算。

注：由于在计算城镇用地面积、农村居民点用地面积、独立工矿用地面积、特殊用地面积和水利设施建设用地面积时，都包含部分构筑物面积，经统计分析，其多项之和基本涵盖了构筑物中所有地物类型。同时，考虑地理国情普查数据的可用性及计算的可行性，在计算过程中，部分构筑物之和用地理国情普查中地表覆盖要素构筑物计算。

3. 基本农田面积

基本农田面积按照下式计算：

[基本农田面积]＝[适宜建设用地面积内的耕地面积]×β

式中，β 取值按照《主体功能区省级技术规程》基本农田的分布格局设定，β 一般都应大于 0.8，国家级计算中的 β 取值为 0.85。根据四川省区域特征，本计算中 β 采用国家级计算值。

耕地面积用地理国情普查中地表覆盖要素耕地的面积计算，后与适宜建设用地面积进行交集运算，再与系数 β 相乘，即为基本农田面积。

4. 人均可利用土地资源

人均可利用土地资源按下式计算：

[人均可利用土地资源]＝[可利用土地资源]/[常住人口]

5. 可利用土地资源丰度分级

根据计算得到的人均可利用土地资源，对照《省级主体功能区划分规程》中国家级可利用土地资源分级标准，进行丰度分级，并赋分值，如表 3-48 所示。

表 3-48　可利用土地资源分级标准

等级	人均可利用土地资源面积/(亩/人)	分值
丰富	$2<A$	4
较丰富	$0.8<A\leqslant 2$	3
中等	$0.3<A\leqslant 0.8$	2
较缺乏	$0.1<A\leqslant 0.3$	1
缺乏	$A\leqslant 0.1$	0

3.6.9.7　可利用水资源计算

指标概述：可利用水资源由本地及入境水资源的数量、可开发利用率、已开发利用量三个要素构成，通过人均可利用水资源来反映，其功能是评价一个地区剩余或潜在可利用水资源对未来社会经济发展的支撑能力。可利用水资源潜力按照下式计算。

计算方法：[可利用水资源潜力]＝[本地可开发利用水资源量]－[已开发利用水资源量]＋[可开发利用入境水资源量]。

1. 本地可开发利用水资源量

本地可开发利用水资源量按照下式计算：

[本地可开发利用水资源量]＝[地表水可利用量]＋[地下水可利用量]

1)地表水可利用量

根据《全国水资源综合规划》，地表水资源可利用量(地表水可利用量)是指在可预见的时期内，在统筹考虑河道内生态环境和其他用水的基础上，通过经济合理、技术可行的措施，可供河道外生活、生产、生态用水的一次性最大水量(不包括回归水的重复利用)。地表水可利用量按照下式计算：

[地表水可利用量]=[多年平均地表水资源量]－[河道生态需水量]－[不可控制的洪水量]

采集试点区域近十多年平均水资源量，按照水资源评价技术大纲，计算河道生态需水量和不可控制洪水量，最后得出地表水可利用量。上述计算过程和结果数据可直接采用专业部门的统计数据。

2)地下水可利用量

地下水可利用量是在一定经济、技术条件下可以开采利用的地下水量，并与经济、技术条件紧密相关。地下水可利用量按照下式计算：

[地下水可利用量]=[与地表水不重复的地下水资源量]－[地下水系统生态需水量]－[无法利用的地下水量]。

采集试点区域近十多年平均地下水资源与地表水资源不重复量；根据各水文地质单元的水文特征，计算地下水系统生态需水量和无法利用的地下水量，最后得出地下水可利用量。上述计算过程和结果数据可直接采用专业部门的统计数据。

2. 已开发利用水资源量

已开发利用水资源量按照下式计算：

[已开发利用水资源量]=[农业用水量]+[工业用水量]+[生活用水量]+[生态用水量]

采集试点区域农业、工业、生活与生态四大类用户用水量，计算已开发利用水资源量。农业用水包括农田灌溉和林牧渔业用水；工业用水按新水取用量计，不包括企业内部的重复利用水量；生活用水包括城镇生活用水和农村生活用水；生态用水仅包括人为措施供给的城镇环境用水和部分河湖、湿地补水，而不包括降水、径流自然满足的水量。上述计算过程和结果数据可直接采用专业部门的统计数据。

3. 可开发利用水资源潜力

水资源开发利用潜力是指以水资源开发利用不引起环境恶化为前提，一个地区可以开发利用的潜在水资源量。入境可开发利用水资源潜力按照下式计算：

[入境可开发利用水资源潜力]= [现状入境水资源量]×γ

根据试点区域实际情况，γ 取值为 3%。

采集计算区域河流上游临近水文站近十年实测的平均年流量数据作为多年平均入境水资源量。上述计算过程和结果数据可直接采用专业部门的统计数据。

4. 等级划分

人均可利用水资源潜力按照下式计算：

[人均可利用水资源潜力]＝[可利用水资源潜力]/[常住人口]

根据上式计算得到的人均可利用水资源潜力 W，参照《省级主体功能区划分规程》中国家级人均水资源潜力分级标准，划分为丰富、较丰富、中等、较缺乏和缺乏 5 个等级，并赋分值，如表 3-49 所示。

表 3-49　人均水资源潜力分级标准

等级	人均水资源潜力/m^3	分值
丰富	$1000<W$	4
较丰富	$500<W\leq1000$	3
中等	$200<W\leq500$	2
较缺乏	$0<W\leq200$	1
缺乏	$W\leq0$	0

3.6.9.8　人口聚集度计算

指标概述：人口集聚度由人口密度和人口流动强度两个要素构成，通过采用县域人口密度和吸纳流动人口的规模来反映，它是评估一个地区现有人口集聚状态的集成性指标项。

计算方法：人口聚集度按照下式计算：

$$人口聚集度=人口密度\times d$$

其中，人口密度=总人口/土地面积，单位为人/平方千米；d 为人口增长率权系数，根据人口增长率分为 5 个等级，具体见表 3-50。人口增长率根据近五年的人口数据测算。

表 3-50　d 值的取值

人口增长率	<0‰	0～5‰	5‰～10‰	10‰～15‰	>15‰
d 值	0.8	1.2	1.4	1.6	1.8

将计算结果，按照中国人口集聚度分类标准中均值地区进行分级如表 3-51 所示。

表 3-51　人口聚集度分级

等级	高度密集区	中度密集区	低度密集区	稀疏区	无人区
密度	$300\leq A$	$200<A\leq300$	$120<A\leq200$	$5<A\leq120$	$A\leq5$
分值	0	1	2	3	4

3.6.9.9　生态系统脆弱性计算

生态系统脆弱性是指我国全国或区域尺度生态系统的脆弱程度，由沙漠化脆弱性、土壤侵蚀脆弱性、石漠化脆弱性、盐渍化等要素构成，具体通过这几个要素等级指标来反映。设置生态系统脆弱性指标的主要目的是为了表征我国全国或区域尺度生态环境脆弱程度的集成性。生态系统脆弱性要素的具体含义如下。

(1) 沙漠化脆弱性。生态系统的沙漠化脆弱性是指随着土地退化、土地沙漠化程度的加剧，干旱半干旱地区生态系统退化或破坏的脆弱程度。

(2) 土壤侵蚀脆弱性。生态系统的土壤侵蚀脆弱性是指在水力或风力作用下土壤受到侵蚀而发生土壤流失致使生态系统退化或破坏。土壤流失量越大，土壤侵蚀越严重，其脆弱性越高。

(3) 石漠化脆弱性：生态系统的石漠化脆弱性是指在人为活动的干扰破坏下，土壤受到侵蚀而发生基岩大面积出露。土地生产力严重下降，致使生态系统退化或破坏。基岩裸露面积越大，石漠化越严重，其脆弱性越高。

(4) 盐渍化脆弱性。生态系统的盐渍化脆弱性是指在特定气候、地质及土壤质地等自然因素综合作用下，以及人为引水灌溉不当引起土壤盐化的土地质量退化致使生态系统脆弱性加剧。盐渍化是土地荒漠化和土地退化的主要类型之一。

1. 计算方法

$$[\text{生态系统脆弱性}]=\text{Max}\{[\text{沙漠化脆弱性}],[\text{土壤侵蚀脆弱性}],[\text{石漠化脆弱性}],[\text{土壤盐渍化脆弱性}],\cdots\cdots\}$$

沙漠化脆弱分级标准见表 3-52。

表 3-52 沙漠化脆弱性分级

沙漠化程度	脆弱性等级
极重度沙漠化土地	脆弱
重度沙漠化土地	较脆弱
中度沙漠化土地	一般脆弱
轻度沙漠化土地	略脆弱
潜在沙漠化土地	不脆弱

土壤侵蚀脆弱性分级标准见表 3-53、表 3-54、表 3-55。

表 3-53 水力侵蚀类型区土壤容许流失量

类型区	土壤容许流失量/[t/(km²·a)]
西北黄土高原区	1000
东北黑土区	200
北方土石山区	200
南方红壤丘陵区	500
西南土石山区	500

表 3-54 水力侵蚀脆弱性分级

级别	平均侵蚀模数/[t/(km²·a)]	平均流失厚度/(mm/a)	脆弱性等级
剧烈	>15000	>11.1	脆弱
极强度	8000～15000	5.9～11.1	脆弱
强度	5000～8000	3.7～5.9	较脆弱
中度	2500～5000	1.9～3.7	一般脆弱
轻度	200，500，1000～2500	0.15，0.37，0.74～1.9	略脆弱
微度	<200，500，1000	<0.15，0.37，0.74	不脆弱

表 3-55　风力侵蚀脆弱性分级

级别	床面形态（地表形态）	植被覆盖度/%（非流动沙丘面积）	风蚀厚度/(mm/a)	侵蚀模数/[t/(km^2·a)]	脆弱性等级
剧烈	大片流动沙丘	＜10	>100	>15000	脆弱
极强度	流动沙丘，沙地	＜10	50～100	8000～15000	较脆弱
强度	半固定沙丘，流动沙丘，沙地	10～30	25～50	5000～8000	一般脆弱
中度	半固定沙丘，沙地	30～50	10～25	2500～5000	略脆弱
轻度	固定沙丘，半固定沙丘，沙地	50～70	2～10	200～2500	不脆弱
微度	固定沙丘，沙地和滩地	＞70	<2	<200	不脆弱

石漠化脆弱性分级标准见表 3-56。

表 3-56　石漠化脆弱性分级

石漠化强度等级	基岩裸露/%	土被覆盖/%	坡度/(°)	植被+土被覆盖/%	平均土厚/cm	脆弱性等级
极强度石漠化	>90	<5	>30	<10	<3	脆弱
强度石漠化	80～90	<10	>25	10～20	<5	较脆弱
中度石漠化	70～80	<20	>22	20～35	<10	一般脆弱
轻度石漠化	60～70	<30	>18	35～50	<15	略脆弱
潜在石漠化	40～60	<60	>15	50～70	<20～15	略脆弱
无明显石漠化	<40	>60	<15	>70	>20	不脆弱

2. 计算技术流程

第一步：生态环境问题单因子脆弱性分级。采用公里网格的沙漠化脆弱性分级、土壤侵蚀脆弱性分级、石漠化脆弱性分级数据，根据沙漠化、土壤侵蚀、石漠化脆弱性分级标准，实现生态环境问题脆弱性单因子分级。

第二步：生态环境问题因子复合。对分级的生态环境问题单因子进行复合，判断脆弱生态系统出现的公里网格生态系统脆弱类型是单一型还是复合型。

第三步：生态系统脆弱性程度确定。对单一型生态系统脆弱类型区域，根据其生态环境问题脆弱性程度确定生态系统脆弱性程度；对复合型生态系统脆弱类型，采用最大限制因素法确定影响生态系统脆弱性的主导因素，根据主导因素的生态环境问题脆弱性程度确定生态系统脆弱性程度。

第四步：生态系统脆弱性分级。对公里网格的生态系统脆弱性程度分析结果，采用区域综合方法、主导因素方法、类型归并方法等，确定区域生态系统脆弱性。生态系统脆弱性程度划分为脆弱、较脆弱、一般脆弱、略脆弱、不脆弱五级(表 3-57)。

表 3-57　生态系统脆弱性程度分级

等级	脆弱	较脆弱	一般脆弱	略脆弱	不脆弱
赋值	0	1	2	3	4

3. **指标项评价**

总体评价：分析评价生态系统脆弱性的类型、集中分布区、空间分异特征，突出生态系统严重脆弱区域的重点问题，分析产生生态系统脆弱的原因。编制生态系统脆弱性评价图。

单因子评价：分析评价沙漠化脆弱性、土壤侵蚀脆弱性、石漠化脆弱性的分级分布特征、脆弱和较脆弱区域分布特征。编制沙漠化脆弱性、土壤侵蚀脆弱性、石漠化脆弱性评价图。

自然单元评价到县域评价转化：依据自然单元评价的结果，采用自然单元评价结果的等级与面积的乘积之和，除以县域总面积，得到县域的评价结果，按照《省级主体功能区划分规程》进行分级，并赋值。

3.6.9.10 生物丰度指数计算

生物丰度指数的计算方法参照 3.5.29 节执行，计算结果按照表 3-58 进行分级。

表 3-58 **生物丰度分级**

等级	贫瘠	较贫瘠	适中	较丰富	丰富
丰度	BAI≤15	15<BAI≤35	35<BAI≤55	55<BAI≤70	70<BAI
分值	0	1	2	3	4

3.6.9.11 水源涵养指数计算

水源涵养指数的计算方法参照 3.5.36 节执行，计算结果按照表 3-59 进行分级。

表 3-59 **水源涵养指数分级**

等级	弱	一般	中等	强	极强
水源涵养	$0< W_i \leq 50$	$50< W_i \leq 100$	$100< W_i \leq 200$	$200< W_i \leq 250$	$250< W_i$
分值	0	1	2	3	4

3.6.9.12 自然灾害影响计算

指标概述：自然灾害是指给人类生存带来危害或损害人类生活环境的自然现象，包括干旱、洪涝、台风、冰雹、暴雪、沙尘暴等气象灾害，火山、地震灾害，山体崩塌、滑坡、泥石流等地质灾害，风暴潮、海啸等海洋灾害，森林草原火灾和重大生物灾害等。通过对上述自然灾害进行危险性评价，可以评估特定区域自然灾害发生的可能性和灾害损失的严重性，进而更加全面系统地掌握灾情，为部署和实施防灾减灾工作提供可靠依据和保障。

指标的选取尽可能全面地考虑控制和影响区域自然灾害发生的基本因素，同时尽量使各个因素之间相互独立。具体地讲，在建立自然灾害评价指标体系时应尽量遵循以下几个基本原则：

(1)评价指标数据以县(区)为单元，以保证与主体功能区划、市县经济社会发展总体规范等技术规范在评价单元上的统一。

(2)选择的评价要素应该能够反映评价区域的主要特点及主要灾害情况，具有典型性和代表性。

(3) 各灾害要素的评价指标具有主导、代表性，能够相对客观地反映该灾害种类的灾害危险性大小。

(4) 评价指标数值可以按危险性大小进行归一化处理与分级，以实现不同类型灾害危险性的综合。

通过对四川省历史灾害发生情况进行统计分析，确定了四川省主要自然灾害类型为：洪涝灾害、干旱灾害、地震灾害、地质灾害等 4 种灾害，并开展相关评价试验工作。其中干旱灾害采用灾害频次作为评价指标，即年平均灾害发生的次数(次/a)；地震灾害选择地震地峰值加速度作为评价指标；洪水和地质灾害选择灾害危害程度作为评价指标。

计算方法：自然灾害危险性评价主要分 5 个步骤进行：

(1) 收集研究区灾害危险性评价所需要的灾史资料、高分遥感影像、地形数据、气象站点监测数据以及土地利用覆盖等区域资料，这些数据的收集与处理对于评价工作具有重要支撑作用。

(2) 依据灾害种类的不同和数据资料掌握情况，选择四川典型县自然灾害的主要影响因子(孕灾因子+致灾因子)，进行自然灾害单灾种危险性评价。

(3) 通过危险性分级等方法，计算获取归一化的单要素评价指数。

(4) 依据应用需求等，选择合适的综合评价模型，常见的综合评价方法有加权平均法、主导因素法等。

(5) 通过综合评价模型对各种灾害要素评价指数进行叠加复合，计算获得自然灾害危险性综合评级指数，即自然灾害危险性指标的评价结果，流程如图 3-17 所示。

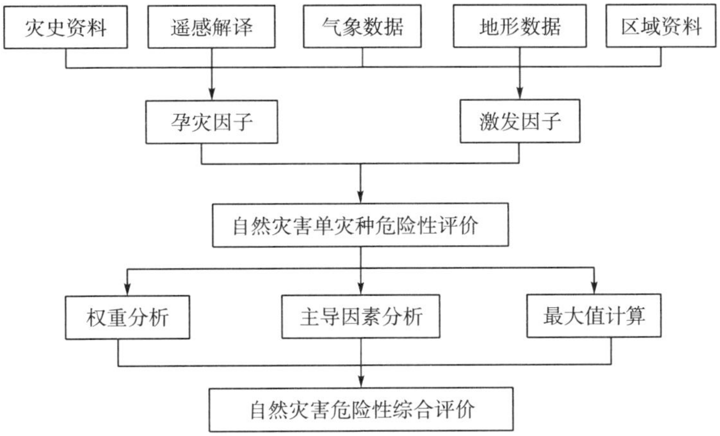

图 3-17　自然灾害危险性评价流程图

1. 自然灾害单要素评价

滑坡、泥石流等地质灾害危险性评估因子分为孕灾因子和致灾因子两种，孕灾因子选取坡度、相对高差和底层岩性，选择年降雨量、地震动峰值加速度作为激发因素的评估因子。通过灾害成因分析，确定山地灾害评价因子分级指标(表 3-60)。

根据四川省山洪孕灾环境和成灾特点，选择地形特征(坡度、相对高差)、降雨特征(年均降雨量、降水变率、最大暴雨日数)、河网密度和土地利用类型等 7 个指标(表 3-60)，进行山洪灾害危险性评估。

对于四川省干旱危险性评估，将地形坡度、土地利用类型和标准化降水蒸散指数(SPEI)作为干旱危险性的评估指标。其中，SPEI 指数是 Vicente-Serrano 等在标准化降水指数(SPI)的基础上引入潜在蒸散项构建的，其融合了 SPI 和帕尔默干旱指数(PDSI)的优点。我国西南地区的干旱评价对该指数已开展大量研究工作，且评估结果较为理想。SPEI 指数是基于覆盖研究区的 81 个国家气象站点 1980～2014 年 35 年的降水和气温监测数据计算得到。

表 3-60 不同类型灾害危险性评估指标

灾种	因素	级别				
		极度危险条件	高危险条件	中危险条件	低危险条件	微危险条件
地质灾害(滑坡、泥石流)	坡度/(°)	(45，55]	(35，45]	(25，35]	(15，25]	≤15，>55
	相对高差/m	>1000	(500，1000]	(300，500]	(100，300]	≤100
	工程岩组	软弱岩组	较软岩组	偏软岩组	较硬岩组	坚硬岩组
	地震动峰值加速度/(*g*)	0.4	0.3	0.2	0.1、0.15	0.05
	年降雨量/mm	>1600	(1300，1600]	(900，1300]	(500，900]	≤500
洪水	坡度/(°)	≤10	(10，25]	(25，35]	(35，45]	>45
	相对高差/m	≤50	(50，200]	(200，500]	(500，800]	>800
	河网密度/(m/km^2)	>800	(500，800]	(250，500]	(50，250]	≤50
	土地利用类型	房屋建筑用地、交通及其设施用地	荒漠与裸露地表	耕地	草地、园地、疏林地	有林地、灌木林地
	年降雨量/mm	>1600	(1300，1600]	(900，1300]	(500，900]	≤500
	降水变率	>0.75	(0.55，0.75]	(035，0.55]	(0.15，0.35]	(0，0.15]
	最大暴雨日数/d	>5	(3，5]	(2，3]	(1，2]	≤1
干旱	坡度/(°)	>30	(20，30]	(10，20]	(5，10]	≤5
	土地利用类型	旱地	水田、湿地	草地、园地、疏林地	有林地、灌木林地	荒漠、裸露地表与宅基地
	标准化降水蒸散发指数(SPEI)	-2.0	(-2.0，-1.5]	(-1.5，-1.0]	(-1.0，-0.5]	-0.5
	赋值	(0.8，1.0]	(0.6，0.8]	(0.3，0.6]	(0.1，0.3]	(0，0.1]

利用四川省自然灾害孕灾环境(地形、土地利用类型、河网密度、工程岩组等)数据及灾害激发因素(气温、降水和地震)数据，以县为单元，对 2010 年和 2014 年两期四川省自然灾害的危险度进行定量评价。危险性评价采用如下公式所示的计算方法：

$$H = \sum_{j=1}^{n} X_{hj} W_{hj} \tag{3-57}$$

其中，H 表示四川省典型县灾害危险性指数；X_{hi} 为各评估指标的归一化值；W_{hi} 为各评估指标的权重系数。

由于各评估指标中存在不同的量纲，且属性值的变化范围也相差较大，因此需对评估指标数据进行标准化处理，具体公式为

$$H' = (H - H_{\min}) / (H_{\max} - H_{\min}) \tag{3-58}$$

式中，H' 是危险度的归一化值；H 是危险度指标值；$H_{\max}$ 是最大危险度值；$H_{\min}$ 是最小危险度值。

利用评估指标，分别对四川省典型县的地质灾害、山洪、干旱灾害的危险性进行评估，并用专家经验打分和层次分析法计算得到各个指标的权重系数。

地震灾害的危险性评价主要是利用地震动峰值加速度的区划的方法进行危险性评估。其中 2010 年四川省典型县的地震动峰值加速度数据采用的是国家质检总局、国家标准委批准发布的《中国地震动峰值加速度区划图》(GB18306—2001)和由 2008 年汶川地震灾区烈度分布图通过转换得到的震区地震动峰值加速度区划数据；2014 年四川省典型县的地震动峰值加速度数据采用的是国家质检总局、国家标准委批准发布的《中国地震动峰值加速度区划图》(GB18306—2015)。

1) 干旱灾害危险等级划分

利用层次分析法，对孕灾环境(地形坡度、土地利用类型)和致灾因子［标准化降水蒸散指数(SPEI)］进行权重分析，并根据历史灾情数据和专家经验进行系数调整(图 3-18)。

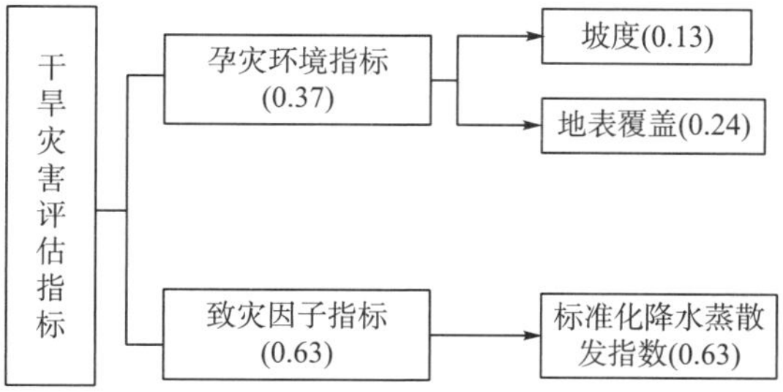

图 3-18　干旱灾害评估指标体系及因子权重

加权计算得到每个栅格单元的危险值，对危险值域进行归一化处理，并从低到高划分 5 个等级，等级越高，所对应的栅格单元干旱危险性越高，如表 3-61 所示。

表 3-61　干旱灾害等级划分标准

干旱灾害危害程度	干旱灾害影响等级
特旱	0
重旱	1
中旱	2
轻旱	3
无旱	4

2)洪水灾害危险等级划分

利用层次分析法，对孕灾环境(坡度、相对高差、土地利用类型、河网密度)和致灾因子(年均降雨量、降水变率、最大暴雨日数)进行权重分析，并根据历史灾情数据和专家经验进行系数调整(图 3-19)。

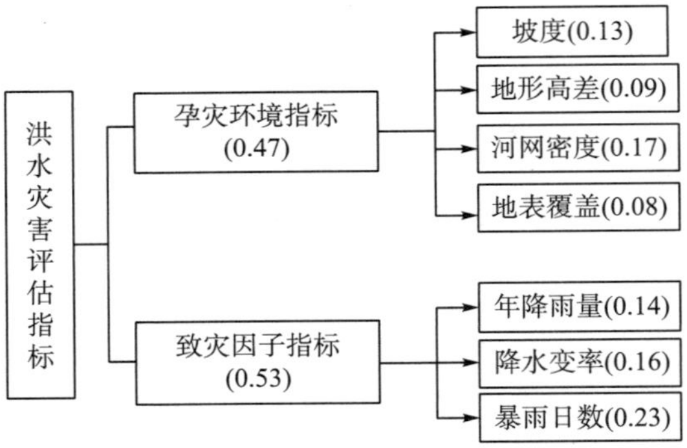

图 3-19 洪水灾害评估指标体系及因子权重

加权计算得到每个栅格单元的危险值，对危险值域进行归一化处理，并从低到高划分 5 个等级，等级越高，所对应的栅格单元洪水危险性越高，如表 3-62 所示。

表 3-62 洪水灾害等级划分标准

洪水灾害危险程度	洪水灾害影响等级
极其严重	0
严重	1
较严重	2
中等	3
较轻	4

3)地质灾害危险等级划分

利用层次分析法，对孕灾环境(坡度、相对高差和底层岩性)和致灾因子(年降雨量、地震动峰值加速度)进行权重分析，并根据历史灾情数据和专家经验进行系数调整(图 3-20)。

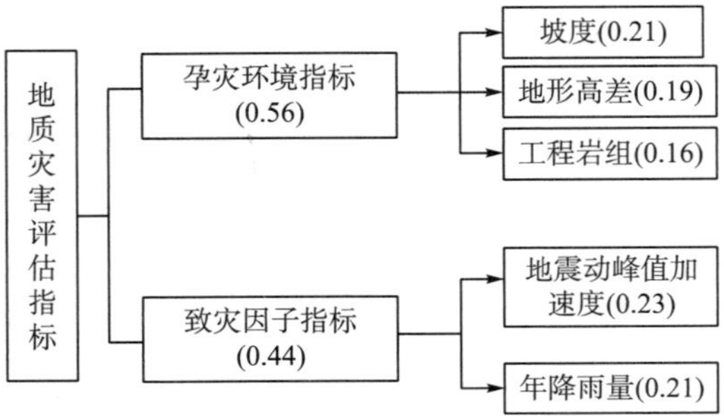

图 3-20 地质灾害评估指标体系及因子权重

加权计算得到每个栅格单元的危险值，对危险值域进行归一化处理，并从低到高划分 5 个等级，等级越高，所对应的栅格单元洪水危险性越高，如表 3-63 所示。

表 3-63　地质灾害等级划分标准

地质灾害危害程度	地质灾害影响等级
极其严重	0
严重	1
较严重	2
中等	3
较轻	4

4）地震灾害危险等级划分

对《中国地震动峰值加速度区划图》(GB18306—2001)、2008 年汶川地震灾区烈度分布图和《中国地震动峰值加速度区划图》(GB18306—2015) 数据进行数字化处理，得到两期四川省地震动峰值加速度区划数据，对地震动峰值加速度区划数据进行等级划分，得到 5 个危险等级（表 3-64），并计算典型县域内的地震灾害危险性指数。

表 3-64　地震灾害等级划分标准

地震动峰值加速度 (g)	地震灾害危害程度	地震灾害影响等级
0.4	极大	0
0.3	大	1
0.2	较大	2
0.1、0.15	略大	3
0.05	无	4

5）多要素综合评价

由于洪涝灾害、地质灾害、地震灾害、干旱灾害之间差别巨大，其危害性往往不具备简单的可比性，并且单种灾害危险性的评价结果在数值范围或表示方法上也存在很大差异。为了能在同一尺度上将不同种类灾害的危险性进行对比分析，需要对其进行标准化处理。在四川省自然灾害危险性评价中，采用分级的方式对单要素的评价结果进行标准化，通过划定不同的分级阈值来平滑不同灾害危害性间的差异。各灾害要素危险性的评价等级划分见表 3-65。

表 3-65　四川省自然灾害等级划分表

灾害种类	评价指标	等级				
		4	3	2	1	0
干旱灾害	干旱危害程度	无	略大	较大	大	极大
洪水灾害	洪水危害程度	轻微	较轻	中等	较严重	极其严重
地质灾害	地质灾害危害程度	无	微弱	轻度	中度	重度
地震灾害	地震动峰值加速度	0.05g	0.1、0.15g	0.2g	0.3g	0.4g

2. 多要素综合评价

单种自然灾害危险性评价只能反映一种自然灾害的影响，为了表征区域各种自然灾害的综合影响，需要对单种自然灾害危险性进行综合。

常见的综合评价方法包括权重法、主导因素法等。考虑到此指标将作为资源环境承载力监测的一个指标参与综合评价，还需要与其他指标进行进一步的综合计算，同时考虑到自然灾害危险性指标在资源环境承载力监测中是为了突出自然灾害对区域开发的最大制约作用，因此在四川省自然灾害危险性评价中，采用最大值法作为综合评价的方法，方法描述如下所示：

[自然灾害影响]＝Max{[洪水灾害影响]，[地质灾害影响]，[地震灾害影响]，[干旱灾害影响]}

将上节计算得到的 4 种自然灾害危险性评价分级结果进行了叠加，当一个评价单元中只受一种自然灾害影响时，以此灾害危险性等级作为此评价单元的灾害危险性等级；当一个评价单元受到多种自然灾害影响时，选择对其影响最大的自然灾害危险性等级作为评价结果。最后按照《省级主体功能区划分规程》对自然灾害影响进行分级，并赋分值，如表 3-66 所示。

表 3-66 自然灾害影响等级表

影响因子	等级	分值
自然灾害	影响极大	0
	影响大	1
	影响较大	2
	影响略大	3
	无影响	4

3.6.9.13 综合评价

结合各单指标间的相互影响关系和区域功能特色，根据各市县的实际情况，采用专家打分法，设定各单指标要素的权重，权重值总和为 1。构建多指标综合评价模型，将资源、环境、生态和社会经济各类指标的单项指标评价结果进行叠加处理，形成多指标综合评价结果。同时，为了更明确地评价资源环境承载力状况，参照已有的研究资料，建立分级评价标准，将多指标综合评价结果划分相应等级，等级越高，说明该区域承载力越高，级别越低，说明该区域承载力越弱。

将各单项指标评价结果进行加权综合。计算公式为

$$F=\sum_{i=0}^{n}\lambda_i\cdot f_i \tag{3-59}$$

式中，F 为多指标综合评价值；i 为各单项指标；f_i 为各单项指标评价值，λ_i 为各单项指标权重值；n 为单项指标数量。

F 值越大，说明该区域资源环境承载力越大，发展潜力越大，越适宜进行开发；F 值越小，则资源环境承载力越小，发展受限程度越大，越倾向于保护。

1. 单指标权重赋值

在综合评价过程中，单指标的权重主要采用专家打分法，请本领域专家对其打分，权重赋值如表3-67～表3-69所示。

表3-67　四川省资源环境承载力监测综合评价——重点生态功能区

指标类别	指标构成	监测评价指标	分值
基础性指标	资源	可利用土地资源	8
		可利用水资源	9
	环境	环境容量	9.25
		自然灾害影响	7.75
	生态	林草地覆盖率	7.25
	社会经济	交通网络密度	7
		社会经济发展水平	8.5
		人口聚集度	8.5
专题性指标	重点生态功能区	生态脆弱性	9
		生物丰度	8.5
		水源涵养指数	9
		植被覆盖指数	8.25

表3-68　四川省资源环境承载力监测综合评价——重点开发区和市辖区

指标类别	指标构成	监测评价指标	分值
基础性指标	资源	可利用土地资源	10.25
		可利用水资源	10
	环境	环境容量	10
		自然灾害影响	9
	生态	林草地覆盖率	6.5
	社会经济	交通网络密度	9.25
		社会经济发展水平	10.25
		人口聚集度	8.75
专题性指标	重点开发区和市辖区	城镇化水平	6
		污染物排放强度	7
		交通优势度	6.75
		经济密度	6.25

表3-69　四川省资源环境承载力监测综合评价——农产品主产区

指标类别	指标构成	监测评价指标	分值
基础性指标	资源	可利用土地资源	10.5
		可利用水资源	9.5

续表

指标类别	指标构成	监测评价指标	分值
	环境	环境容量	9.75
		自然灾害影响	10.5
	生态	林草地覆盖率	9
	社会经济	交通网络密度	9.25
		社会经济发展水平	10
		人口聚集度	10
专题性指标	农产品主产区	耕地保护	11.5
		粮食安全	10

2. **评价结果等级划分**

根据单指标分值划分及单指标权重，将资源环境承载力综合评价结果按照无警报、轻度警报、中度警报、重度警报分级，值域范围的确定如表 3-70 所示。

表 3-70 资源环境承载力综合评价分级

等级	重度警报	中度警报	轻度警报	无警报
综合承载力评价值	0< REBC ≤1	1< REBC ≤2	2< REBC ≤3	3< REBC ≤4

3.6.10 水土流失专题监测方法

水土流失综合评价是指利用遥感影像数据、地理国情普查地表覆盖数据、基础地理信息数据及土壤、气象等专业资料，基于遥感技术及 GIS 空间统计分析技术，结合通用水土流失方程（USLE 模型）开展水土流失调查与评价，该技术主要适用于常态化地理国情监测中区域性水力侵蚀量调查与监测。

地理国情普查获取的地表覆盖分类数据可以用于区域水土流失评价时作物覆盖与管理因子的评估。一般而言，不同土地利用类型/地表覆盖分类决定了区域水土流失强度及水土保持效益，如植被冠层和地表覆盖可以保护地表土壤免受雨滴直接打击，阻碍径流冲刷作用，大大减少土壤侵蚀的发生；不同地区农地作物及田间管理活动对土壤侵蚀构成明显影响；荒地与裸露地表往往是水土流失最为严重的区域。此外，开展区域水土流失综合评价，还需地形数据、土壤数据、气象数据等其他专业资料。

目前，土壤侵蚀的评价模型主要是基于通用土壤流失方程（USLE 模型）衍生模型及其基于土壤侵蚀过程的物理模型。通用土壤流失方程是美国研制的用于农地和草地坡面多年平均土壤流失量的经验型模型，该模型所依据的资料丰富，涉及区域广，形式简单，因而具有较强的实用性，并在世界范围内得到推广。此模型的重要缺点是只适用于坡度在 10°以下的缓坡地，并且不太适用于等高耕作和垄作等。由于我国西南地区的地理特殊性，借助于四川省及周边省份的相关研究成果和实测资料，通过对通用土壤流失方程因子计算方法的修正，构建了土壤流失方程：

$$A = R \cdot K \cdot L \cdot S \cdot C \cdot P \tag{3-60}$$

式中，A 为年土壤流失量，$\mathrm{t/(hm^2 \cdot a)}$；$R$ 为降雨侵蚀力因子，$\mathrm{MJ \cdot mm/(hm^2 \cdot h \cdot a)}$；$K$ 为土壤可

蚀性因子，$t\cdot hm^2\cdot h/(hm^2\cdot MJ\cdot mm)$；$L$ 为坡长因子；S 为坡度因子；C 为植被覆盖因子；P 为水土保持措施因子，C、P 为无量纲单位。

3.7　地理国情监测成果表达技术与方法

地理国情监测成果包含空间数据、统计数据、评价分析数据等。针对这些数据需要进行数据可视化，对成果进行表达。除专题地图、文字报告这些传统的表达形式外，网页能够为监测成果的表达提供更为有力的手段。

3.7.1　数据可视化概述

一图胜千言，人们通过图形来认知数据远远好于通过文字和语言。可视化本质上来说是指一切能够把抽象、枯燥或难以理解的内容，包括看似毫无意义的数据、信息、知识等，以一种容易理解的视觉方式展示出来的技术。无论是科学可视化、数据可视化还是信息可视化等，只要存在视觉化的转变关系都可以纳入可视化的范畴。

数据可视化经历了如下发展历程：15 世纪至 17 世纪，可视化早期探索阶段；18 世纪，数据可视化初步发展，直方图、柱状图、饼图、圆环图等开始出现；19 世纪，数据开始得到重视，数据图形出现，数据可视化第一个黄金时期，图形、图表等被广泛应用；20 世纪至今，数据可视化依附于计算机科学与技术拥有了新的生命力。

从表现形式的角度，“信息图表”作为视觉工具应包括以下六类：图表、图解、图形、表格、地图、列表。信息可视化图表则隶属于视觉传达的一种设计，是以凝练、直观和清晰的视觉语言，通过梳理数据构建图形、通过图形构建符号、通过符号构建信息，以视觉化的逻辑语言对信息进行剖析的视觉传达方式。

数据可视化由于其表现侧重的不同，使用不同类型的图形进行表达，如表现绝对数值大小的条形图、柱形图、折线图等；表现比例的饼图；二维平面上的变量关系如 X-Y 散点图。

当前有大量的统计分析软件可以提供更为复杂的统计数据的分析，更为生动的图表的显示，如统计数据的 3D 显示、热点图、动态展示等。

统计图形是数据智慧和艺术的融合，有些甚至具有重大社会价值。统计图形具有揭示特殊现象或规律的功能，这种功能是数据本身不能替代的。当前计算机技术的发展为我们提供了更为丰富多彩的数据可视化解决方法。

3.7.2　数据可视化的实现技术及手段

计算机技术及计算机图形学的发展为数据可视化技术提供了丰富的手段。原始数据表格通过 Excel 或者其他办公软件，能够通过非编程的方式，形成形式多样的统计图形，用于报告编写和专题图件的制作。使用 Matlab 软件、R 语言及其数据分析可视化库可进行更为深入和复杂的数据探索、分析和图形制作。统计图表结合专业的地理信息软件、地理信息服务，能够通过分级设色、符号化等方式表达空间信息。

统计图表结合专题地图是国情数据可视化的手段和方式。国情成果使用图件、报告、专题地图集宣传册，具有专业和正式性，但是也具有传播面窄、缺乏生动性的问题。

3.7.3 代表性可视化展示

当前，国内外一些网站使用形式丰富的统计图表进行新闻、民生及其他热点议题的数据展示，立意新颖，视角独特，形式美观。

3.7.3.1 网易数读

网易数读的每一个图针对某一特定主题，如房地产、石油等，制作多张统计图表，进行整体配设和美化，多层次、多维度展示可视化成果(图 3-21)。

图 3-21 网易数读

(http://data.163.com/special/datablog/)

3.7.3.2 澳大利亚国家地图

澳大利亚国家地图使用 Cesium 库制作三维地球场景，并叠加专题信息进行展示(图 3-22)。

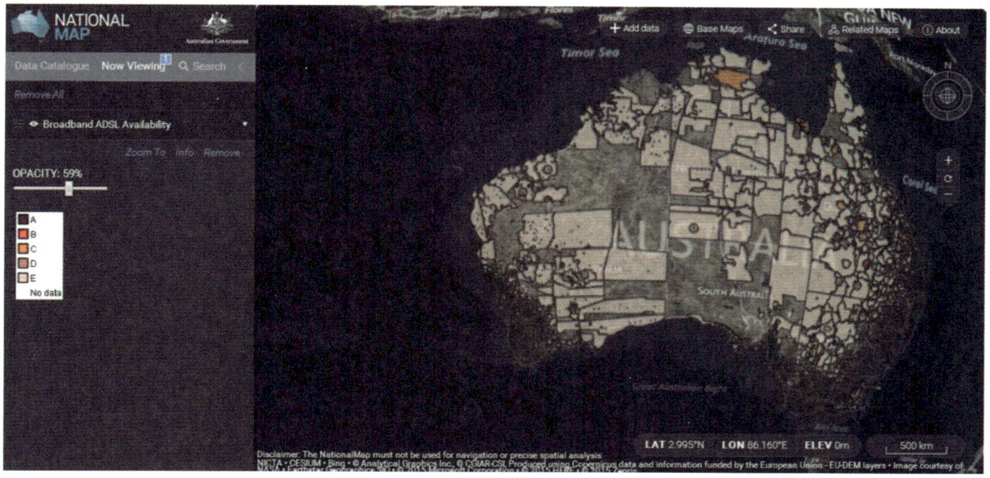

图 3-22　澳大利亚国家地图

（http：//subspace.nicta.com.au/#publicDemos）

3.7.3.3　波弗特海溢油展示

波弗特海溢油展示系统针对溢油专题，使用抽象美化的地图，多维度展示溢油的来源、溢油量的信息(图 3-23)。

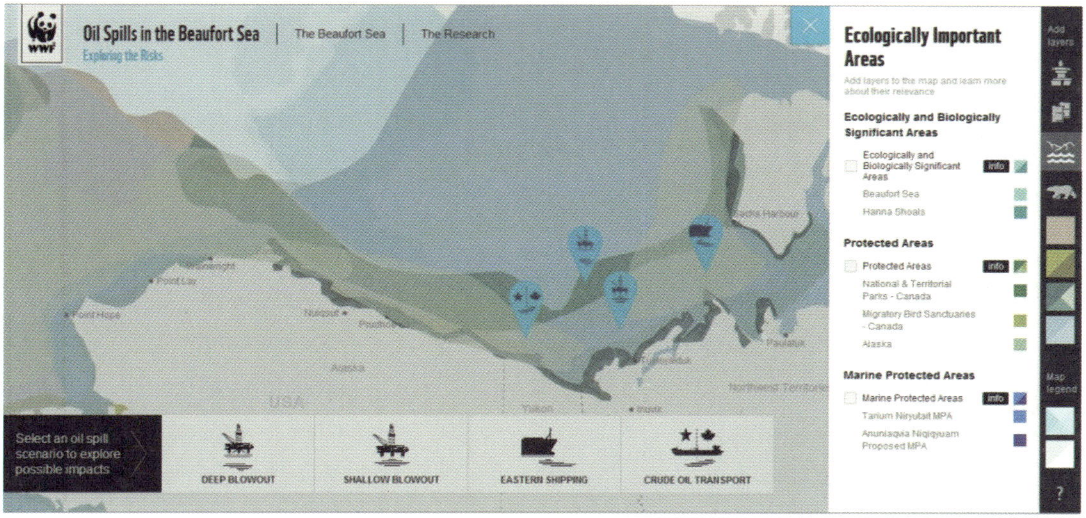

图 3-23　波弗特海截图

（http：//arcticspills.wwf.ca/#layers/beardedseal/ringedseal/polarbear/beluga/）

使用网络，用浏览器作为数据可视化的客户端进行的可视化展示能够很好地补充传统展示方式的短板，成果展示形式更为丰富。

3.7.4 地理国情数据成果可视化设计

3.7.4.1 可视化数据对象

地理国情数据可视化主要使用地图结合基本统计图表的方式，使用浏览器作为数据展示的窗口，展现形式多样和美观的图表。

1. 基本统计成果

国情基本统计成果中，使用中国测绘科学研究院研发的基本统计软件进行计算的统计表格，为 Excel 格式，共包含 32 个基础表(表 3-71)、12 个汇总表(表 3-72，汇总表中信息由基础表中信息汇总得到)。

表 3-71 第一次全国地理国情普查基本统计基础表

序号	表号	名称
1	地基 1-1 表	地形地貌基础表
2	地基 1-2 表	地形地貌(高程带)基础表
3	地基 1-3 表	地形地貌(坡度带)基础表
4	地基 2-1 表	植被覆盖基础表
5	地基 2-2 表	植被覆盖(高程带)基础表
6	地基 2-3 表	植被覆盖(坡度带)基础表
7	地基 3-1 表	水面基础表
8	地基 3-2 表	水面(高程带)基础表
9	地基 3-3 表	水域基础表
10	地基 3-4 表	水域(高程带)基础表
11	地基 3-5 表	水工设施基础表
12	地基 3-6 表	河流实体基础表
13	地基 3-7 表	湖泊实体基础表
14	地基 4-1 表	荒漠与裸露地表基础表
15	地基 4-2 表	荒漠与裸露地表(高程带)基础表
16	地基 4-3 表	荒漠与裸露地表(坡度带)基础表
17	地基 5-1 表	路面基础表
18	地基 5-2 表	道路基础表
19	地基 5-3 表	道路分类基础表
20	地基 5-4 表	交通设施基础表
21	地基 5-5 表	道路实体基础表

续表

序号	表号	名称
22	地基 6-1 表	房屋建筑区基础表
23	地基 6-2 表	城镇综合功能单元基础表
24	地基 6-3 表	工矿企业分类基础表
25	地基 6-4 表	单位院落分类基础表
26	地基 6-5 表	行政村基础表
27	地基 6-6 表	行政村分类基础表
28	地基 6-7 表	高速公路出入口不同距离内行政村基础表
29	地基 6-8 表	居民地与最近公共服务设施距离基础表
30	地基 7-1 表	行政区划与管理单元基础表
31	地基 7-2 表	社会经济区域单元基础表
32	地基 7-3 表	自然地理单元基础表

表 3-72　第一次全国地理国情普查基本统计汇总表

序号	表号	名称
1	地汇 1-1 表	地形地貌汇总表
2	地汇 1-2 表	地形地貌(高程带)汇总表
3	地汇 1-3 表	地形地貌(坡度带)汇总表
4	地汇 2-1 表	植被覆盖汇总表
5	地汇 2-2 表	植被覆盖(高程带)汇总表
6	地汇 2-3 表	植被覆盖(坡度带)汇总表
7	地汇 2-4 表	绿化林地覆盖情况汇总表
8	地汇 3-1 表	水域汇总表
9	地汇 4-1 表	荒漠与裸露地表汇总表
10	地汇 5-1 表	道路汇总表
11	地汇 6-1 表	房屋建筑区汇总表
12	地汇 7-1 表	行政区划与管理单元基础信息汇总表

2. LCA(地表覆盖)专题图

基本统计成果中 LCA 层使用矢量方式进行存储，考虑到全省数据量较大，将 LCA 数据按二级类进行分类设色后县级单位按大于 1∶20 万，市级行政单位按照 1∶100 万导出为栅格图片(*.tif)的形式并发布图像地图服务供系统使用。按二级类设色后的罗江县地表覆盖数据如图 3-24 所示。

3. **专题监测项目**

地理国情监测项目成果展示与查询功能，针对各地理国情监测项目的文档、图件及部分数据成果进行基于 web 的展示。

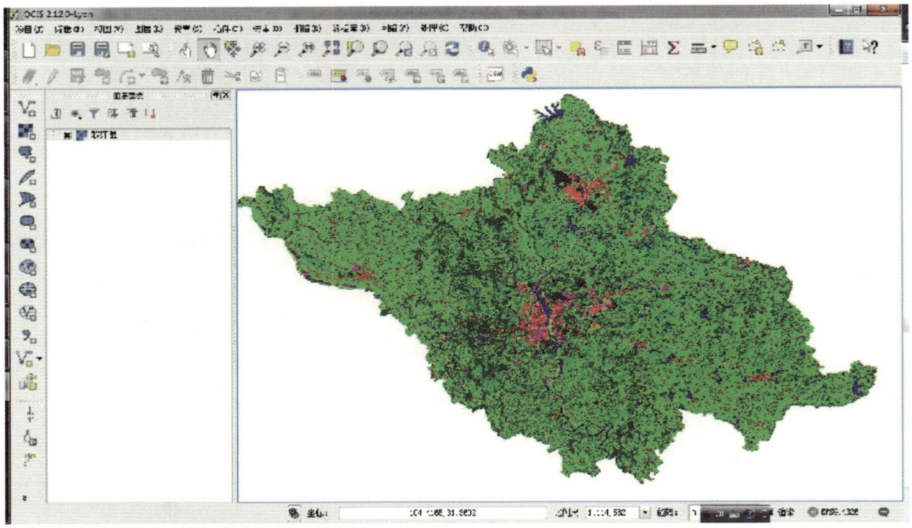

图 3-24 罗江区地表覆盖二级类分类设色图

3.7.4.2 地理国情统计数据属性表设计

信息具有的性质可称为信息的属性，统计学家 Stevens 将信息分为名义属性、序列属性以及比率属性，据此总结地理国情普查基本统计基础表各个表格对应信息属性如表 3-73。

表 3-73 第一次全国地理国情普查基本统计基础表信息维度

表号	名称	属性类型	可组合属性
地基 1-1 表	地形地貌基础表	绝对	
地基 1-2 表	地形地貌(高程带)基础表	绝对、比例	
地基 1-3 表	地形地貌(坡度带)基础表	绝对、比例	
地基 2-1 表	植被覆盖基础表	绝对、比例	镇、要素
地基 2-2 表	植被覆盖(高程带)基础表	绝对、比例	高程、类别
地基 2-3 表	植被覆盖(坡度带)基础表	绝对、比例	坡度、类别
地基 3-1 表	水面基础表	绝对、比例	镇、要素
地基 3-2 表	水面(高程带)基础表	绝对、比例	高程、要素

续表

表号	名称	属性类型	可组合属性
地基 3-3 表	水域基础表	绝对、比例	镇、要素
地基 3-4 表	水域(高程带)基础表	绝对、比例	高程、要素
地基 3-5 表	水工设施基础表	绝对	镇、要素
地基 3-6 表	河流实体基础表	绝对	
地基 3-7 表	湖泊实体基础表	绝对	
地基 4-1 表	荒漠与裸露地表基础表	绝对、比例	镇、要素
地基 4-2 表	荒漠与裸露地表(高程带)基础表	绝对、比例	高程带、要素
地基 4-3 表	荒漠与裸露地表(坡度带)基础表	绝对、比例	坡度带、要素
地基 5-1 表	路面基础表	绝对、比例	镇、要素
地基 5-2 表	道路基础表	绝对、比例	镇、要素
地基 5-3 表	道路分类基础表	绝对	镇、道路等级
地基 5-4 表	交通设施基础表	绝对	镇、要素
地基 5-5 表	道路实体基础表	绝对	
地基 6-1 表	房屋建筑区基础表	绝对、相对	镇、要素
地基 6-2 表	城镇综合功能单元基础表	绝对	镇、要素
地基 6-3 表	工矿企业分类基础表	绝对	镇、属性项代码
地基 6-4 表	单位院落分类基础表	绝对	镇、等级
地基 6-5 表	行政村基础表	绝对	镇
地基 6-6 表	行政村分类基础表	绝对	镇、属性类型
地基 6-7 表	高速公路出入口不同距离内行政村基础表		
地基 6-8 表	居民地与最近公共服务设施距离基础表	绝对	距离、数量
地基 7-1 表	行政区划与管理单元基础表	空间	
地基 7-2 表	社会经济区域单元基础表	绝对、比例	
地基 7-3 表	自然地理单元基础表		

3.7.4.3 统计图及维度

基本统计图通过图形的面积、位置、颜色、形状等信息传递所需进行展示的信息，项目使用统计图表相应样式、维度及其反映信息如表 3-74 所示。

表 3-74 统计图类型及其维度

类型	维度	反映信息
 柱状图	1	地表覆盖面积或地表覆盖面积占比
 饼状图	1	地表覆盖各地物占比
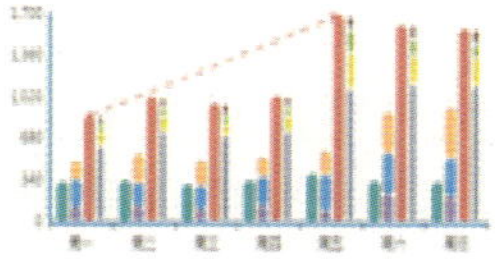 堆积柱状图	多个维度	同级行政区地表覆盖构成、各高程带地表覆盖构成
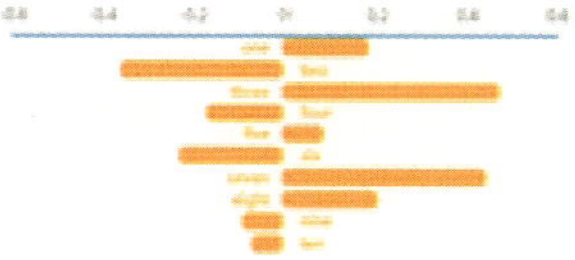 旋风条形图	2	不同行政区指标对比
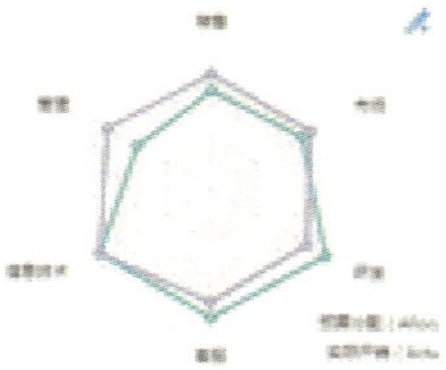 雷达图	2	不同行政区指标对比
 矩形树图	多个	一个行政区地表覆盖构成(含 1、2、3 级类) 矩形数据图中每一个矩形对应一个实体，矩形的大小反映对应实体的指标信息。在系统中，矩形树图每一个矩形对应一个地类，矩形的大小对应于面积大小 矩形树图能够通过矩形块大小来表示地表覆盖指标面积，通过颜色来区分不同的指标 另外，矩形树图通过鼠标单击，能够向下级进行浏览，从而实现多维展示，所涉及的维度为①类别(颜色区分)；②地类大小(面积)；③地物级别(交互操作)

3.7.4.4　空间信息展示

空间信息通过在地理底图上叠加专题要素的方式进行展示。地理底图包含道路、房屋、水体、重要工程、地名等信息反映空间位置。专题层通过符号化或者分类、分级设色的方式来展示专题信息。

1. 空间地图的构成要件

(1) 地理底图。地理底图按照显示地理信息的不同可以分为：简单线画地图，在单一颜色的背景上表示重要的地理要素，例如水系、交通设施、重点建筑、地名、行政区域和界线等；影像地图，使用航空或者航天遥感影像作为“真实地表”的反映，在其上添加地理要素；地形晕渲地图，使用 DEM 进行地形光影的渲染，使其作为背景，在其上添加地理要素。

(2) 专题图层。专题图层主要反映某一类专题信息，主要使用的手段为专题要素的空间符号化显示，使用分级设色或者使用设色叠加符号的方式进行显示。同时可以叠加基本统计图表进行辅助信息传递。

2. 成果表达设计

1) 地图展示

地图展示通常通过在底图上添加专题要素信息进行，专题要素使用分级设色如图 3-25(a)，或者符号化如图 3-25(b) 方式进行。

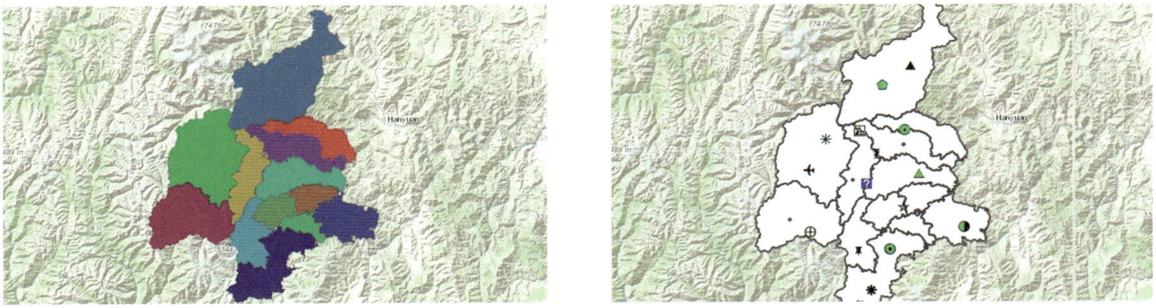

(a)　　(b)

图 3-25　地图展示示意图

2) 统计图展示

统计图使用图形的大小、颜色等方式来传递统计信息。统计图展示主要针对国情基本统计成果进行，其主要按照行政区、地形信息统计各个地物的面积，主要包含地物的面积、地物的面积占比等信息。常见的统计图表有柱状图(图 3-26)、饼状图(图 3-27)，以及柱状图的其他衍生图形，这些图形能够形象地传递地物统计信息。

3) 基于 web 的统计图展示

柱状图和饼图在静态文字报告中是较为常见的图形，使用网页进行展示为统计图提供了新的交

互方式，同时也使得一幅图能够传递较多的信息。例如，使用矩形树图进行地表覆盖面积展示

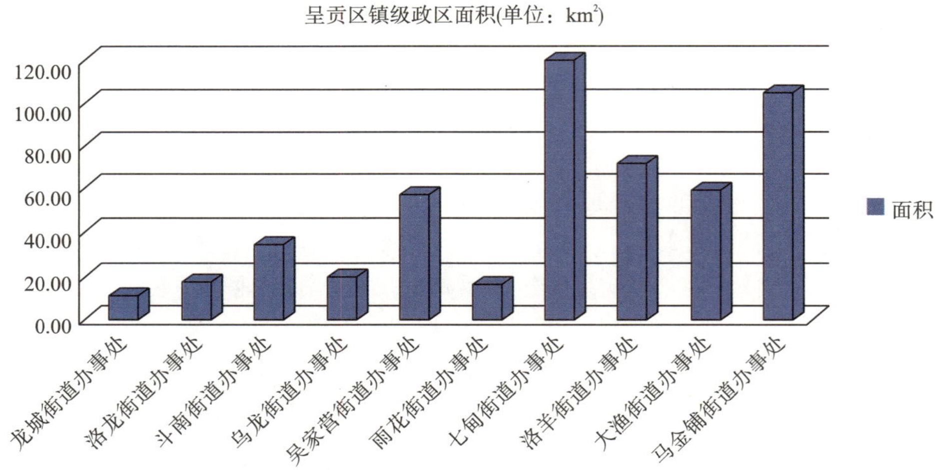

图 3-26 柱状图示例

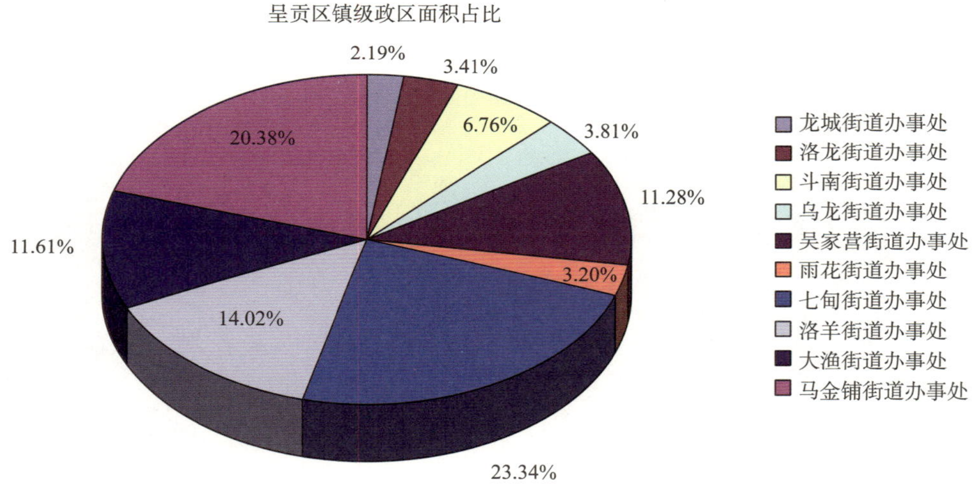

图 3-27 饼状图示例

矩形树图使用矩形方块的面积表示地物面积，使用颜色表示地物类别，并且通过鼠标点击矩形块可以向其下级类别进行漫游，从而可以实现一张图展示国情地表覆盖三级类信息的效果，如图 3-28 所示。

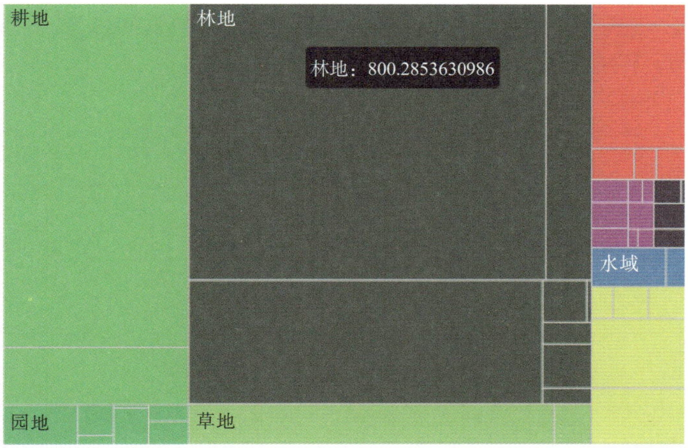

地表覆盖

初始树图显示全部一级类信息，左图从颜色、文字两个方面显示地物类别；鼠标移至地物类别上方显示面积数字

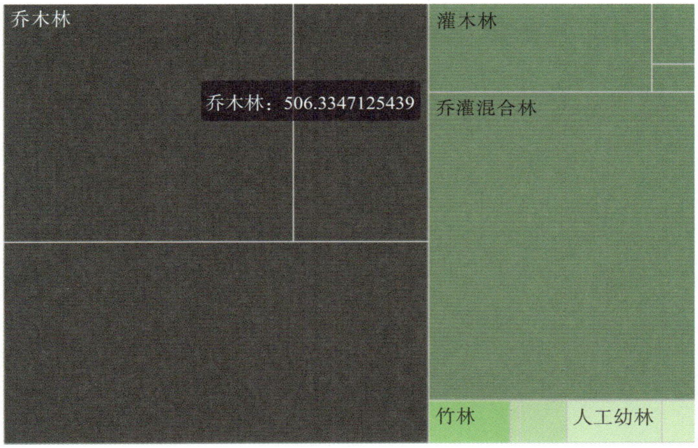

地表覆盖＞林地

单击一级类林地，树图向林地下的二级类漫游

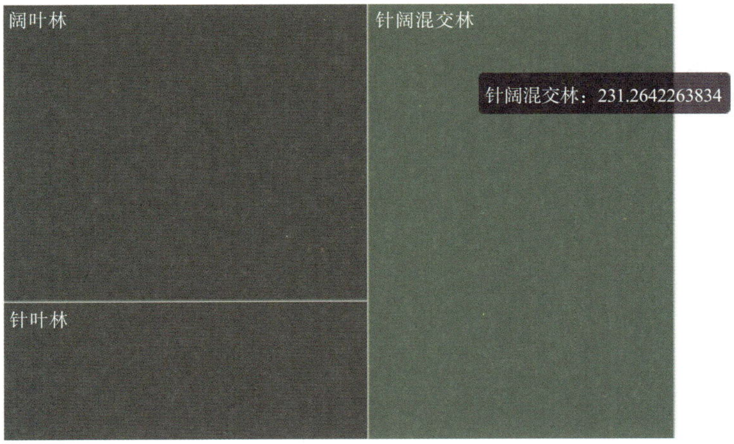

地表覆盖>林地>乔木林

继续单击林地二级类乔木林，树图向三级类漫游。单击文字“地表覆盖”，能够回到树图初始状态，继续进行其他地类查看

图 3-28　使用矩形树图展示地表覆盖信息

网页展示可交互式的特点，使得用户能够进行信息的筛选，得到需要的信息。例如，使用累积柱状图进行地物在各高程带上的分布信息的展示，如图 3-29 所示。

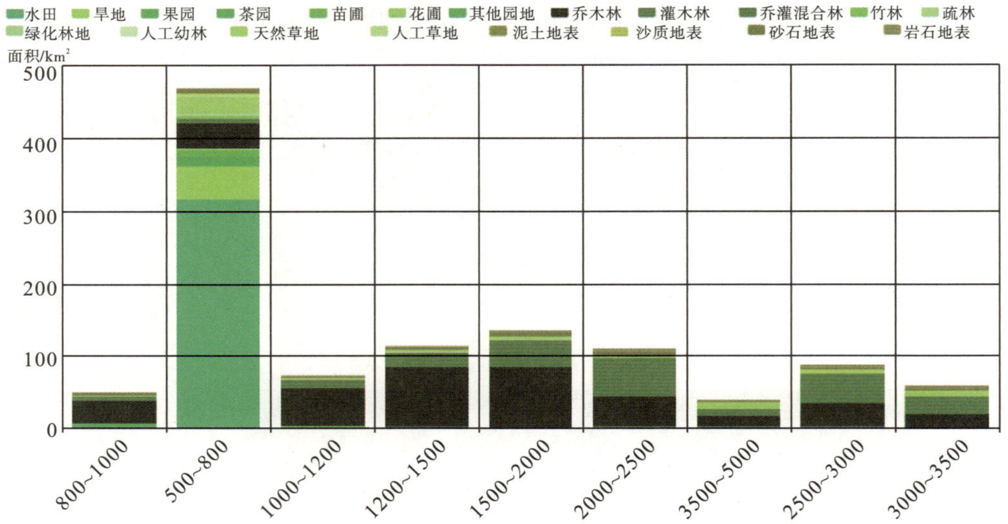

图 3-29 地物高程带分布面积累积柱状图

图 3-29 反映了所有地类的综合信息(所有二级类)在各个高程带上的面积分布。通过单击图例颜色块，能够进行地类的筛选，仅浏览兴趣地物，也可以添加多个地物进行对比。如选择水田、旱地两种地物进行对比，可以看到耕地(水田、旱地)在海拔 500～600m 分布较为广泛，如图 3-30 所示。

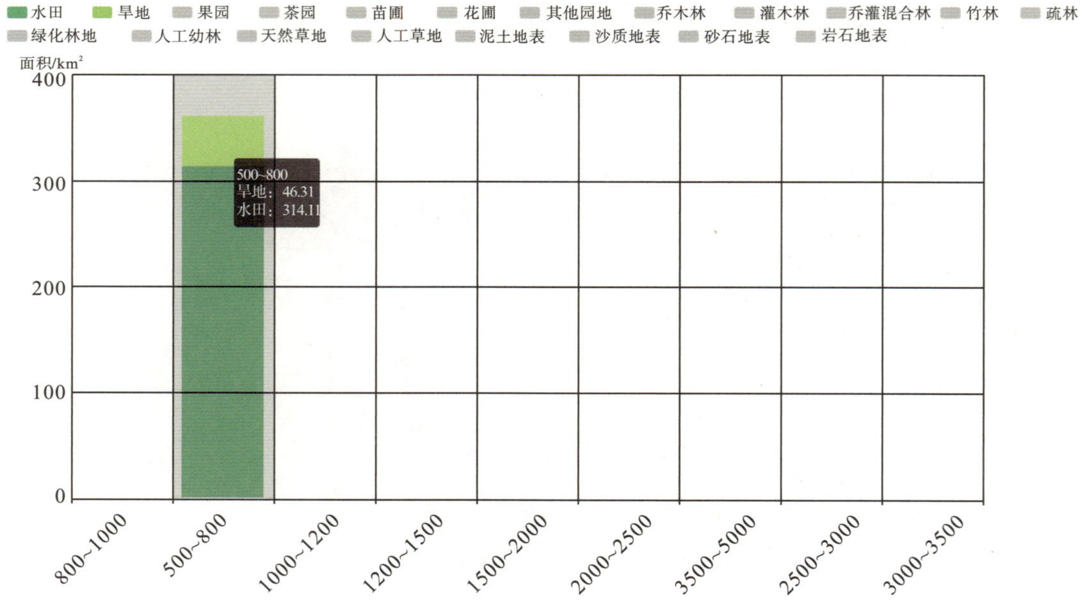

图 3-30 耕地在各高程带上的分布面积

如图 3-31 所示，乔木林在海拔 1200～1500m 和 1500～2000m 两个高程带分布丰富。

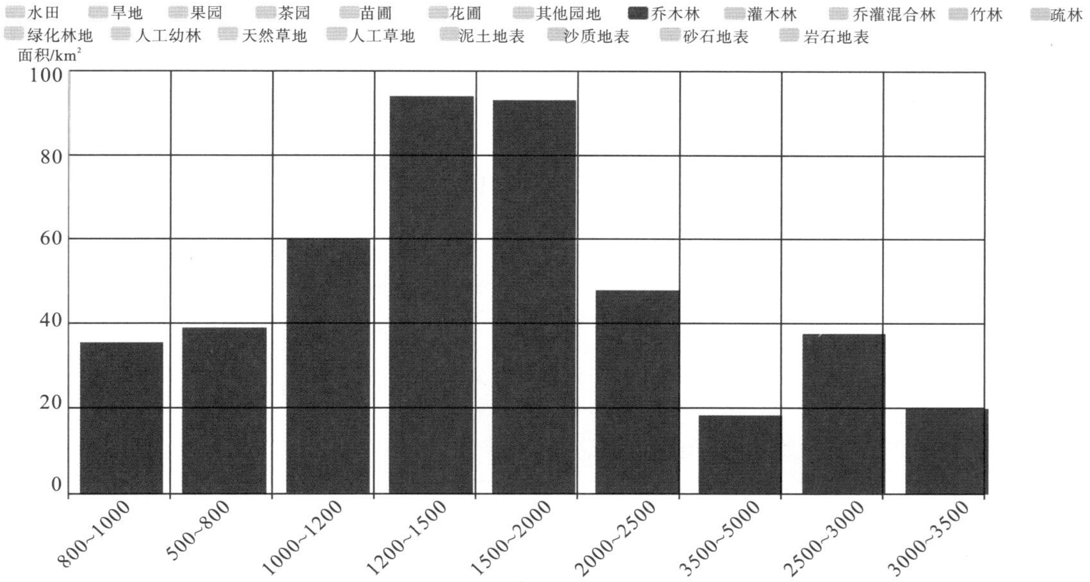

图 3-31　乔木林在各个高程带上的分布面积

同样，从图 3-32 中可以看到，乔木林在坡度大的地方分布也较为广泛。

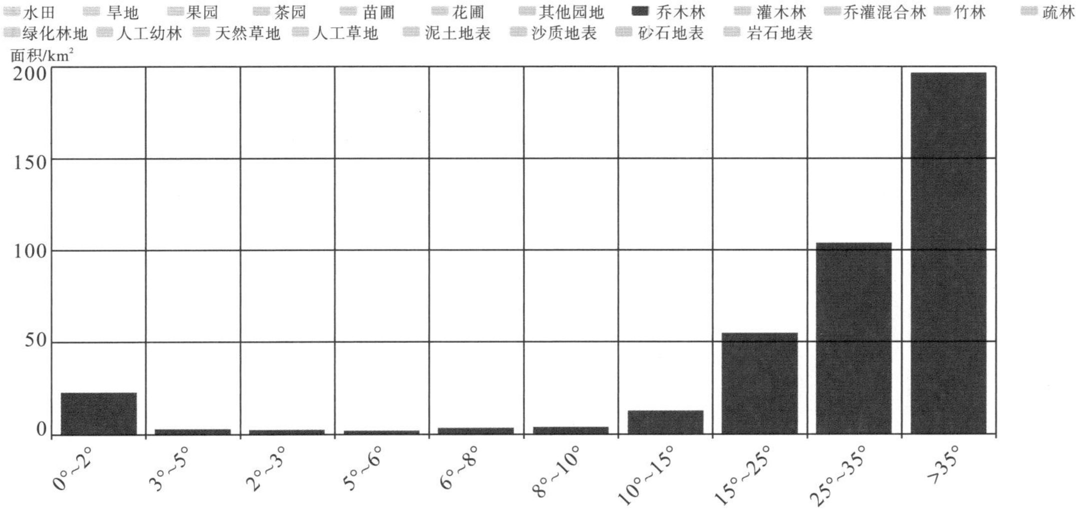

图 3-32　乔木林在各坡度带分布面积

正如前文所展示的那样，网页的可交互性使得统计图表能够通过用户的交互操作，进行层次更为丰富的统计信息展示，这是静态的文档和报告无法达到的，也是网页展示的优势所在。

同时，网页端有丰富的图形样式可供选择，可将原本枯燥的表格进行生动地展示，如地物转移矩阵的可视化。地物转移矩阵表示地物的年度变化信息，通常使用的是二维表格的方式进行展示，如表 3-75。地表覆盖转移矩阵来源于系统分析中对系统状态与状态转移的定量描述。通常的地表覆盖转移矩阵中，行表示 T_1 时点土地利用类型，列表示 T_2 时点地表覆盖类型。P_{ij} 表示 T_1—T_2 期间地表覆盖类型 i 转换为地表覆盖类型 j 的面积；P_{ii} 表示 T_1—T_2 期间 i 种地表覆盖类型保持不变的面积。

表 3-75　地表覆盖转移矩阵样表

		T_1			
		A_1	A_2	…	A_n
	A_1	P_{11}	P_{12}	…	P_{1n}
	A_2	P_{21}	P_{22}	…	P_{2n}
T_2	⋮	⋮	⋮	⋮	⋮
	A_n	P_{n1}	P_{n2}	…	P_{nn}
	P_{+j}	P_{+1}	P_{+2}	…	P_{+n}

通过和弦图可将地物转移矩阵中的信息形象地表达出来，同时还具有交互性，如图 3-33 所示。

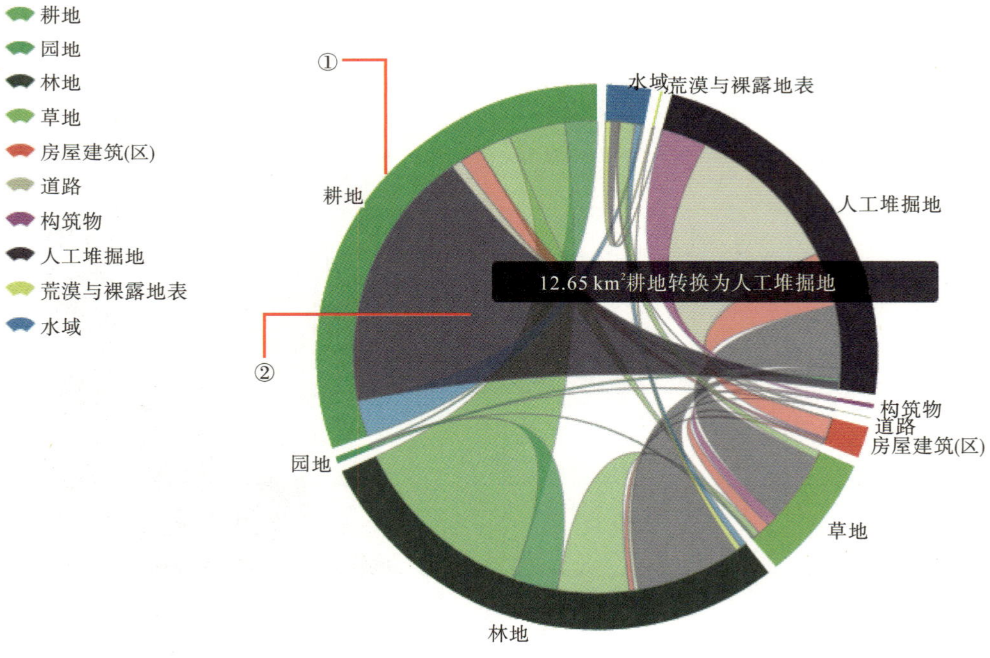

图 3-33　使用和弦图进行地物转移矩阵的展示

①圆环色带的颜色为地物对应颜色；圆中色带的长度和此地类发生变化的面积对应；②中间色带表示地物变化的关系，例如此处色带为灰色，表示地物从耕地变化为人工堆掘地，同时鼠标移至色带上方显示地物变化面积大小

再如，通过网页端树状图样式，可以进行国情地表覆盖分类体系的可视化，用树状结构形象地展示各个地物的归属信息，并提供交互功能，单击父级节点，展开相应下级地类，如图 3-34 所示。

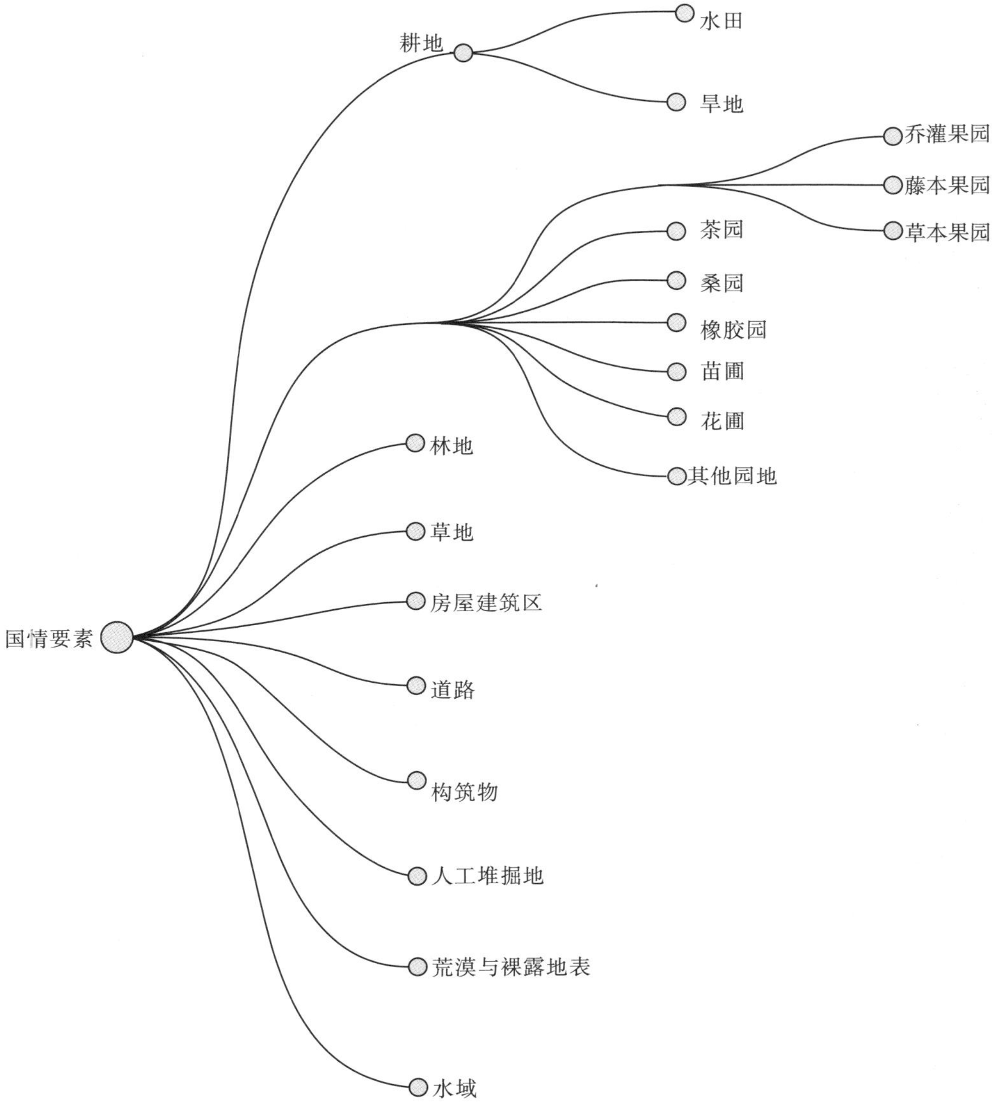

图 3-34　国情地表覆盖分类体系

3.7.5　系统实现

依据上述构建系统，系统部分截图如图 3-35 所示。

图 3-35(a)为四川省的概览信息，由上至下展示内容依次为：当前行政区一级类面积数值显示；四川省市界［市界中心圆颜色为地类颜色混合(https：//en.wikipedia.org/wiki/Lab_color_space)后的

代表色，如植被占比大代表色偏绿，构筑物占比大颜色偏红］；一级类面积柱状图；四川省市级行政区一级类面积累积柱状图，反映四川省各个市级行政单位一级类构成比；国情分类体系树图，显示国情地表覆盖三级分类体系，可单击父级节点展开下一级节点，用于辅助说明国情地表覆盖分类体系。

图 3-35(b)为当前行政区(绵竹市)一级类面积数值显示；绵竹市地表覆盖二级类分类设色专题地图展示；绵竹市一级类面积柱状图；绵竹市地表覆盖矩形树图展示，反映绵竹市地表覆盖各地类面积信息，可通过单击向下查询。

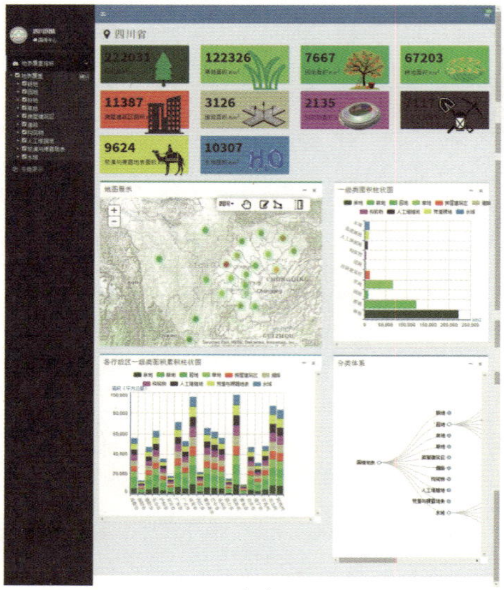

(a)

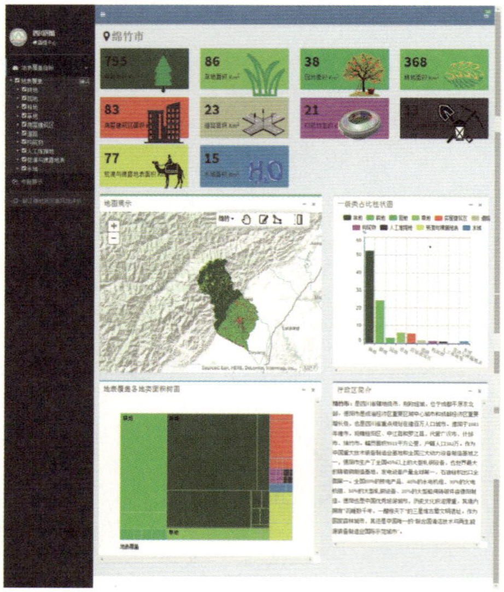

(b)

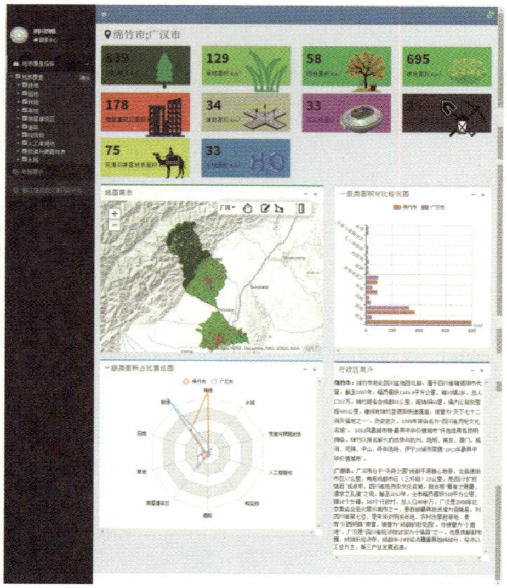

(c)

(d)

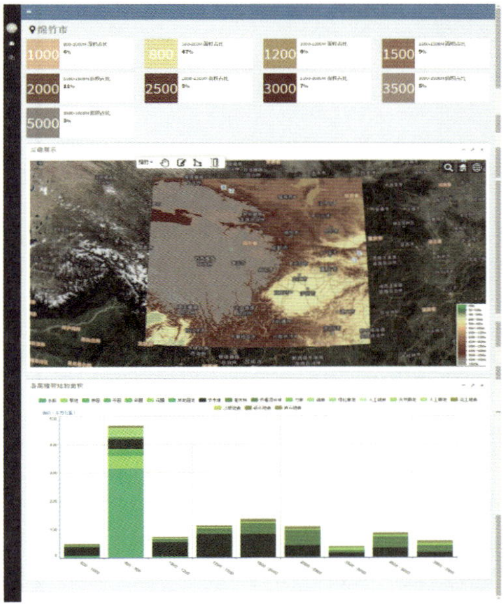

(f)

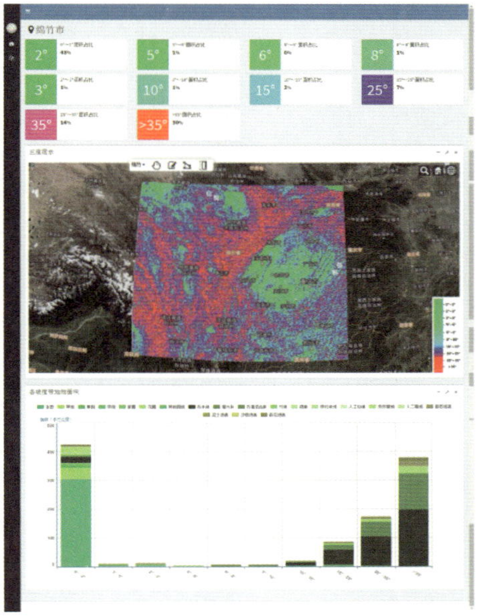

(e)

图 3-35　原型系统部分截图

图 3-35(c)为多个行政区(绵竹市、广汉市)一级类数值显示；绵竹市、广汉市二级分类设色专题地图展示；绵竹市、广汉市一级类面积对比柱状图；绵竹市、广汉市一级类面积占比雷达图；行政区简介。

图 3-35(d)为当前行政区(绵竹市)一级类数值显示；使用多边形选择工具进行统计区域选择，选中 1 公里网格会高亮显示；选中区域二级类面积柱状图；选中区域二级类面积占比；行政区简介。

图 3-35(e)为当前行政区(绵竹市)在各个高程带面积数值；使用 Cesium.js、天地图地图服务构建三维地形展示场景，并叠加高程带分级设色图；各个高程带地物面积累积柱状图。

图 3-35(f)为当前行政区(绵竹市)在各个坡度带面积数值；三维地形场景叠加坡度带分级设色图；各个坡度带地物面积累积柱状图。

另外，通过左侧边栏中地表覆盖指标的选取可以进行自选指标的统计和展示；通过地图展示框中行政区域的选择可进行兴趣行政区的选择。

下　篇
实践篇

以国务院第一次全国地国情普查领导小组办公室下发的《地理国情监测内容指南》和四川省第一次全国地理国情普查领导小组办公室下发的《四川省地理国情监测与综合统计分析指南》作为工作总体指导，近年来重点推进了 20 多项地理国情监测项目，监测区域包括天府新区、成渝经济区、长江经济带、成渝城市群等国家级经济区，理县、茂县等重点生态保护区，都江堰市、彭州市、都汶公路等地质灾害重点防治区，汶川、芦山等灾后重建区等。

通过梳理分类归纳，将开展的监测项目按照生态环境保护动态监测、资源节约利用动态监测、城市空间发展变化动态监测、区域总体发展规划实施和重大工程建设动态监测、灾害性地理国情信息监测以及其他监测分为六个方面，在本书实践篇中，分章节进行阐述，为开展具体监测工作提供实例支撑。

第 4 章　生态环境保护动态监测

生态环境保护动态监测选择是对全国或区域生态文明建设具有重要影响的主要湖泊(湿地)、典型县域、重点生态功能区等热点区域，开展自然生态指标监测，服务国家、部门和地方生态环境保护和管理的迫切需要，保障国家和区域生态安全，促进经济社会可持续发展。本章选择邛海湿地恢复工程及邛海流域生态环境监测、若尔盖县资源环境承载力监测评价、川滇及生物多样性生态功能区自然生态遥感监测作为监测项目案例，主要从项目概况、监测内容与方法、监测结果与分析三个方面对监测工作开展情况和取得的成果进行介绍。

4.1　邛海湿地恢复工程及邛海流域生态环境监测

4.1.1　概述

西昌邛海是我国重要的天然淡水湖泊之一，是我国西南地区重要的候鸟迁徙通道和栖息地，对西昌市区域生态环境安全有着极其重要的作用。20 世纪 60 年代以来，大量围海造田、填海造塘加之自然泥沙淤积，使邛海水面面积从正常蓄水位的 31 km^2 降至 2010 年约 27 km^2。旅游开发、网箱养鱼和农家乐的无序发展，使得近 2/3 的湖滨湿地遭到严重的破坏，滩涂和原生湿地植被基本消失，外来物种入侵，水鸟和本土物种减少。2006 年以前，生活污染、土壤侵蚀污染等使邛海的水质遭到严重破坏，呈现富营养化状态，邛海的湿地生态功能严重受损。

为了认真贯彻落实国务院原副总理回良玉“改善邛海湿地生态环境，提高邛海湿地生态功能，为邛海构筑一个立体的生态屏障，打造出一条‘净化带’”的指示精神，西昌市自 2010 年开始实施“邛海湿地恢复工程”。依据项目总体规划，恢复工程共为 6 期，总体规划面积约 15 km^2，其中湿地约 2 万亩(约 13 km^2)。通过开展邛海湿地恢复工程监测、邛海流域景观构成及生态环境监测，从地理角度监测邛海湿地恢复工程建设情况以及邛海流域生态环境状况，为邛海湿地的科学管理、研究等提供信息支撑，为西昌市水源地保护、生态屏障建设，以及邛海流域的生态环境治理和环境保护决策提供参考。

4.1.2　监测内容与方法

邛海湿地恢复工程及邛海流域生态环境监测所采用的数据源包括遥感影像数据、地表覆盖及要素数据、地形数据(常用的地形图数据有 1∶10000、1∶50000 及其他精度)、基础地理信息数据以及相关专业部门数据(水质数据、气象数据、规划数据等)。

4.1.2.1 监测内容

(1) 邛海湿地恢复工程监测：开展邛海湿地 2010 年、2013 年、2015 年三个监测时段的地表覆盖监测、邛海湿地恢复工程要素监测以及“三退三还”工程与旅游基础设施建设情况。

(2) 邛海流域生态环境质量监测：基于历史数据及新时期影像监测 1989 年、2000 年、2010 年、2015 年 4 个监测时段邛海水域面积的变化及生态环境变化；根据已有专业资料监测 2000 年、2003 年、2006 年、2010 年、2014 年 5 个监测时段邛海水质的变化。

4.1.2.2 监测方法

1. 邛海湿地恢复工程专题监测

通过航空摄影、收集整合等方式获取空间分辨率优于 2.5 m 的数字正射影像图并作为监测数据源，利用地理国情普查数据，结合 2010 年、2013 年 DOM 及相关专题数据，选择邛海湿地恢复工程实施之前、实施期间，即 2010 年、2013 年、2015 年三个监测时段，生产恢复工程区内地表覆盖、湿地恢复工程要素，监测“三退三还”措施，监测恢复工程区内旅游基础设施建设进展情况；开展综合统计分析，形成监测报告。监测技术流程如图 4-1。

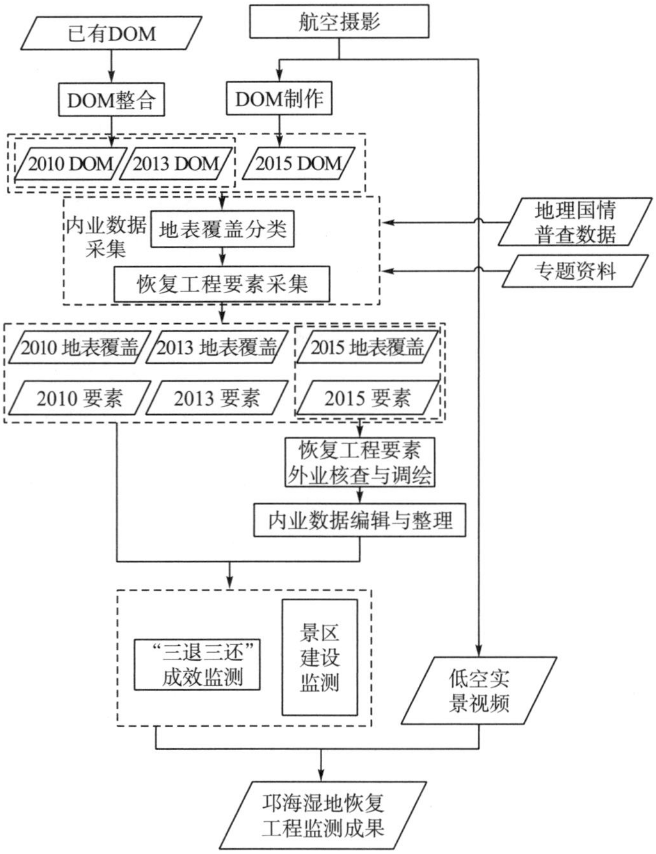

图 4-1 邛海湿地恢复工程监测技术方案

2. 邛海流域景观构成及生态环境监测

基于历史地形图或资料，1989 年、2000 年存档 Landsat 影像，2010 年、2015 年的高分影像，结合邛海水质站点历史监测数据，开展邛海水域范围及水质变化监测；开展多期地表覆盖变化监测，进行邛海流域景观构成及变化分析，开展邛海流域生态环境各项指数分析，结合“天保工程”“退耕还林工程”“西昌市水源地保护”及“邛海湿地恢复工程”开展情况，综合评价邛海流域生态环境质量状况，编制邛海流域生态环境监测报告。具体工艺流程如图 4-2 所示。

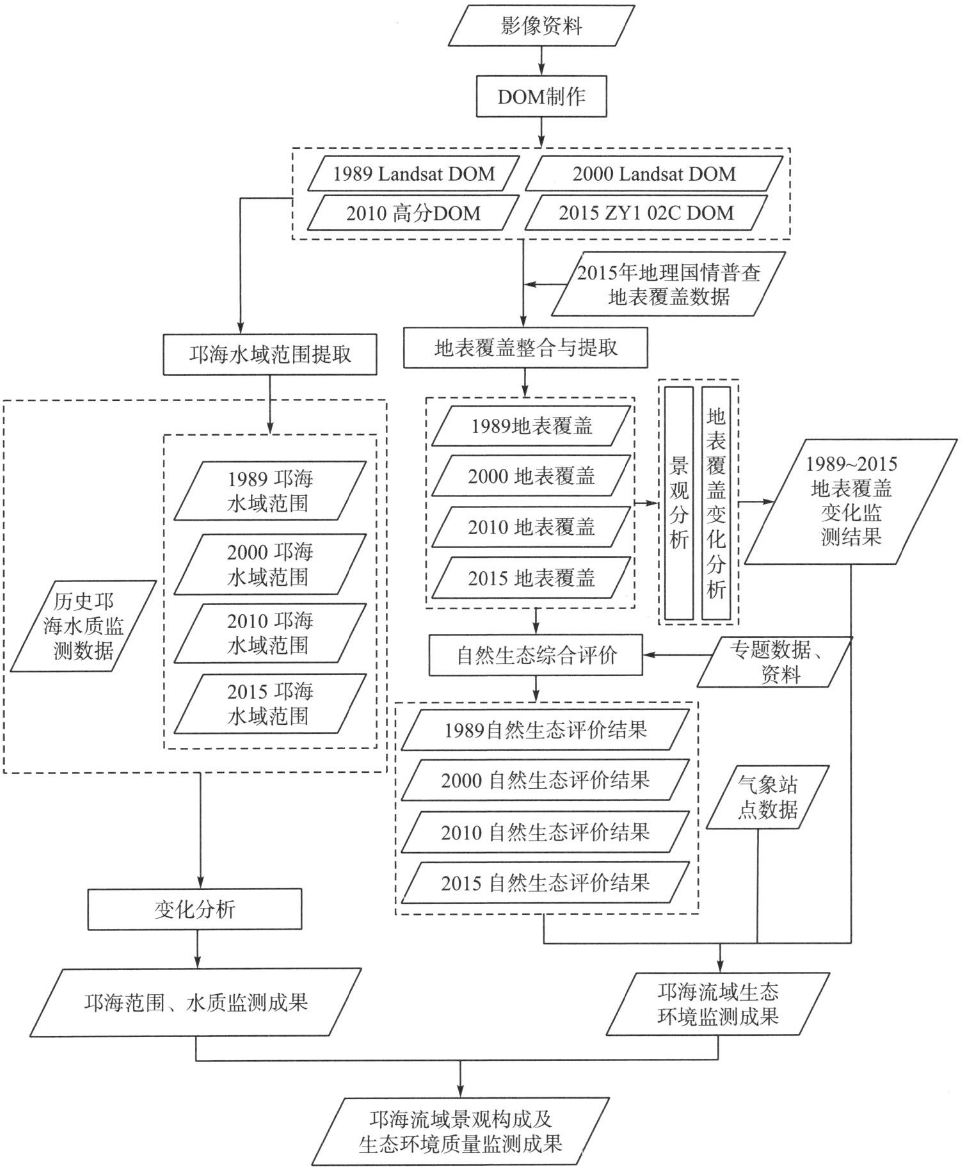

图 4-2　邛海流域景观构成及生态环境监测工艺流程

4.1.3 监测结果与分析

4.1.3.1 邛海湿地地表覆盖类型变化分析

湿地范围内水域面积占主导，2010 年水域面积占整个邛海湿地面积的 79.14%，2013 年水域面积占 78.18%，2015 年水域面积占 78.21%，且 2010～2015 年水域面积(库塘、河渠)净减少 0.031 km²。耕地及房屋建筑(区)面积在逐年减少，耕地面积减少 3.768 km²，房屋建筑(区)面积减少 0.457 km²。林地、草地、道路、人工堆掘地均在逐年增加，2010～2015 年湿地范围内林地增加 1.258 km²，草地增加 2.391 km²，道路增加 0.314 km²，人工堆掘地增加 0.175km²。园地、构筑物、荒漠与裸露地表地表覆盖面积为先增加后减少，截至 2015 年，园地面积增加 0.059 km²，构筑物面积增加 0.032 km²，荒漠与裸露地表面积增加 0.024 km²。湿地地表覆盖类型转移矩阵变化见图 4-3。

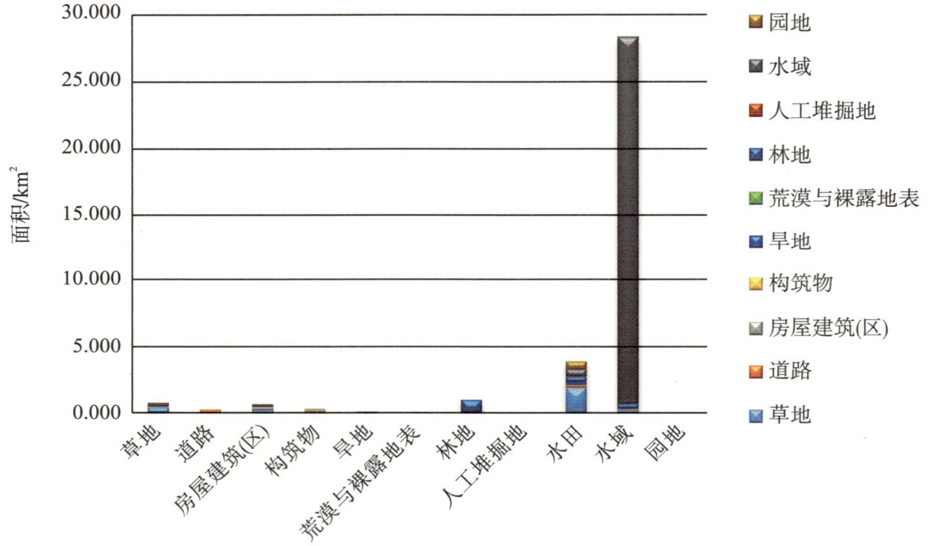

图 4-3 湿地地表覆盖类型转移矩阵变化图

1. “三退三还”成效分析

结合湿地保护和湿地恢复工程建设，在 2010～2015 年三期恢复工程建设期间，将以前钉螺滋生的环境通过实施“三退三还”工程(退田还湿、退塘还湿、退房还湿)，最大限度地扩大水域面积，恢复周边湖滨带水生植被，大面积建荷塘、建花圃、植树种草等方式改变了原来的钉螺滋生环境。提取地表覆盖中房屋建筑(区)、水田，湿地恢复工程要素中坑塘、湖泊，对 2010～2015 年三期湿地恢复工程内“三退三还”地类变化进行分析，对“三退三还”成效措施进行监测(图 4-4～图 4-6)。

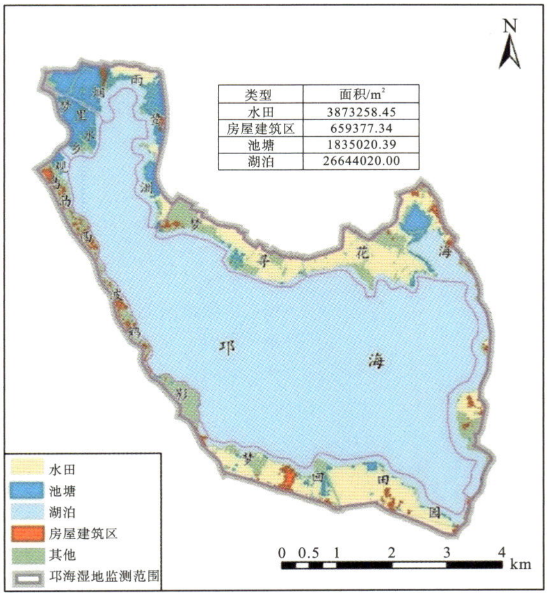

图 4-4　邛海湿地 2010 年“三退三还”地类分布图

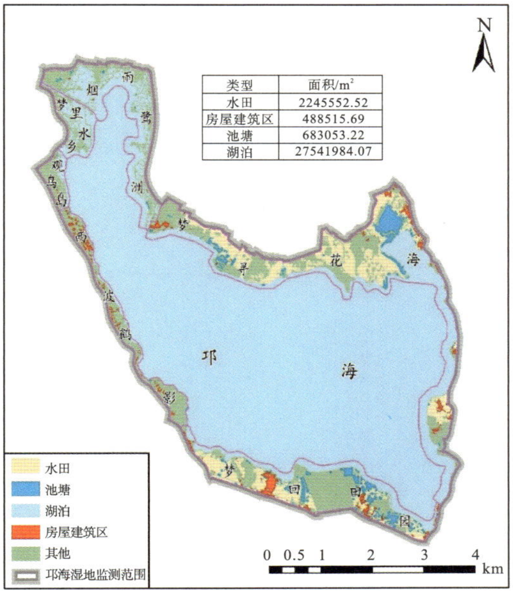

图 4-5　邛海湿地 2013 年“三退三还”地类分布图

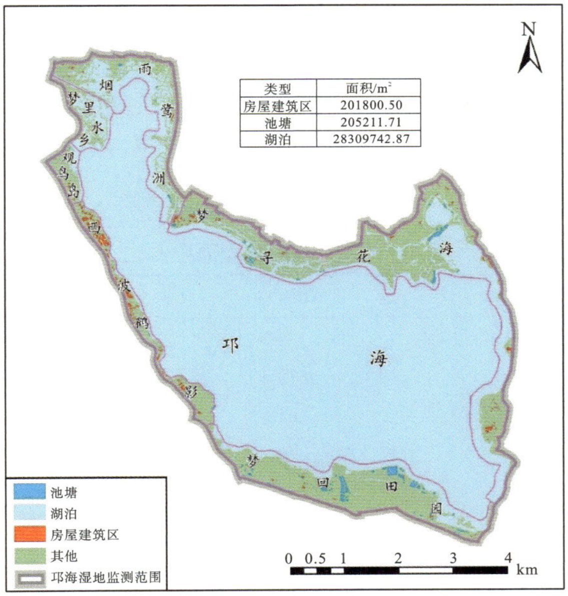

图 4-6　邛海湿地 2015 年“三退三还”地类分布图

监测结果显示(图 4-7)：随着“三退三还”措施的实施，2010～2013 年邛海湿地范围内池塘、房屋建筑(区)、水田逐年递减，邛海湖泊面积逐年递增，池塘净减少量为 1.628 km²，房屋建筑(区)净减少量为 0.17 km²，水田面积净减少量为 3.873 km²，湖泊面积净增加 0.90 km²，且至 2015 年邛海恢复工程区内所有水田地表覆盖全部转换为湖泊水域，恢复工程建设成效显著，保证了湿地的健康发展。“退塘还湖”中池塘转换为湖泊主要集中在邛海湿地恢复工程二期“梦里水乡”及三期“烟雨鹭州”湿地，“退田还湖”工程中水田转换为湖泊主要集中在邛海湿地恢复工程三期“烟雨鹭洲”、五期“梦寻花海”及六期“梦回田园”湿地，该区域以前为农作区。“退房还湿”工程中房屋建筑(区)转换为湖泊主要集中邛海湿地恢复工程一期“观鸟岛”、三期“烟雨鹭洲”、五期“梦寻花海”及六期“梦回田园”湿地。

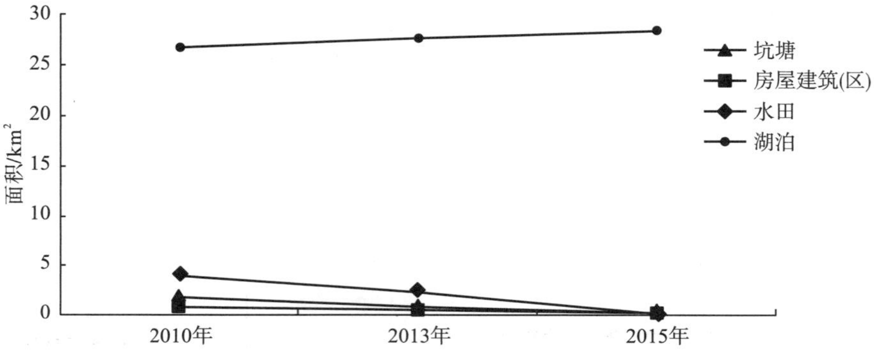

图 4-7 邛海湿地 2010～2015 年重要地类面积走势图

2. 湿地类型变化分析

按《湿地恢复工程总体规划》中湿地分类情况，根据专业部门要求，除去湿地公园内道路、构筑物、人工堆掘地、停车场等附属设施面积，提取邛海湿地恢复工程监测 2010 年、2013 年、2015 年三期地表覆盖及要素中所有水田、草地、水面面积地类数据，形成三期湿地成果，同时结合湿地类型分类表，对湿地面积变化进行监测(表 4-1)。

表 4-1 邛海湿地类型面积占比

覆盖类型	面积/km²	比例/%	湿地类	湿地型
水田	3.873	11.74%	人工湿地	稻田
高覆盖草地	0.719	2.18%	沼泽湿地	草本沼泽
中覆盖草地	0.013	0.04%	沼泽湿地	草本沼泽
绿化草地	0.032	0.1%	沼泽湿地	草本沼泽
水面面积	28.356	85.95%	湖泊、河流、人工湿地	永久性湖泊、永久性河流、洪泛平原

监测结果显示：①邛海湿地面积从 2010～2015 年呈递增状况，至 2015 年，邛海湿地面积为 31.547km²，主要原因是随着邛海湿地恢复工程的开展，邛海湿地范围内房屋建筑(区)、人工堆掘地等地表覆盖面积减少，相应房屋建筑(区)人工堆掘地等转换为湖泊和绿化草地等。②2015 年邛海湿地无水田地表类型，按邛海湿地“退塘还湿、退田还湿、退房还湿”的总体原则，水田面积转换为邛海湖泊面积及相应绿化植被。③随着 2010～2015 年三期恢复工程建设，天然草地(高覆盖、中覆盖)2010 年为 0.732 km²，2013 年为 0.765 km²，2015 年为 0.722 km²，部分区域占用天然草地改造为

绿化草地，2015 年邛海湿地恢复工程五期“梦寻花海”、六期“梦回田园”覆盖大面积绿化草地，邛海湿地生态环境良好。

3. 湿地旅游基础设施变化分析

提取成果数据中湿地道路、景区园路、环卫设施、导游设施以及景区服务设施对湿地 2010～2015 年三期道路空间分布、景区园路里程分析、道路路网密度分析、园路铺设材料里程分析、环卫设施、导游设施、景区服务设施的变化进行对比分析，最终得到 2015 年湿地景区园路总里程为 91.585 km，相比 2010 年增长了 80.824 km，主要景区园路基础设施为自行车游道、步行道及木栈道。公路路网密度从 2010 年的 0.941 km/km²提高到 2015 年的 1.093 km/km²，增加 0.152 km/km²，增长率为 16.15%。2015 年邛海湿地园路总路网密度为 2.551 km/km²，较 2010 年增加 2.465 km/km²，自行车、电动游览车道增加 0.721 km/km²，步行路增加 1.325 km/km²，木栈道增加 0.197 km/km²，各景区园路路网密度变化率分别为 13.109、5.39、28.143，增速较大。导游设施、景区服务设施净增长 35 个和 1115 个，均匀覆盖整个湿地，与湿地恢复工程总体规划相符，空间布局合理，旅游基础设施布局基本成型。

4. 湿地水域面积变化分析

提取湿地 1989 年、2000 年、2010 年、2015 年水域面积，监测水域面积的变化，并分析水域面积变化的驱动力。

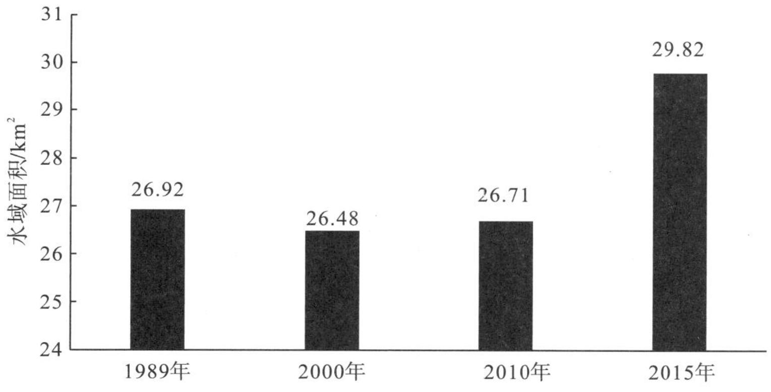

图 4-8　湿地水域面积图

由图 4-8 可知，湿地水域面积在 1989～2010 年总体呈现减小趋势，共减小 0.21km²，变化率为 0.8%。在这期间，我国正处于城市化建设时期，随着城市化建设的浪潮，湿地周边被开发为耕地、居民地及河渠、库塘等，湿地水域被压缩，水域面积呈减小趋势。2010～2015 年，开始实施“三退三还”工程(退塘还湖、退田还湖、退房还湖)，人类对邛海的开发活动被限制，大量被占用的湿地水域也被退还，湿地水域面积开始增大，“三退三还”工程成效显著。

5. 湿地水质监测分析

利用 2000 年、2003 年、2006 年、2010 年、2014 年共 5 年的水质监测数据，从物理性水质指标、化学性水质指标、生物性水质指标 3 个方面监测邛海的水质变化，并从各水质指标的月份变化、年份变化、空间变化以及相关性变化分析水质变化的驱动力。具体的水质监测指标如表 4-2 所示。

表 4-2　水质监测指标

指标类型	指标名称	指标含义	单位
物理性水质指标	溶解氧	单位体积水体中含氧量	毫克/升(mg/L)
	透明度	水体透过光线的程度	厘米(cm)
化学性水质指标	总氮	单位体积水体中的含氮量	毫克/升(mg/L)
	总磷	单位体积水体中的含磷量	毫克/升(mg/L)
	五日生化需氧量(biochemical oxygen demand，BOD_5)	五天内，微生物分解单位体积水体中可氧化物质所消耗的氧气量	毫克/升(mg/L)
生物性水质指标	叶绿素 a	单位体积水体中的叶绿素含量	微克/升(μg/L)

以溶解氧的月份变化、年份变化、空间变化以及相差性变化分析水质变化驱动力。

1) 月份变化

为了分析湖泊溶解氧随月份变化的规律，依据二水厂监测站点的溶解氧数据，绘制不同年份溶解氧的逐月变化图。图 4-9 表示的是二水厂监测站点在 2003 年、2006 年、2010 年、2014 年中的各月溶解氧变化图；图中，横坐标为月份，单位为月；纵坐标为溶解氧，单位为毫克每升(mg/L)；图中不同的折线表示不同年份的溶解氧。

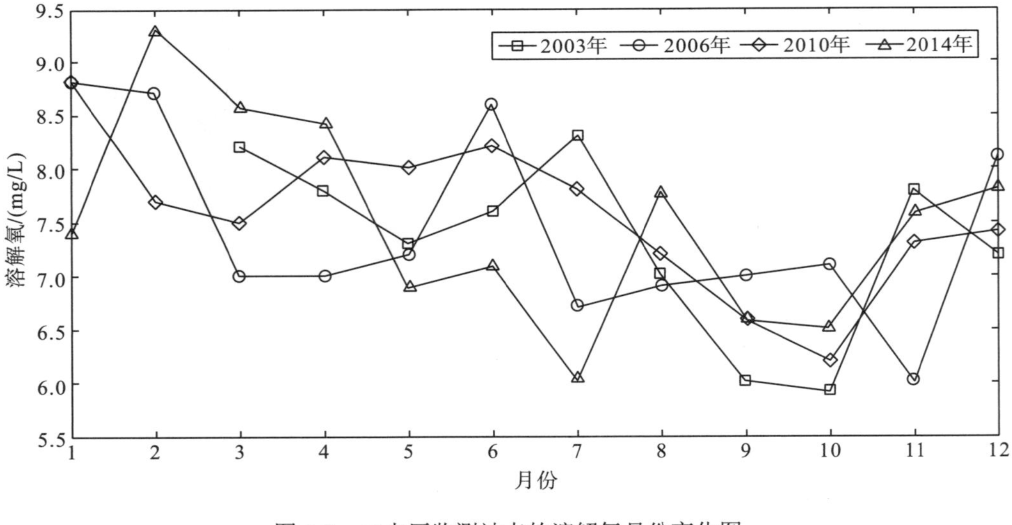

图 4-9　二水厂监测站点的溶解氧月份变化图

从图 4-9 中可以看出：同一年度下，二水厂监测站点不同月份的溶解氧存在波动性。2003 年，最高溶解氧在 7 月，为 8.3mg/L，最低溶解氧在 10 月，为 5.9mg/L，两者相差 2.4mg/L；2006 年，最高溶解氧在 1 月，为 8.8mg/L，最低溶解氧在 11 月，为 6mg/L，两者相差 2.8mg/L；2010 年，最高溶解氧在 1 月，为 8.8mg/L，最低溶解氧在 10 月，为 6.2mg/L，两者相差 2.6mg/L；2014 年，最高溶解氧在 2 月，为 9.3mg/L，最低溶解氧在 7 月，为 6.0mg/L，两者相差 3.3mg/L。不同年度下，二水厂在同一月份的溶解氧也存在波动性。2003 年和 2014 年 7 月份水体中溶解氧的差异最大，达到 2.3mg/L。

2）年度变化

为了分析湿地水域在 2000 年、2003 年、2006 年、2010 年、2014 年的溶解氧变化，绘制了二水厂、邛海公园、出海口、青龙寺 4 处监测站点在这 5 个年度的年平均溶解氧变化图(图 4-10)。年平均溶解氧是一年中各月溶解氧的平均值。图 4-10 中横坐标为年份，单位为年；纵坐标为溶解氧，单位为毫克每升(mg/L)。

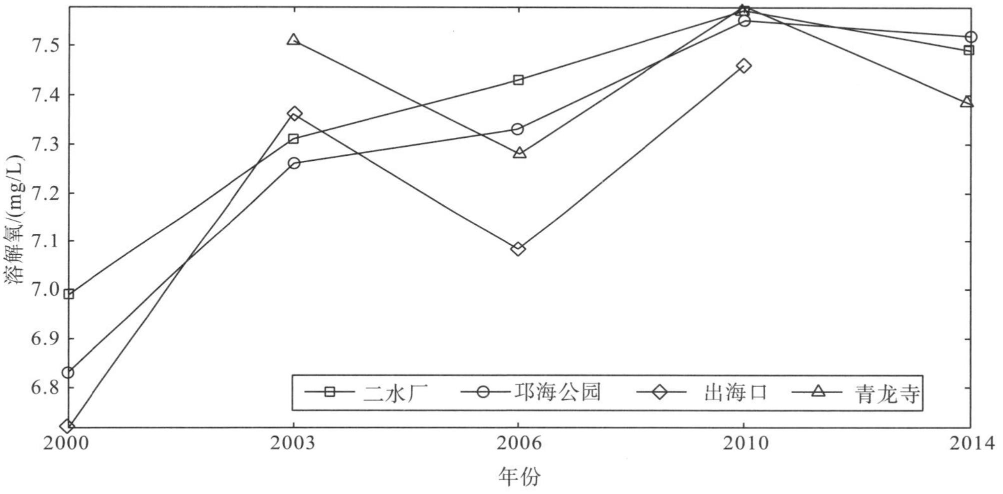

图 4-10　4 处监测站点 5 年的溶解氧变化图

从图 4-10 中可以看出：监测站点的年平均溶解氧在 2000 年后开始升高，到 2010 年时，溶解氧达到最大值；2010～2014 年，水体中溶解氧开始降低，但下降的幅度不大。出海口监测站点的年平均溶氧量在 2000～2003 年呈增大趋势，2003～2006 年呈降低趋势，2006～2010 年又呈增大趋势。依据年平均溶解氧来划分，邛海各年的水质较多为Ⅱ类，但青龙寺监测站点在 2003 年、2010 年的水质为Ⅰ类，邛海公园监测站点在 2014 年的水质为Ⅰ类。

3）空间变化

为了分析监测站点空间位置对于溶解氧的影响，绘制了不同月份下，二水厂、邛海公园、出海口、青龙寺 4 处监测站点各月的溶解氧变化图(图 4-11)。图中横坐标单位为月；纵坐标为溶解氧，单位为毫克每升(mg/L)。

从图 4-11 中可以看出，2003 年中，4 处监测站点同一月份的溶解氧含量各不相同，同一监测站点各个月份的溶解氧含量存在较大波动。各监测站点中，青龙寺监测站点在 3、7、8 三个月份的溶解氧含量最高，达到 8.6mg/L，二水厂监测站点在 10 月份的溶解氧含量最低，为 5.9mg/L。4 条折线中，对应青龙寺的折线位于最上方，这表明青龙寺监测站点的溶解氧含量最高。

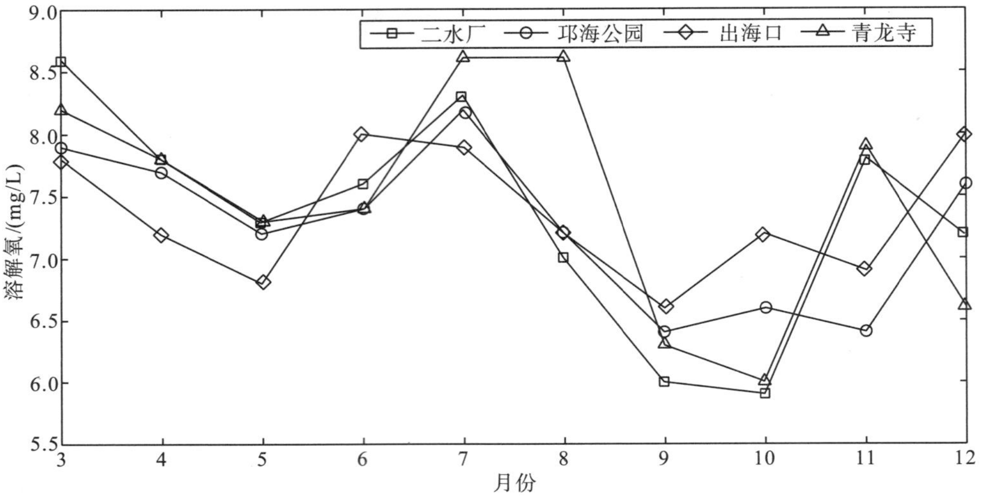

图 4-11 2003 年 4 处监测站点溶解氧的月份变化图

4) 综合分析

综合湿地水域中溶解氧含量的月份、年度、空间分析结果，可以得出以下结论：

湿地水域中溶解氧的含量与季节存在较强的相关性。在夏季(6～8 月)、秋季(9～11 月)两个季节的溶解氧含量较低，春季(3～5 月)、冬季(12～2 月)两个季节的溶解氧含量较高。这主要有两个方面的原因：一是夏、秋两季，水体温度较高，水体中氧气的溶解度降低，大量的氧气从水体中溢出，导致溶解氧含量减少，而春、冬两季，邛海水体温度较低，水体中氧气的溶解度增大，大量空气中的氧气溶解在水体中，导致溶解氧含量增大；二是夏、秋两季，邛海中耗氧浮游生物大量繁殖，生物呼吸作用旺盛，消耗了水体中大量的氧气，导致溶解氧含量减少，而春、冬两季，水体中耗氧浮游生物的总量较少，生物呼吸作用较弱，较少消耗水体中溶解的氧气，水体中溶解氧的含量较高。

2006～2014 年，湿地水域中溶解氧含量显著增大，水体质量得到改善。2006 年以前，大量湿地西岸的城市生活污水直接排入水域。生活污水中含有丰富的氮、磷元素，这些元素是水体中藻类植物的营养性元素，导致水体中藻类植物大量繁殖，大量繁殖的藻类会阻断邛海水体与外界大气的气体交换，减少了溶解在水体中的氧气，同时以藻类为食物的耗氧浮游生物大量繁殖，耗氧浮游生物的呼吸作用又会消耗大量水体中的氧气，降低水体溶解氧的含量。2006 年，长达 9.1 m 的湿地西岸截污干管工程完工，湿地西岸的城市生活污水被限制流入邛海。这一工程建成后，城市的生活污水流入邛海的总量变少，湿地的藻类植物开始变少，湿地水体能与外界大气进行正常的气体交换，溶解氧含量显著提升。随着 2009 年湿地西岸二、三级截污管网工程的开工和 2010 年湿地恢复工程的启动，流入湿地水域的城市生活污水进一步减少，湿地水域中藻类植物正常生长而不会大量繁殖，藻类植物的光合作用会增加水体中的氧气含量，水体中溶解氧含量又有一定增大。

湿地水域中出海口监测站点的溶解氧含量波动较大。出海口位于湿地的西北角，距离城区较近，属于人类聚集区。大量氮、磷含量丰富的城市生活污水排入出海口，出海口水体中氮、磷元素含量增加，在一定程度内，会加快水体中藻类植物的生长，藻类植物进行的光合作用，会在水体中产生大量氧气，大大增加出海口的溶解氧含量；随着氮、磷元素含量的持续增加，出海口水体中的藻类植物会过度繁殖，过于密集的藻类植物会阻断出海口水体与外界大气的正常气体交换，降低大气溶解在水体中的氧气总量；同时水体中以藻类植物为食的耗氧型浮游生物增多，生物的呼吸作用会消耗水体中的大量氧气，导致水体中的溶解氧含量降低。因此，出海口监测站点水体中溶解氧含量的波动较大。

4.1.3.2 邛海流域景观构成及生态环境相关性分析

1. 耕地变化分析

西昌市从 2005～2015 年对邛海流域实施综合治理，退耕还林。本节重点对 1989～2015 年邛海流域耕地变化进行监测，分析耕地变化情况，评价邛海流域综合治理情况。

1) 邛海流域耕地资源面积、占比及变化

邛海流域 1989～2015 年耕地面积、占比及其变化如表 4-3 所示。

表 4-3　邛海流域 1989～2015 年耕地面积及占比统计

1989 年		2000 年		2010 年		2015 年	
面积/km²	占比/%	面积/km²	占比/%	面积/km²	占比/%	面积/km²	占比/%
109.77	35.36	102.74	33.12	76.23	24.55	50.66	16.32

监测结果表明：①邛海流域耕地面积呈逐年下降趋势，1989～2015 年共减少 59.11km²。②根据 1989～2015 年转移矩阵分析，耕地面积主要转换为林地及草地，耕地转化为林地的举措也是邛海流域综合治理的结果，由此表明，邛海流域退耕还林工程成效显著，1989～2015 年耕地转化林地面积为 27.47 km²。

2) 耕地坡度带构成及潜在退耕地变化分析

坡耕地是邛海流域上游地区重要的土壤侵蚀源，西昌市联合喜德县、昭觉县人民政府从 2005～2015 年对邛海流域坡度≥25° 的耕地实施退耕还林工程，取得了一定的成效。本节对邛海流域不同坡度分带上的耕地进行分析。2010 年、2015 年邛海流域坡度带上耕地的面积、占比及变化(某一坡度带上的面积占所有耕地的比重)和空间分布图如表 4-4、图 4-12 所示。

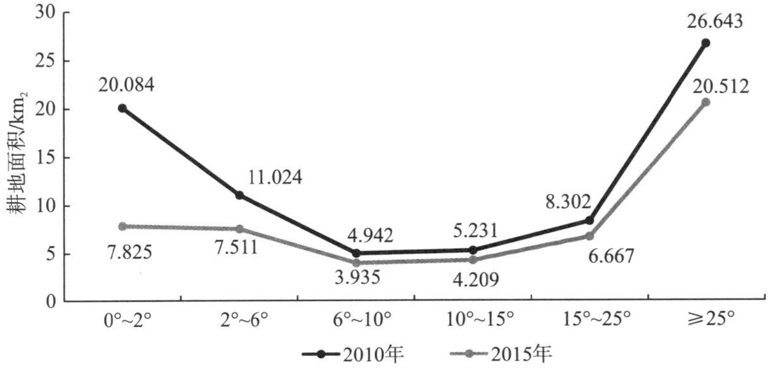

图 4-12　邛海流域 2010 年、2015 年坡度带上耕地面积变化

表 4-4 邛海流域 2010 年、2015 年耕地在各坡度上的面积统计及变化量

	坡度分级						
	0°～2°	2°～6°	6°～10°	10°～15°	15°～25°	≥25°	合计
2010 年/km^2	20.084	11.024	4.942	5.231	8.302	26.643	76.226
2015 年/km^2	7.825	7.511	3.935	4.209	6.667	20.512	50.659
变化量/km^2	12.259	3.513	1.007	1.022	1.635	6.131	25.567
变化率/%	60.04	31.87	20.38	19.54	19.69	23.01	33.54

监测结果显示：①2015 年 6°～25°坡度带上耕地面积为 14.811 km²，较 2010 年减少 3.664 km²，2015 年≥25° 坡度带耕地为 20.512 km²，较 2010 年减少 6.131 km²，变化率为 23.01%，具体坡耕地分布如图 4-12 所示。②≥25° 坡度带耕地占 2015 年耕地面积的 40.49%，6°～25°带上耕地占 2015 年耕地面积的 29.24%，比重较大。③西昌市联合喜德、昭觉两县自 2005～2015 年实施邛海流域退耕还林以来，邛海东岸、南岸变化显著，部分需退耕还林耕地及潜在威胁的耕地得到治理，转换为林地，邛海流域综合治理工程成效显著。

3) 各县退耕耕地变化分析

邛海流域辐射西昌市、昭觉县、喜德县辖区，邛海流域在西昌市内总面积为 213.856 km²，在喜德县境内面积为 23.01 km²，在昭觉县境内面积为 73.602 km²，对各县市 2010～2015 年邛海流域内退耕耕地及潜在退耕地对比分析，得到邛海流域内喜德县、昭觉县、西昌市自开展邛海流域综合治理及邛海湿地恢复工程总体规划以来坡耕地的变化情况。邛海流域 2010 年、2015 年各县市潜在退耕耕地面积统计如表 4-5 所示。

表 4-5 邛海流域 2010 年、2015 年各县市潜在退耕耕地面积统计 （单位：km^2）

	西昌市		喜德县		昭觉县	
类型	≥25° 退耕耕地	6°～25°潜在退耕耕地	≥25° 退耕耕地	6°～25°潜在退耕耕地	≥25° 退耕耕地	6°～25°潜在退耕耕地
2010 年	14.428	12.175	3.625	2.008	8.590	4.292
2015 年	11.240	9.684	2.771	1.601	6.501	3.529

由图 4-13 和图 4-14 监测结果显示：①2010～2015 年邛海流域范围内各县市需退耕耕地及潜在满足退耕条件耕地面积均呈下降趋势。②西昌市≥25° 耕地减少 3.188 km²，潜在退耕耕地减少 2.491 km²；喜德县≥25° 耕地减少 0.854 km²，潜在退耕耕地减少 0.407 km²；昭觉县≥25° 耕地减少 2.089 km²，潜在退耕耕地减少 0.763 km²；以上退耕耕地减少面积大部分转化为林地。鹅掌河、官坝河、新河沟、墩子河直流入邛海，自实施邛海流域综合治理以来，鹅掌河及官坝河沿岸坡耕地得到治理(图 4-14)，减小了邛海沿岸由于水土流失而导致的泥沙堆积，邛海流域退耕还林工程取得了一定的成效，但墩子河、新河沟、干沟河、张把司河沿岸及上游地区≥25° 坡耕地比重仍较大，仍需治理。③从整个邛海流域来看，西昌市需退耕耕地面积为 11.24 km²，喜德县为 2.771 km²，昭觉县为 6.501 km²，坡耕地潜在威胁大。

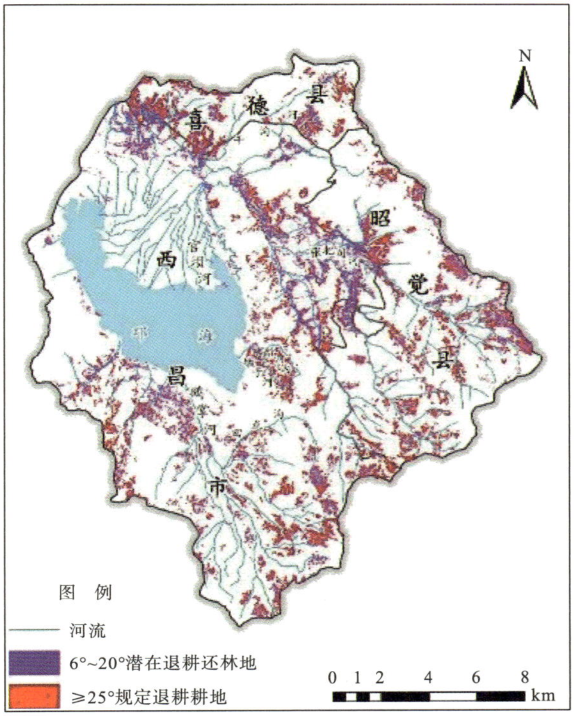

图 4-13　2010 年邛海流域潜在退耕耕地空间分布图

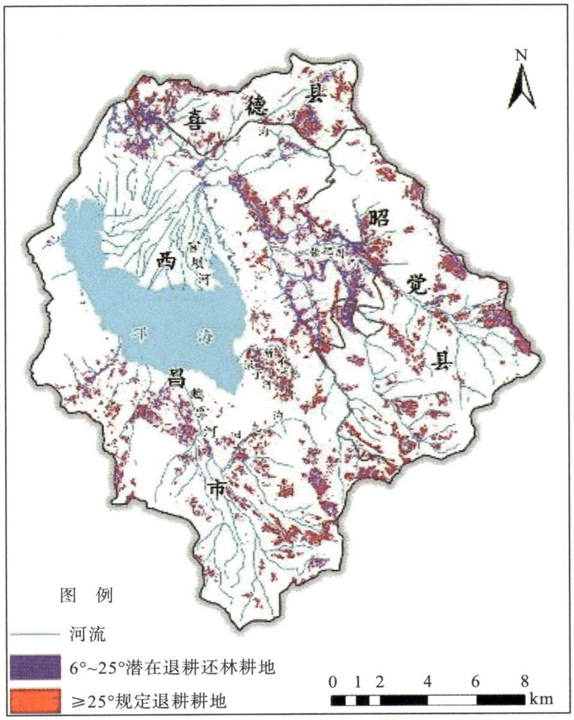

图 4-14　2015 年邛海流域潜在退耕耕地空间分布图

2. 植被垂直分布特征现状分析

邛海流域为东、北、南高山环绕向西侵蚀开口的中高山和断陷盆地地形，海拔为1507～3263 m。断陷盆地，长18～20km，宽5～8km，总面积108km²，盆地西北向为盆口，与安宁河断陷河谷平原相连，历史上受安宁河断裂带东支断裂影响显著。从流域环山来看，山体为中深切谷、剥蚀、侵蚀构造中高山，主要表现为褶皱；东南体现为断块山，受则木河断裂带控制，断裂密集，岩性软弱，坡度较缓，岩性强度高，坡度较陡，一般为30°～50°。2015年邛海流域植被(园地、林地、草地)垂直分布如图4-15所示，高程分带统计详见表4-6。

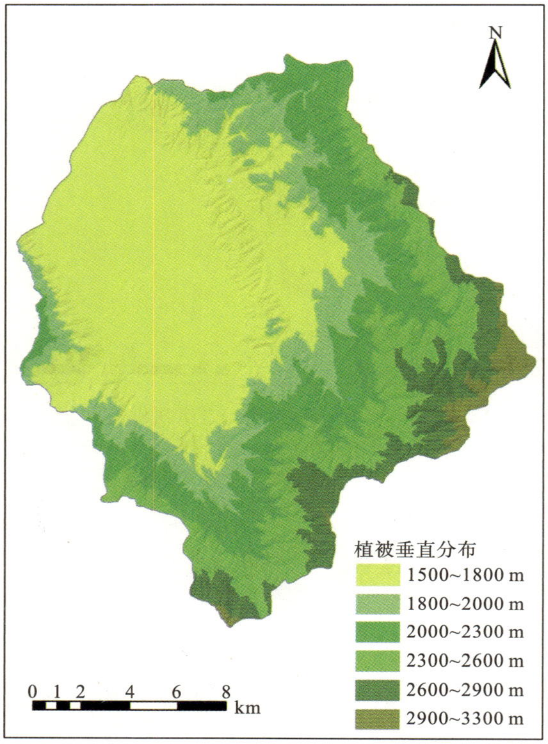

图4-15 邛海流域2015年植被垂直分布图

表4-6 邛海流域2015年植被高程分带统计 (单位：km²)

高程带	植被类型面积		
	园地	林地	草地
1500～1800m	14.591	38.292	10.387
1800～2000m	0.341	32.413	1.097
2000～2300m	0.093	47.128	2.038
2300～2600m	0.011	35.738	2.499
2600～2900m	0	16.844	1.978
2900～3300m	0	5.129	0.251
合计	15.04	175.56	18.22

统计结果表明：①在海拔 1500～1800m 区域，邛海流域园地、林地、草地分布较多，面积较大。②1800～3300m 高程带内，林地占主体，总体面积占 78.19%，2000～3300 m 高程带内，随着海拔的升高，园地、林地、草地面积均降低。

3. 景观格局指数监测分析

计算某地区现状的景观指数可以帮助理解和评价该地区的景观现状和土地利用格局，对不同时段的景观指数的计算还可以了解分析出该地区的景观格局变化和土地利用演变的趋势，分析发生这些变化的驱动因子和发展趋势，为后面的规划提供参考。

通过统计邛海流域监测各期地表覆盖类型数量、面积、周长等信息，计算景观格局指数中的破碎度、分形维数、多样性、优势度、均匀度和聚合度值，结合 1989 年、2000 年、2010 年、2015 年四期地表覆盖数据对邛海流域生态景观格局进行分析，具体景观格局指数如表 4-7 所示。

表 4-7　邛海流域四期景观格局指数

整个景观	1989 年	2000 年	2010 年	2015 年
破碎度	0.000023	0.000025	0.000031	0.000040
分形维数	1.077938	1.077197	1.077152	1.075346
多样性	1.612464	1.678610	1.722131	1.757787
优势度	0.690121	0.623975	0.580454	0.544798
均匀度	0.700284	0.729011	0.747912	0.763397
聚合度	99.9397	99.9392	99.9333	99.9435

监测结果表明：①1989～2015 年邛海流域景观破碎度、景观多样性指数、景观均匀度指数逐年增加，景观分形维数、景观优势度逐年减少，而景观聚合度指数从 1989～2010 年减少，2010～2015 年增加。②1989～2015 年邛海流域景观类型破碎化程度逐渐增强，对整个邛海流域景观类型人为的干扰程度严重。③1989～2015 年邛海流域景观类型规则化增强，景观类型增多。④2010～2015 年邛海流域整个景观类型连接度增强，连通性较好。2010 年邛海流域景观类型连接度较四期监测时限最低。

4. 邛海流域生态环境质量评价

通过选取生态环境质量评价指数中的生物丰度指数、植被覆盖指数、水源涵养指数、土地退化指数、生态环境质量指数及生态环境质量变化度，以 500 m×500 m 格网来求各格网的指数值，最终反映邛海流域 1989～2015 年生态环境质量变化情况。

对比分析 1989～2015 年邛海流域生态环境质量指数空间分布图(图 4-16，红色表示生态环境质量指数较低，生态环境较差，绿色代表生态环境质量指数较高，生态环境质量较好)，在 1989～2015 年，大兴乡、川兴镇、海南乡、高枧乡常住居民较多，房屋建筑(区)过多，人类的生活与活动导致生态环境质量指数较低，生态环境变差(图 4-16 红色区域)。2000～2015 年，随着西昌城市化建设和邛海周边经济的高速发展，致使水体污染、水土流失、生态环境遭到破坏等环境问题突出。政府对邛海流域综合治理，防治水土流失，建造水源涵养林，实施“三退三还”恢复工程，使邛海水域范围增大(黑色箭头表示生态环境质量改善明显)，邛海流域东部及南部区域生态环境改善明显；在实施邛海流域综合治理过程中，地表覆盖荒漠与裸露地表、耕地转化为林地，生态环境质量提高。

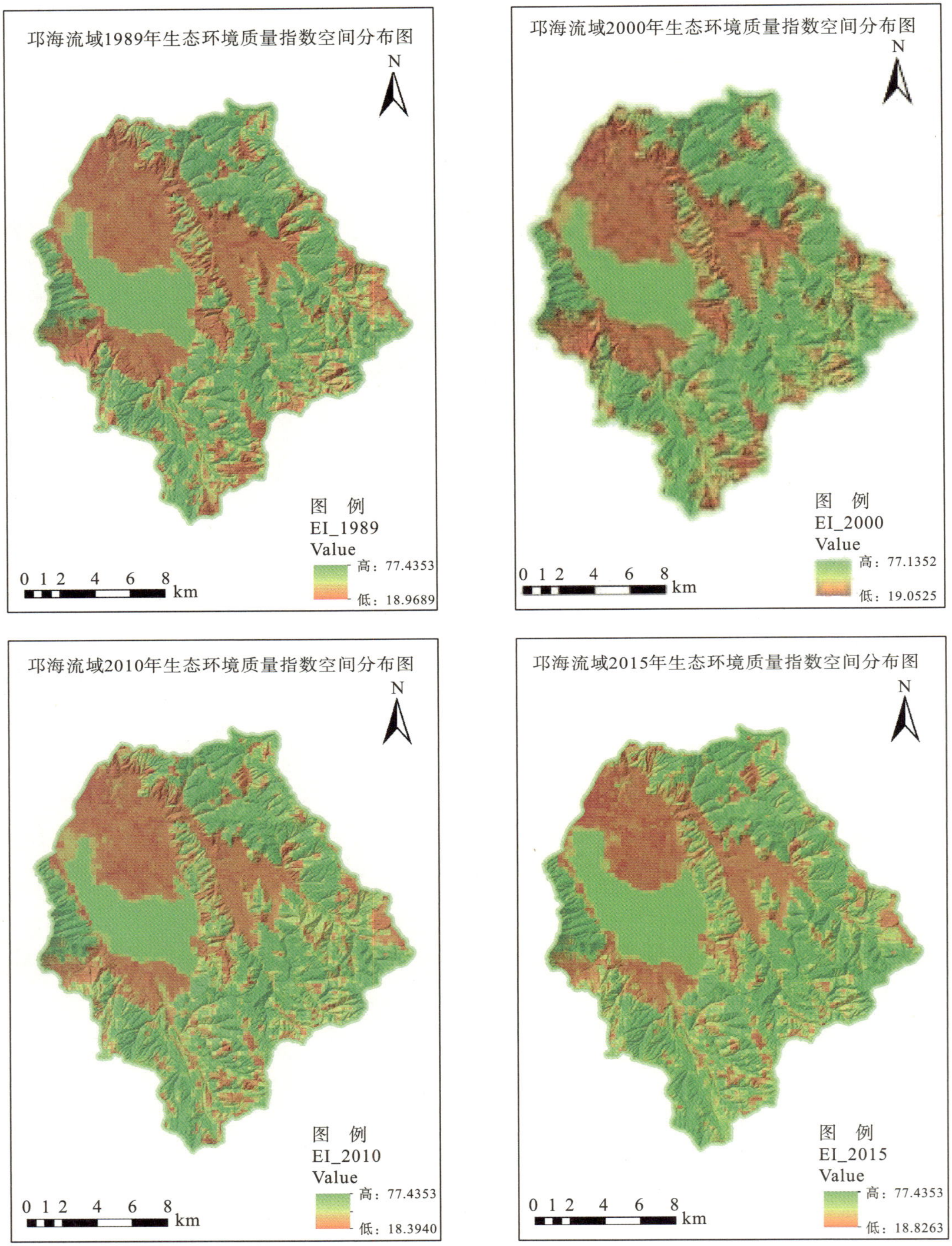

图 4-16　邛海流域 1989～2015 年生态环境质量指数空间分布图

表 4-8　1989～2015 年邛海流域生态环境质量指数表

时间	1989 年	2000 年	2010 年	2015 年
生态环境质量指数(EI 值)	34.5837	35.3123	38.7484	40.1880

结合表 4-8 及图 4-16，1989 年邛海流域植被覆盖较差，严重干旱少雨，物种较少，存在着明显限制人类生存的因素。2000～2015 年邛海流域生态环境指数 35～55，植被覆盖度中等，生物多样性一般水平，较适合人类生存。总体而言，1989～2015 年这 26 年间，邛海流域生态环境状况在逐渐改善，2005～2015 年邛海流域综合治理工程也初见成效。

4.2　若尔盖县资源环境承载力监测评价

4.2.1　概述

按照 2010 年国务院印发的《全国主体功能区规划》，若尔盖县功能区划属于重点限制开发区中若尔盖草原湿地生态功能区。拥有若尔盖湿地国家级自然保护区，主要保护对象为高寒沼泽湿地生态系统和黑颈鹤等珍稀动物。该县不仅是我国生物多样性关键地区和世界高山带物种最丰富的地区之一，还是重要的水源涵养区。若尔盖县境内谷地开阔，河曲发达，水草丰茂，适宜放牧，以饲养牦牛、绵羊和马为主，是我国三大草原牧区之一。但该区域生态系统异常脆弱，一旦破坏极难恢复。因此结合《四川省主体功能区规划》，利用地理国情普查数据、地理国情监测数据，开展该区域资源环境承载力监测工作，对于生态文明建设、主体功能区规划等战略实施具有重要意义。

若尔盖县位于青藏高原东部边缘地带，四川省阿坝藏族羌族自治州北部，系四川通往西北省区的北大门，地理坐标介于东经 102° 08′ 至 103° 39′ 、北纬 32° 56′ 至 34° 19′ 之间，四邻分别与甘肃省玛曲县、碌曲县、卓尼县、迭部县和阿坝州内阿坝县、红原县、松潘县、九寨沟县接壤。黄河与长江分水岭将其划为东西两部，县城达扎寺镇距成都 469.2km，距兰州 475.3 km，土地总面积 10436.58km^2。若尔盖县监测范围如图 4-17 所示。

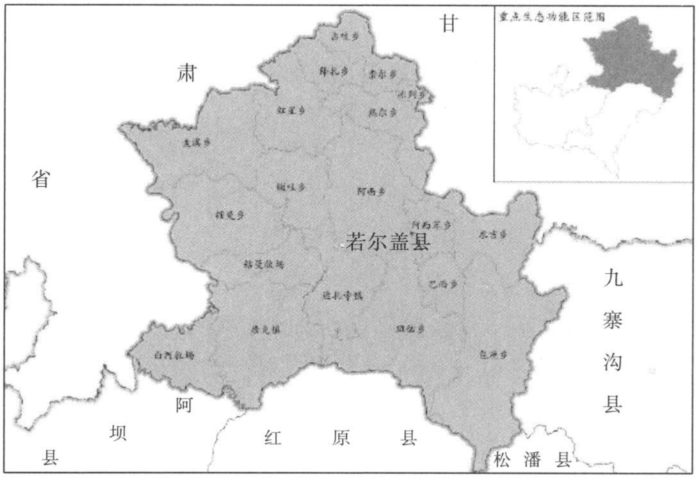

图 4-17　若尔盖县地理位置示意图

4.2.2　监测内容与方法

4.2.2.1　监测内容

基于测绘地理信息部门地理国情监测成果数据集、若尔盖县统计年鉴数据、环保部门的环境公报数据、国土部门的土地利用数据、水利部门的水资源公报数据、交通部门的道路数据等，从资源类指标（可利用土地资源、可利用水资源）、环境类指标（环境容量、自然灾害影响）、生态类指标（林草地覆盖率）、社会经济类指标（交通网络密度、人口聚集度、经济发展水平）、重点生态功能区类指标（生态脆弱性、生物丰度、水源涵养指数、植被覆盖指数）等方面开展若尔盖县 2010 年、2014 年两期资源环境承载力监测预警工作。

4.2.2.2　监测方法

目前，环境承载力定量化评价主要是在理论研究的基础上，针对环境承载力评价指标的具体数值，采用统计学方法、系统动力学方法等对环境承载力进行综合分析。概括起来，目前主要有指数评价法、承载率评价法、系统动力学方法和多目标模型最优化方法。本书在实施过程中主要基于指数评价法开展资源环境承载力的监测评价预警。具体技术路线如图 4-18 所示。

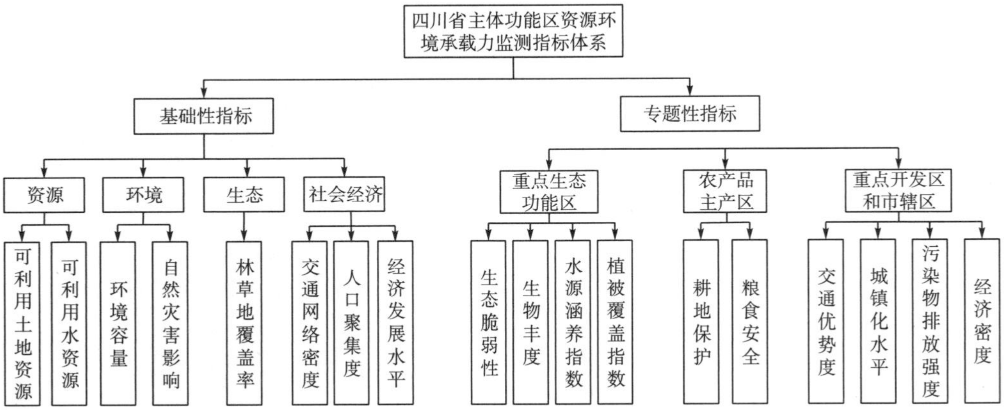

图 4-18　资源环境承载力监测指标体系

4.2.3　监测结果与分析

4.2.3.1　监测结果

1. 可利用土地资源监测

通过对若尔盖县 2010 年、2014 年各乡镇不同土地利用类型的面积统计分析（表 4-9、图 4-19、表 4-10、图 4-20）可以看出，若尔盖县可利用土地资源主要分布在东北和西南部，中部地区可利用土地资源较少且呈条带状分布。其中班佑乡、麦溪乡、嫩哇乡、辖曼乡由于地形和林草地覆盖都较高等原因无可利用土地资源外，其余乡镇均有较少的可利用土地资源。唐克镇 2010 年和 2014 年的可利用土地资源面积分别为 0.64 km^2、0.67 km^2，居各乡镇之首。

表 4-9　若尔盖县 2010 年、2014 年各乡镇不同土地利用类型面积统计　（单位：km^2）

乡镇	适宜建设用地		已有建设用地		基本农田		可利用土地资源	
	2010 年	2014 年	2010 年	2014 年	2010 年	2014 年	2010 年	2014 年
阿西茸乡	1.10	1.10	0.12	0.12	0.83	0.83	0.15	0.15
阿西乡	2.60	2.72	2.07	2.19	0.45	0.45	0.08	0.08
巴西乡	0.74	0.74	0.27	0.27	0.41	0.41	0.07	0.07
班佑乡	2.73	2.75	2.73	2.75	0.00	0.00	0.00	0.00
包座乡	0.66	0.66	0.11	0.11	0.46	0.46	0.08	0.08
崇尔乡	2.60	2.60	0.19	0.19	2.05	2.05	0.36	0.36
达扎寺镇	1.79	2.14	1.73	2.08	0.01	0.01	0.05	0.05
冻列乡	2.72	2.60	0.21	0.21	2.13	2.03	0.38	0.36
红星镇	1.74	1.76	0.94	0.96	0.68	0.68	0.12	0.12
降扎乡	0.46	0.46	0.05	0.05	0.35	0.35	0.06	0.06
麦溪乡	1.69	1.71	1.69	1.71	0.00	0.00	0.00	0.00
嫩哇乡	0.50	0.76	0.50	0.76	0.00	0.00	0.00	0.00
求吉乡	2.81	2.80	0.32	0.42	2.12	2.03	0.37	0.36
热尔乡	1.10	1.10	0.09	0.09	0.86	0.86	0.15	0.15
唐克镇	6.15	6.38	1.87	1.91	3.64	3.80	0.64	0.67
辖曼乡	0.46	0.54	0.46	0.54	0	0	0	0
占哇乡	0.90	0.90	0.09	0.09	0.69	0.69	0.12	0.12
合计	30.76	31.71	13.45	14.44	14.67	14.63	2.64	2.63

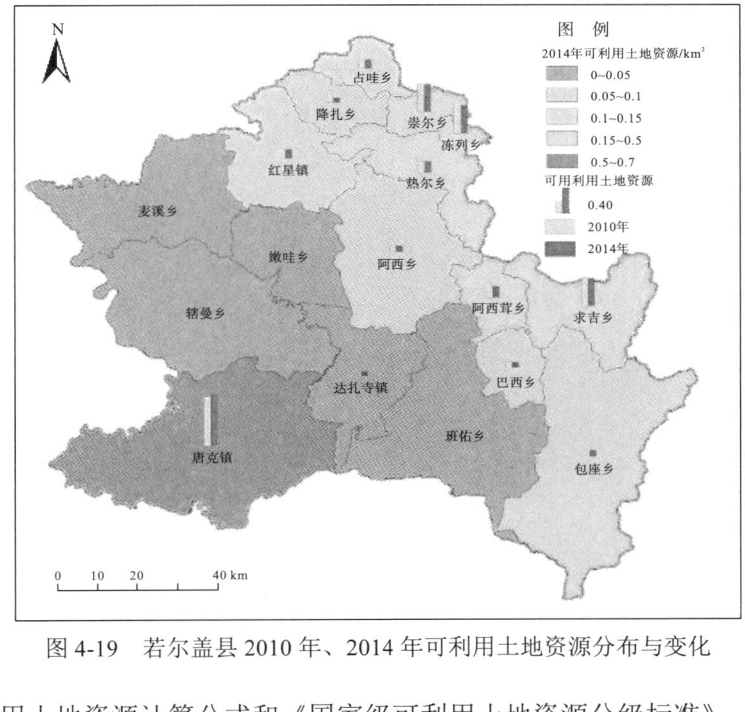

图 4-19　若尔盖县 2010 年、2014 年可利用土地资源分布与变化

根据人均可利用土地资源计算公式和《国家级可利用土地资源分级标准》，可以获得若尔盖县 2010 年、2014 年人均可利用土地资源面积和丰度分级数据，如表 4-10 所示。

表 4-10 若尔盖县 2010 年、2014 年人均可利用土地资源面积和丰度分级

乡镇	2010 年				2014 年			
	可利用土地资源/亩	人口	人均可利用土地资源/(亩/人)	等级	可利用土地资源/亩	人口	人均可利用土地资源/(亩/人)	等级
阿西茸乡	225.00	3143	0.07	0	225.00	3215	0.07	0
阿西乡	120.00	5725	0.02	0	120.00	6188	0.02	0
巴西乡	105.00	1702	0.06	0	105.00	1698	0.06	0
班佑乡	0	5826	0.00	0	0	6233	0	0
包座乡	120.00	3411	0.04	0	120.00	3515	0.03	0
崇尔乡	540.00	2931	0.18	1	540.00	2940	0.18	1
达扎寺镇	75.00	9412	0.01	0	75.00	9644	0.01	0
冻列乡	570.00	2788	0.20	1	540.00	2756	0.20	1
红星镇	180.00	4925	0.04	0	180.00	5298	0.03	0
降扎乡	90.00	2862	0.03	0	90.00	2937	0.03	0
麦溪乡	0	5072	0.00	0	0	5609	0	0
嫩哇乡	0	4192	0.00	0	0	3203	0	0
求吉乡	555.00	3527	0.16	1	540.00	3613	0.15	1
热尔乡	225.00	2564	0.09	0	225.00	2534	0.09	0
唐克镇	960.00	6851	0.14	0	1004.99	7402	0.14	0
辖曼乡	0	7273	0.00	0	0	7821	0	0
占哇乡	180.00	2398	0.08	0	180.00	2639	0.07	0
合计	3959.98	74602	0.05	0	3944.98	77245	0.05	0

注：1 亩≈666.72m^2

若尔盖县 2010 年、2014 年人均可利用土地资源丰度分级情况如图 4-20 所示。

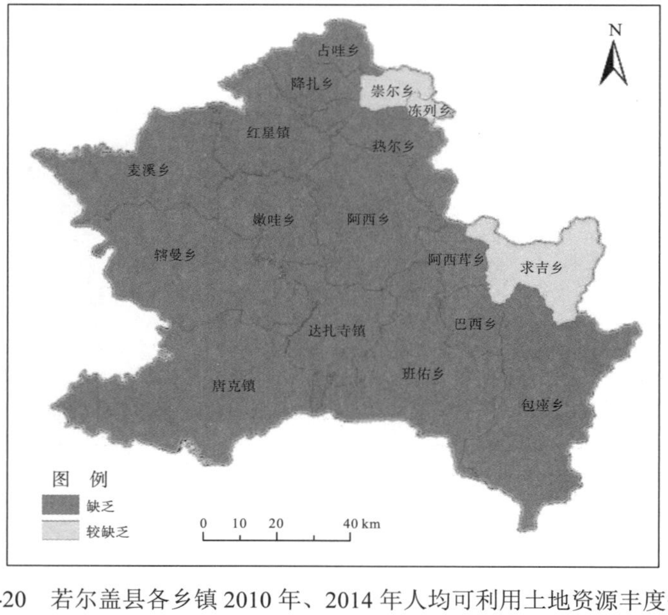

图 4-20 若尔盖县各乡镇 2010 年、2014 年人均可利用土地资源丰度分级

通过对若尔盖县的可利用土地资源进行分析发现：2010～2014 年，若尔盖县的可利用土地资源面积较小且基本保持稳定，人均可利用土地资源处于缺乏状态。结合若尔盖县实际情况分析发现，若尔盖县地形起伏较大，且地表覆盖以林草地为主，林草地覆盖率高达 94%以上，故该区域可利用土地资源较少。此外，若尔盖县属于草原湿地生态功能区，该区域生态系统脆弱，政府采取了一系列措施对其生态系统安全加以保护，充分发挥其优越的生态功能优势，限制了对土地的开发和利用。

2. 可利用水资源监测

通过对若尔盖县 2010 年、2014 年可利用水资源潜力进行计算和对比分析(表 4-11、图 4-21)发现，该区域人均可利用水资源潜力丰富，分别是 67187.74 m^3/人、59170.69 m^3/人，相比减少 8017.05 m^3/人，减少率 11.9%；同时，通过若尔盖县各乡镇可利用水资源潜力对比图(图 4-21)可看出，相比于 2010 年，2014 年各乡镇的可利用水资源潜力都有不同程度的下降，但是两年各乡镇的人均可利用水资源潜力等级保持稳定，均属于丰富；另外，若尔盖县各乡镇的可利用水资源潜力差异较大，最高的是包座乡，其次较高的有唐克镇、班佑乡、热尔乡，最低的是冻列乡。

表 4-11　若尔盖县 2010 年、2014 年可利用水资源潜力统计

乡镇	2010 年				2014 年			
	可利用水资源潜力/m^3	人口/人	人均可利用水资源潜力/(m^3/人)	分级	可利用水资源潜力/m^3	人口/人	人均可利用水资源潜力/(m^3/人)	分级
达扎寺镇	264119225.52	9412	28061.97	4	240844375.47	9644	24973.49	4
唐克镇	713778607.17	6851	104186.05	4	650878642.13	7402	87932.81	4
班佑乡	545589816.36	5826	93647.41	4	497511070.32	6233	79818.88	4
阿西乡	423421800.58	5725	73960.14	4	386108807.18	6188	62396.38	4
辖曼乡	561288069.52	7273	77174.22	4	511825953.96	7821	65442.52	4
红星镇	279426216.43	4925	56736.29	4	254802475.86	5298	48094.09	4
麦溪乡	390010901.58	5072	76894.89	4	355642160.59	5609	63405.63	4
嫩哇乡	227845317.67	4192	54352.41	4	207767015.56	3203	64866.38	4
冻列乡	25429680.47	2788	9121.12	4	23188753.11	2756	8413.92	4
崇尔乡	71754650.18	2931	24481.29	4	65431450.04	2940	22255.60	4
热尔乡	204644118.93	2564	79814.40	4	186610364.77	2534	73642.61	4
占哇乡	91463718.87	2398	38141.67	4	83403706.06	2639	31604.28	4
降扎乡	114635338.84	2862	40054.28	4	104533384.63	2937	35591.89	4
巴西乡	105906358.37	1702	62224.65	4	96573623.86	1698	56874.93	4
阿西茸乡	106224425.83	3143	33797.14	4	96863662.42	3215	30128.67	4
求吉乡	242222531.74	3527	68676.65	4	220877273.38	3613	61134.04	4
包座乡	644577561.58	3411	188970.26	4	587775766.62	3515	167219.28	4

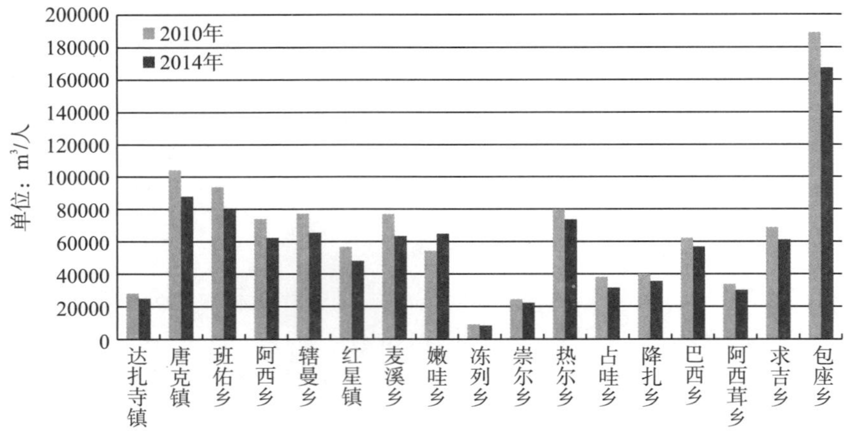

图 4-21 若尔盖县各乡镇 2010 年、2014 年可利用水资源潜力对比

通过对若尔盖县可利用水资源潜力进行监测发现：相比于 2010 年，2014 年若尔盖县的可利用水资源潜力减少 4.42 亿 m^3，减少率达 8.8%，人均水资源潜力由 2010 年的 67187.74 m^3/人减少到 2014 年的 59170.69 m^3/人，减少率达 11.9%，表明若尔盖的水资源在进一步减少。分析其原因发现，近年来县域内草场沙漠化较为严重，水源涵养功能衰减，泥炭资源破坏，沼泽有机污染日趋严重，导致沼泽湿地多种生态功能下降；全球气候变暖，降雨减少，过度放牧，疏干沼泽，不合理开发泥炭资源等是造成该区域水环境恶化的主要原因。若尔盖县人口稀少，水资源丰富，是黄河上游重要的水涵养地。但是由于全球气候变暖，地质构造运动及人类活动的影响，使若尔盖县生态系统遭到严重破坏，2010 年到 2014 年人均可利用水资源潜力明显减少，所以要保护水资源，防范可利用水资源潜力恶化。

3. 环境容量监测

通过计算若尔盖县 2010 年、2014 年的环境容量(表 4-12、表 4-13)发现，若尔盖县 2010 年 SO_2 排放量为 35.38 t，2014 年为 491.31 t，增加 455.93 t，增加 12.8 倍；2010 年 COD 排放量为 152.32 t，2014 年为 538.95 t，增加 386.63 t，增加 2.5 倍；若尔盖县及各乡镇两年的环境容量等级均属于无超载。

表 4-12 若尔盖县 2010 年、2014 年大气环境容量(SO_2)统计

年份	类别								
	A/(×10^4km²/a)	C_{ki}/(μg/m³)	C_0	S_i/km²	S/km²	大气环境容量(SO_2) G_i	P_i (SO_2)/t	A_i	环境容量等级
2010 年	2.94	150	0	9488.98	9488.98	42959.04	35.38	−0.999	4
2014 年	2.94	150	0	9488.98	9488.98	42959.04	491.31	−0.988	4

注：A 为地理区域总量控制系数；根据评价区域的地理位置，A 值的选择根据《制定地方大气污染物排放标准的技术方法》(GB/T13201-91)确定。为此，针对四川省，A 值为 2.94×10^4km²/a；C_{ki} 为国家或者地方关于大气环境质量标准中所规定的和第 i 功能区类别一致的相应的年日平均浓度，单位为 μg/m³；C_0 为背景浓度，单位为 mg/m³；在有清洁监测点的区域，以该点的监测数据为污染物的背景浓度 C_0，在无条件的区域，背景浓度可以假设为 0；S_i 为第 i 功能区面积，单位为 km²；S 为总量控制总面积，单位 km²。总量控制总面积为评价单元的建成区面积；G_i 为 i 污染物的环境容量；P_i 为 i 污染物的排放量。

表 4-13　若尔盖县 2010 年、2014 年环境容量(COD)统计

年份	类别							
	Q_i/亿 m^3	C_i/(mg/L)	C_{i0}	k(1/d)	水环境容量(COD)G_i	P_i(COD)/t	A_i	环境容量等级
2010 年	39.77	15	0	0.2	71586.00	152.32	−0.865	4
2014 年	36.73	15	0	0.2	66114.00	538.95	−0.992	4

通过对若尔盖县 2010 年、2014 年的环境容量进行监测发现：若尔盖县大气和水污染情况变得日趋严重，且大气污染物的排放量远比水污染情况严重。结合相关资料分析可知，一方面若尔盖县城市发展快速，城市人口增加，生活污水排放严重，未处理的污水直接排入黑河，对黑河造成了持续的污染，对黑河下游也造成了极不利的影响。另一方面，近年来若尔盖县旅游业发展快速，由于不科学的开发和管理造成一系列环境污染问题。

4. **自然灾害影响**

采用最大值法评价干旱、洪水、地震以及地质灾害对若尔盖县的综合危险性，并将自然灾害危险性计算结果按照等级划分为：无影响、影响略大、影响较大和影响大四类。

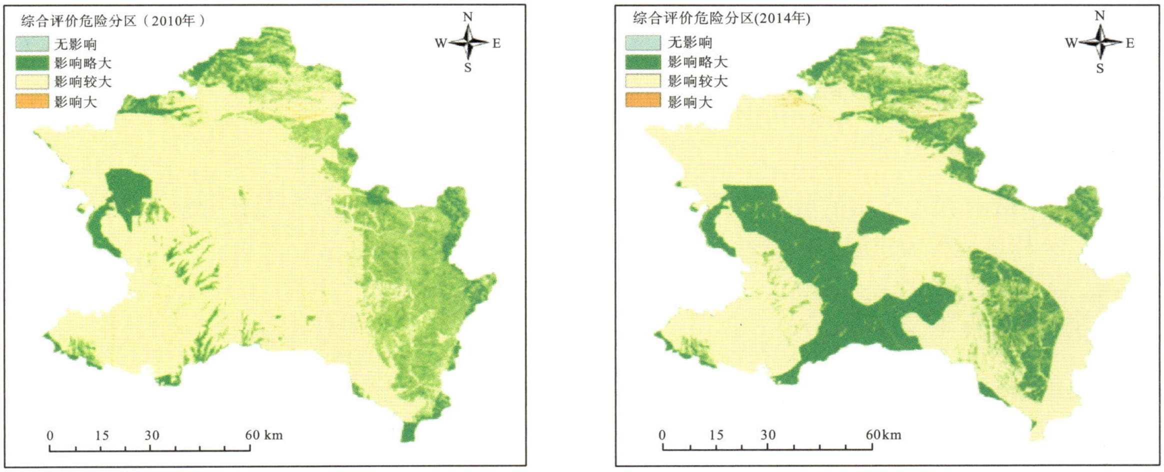

(a)若尔盖县 2010 年自然灾害危险分区　　(b)若尔盖县 2014 年自然灾害危险分区

图 4-22　若尔盖县自然灾害危险性分区

由图 4-22 可知，若尔盖县在 2010 年和 2014 年境内自然灾害危险性主要为无影响、影响略大、影响较大和影响大四类。2010 年，若尔盖县中部及西部大部分区域受自然灾害的影响较大，东部及北部山区受自然灾害的影响略大。2014 年，若尔盖县由于受地震动峰值加速度有所增大，东部部分区域受自然灾害的影响也随之增大，与此同时，中部偏西区域受自然灾害影响有所减缓。分别对若尔盖县 2010 年、2014 年各乡镇的自然灾害影响进行综合评价，结果如图 4-23 和图 4-24 所示。

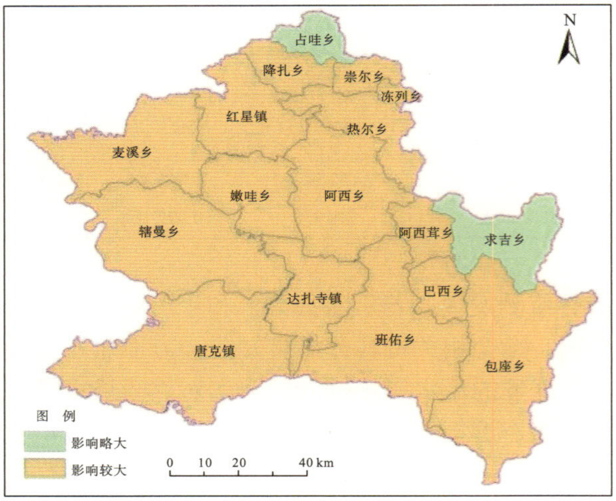

图 4-23　若尔盖县 2010 年自然灾害影响分级

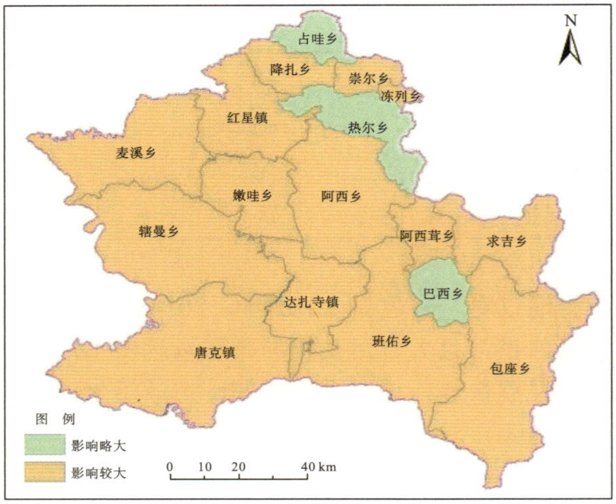

图 4-24　若尔盖县 2014 年自然灾害影响分级

在乡镇尺度上，从受洪涝灾害危害的程度影响上看，2010 年和 2014 年期间，若尔盖县处于地势较平坦的大部分乡镇受自然灾害影响较大，这主要是因为 2010 年若尔盖县中部有降水陡增迹象，此外该区域河网较为密集，且地势平坦，加大了洪水灾害的危险程度。相比 2010 年，2014 年若尔盖县境内地震动峰值加速度有所增加，导致求吉乡和阿西茸乡的山区地质灾害危险性增加；由于全县降水量趋于稳定，热尔乡和巴西乡较 2010 年受自然灾害的影响程度有所减缓。

5. 林草地覆盖率监测

本节从行政单元对若尔盖县 2010 年、2014 年林草地覆盖变化情况进行统计分析。若尔盖县 2010 年、2014 年林草地覆盖空间分布情况如图 4-25 和图 4-26 所示。

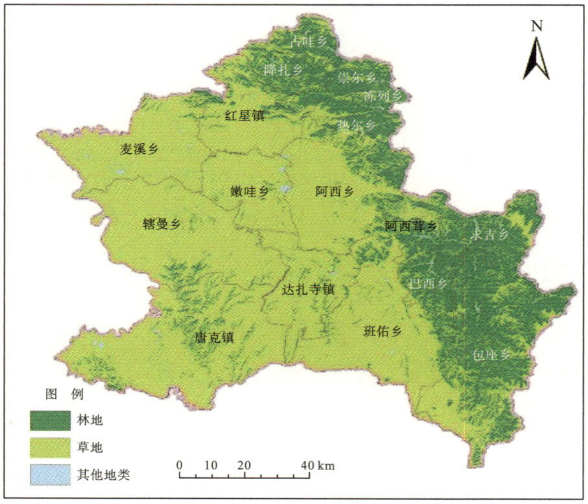

图 4-25　若尔盖县 2010 年林草地覆盖空间分布

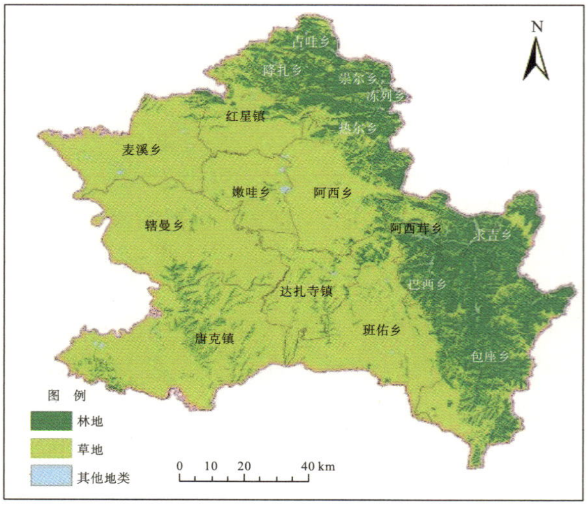

图 4-26　若尔盖县 2014 年林草地覆盖空间分布

通过对若尔盖县 2010 年、2014 年各乡镇林地、草地、林草地类型面积及占比（表 4-14～表 4-16）统计分析发现，若尔盖县 2010 年林地面积 2580.05 km^2，草地面积 7533.44 km^2，2014 年林地面积 2578.91km^2，草地面积 7541.53km^2，林、草地面积基本保持不变；各乡镇林草地的覆盖率高达 94%以上；林草地的覆盖有着明显的区域特征，中西部和南部以草地覆盖为主，北部和东南部以林地为主；若尔盖县 2010 年、2014 年所有乡镇的林草地都属于高度覆盖。

表 4-14　若尔盖县 2010 年、2014 年林地面积及占比

乡镇	2010 年		2014 年		变化量/km^2
	林地面积/km^2	占比/%	林地面积/km^2	占比/%	
阿西茸乡	103.68	47.34	103.68	47.34	0
阿西乡	88.75	10.17	88.77	10.17	0.02
巴西乡	155.90	71.40	155.90	71.40	0
班佑乡	107.51	9.56	107.51	9.56	0
包座乡	770.26	57.96	770.54	57.98	0.27
崇尔乡	113.66	76.83	113.23	76.54	−0.43
达扎寺镇	25.22	4.63	25.22	4.63	0
冻列乡	40.43	77.11	40.37	77.01	−0.05
红星镇	77.88	13.52	77.80	13.50	−0.08
降扎乡	146.36	61.93	146.42	61.95	0.06
麦溪乡	11.48	1.43	11.44	1.42	−0.04
嫩哇乡	6.76	1.44	6.72	1.43	−0.05
求吉乡	368.85	73.86	368.87	73.86	0.02
热尔乡	292.00	69.21	291.31	69.05	−0.68
唐克镇	112.83	7.67	112.85	7.67	0.02
辖曼乡	34.44	2.98	34.44	2.98	0
占哇乡	124.04	65.78	123.84	65.67	−0.20
合计	2580.05	24.97	2578.91	24.96	−1.14

表 4-15　若尔盖县 2010 年、2014 年草地面积及占比

乡镇	2010 年		2014 年		变化量/km^2
	草地面积/km^2	占比/%	草地面积/km^2	占比/%	
阿西茸乡	103.31	47.17	103.32	47.18	0.01
阿西乡	774.45	88.71	773.83	88.64	−0.62
巴西乡	56.21	25.74	56.25	25.76	0.04
班佑乡	1005.15	89.36	1005.09	89.35	−0.06
包座乡	548.68	41.29	548.46	41.27	−0.22
崇尔乡	26.39	17.84	26.82	18.13	0.43
达扎寺镇	507.22	93.15	507.34	93.17	0.12

续表

乡镇	2010年		2014年		变化量/km²
	草地面积/km²	占比/%	草地面积/km²	占比/%	
冻列乡	4.80	9.15	5.08	9.68	0.28
红星镇	492.86	85.55	492.85	85.55	-0.01
降扎乡	83.19	35.20	83.13	35.17	-0.06
麦溪乡	756.39	94.07	759.87	94.50	3.49
嫩哇乡	449.12	95.61	448.78	95.54	-0.34
求吉乡	114.42	22.91	114.40	22.91	-0.01
热尔乡	124.06	29.40	124.75	29.57	0.68
唐克镇	1332.37	90.54	1335.59	90.76	3.22
辖曼乡	1096.86	94.78	1097.80	94.87	0.94
占哇乡	57.98	30.75	58.18	30.85	0.20
合计	7533.44	72.90	7541.53	72.98	8.09

表 4-16　若尔盖县 2010 年、2014 年林草地面积及占比

乡镇	2010年			2014年			变化量/km²
	林草地面积/km²	林草地占比/%	分级	林草地面积/km²	林草地占比/%	分级	
阿西茸乡	206.98	94.51	4	207.00	94.52	4	0.01
阿西乡	863.20	98.88	4	862.60	98.81	4	-0.60
巴西乡	212.11	97.14	4	212.15	97.16	4	0.04
班佑乡	1112.66	98.92	4	1112.60	98.91	4	-0.06
包座乡	1318.94	99.25	4	1319.00	99.25	4	0.05
崇尔乡	140.04	94.66	4	140.04	94.66	4	0.00
达扎寺镇	532.44	97.78	4	532.56	97.80	4	0.12
冻列乡	45.23	86.26	4	45.45	86.69	4	0.22
红星镇	570.74	99.07	4	570.65	99.05	4	-0.09
降扎乡	229.55	97.13	4	229.55	97.13	4	0.00
麦溪乡	767.87	95.50	4	771.31	95.92	4	3.45
嫩哇乡	455.89	97.05	4	455.50	96.97	4	-0.39
求吉乡	483.27	96.77	4	483.28	96.77	4	0.01
热尔乡	416.06	98.61	4	416.06	98.61	4	0.00
唐克镇	1445.19	195.53	4	1448.44	196.03	4	3.24
辖曼乡	1131.29	196.04	4	1132.24	196.19	4	0.94
占哇乡	182.02	96.52	4	182.02	96.52	4	0.00
合计	10113.49	97.87	4	10120.44	97.93	4	6.95

通过对若尔盖县 2010 年、2014 年林草地覆盖率进行监测发现：若尔盖县境内地形复杂，黄河

与长江流域的分水岭将全县划分为两个截然不同的地理单元，中西部和南部为典型丘状高原，地表覆盖以草地为主，北部和东南部山地地势陡峭，地表覆盖以林地为主，这样特殊的地形形成了林、草地覆盖的空间特征。若尔盖县的林草覆盖度 94%以上，生态系统安全保持良好。结合相关资料分析得知，2010 年若尔盖县被列为国家级高寒湿地生物多样性保护区，具有涵养水源，保持水土、调节气候，维持生物多样性等功能，故而政府对此做出了一系列的保护政策，包括保护天然林资源，实施退耕还林、人工造林、封山育林、义务植树、退牧还草等。但是若尔盖县的生态环境脆弱，一旦遭到破坏将难以恢复，所以对若尔盖生态环境的保护将是一项艰巨而长远的工作。

6. 社会经济发展水平监测

利用 2010 年、2014 年统计年鉴统计出若尔盖县人口数据、地区生产总值，以此计算出若尔盖县 2010 年、2014 年的社会经济发展水平(表 4-17)，统计分析发现若尔盖县 2010 年、2014 年的人口分别是 75540、78461，同比增长 2921 人，增长率 3.7%；GDP 分别是 85127 万元、139128 万元，增加 54001 万元，增长率 63%；人均 GDP 由 2010 年的 1.13 万元增加到 2014 年的 1.77 万元，增加率 56.6%；从经济发展水平等级来看，若尔盖县仍然处于经济落后地区。

表 4-17　若尔盖 2010 年、2014 年经济发展水平统计

若尔盖县	2010 年	2014 年	变化量
总人口/人	75540	78461	2921
GDP/万元	85127	139128	54001
人均 GDP/(万元/人)	1.13	1.77	0.64
经济发展水平	1.35	1.77	0.42
经济发展水平等级划分	1	1	

通过对若尔盖县 2010 年、2014 年的经济发展水平进行监测发现：从 2010 年到 2014 年，若尔盖县的 GDP 增加明显，增长率达 63%，经济发展水平有明显提高。但是相比于其他地区，若尔盖仍属于经济落后地区，这是由其特殊的地理位置和政府对保护若尔盖生态环境的决定相关联的。按照 2010 年国务院印发的《全国主体功能区规划》，若尔盖属于草原湿地生态功能区，主要保护对象为高寒沼泽湿地生态系统和黑颈鹤等珍稀动物。该县不仅是我国生物多样性关键地区和世界高山带物种最三富的地区之一，还是重要的水源涵养区。但该区域生态系统脆弱，一旦破坏后很难恢复，所以若尔盖属于重要的生态功能区，同时也是限制开发区，以保护其生态环境为首要任务，对该地区的经济开发采取限制措施，这使得若尔盖的经济发展水平较落后。

7. 人口聚集度监测

通过对若尔盖县 2010 年、2014 年人口进行统计分析发现(表 4-18)，若尔盖县 2010 年、2014 年的人口聚集度分别为 14.33、11.58，都属于人口稀疏区，且相较于 2010 年，2014 年若尔盖县的人口聚集度进一步降低，人口稀疏情况越来越严重；若尔盖县 2010 年、2014 年人口聚集度最高的乡镇皆为冻列乡，分别为 95.72、73.59，且人口聚集度也进一步降低，其余乡镇的人口聚集度值为 0～30，人口非常稀疏；2010～2014 年，若尔盖 17 个乡镇中，人口聚集度增加的乡镇有 5 个，减少的

乡镇有 12 个；从人口聚集度分级可知，若尔盖县 2010 年、2014 年各乡镇中除了包坐乡的人口聚集度分级为 4，属于无人区，其余的乡镇都为 3，属于人口稀疏地区。

表 4-18 若尔盖县 2010 年、2014 年人口聚集度

乡镇	乡镇面积/km²	2010 年			2014 年			变化量
		总人口/人	人口聚集度	分级	总人口/人	人口聚集度	分级	
达扎寺镇	544.54	9412	24.2	3	9644	21.25	3	−2.95
唐克镇	1010.95	6851	12.2	3	7402	13.18	3	0.98
班佑乡	1124.85	5826	9.32	3	6233	8.87	3	−0.45
阿西乡	872.98	5725	10.49	3	6188	11.34	3	0.85
辖曼乡	772.83	7273	16.94	3	7821	16.19	3	−0.75
红星镇	576.10	4925	15.39	3	5298	12.87	3	−2.52
麦溪乡	804.09	5072	8.83	3	5609	9.77	3	0.94
嫩哇乡	469.75	4192	16.06	3	3203	10.91	3	−5.15
冻列乡	52.43	2788	95.72	3	2756	73.59	3	−22.13
崇尔乡	147.94	2931	23.77	3	2940	27.82	3	4.05
热尔乡	421.92	2564	7.29	3	2534	8.41	3	1.12
占哇乡	188.57	2398	17.80	3	2639	11.20	3	−6.60
降扎乡	236.35	2862	21.80	3	2937	17.40	3	−4.40
巴西乡	218.35	1702	14.03	3	1698	9.33	3	−4.70
阿西茸乡	219.00	3143	20.09	3	3215	20.55	3	0.46
求吉乡	499.39	3527	9.89	3	3613	8.68	3	−1.21
包座乡	1328.94	3411	4.11	4	3515	3.70	4	−0.41
合计	9488.98	75539	14.33	3	77245	11.58	3	−2.75

通过对若尔盖 2010 年、2014 年的人口聚集度分析发现：2010～2014 年，若尔盖县的人口聚集度从 2010 年的 14.33 降低到 2014 年的 11.58，人口稀疏情况越来越严重。从乡镇级别来看，人口聚集度增加的乡镇有 6 个，分别为唐克镇、麦溪乡、阿西乡、崇尔乡、热尔乡、阿西茸乡，其余的 12 个乡镇人口聚集度都减少，而且除了冻列乡的人口聚集度较高外，其余乡镇的人口聚集度为 0～30，乡镇的人口分布越来越稀疏。冻列乡的人口聚集度远超过其他乡镇，这主要是该镇的面积最小，只有 52.43km²。总的来说，整个县人口逐渐变得越来越稀疏。结合若尔盖实际情况分析发现，较 2010 年，2014 年若尔盖县人口增加 1706 人，但是由于人口增长速度低，导致若尔盖县人口聚集度越来越小。此外，由于若尔盖县特殊的地理位置，以保护生态环境为主，经济发展落后，这也是导致人口较少的原因之一。

8. 交通网络密度监测

通过计算 2010 年、2014 年若尔盖县各乡镇的交通网络密度发现(表 4-19)，若尔盖县 2010 年、2014 年的交通网络密度值最大的乡镇是冻列乡，其次是阿西茸乡、降扎乡、达扎寺镇、唐克镇等，最小的是包座乡，且冻列乡的交通网络密度远大于其他乡镇；2014 年各乡镇的交通网络密度较 2010 年都有不同程度的增加；从交通网络密度分级数据可知，2010 年若尔盖共 19 个乡镇中，中密度乡镇 5 个，中低密度乡镇 14 个，2014 年中密度乡镇 7 个，中低密度乡镇 12 个，其中辖曼乡和崇尔乡从 2010 年的中低密度提高为 2014 年的中密度。

表 4-19　若尔盖县 2010 年、2014 年交通网络密度统计

乡镇名	2010 年			2014 年			变化量
	通车里程/km	交通网络密度/(km/km^2)	交通网络密度分级	通车里程/km	交通网络密度/(km/km^2)	交通网络密度分级	
达扎寺镇	212.56	0.39	2	236.63	0.43	2	24.07
唐克镇	520.74	0.35	2	570.91	0.39	2	50.17
班佑乡	214.45	0.19	1	226.59	0.2	1	12.14
阿西乡	303.34	0.35	1	334.55	0.38	1	31.21
辖曼乡	317.79	0.27	1	378.37	0.33	2	60.58
红星镇	162.99	0.28	1	188.85	0.33	1	25.86
麦溪乡	200.24	0.25	1	233.55	0.29	1	33.31
嫩哇乡	70.01	0.15	1	74.93	0.16	1	4.92
冻列乡	38.00	0.72	2	44.10	0.84	2	6.10
崇尔乡	50.74	0.34	1	59.64	0.40	2	8.90
热尔乡	71.03	0.17	1	76.37	0.18	1	5.34
占哇乡	52.34	0.28	1	58.18	0.31	1	5.84
降扎乡	97.10	0.41	2	104.81	0.44	2	7.71
巴西乡	54.08	0.25	1	59.53	0.27	1	5.45
阿西茸乡	98.45	0.45	2	106.47	0.49	2	8.02
求吉乡	114.59	0.23	1	130.31	0.26	1	15.72
包座乡	156.69	0.12	1	174.02	0.13	1	17.33
合计	2735.14	0.29	1	3057.81	0.32	1	322.67

通过对若尔盖县 2010 年、2014 年的交通网络密度分析发现：若尔盖县 2010～2014 年间，交通网络密度虽有提高但不明显，并且大多数的乡镇还处于交通网络密度中低密度区，可见若尔盖县的交通相对来说是不发达的。其中冻列乡的交通网络密度明显高于其他乡镇。结合相关资料得知，冻列乡拥有省级铁布梅花鹿自然保护区，还有许多神奇的自然景观，旅游资源非常丰富，以及许多丰富的农产品，拥有这些特色的冻列乡自然就成了若尔盖乡镇中交通最为发达的地区。而若尔盖大部分乡镇交通网络密度皆为很稀疏区域，这主要也是由于它的地理环境导致的。若尔盖县位于青藏高原东部边缘地带，境内地形复杂，黄河与长江流域的分水岭将全县划分为两个截然不同的地理单元和自然经济区，中西部和南部为典型丘状高原，占全县总面积 69%，地势由南向北倾斜，平均海拔 3500 m，北部和东南部山地系秦岭西部迭山余脉和岷山北部尾端，境内山高谷深，地势陡峭，海拔 2400～4200 m，这样艰苦的环境限制了若尔盖交通的发展。

9. 生态脆弱性监测

根据《省级主体功能区域划分技术规程(试用)》计算方案，计算若尔盖县 2010 年生态系统脆弱性(图 4-27、表 4-20)，结果表明：若尔盖县 2010 年总体生态系统脆弱性平均值为 1.74，属于略脆弱。全县不脆弱区面积最广，为 5540.50 km^2，占全县面积的 53.76%，主要分布于中部、西部以及西南部，如嫩哇乡，达扎寺镇、辖曼乡、阿西乡中西部等；其次为略脆弱区和一般脆弱区，面积为 2809.56 km^2 和 1280.44 km^2，所占面积百分比分别为 27.26%、12.42%，主要分布于北部、西部和南部，如降扎乡中部、热尔乡南部、巴西乡和包座乡；较脆弱区和脆弱区面积较小，面积分别为 465.44 km^2、210.44 km^2，主要分布于麦溪乡北部、占哇乡北部、求吉乡东部和北部以及阿西乡西北部等。总体上若尔盖县的生态系统脆弱性大小呈现东高西低的趋势，这主要是受地形、降水、植被等因素的影响，北部和东部山区，山高谷深，地形陡峭、破碎，水土流失严重，而中部和西南部地形起伏较小，草地、湿地广布，水土流失强度较小，因此若尔盖县的生态系统脆弱性自西向东呈现增加趋势。

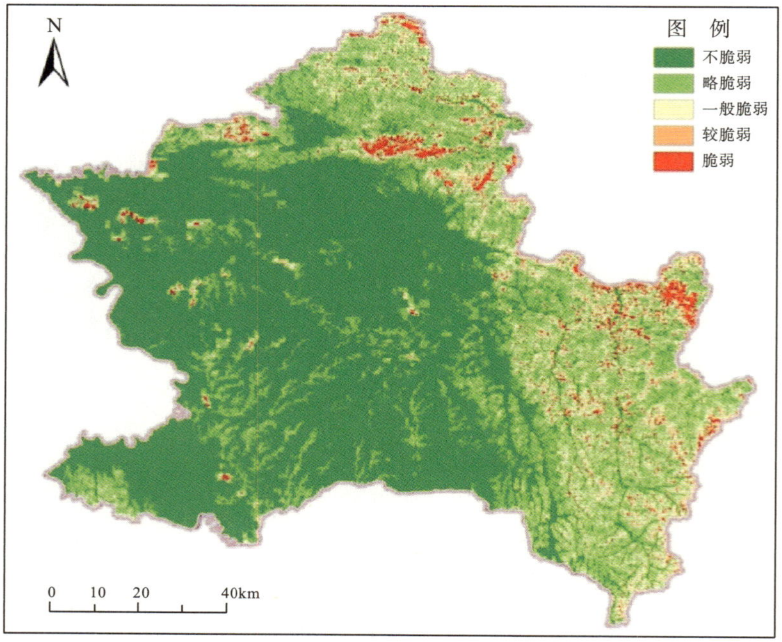

图 4-27 若尔盖县 2010 年生态系统脆弱性空间分布格局

表 4-20 若尔盖县 2010 年生态系统脆弱性分级统计结果

脆弱性等级	面积/km^2	面积百分比/%
不脆弱	5540.50	53.76
略脆弱	2809.56	27.26
一般脆弱	1280.44	12.42
较脆弱	465.44	4.52
脆弱	210.44	2.04
合计	10306.38	100

2010 年，若尔盖县各乡镇的生态系统脆弱性也呈现较大的差异性，结果如图 4-28 所示。

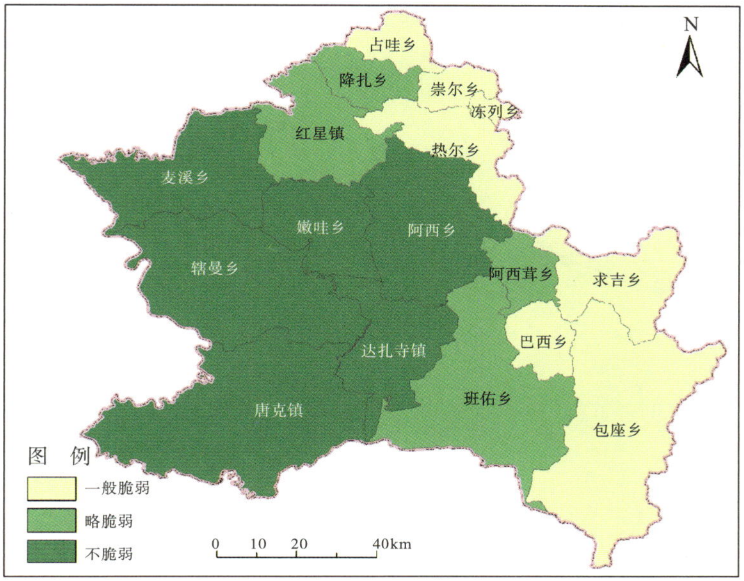

图 4-28　2010 年若尔盖县各乡镇平均生态系统脆弱性状况

若尔盖县 2010 年生态系统脆弱性空间分布格局在不同地形和土地利用类型上也呈现出一定规律（图 4-29），结果发现：若尔盖县的生态系统脆弱性随着坡度的增大而增大，此外各个坡度带内的生态系统脆弱性差异性也随之增大，其主要原因是坡度越大，水蚀、冻融侵蚀物质输移的距离越远，输移的物质也越多。而且，坡度较大的地区在降水和重力的综合作用下，水土流失强度会大大提高，极大地破坏地区生态环境，因此生态系统脆弱性随着坡度的增大呈现增加趋势；若尔盖县生态系统脆弱性随着海拔的升高呈现先减小后增加的趋势，主要原因在于若尔盖县的地貌类型随着海拔的升高由低矮丘陵、高原转变为山地，植被类型由草地转变为林地，生物多样性增大，土壤保持能力增强，因此水土流失强度变小，此外随着海拔的升高受人类活动影响强度减弱，因而生态系统脆弱性随之减小。但是随着海拔的进一步升高，地形陡峻，坡度加大，地形影响成为主导因子，水蚀和冻融侵蚀灾害加剧，因此生态系统脆弱性又呈现随海拔升高而增加的趋势。表明未利用地的生态系统脆弱性最大，为 3.06，原因在于未利用地区域的植被覆盖度较低，受水力侵蚀、冻融侵蚀以及沙漠化影响显著，因此该地区的生态系统脆弱性较大；而有林地（2.47）和灌木林地（1.97）的生态系统脆弱性大于草地的生态系统脆弱性（1.8），主要原因在于林地多位于山区，地形破碎度较大，地势陡峻，而草地多分布于坡度较缓的低矮丘陵、高原，相比于草地，部分林地（疏林地）的水土流失状况更为强烈，因此总体上林地的生态系统脆弱性值略大于草地；水田、沼泽、居民用地的生态系统脆弱性最小，分别为 1、1.03、1。

同样，计算若尔盖县 2014 年生态系统脆弱性（图 4-30、表 4-21），结果表明：若尔盖县 2014 年总体生态系统脆弱性平均值为 1.64，属于略脆弱。全县不脆弱区面积最广，为 5839.13km^2，占全县面积的 56.66%，主要分布于该县的中西部以及南部，如嫩哇乡、麦溪乡南部、达扎寺镇大部、辖曼乡大部、阿西乡中西部以及南部等；略脆弱区和一般脆弱区面积分别为 2828.88km^2 和 1216.44 km^2，所占面积百分比为 27.45 %、11.80%，主要分布于该县的北部和西南部，如降扎乡、崇尔乡北部、求吉乡中西部、巴西乡、包座乡以及白河牧场的西南部；较脆弱区和脆弱区面积较小，分别为 328.44 km^2、93.50 km^2，主要分布于麦溪乡西北部、热尔乡西北部、占哇乡北部、求吉乡东部等。

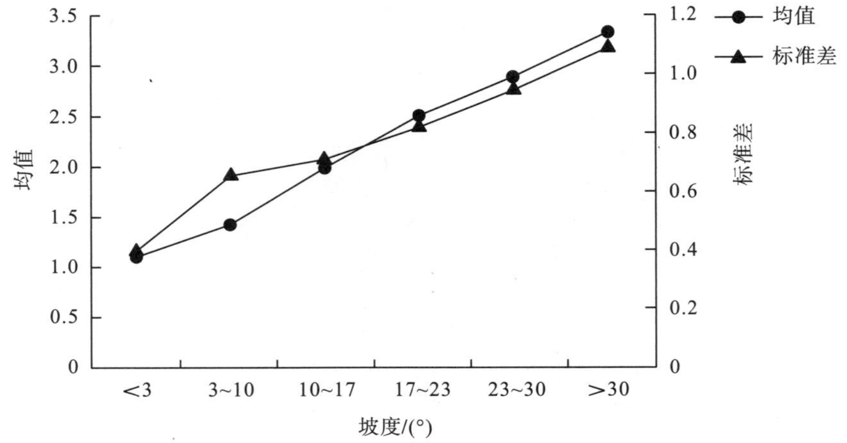

(a) 不同坡度脆弱性分布

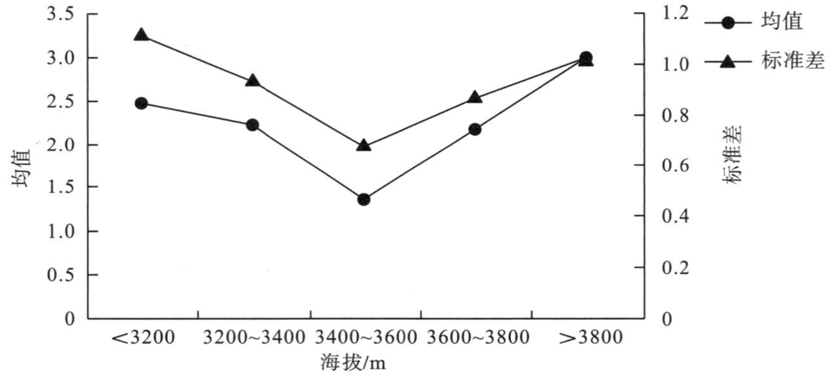

(b) 不同海拔脆弱性分布

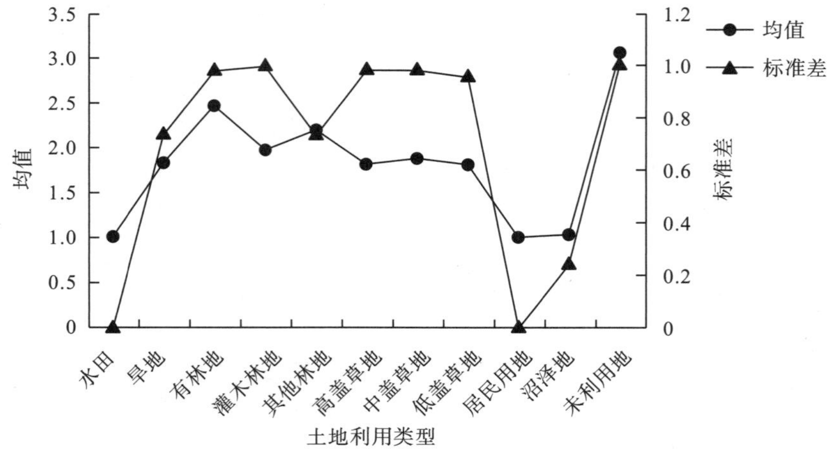

(c) 不同土地利用脆弱性分布

图 4-29 2010 年若尔盖县生态系统脆弱性空间分异格局

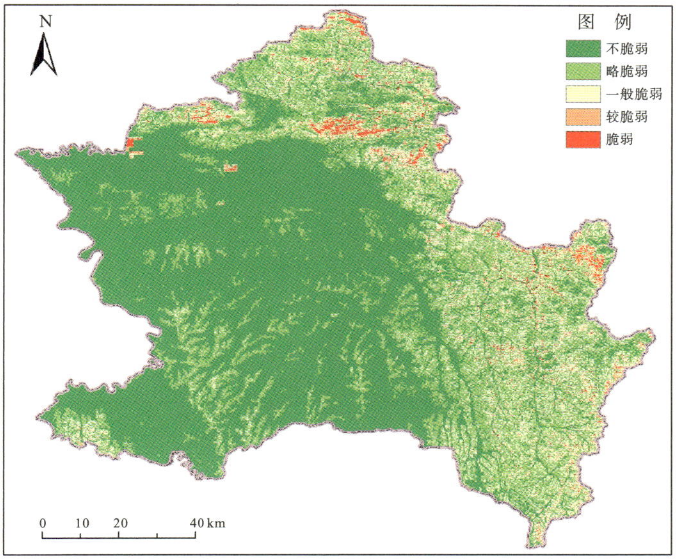

图 4-30　若尔盖县 2014 年生态系统脆弱性空间分布格局

表 4-21　若尔盖县 2014 年生态系统脆弱性分级统计结果

脆弱性等级	面积/km²	面积百分比/%
不脆弱	5839.13	56.66
略脆弱	2828.88	27.45
一般脆弱	1216.44	11.80
较脆弱	328.44	3.19
脆弱	93.50	0.91
合计	10306.38	100.00

2014 年，若尔盖县各乡镇的生态系统脆弱性也呈现较大的差异性，结果如表 4-22、图 4-31 所示。

表 4-22　若尔盖县各乡镇 2014 年生态系统脆弱性分级

乡镇	脆弱性指数	脆弱性等级	分值
达扎寺镇	1.13	不脆弱	4
唐克镇	1.29	不脆弱	4
班佑乡	1.51	略脆弱	3
阿西乡	1.37	不脆弱	4
辖曼乡	1.13	不脆弱	4
红星镇	1.73	略脆弱	3
麦溪乡	1.30	不脆弱	4
嫩哇乡	1.05	不脆弱	4
冻列乡	2.25	略脆弱	2

续表

乡镇	脆弱性指数	脆弱性等级	分值
崇尔乡	2.21	略脆弱	2
热尔乡	2.41	略脆弱	2
占哇乡	2.53	一般脆弱	2
降扎乡	2.22	略脆弱	3
巴西乡	2.19	略脆弱	3
阿西茸乡	2.14	略脆弱	3
求吉乡	2.53	一般脆弱	2
包座乡	2.29	略脆弱	3

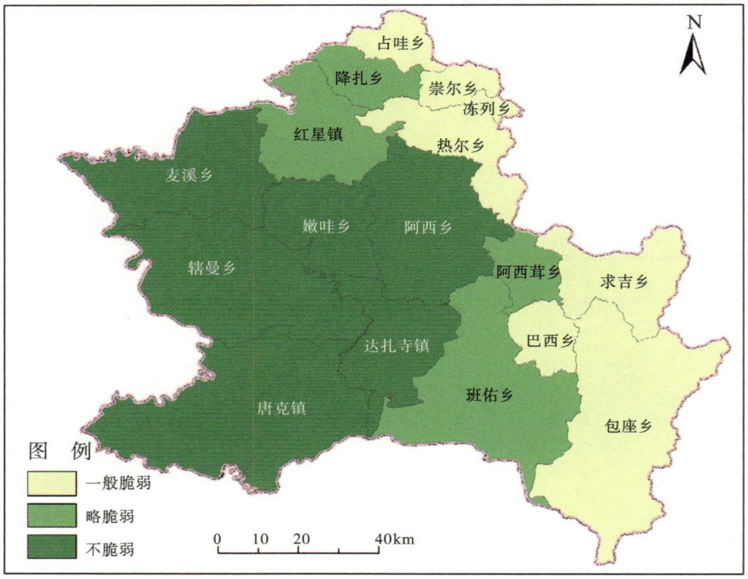

图 4-31 若尔盖县 2014 年生态系统脆弱性分级统计结果

若尔盖县 2014 年生态系统脆弱性空间分布格局在不同地形和土地利用类型上也呈现出一定规律(图 4-32)；若尔盖县的生态系统脆弱性随着坡度的增大而增大，此外各个坡度带内的生态系统脆弱性差异性也随之增大，其主要原因是坡度越大，水蚀、冻融侵蚀物质输移的距离越远，输移的物质也越多。而且，坡度较大的地区在降水和重力的综合作用下，水土流失强度会大大提高，极大地破坏地区生态环境，因此生态系统脆弱性随着坡度的增大呈现增加趋势。若尔盖县生态系统脆弱性随着海拔的升高呈现先减小后增加的趋势，在 3400～3600m 海拔带达到最小，主要原因在于若尔盖县的地貌类型随着海拔的升高由低矮丘陵、高原转变为山地，植被盖度增大，生物多样性增加，土壤保持能力强，因此水土流失强度较小，此外低海拔地区人类活动影响显著(过度放牧、乱砍滥伐)，而随着海拔的升高人类活动影响减弱，因而生态系统脆弱性随之减小；但是随着海拔的进一步升高，地形陡峻，坡度加大，地形影响成为主导因子，水蚀和冻融侵蚀灾害加剧，因此生态系统脆弱性呈

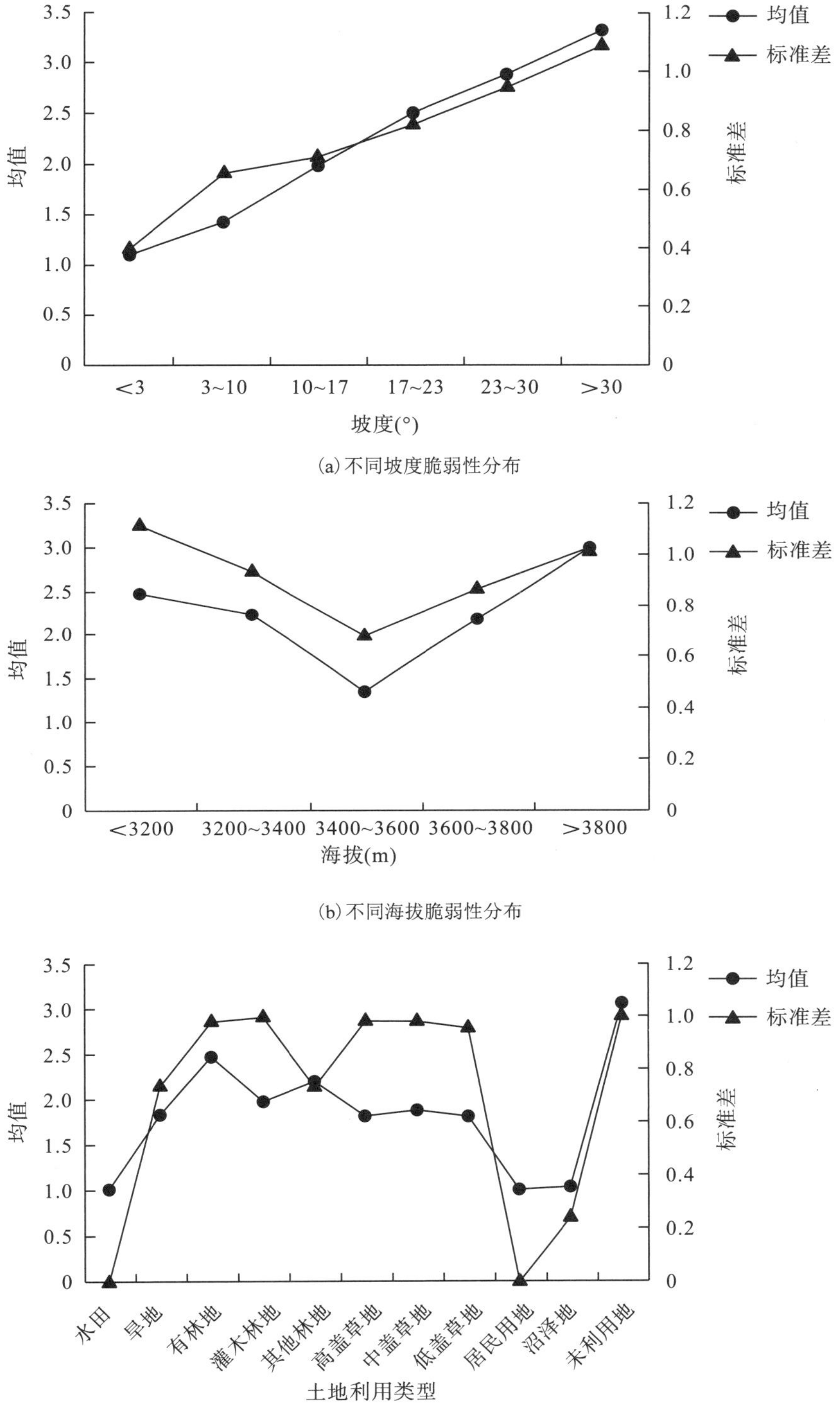

(a) 不同坡度脆弱性分布

(b) 不同海拔脆弱性分布

(c) 不同土地利用脆弱性分布

图 4-32　若尔盖县 2014 年生态系统脆弱性空间分异格局

现随海拔升高而增加的趋势。未利用地的生态系统脆弱性最大，为3.02，原因在于未利用地(沙地、裸土地、裸岩地)的植被覆盖度较低，受水力侵蚀、冻融侵蚀以及沙漠化影响显著，因此该地区的生态系统脆弱性较大；而有林地(2.15)和灌木林地(1.78)的生态系统脆弱性大于草地的生态系统脆弱性(1.75)，主要原因在于林地多位于山区，地形破碎度较大，地势陡峻，而草地多分布于起伏度较小的低矮丘陵、高原，相比于草地，疏林地等部分林地的水土流失状况更为强烈，因此总体上林地的生态系统脆弱性值略大于草地；水田、沼泽、居民用地的生态系统脆弱性最小，分别为1、1、1。

监测结果表明：2010～2014年，若尔盖县生态系统脆弱性总体上呈现减小趋势。主要表现为：2010年该县的生态系统脆弱性平均值为1.74，而2014年的生态系统脆弱性平均值为1.64；不脆弱和略脆弱面积分别由2010年的5540.50km^2、2809.56 km^{2}增加为5839.13 km^2、2828.88 km^2，面积百分比分别增加3.9%、0.19%，而一般脆弱、较脆弱和脆弱区面积则分别由2010年的1280.44 km^2、465.44 km^2、210.44 km^{2}减小为1216.44 km^2、328.44 km^2、93.50 km^2，面积百分比分别减小0.62%、1.33%、1.13%。从各个乡镇的平均生态系统脆弱性变化强度来看(图4-33)，辖曼乡、白河牧场、唐克镇、班佑乡、阿西乡五个乡镇的生态系统脆弱性相对稳定；红星镇的生态系统脆弱性呈现微度增加趋势；麦溪乡、嫩哇乡、辖曼种羊场、达扎寺镇以及阿西茸乡的生态系统脆弱性表现为微度减小；占哇乡、降扎乡、热尔乡、包座乡的生态系统脆弱性则呈现轻度减小趋势；崇尔乡、冻列乡和求吉乡的生态系统脆弱性表现为中度减小趋势；巴西乡的生态系统脆弱性改善最好，变化强度属于重度减小。

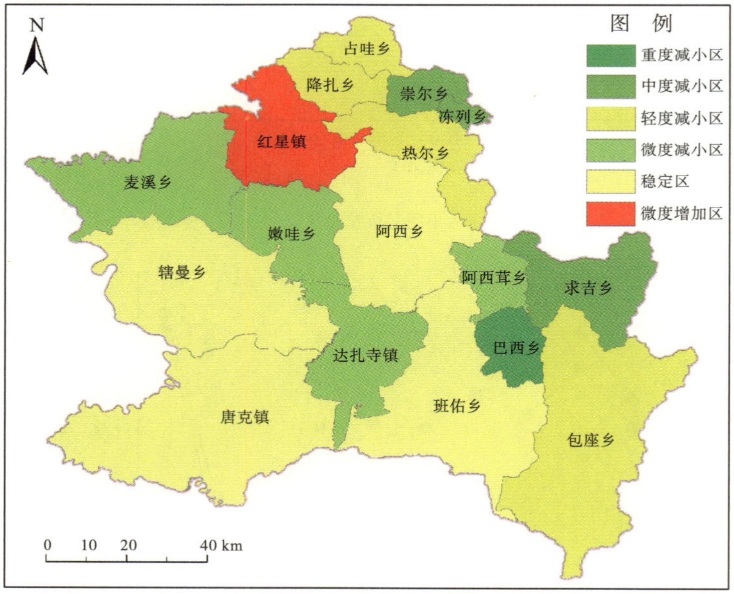

图4-33　若尔盖县2010～2014年生态系统脆弱性变化度空间分布格局

10. **生物丰度指数监测**

根据若尔盖县2010年、2014年的生物丰度变化情况来进行统计分析发现(图4-34、图4-35)，2010～2014年，若尔盖县的生物丰度指数总体变化较小；从生物丰度分级情况可看出，生物丰度较

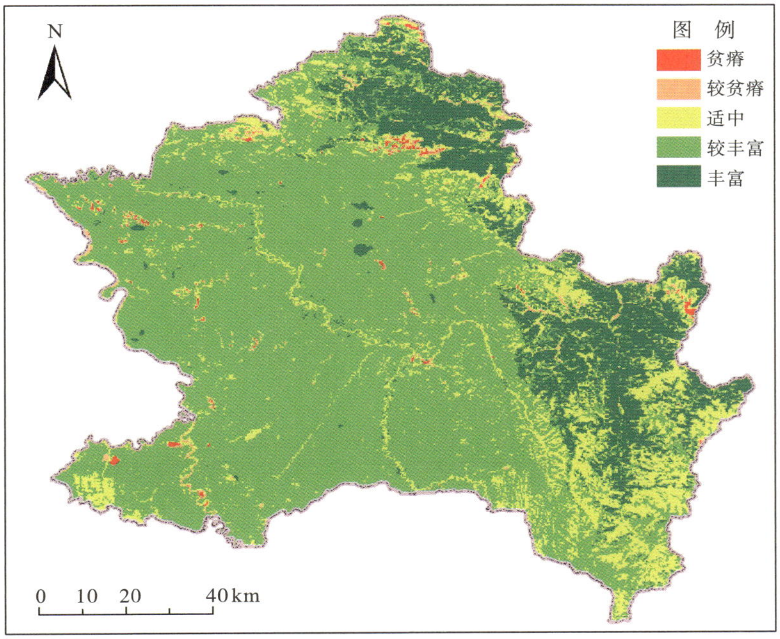

图 4-34　若尔盖县 2010 年生物丰度指数空间分布

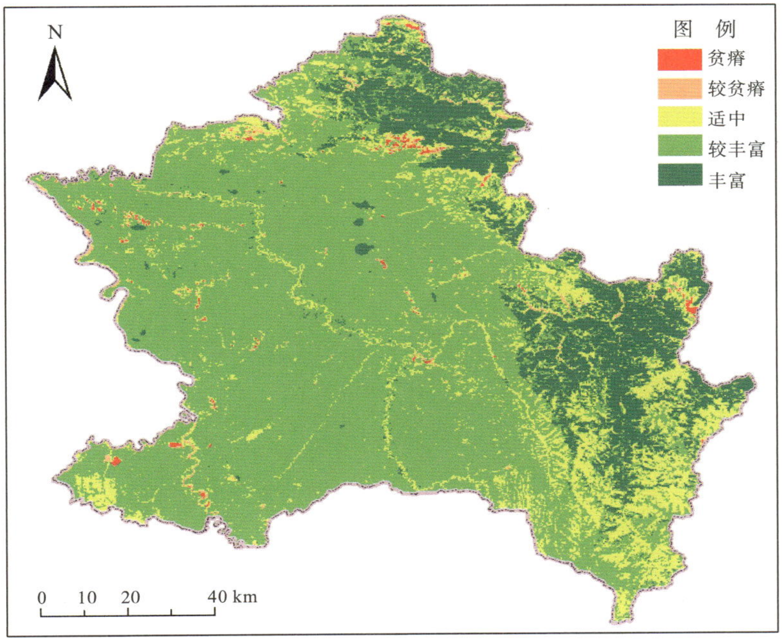

图 4-35　若尔盖县 2014 年生物丰度指数空间分布

丰富区域面积最高，占比约 69%，其次依次是适中、丰富，分别占比 15%、14%，贫瘠和较贫瘠面积较少；若尔盖县北部和东南部地区生物丰度指数丰富，无明显变化趋势；中西部和南部生物丰度指数较丰富，呈小幅增长趋势；生物丰度指数适中的地区分别呈带状和片状分布于中部、西南部地区和北部、东南、西南地区，无明显变化趋势；生物丰度指数贫瘠和较贫瘠的地区呈相邻过渡的方式零星分布于全县内各处，趋势小幅下跌。

对若尔盖县2010年、2014年生物丰度各等级的面积比例进行统计，结果如表4-23所示。

表4-23　若尔盖县2010年、2014年生物丰度分级对比

生物丰度分级	2010年面积占比/%	2014年面积占比/%	变化量/%
贫瘠	0.43	0.41	−0.02
较贫瘠	0.63	1.62	−0.01
适中	15.00	14.92	−0.08
较丰富	68.94	69.05	0.11
丰富	14.00	14.00	0

利用以上基于格网的生物丰度指数统计结果，进一步处理统计出各乡镇的平均生物丰度情况。根据表4-24统计结果表明，2010～2014年，若尔盖县各乡镇的生物丰度指数保持稳定，生物丰度分级为丰富的乡镇6个，较丰富的乡镇11个；且生物丰度分级较丰富的区域所占面积最高，占比约65%，主要分布于中部、西部和南部地区，约35%的地区生物丰度分级为丰富，主要分布于北部和东部地区；从各乡镇生物丰度指数变化量来看，两年间变化量较小，达扎寺镇、班佑乡、阿西乡、红星镇、麦溪乡、降扎乡均有小幅增长，以阿西乡增长最多，增长指数为0.27，仅占哇乡有下降趋势，下降指数为0.25，其他各乡镇没有变化。

表4-24　若尔盖县2010年、2014年各乡镇生物丰度指数分级

乡镇	2010年		2014年		变化量
	生物丰度指数	生物丰度指数分级	生物丰度指数	生物丰度指数分级	
达扎寺镇	62.03	3	62.09	3	0.05
唐克镇	60.96	3	60.96	3	0
班佑乡	60.91	3	60.97	3	0.06
阿西乡	61.69	3	61.97	3	0.27
辖曼乡	62.11	3	62.11	3	0
红星镇	60.31	3	60.4	3	0.09
麦溪乡	60.16	3	60.16	3	0.01
嫩哇乡	63.48	3	63.48	3	0
占哇乡	68.66	3	68.41	3	−0.25
阿西茸乡	64.16	3	64.16	3	0
包座乡	64.78	3	64.78	3	0
冻列乡	75.08	4	75.08	4	0
崇尔乡	82.75	4	82.75	4	0

续表

乡镇	2010 年		2014 年		变化量
	生物丰度指数	生物丰度指数分级	生物丰度指数	生物丰度指数分级	
热尔乡	72.85	4	72.85	4	0
降扎乡	73.16	4	73.21	4	0.05
巴西乡	75.24	4	75.24	4	0
求吉乡	75.86	4	75.86	4	0

通过对若尔盖县的生物丰度指数进行监测发现：2010～2014 年，若尔盖县的生物丰度指数和各乡镇平均生物丰度指数都较为丰富，且变化较小。结合相关资料分析可知：若尔盖县属于草原湿地功能区，为有效管护天然林草资源，2011 年来一直坚持扎堵填沟、围栏封育的湿地保护政策，同时也实施退牧还草、封山育林、人工种草、造林、防治沙漠化等措施对林草地进行保护，生态环境保护良好。境内地形复杂，北部和东南部山地系秦岭西部迭山余脉和岷山北部尾端，境内山高谷深，地势陡峭，海拔 2400～4200m，森林资源丰富，人类活动少，自然资源保存较完整，故生物丰度指数丰富；中西部和南部为典型丘状高原，有着丰富的天然草地资源，占全县总面积 69%，生物丰度指数较为丰富；中部和西南部地区被白龙江、包座河等河流贯穿于南北方向，河流两岸流域生物丰度指数适中；北部和东南方向生物丰度指数适中的地区是临近高山的低海拔地区，人类活动相对较多，自然资源恢复期长；部分地区靠近人类聚居地，受人类活动影响大，或由于气候、环境等条件较为恶劣，自然资源恢复尤为困难，故生物丰度指数较为贫瘠，且有较贫瘠转化为贫瘠的趋势。

综上，若尔盖县是以高原林草地为主的高原湿地生态系统，是国家自然保护区之一，政府部门从多方面着手保护当地生态系统。一方面减少人类活动对生态环境的影响，如退耕还林、退牧还草等；另一方面进行人工种植，如扎堵填沟湿地保护工程和封山育林林地保护措施等。相关部门还新建了湿地宣教培训中心和湿地野生动物保育中心等基础措施，加强人类对生态环境保护的意识，从而有效地维护了当地生态系统的良好性。若尔盖县虽在治理生态环境方面取得一定成就，但生态系统仍然非常脆弱，应在科学保护、科学管理、科学利用、发挥科学价值和生态环境价值作用上有新的突破，从而更有效地维护当地生态系统的平衡性和稳定性，实现功能区的可持续发展。

11. 水涵养指数监测

利用地理国情监测数据对 2010 年、2014 年若尔盖县的水源涵养能力进行综合分析和评估（图 4-36、图 4-37），监测发现若尔盖县水涵养能力较强区域主要集中在中部和西北部、西南部的沼泽、湖泊、库塘地带；水源涵养能力中等偏上区域分布在黄河九曲第一湾，白龙江、包座河、巴西河、嘎曲、墨曲、热曲等主要河流附近；水涵养能力较弱的区域主要分布在东南部和北部的乔木林、灌木林、疏林等地区。

若尔盖县 2010 年、2014 年各等级水涵养能力的面积占比情况如表 4-25 所示。

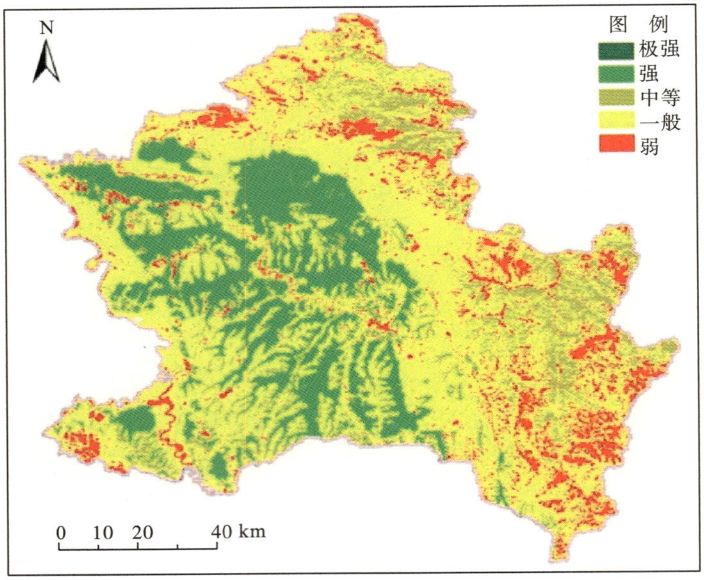

图 4-36 若尔盖县 2010 年水源涵养能力空间分布图

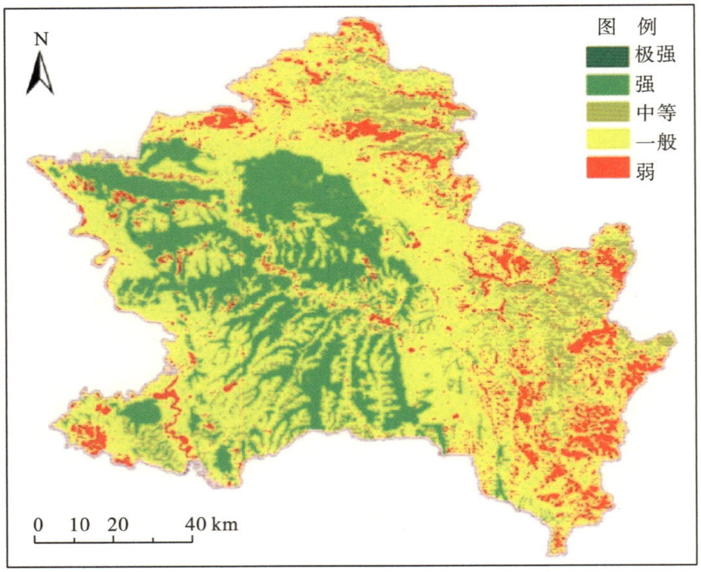

图 4-37 若尔盖县 2014 年水源涵养能力空间分布图

表 4-25 若尔盖县 2010 年、2014 年水源涵养能力不同等级占比变化

水源涵养能力	2010 年占比/%	2014 年占比/%	变化量/%
极强	0.02	0.02	0
强	17.46	17.65	0.19
中等	14.87	14.92	0.05
一般	58.26	58.04	−0.22
弱	9.39	9.37	−0.02

监测结果表明：①2010 年若尔盖县水涵养能力极强、强、中等、一般、弱的面积占比分别为 0.02%、17.46%、14.87%、58.26%、9.39%；②2014 年若尔盖县水涵养能力极强、强、中等、一般、弱的面积占比分别为 0.02%、17.65%、14.92%、58.04%、9.37%；③2014 年若尔盖县水涵养能力极强、强、中等、一般、弱的面积占比相对 2010 年其变化量分别为：0、+0.19%、+0.05%、−0.22%、−0.02%，总的来说若尔盖县 2010 年、2014 年的水涵养能力变化较小。

对 2010 年、2014 年若尔盖县各乡镇的水源涵养能力分级进行综合分析和评估(表 4-26)，分析结果表明若尔盖县 2010 年、2014 年各乡镇的水涵养能力保持稳定，中部、西北部和西南部乡镇的水涵养能力为中等，北部和东南部的水涵养能力为一般，水涵养能力的分布表现出明显的空间差异；若尔盖县 17 个乡镇中，除达扎寺镇、唐克镇、阿西乡、辖曼乡、麦溪乡、嫩哇乡 6 个乡镇的水涵养能力为中等外，其余乡镇水涵养能力均为一般。

表 4-26　若尔盖县各乡镇 2010 年、2014 年水源涵养能力分级

乡镇	2010 年		2014 年		变化量
	水涵养指数	等级	水涵养指数	等级	
达扎寺镇	128.17	2	127.85	2	−0.32
唐克镇	101.53	2	101.59	2	0.06
班佑乡	86.02	1	86.08	1	0.06
阿西乡	105.96	2	106.24	2	0.28
辖曼乡	127.36	2	127.97	2	0.61
红星镇	88.02	1	88.57	1	0.55
麦溪乡	108.09	2	110.87	2	2.77
嫩哇乡	155.61	2	155.63	2	0.02
冻列乡	75.45	1	75.45	1	0.00
崇尔乡	83.97	1	83.98	1	0.00
热尔乡	74.13	1	74.14	1	0.00
占哇乡	69.25	1	69.01	1	−0.24
降扎乡	73.85	1	73.90	1	0.04
巴西乡	77.42	1	77.42	1	0.00
阿西茸乡	64.11	1	64.11	1	0.00
求吉乡	77.27	1	77.27	1	0.00
包座乡	68.56	1	68.55	1	0.00

通过对若尔盖县 2010 年、2014 年的水涵养能力空间分布(图 4-38)进行分析发现：若尔盖县两个时期的水涵养能力没有发生明显变化，水涵养能力空间分布不均匀，能力强的区域主要分布在中部和西部地区，东南部以及北部地区水涵养能力基本处于中等或以下。结合相关资料分析得知，若尔盖县水涵养能力空间分布的差异与其地表覆盖类型有着密切关系，中部和西部地区分布着大片的沼泽湿地，有很强的蓄水保水作用，东南和以北地区主要以森林资源为主要地表覆盖类型，水涵养能力一般或中等。总的来说，若尔盖县是重要的生态安全屏障，具有净化大气、防治污染、调节气候、维护生物多样性及水土保持的重要生态服务功能。

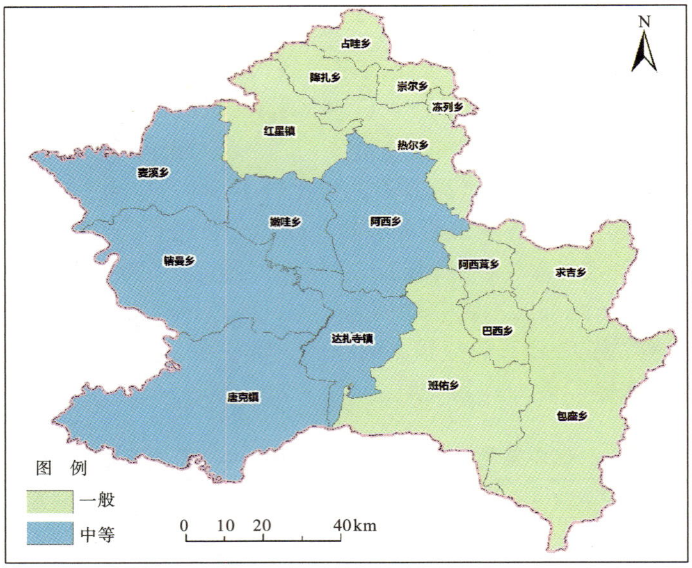

图 4-38 若尔盖县各乡镇 2010 年、2014 年水源涵养能力空间分布

12. 植被覆盖指数监测

利用 ARCGIS 软件空间分析工具对若尔盖县 2010 年和 2014 年两期 NDVI 数据进行重分类处理，若尔盖县植被覆盖度对比分析结果如图 4-39 和图 4-40 所示。从分级的结果显示：若尔盖县局部区域植被覆盖度呈减少的趋势，尤其在东部和东北部植被覆盖度极低。

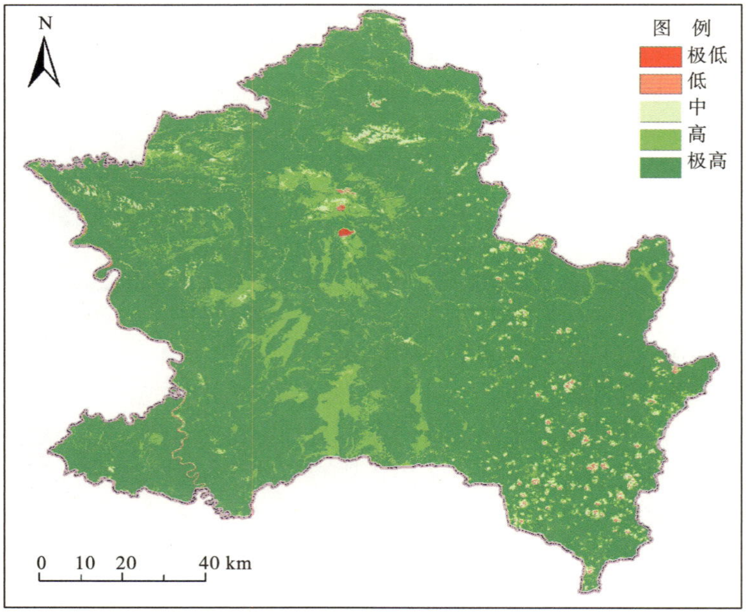

图 4-39 若尔盖县 2010 年植被覆盖度空间分布

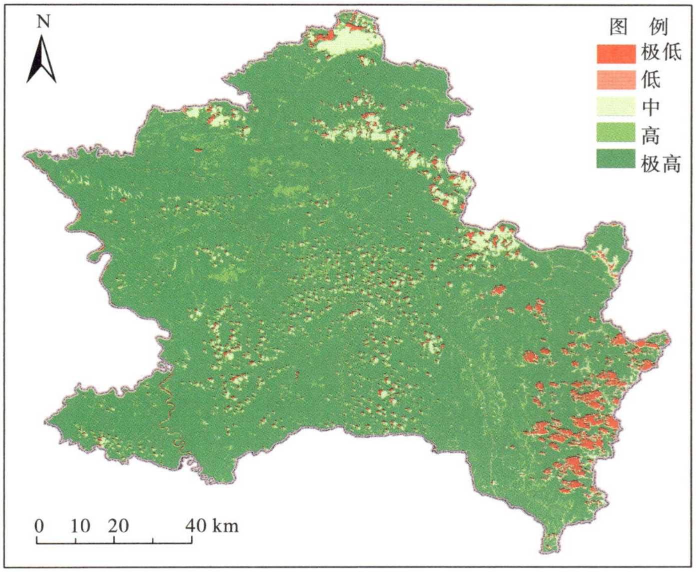

图 4-40　若尔盖县 2014 年植被覆盖度空间分布

为了更直观地体现 2010 年和 2014 年两期植被 NDVI 的变化情况，计算 NDVI 植被差值指数，并进行分级，结果如图 4-41 所示。若尔盖县植被退化较为严重。

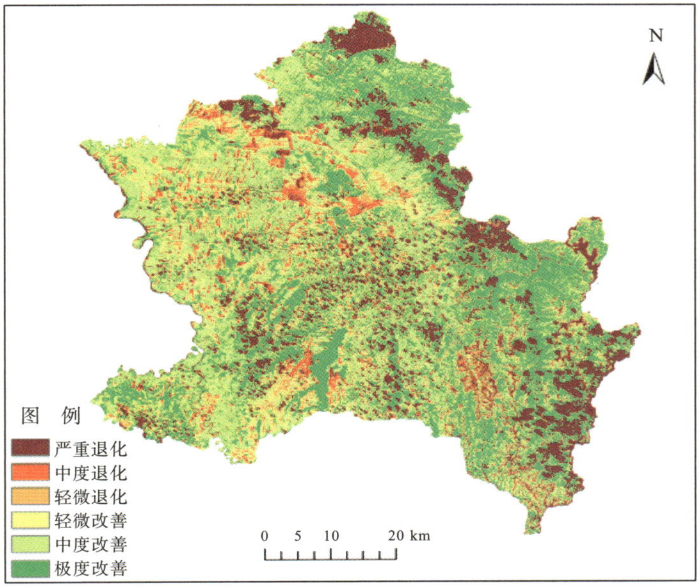

图 4-41　NDVI 差值植被指数分级

两期 NDVI 差值指数统计分析见表 4-27，统计结果显示：若尔盖县中度改善所占面积比例为 31.84%，而严重退化所占的面积比例为 16.79%，严重退化主要表现在东部和东北部。

表 4-27 两期 NDVI 差值植被指数统计

若尔盖县	严重退化	中度退化	轻微退化	轻微改善	中度改善	极度改善
面积/km^2	1733.74	639.84	631.56	949.70	3287.79	3082.72
比例/%	16.79	6.20	6.12	9.20	31.84	29.85

若尔盖县气温降水数据如图 4-42 所示，通过分析 2008～2014 年若尔盖县气象数据，结果表明：若尔盖县气温和降水均呈现上升趋势。若尔盖县气候比较寒冷，年平均气温约为 0～2℃，年降水量约为 600～700mm，降水量充沛利于植被的生长。

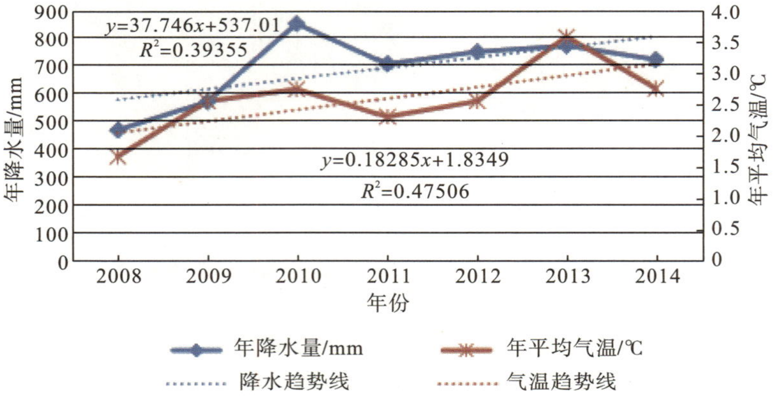

图 4-42 若尔盖气温降水数据

据监测数据显示：耕地面积由 2010 年的 64.5 km^2 减少到 2014 年 64.37 km^2；园地面积由 1.09 km^2 减少到 1.02 km^2；林地面积由 2773.54 km^2 增加到 2773.99 km^2；草地面积由 7266.42 km^2 减少到 7130.32 km^2；房屋建筑用地面积由 15.79 km^2 增加到 18.16 km^2；构筑物面积由 4.78 km^2 增加到 7.05 km^2；人工堆掘地面积由 2.32 km^2 增加到 2.52 km^2；荒漠与裸露地表面积由 126.01 km^2 减少到 123.93 km^2；水域湿地面积由 79.34 km^2 增加到 212.45 km^2。建设用地面积在不断地扩大，同时生态工程如封山育林、荒山荒地造林等政府政策也在不断加强。

13. 综合承载力评价

根据四川省资源环境承载力监测综合评价方法，若尔盖县资源环境承载力单指标要素分级表如表 4-28 所示，并根据专家打分法设计的权重，进行加权求和及承载力水平的划分。

监测结果表明(图 4-43、图 4-44)，2010～2014 年，若尔盖县各乡镇整体资源环境承载力水平较高，基本处于无警状态。其中，2010 年热尔乡处于轻警状态，经过分析发现，与其他乡镇相比较，主要由于地形起伏较大，导致交通网络不发达，同时受自然灾害影响较大，2014 年，由于乡域的不断发展，路网密度增加，以及受到自然灾害的影响强度的减弱，使该乡镇综合承载力水平提高。

综上，影响若尔盖县资源环境承载力综合评价结果的主要因素中交通网络密度、经济发展水平、水源涵养水平与人的活动密切相关，属于人为因素，根据调整发展规划、制定国土空间管控措施，可进行改善。但其他主要影响因素可利用土地资源、自然灾害影响与地形地貌、气候等自然因素密切相关，根据目前条件暂无改善条件。

表 4-28　资源环境承载力单指标要素分级

乡镇	可利用土地		可利用水资源		环境容量		自然灾害影响		林草地覆盖率		社会经济水平		人口聚集度		交通网络密度		生态脆弱性		生物丰度		水源涵养指数		植被覆盖度		综合评分	
	2010年	2014年	2010年	2014年	2010年	2014年	2010年	2014年	2010年	2014年	2010年	2014年	2010年	2014年	2010年	2014年	2010年	2014年	2010年	2014年	2010年	2014年	2010年	2014年	2010年	2014年
达扎寺镇	0	0	4	4	4	4	2	2	4	4	1	1	3	3	2	2	4	4	3	3	2	2	4	4	2.78	2.78
唐克镇	0	0	4	4	4	4	2	2	4	4	1	1	3	3	2	2	4	4	3	3	2	2	4	4	2.78	2.78
班佑乡	0	0	4	4	4	4	2	2	4	4	1	1	3	3	1	1	3	3	3	3	1	1	4	4	2.53	2.53
阿西乡	0	0	4	4	4	4	2	2	4	4	1	1	3	3	1	1	4	4	3	3	2	2	4	4	2.71	2.71
辖曼乡	0	0	4	4	4	4	2	2	4	4	1	1	3	3	1	2	4	4	3	3	2	2	4	4	2.71	2.78
红星镇	0	0	4	4	4	4	2	2	4	4	1	1	3	3	1	1	3	3	3	3	1	1	4	4	2.53	2.53
麦溪乡	0	0	4	4	4	4	2	2	4	4	1	1	3	3	1	1	4	4	3	3	2	2	4	4	2.71	2.71
嫩哇乡	0	0	4	4	4	4	2	2	4	4	1	1	3	3	1	1	4	4	3	3	2	2	4	4	2.71	2.71
冻列乡	1	1	4	4	4	4	2	2	4	4	1	1	3	3	2	2	2	3	3	3	1	1	4	4	2.59	2.68
崇尔乡	1	1	4	4	4	4	2	2	4	4	1	1	3	3	1	2	2	3	3	3	1	1	4	4	2.52	2.68
热尔乡	0	0	4	4	4	4	2	3	4	4	1	1	3	3	1	1	2	3	3	3	1	1	4	4	2.44	2.61
占哇乡	0	0	4	4	4	4	3	3	4	4	1	1	3	3	1	1	2	2	4	4	1	1	4	4	2.60	2.60
降扎乡	0	0	4	4	4	4	2	2	4	4	1	1	3	3	2	2	3	3	4	4	1	1	4	4	2.68	2.68
巴西乡	0	0	4	4	4	4	2	3	4	4	1	1	3	3	1	1	2	3	4	4	1	1	4	4	2.53	2.69
阿西茸乡	0	0	4	4	4	4	2	2	4	4	1	1	3	3	2	2	3	3	4	4	1	1	4	4	2.68	2.68
求吉乡	1	1	4	4	4	4	3	2	4	4	1	1	3	3	1	1	2	2	4	4	1	1	4	4	2.68	2.61
包座乡	0	0	4	4	4	4	2	2	4	4	1	1	4	4	1	1	2	3	4	4	1	1	4	4	2.61	2.70

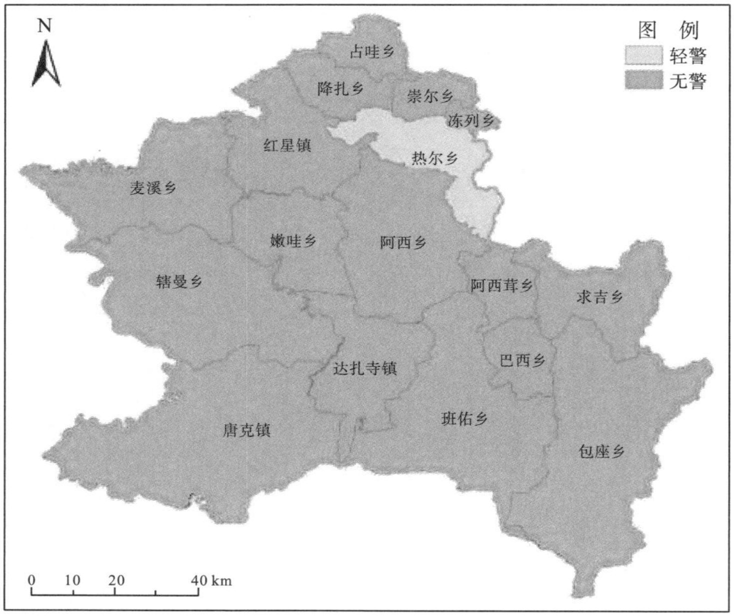

图 4-43 若尔盖县各乡镇 2010 年资源环境承载力综合评价等级

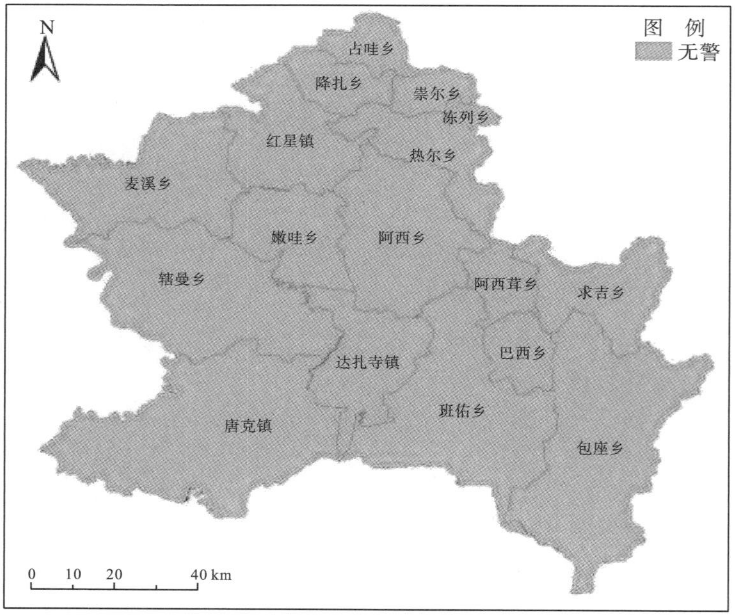

图 4-44 若尔盖县各乡镇 2014 年资源环境承载力综合评价等级

4.2.3.2 结论与建议

1. 监测结论

(1)通过对若尔盖县的可利用土地资源进行监测发现，若尔盖县虽然常住人口数量较少，但可利用土地资源仍然较为匮乏，主要分布在东、东北和北部地区，南部和西北部地区几乎没有可利用土地资源。结合实际情况分析发现，若尔盖县地表覆盖以林草地为主，且林草地覆盖率高达 94%以上，故该区域可利用土地资源较少。分析其原因发现，若尔盖县属于草原湿地生态功能区，该区域生态系统脆弱，政府采取了一系列措施对其生态系统安全加以保护，限制对土地的开发利用，故可利用土地资源面积较小。

(2) 通过对若尔盖县的可利用水资源进行监测发现，若尔盖县各乡镇的人均可利用水资源潜力均属于丰富，主要由于人口较少，降雨充沛，但近几年间呈现减少的趋势。结合相关资料分析发现，由于近年来县域内全球气候变暖、降雨减少、过度放牧、疏干沼泽、不合理开发泥炭资源等问题频繁出现，导致该区域水环境恶化、人均可利用水资源潜力明显减少。

(3) 通过对若尔盖县的生态脆弱性进行监测发现，总体上若尔盖县的生态系统脆弱性大小呈现东高西低的趋势，这主要是受地形、降水、植被覆盖等因素的影响，北部和东部山区，山高谷深，地形陡峭、破碎，水土流失严重，而中部和西南部地势平坦，多草地、湿地分布，植被覆盖好，水土流失强度较小，因此若尔盖县的生态系统脆弱性自西向东呈现增加趋势。

(4) 通过对若尔盖县的生物丰度进行监测发现，若尔盖县的生物丰度指数和各乡镇生物丰度指数都较为丰富，且变化较小。结合相关资料分析发现：若尔盖县属于草原湿地功能区，为有效管护天然林草资源，2011 年来一直坚持扎堵填沟、围栏封育的湿地保护政策，同时也实施退牧还草、封山育林、人工种草、造林、防治沙漠化等措施对林草地进行保护，生态环境保护良好。

(5) 通过对若尔盖县的水涵养指数进行监测发现，若尔盖县水涵养能力较强区域主要集中在中部和西北部、西南部的沼泽、湖泊、库塘地带；其次分布在黄河九曲第一湾，白龙江、包座河、巴西河、嘎曲、墨曲、热曲等主要河流附近；水涵养能力较弱的区域主要分布在东南部和北部的乔木林、灌木林、疏林等地区。

(6) 通过对若尔盖县的植被覆盖指数进行监测发现，若尔盖县的植被覆盖度总体处于较高水平，局部区域的植被覆盖度呈减少趋势，尤其是在东部和东北部植被覆盖度极低。通过分析 2008～2014 年若尔盖县气象数据发现，若尔盖县气温和降水均呈现上升趋势，年降水量约为 600～700 mm，降水量充沛利于植被的生长，所以若尔盖的植被覆盖度较高。另外，为保护若尔盖的生态系统安全，政府采取了一系列措施对其进行环境保护，如封山育林、荒山荒地造林等，使得若尔盖的植被覆盖情况有进一步的改善。

综上，依据 2010 年国务院印发的《全国主体功能区规划》，若尔盖县属于草原湿地生态功能区，是我国生物多样性关键地区和世界高山带物种最丰富的地区之一。该区域以林草地为主，有着丰富的天然草地资源，畜牧业发达，旅游资源丰富。中部和西部地区分布着大片的沼泽湿地，有很强的蓄水保水作用。因此研究该区域的资源环境承载力，实现生态功能区的科学管理、利用和发展，对维护该地区的生态平衡性、稳定性和可持续发展性具有重要意义。

2. 建议与对策

若尔盖县是国家自然保护区，生物多样性极为丰富，且生态系统脆弱，一旦破坏将很难恢复。为促进若尔盖的社会经济资源与环境协调、可持续发展提出以下几点建议。

(1) 若尔盖县应转变新常态下的经济社会发展方式，适应新常态、把握新常态、引领新常态，以务实进取的精神风貌抓住新机遇，实现新发展；坚定信心，实现经济稳步发展。

(2) 保护生态，大力发展绿色产业。坚持环境优先，大力推进生态文明建设，绝不以破坏生态为代价谋取发展，大力发展绿色经济，倡导更加文明环保的生活方式，全力打造高原生态家园。

(3) 拉动消费，实现分配更加合理。充分利用好若尔盖县旅游资源，努力创造更好的消费环境，增强消费的经济拉动力度；加大项目争取和落实，继续保持投资较快增长，加强扶贫，统筹推进协调发展。

(4) 坚持保护优先、自然生态恢复为主的方针，积极响应主体功能区规划的政策，保护若尔盖的生态系统安全，维持良好的生态平衡力。

(5) 统筹规划，突出重点进行保护。与全国主体功能区规划、全国生态保护和建设规划、全国国土规划、全国重要江河湖泊水功能区划等相关规划相衔接，统筹推进林地覆盖、荒漠化、水土流失、地质灾害、森林病虫害、森林火灾等常态化监测与评估、综合治理和防治措施，以及各类生态系统保护与建设工作，提高地区生态环境科学保护技术手段。

(6) 大力开展资源环境承载力监测工作。实时监测生态环境质量，从而帮助相关部门及时地制定出符合国情的管理政策，并根据实际情况实时调整，避免“亡羊补牢”效应。

(7) 加大生态建设与环境保护的宣传力度，加强民众的保护意识，做到生态旅游、文明旅游。

(8) 政府主导，社会广泛参与。政府应加大支持力度，实施差别化扶持政策，建立生态保护与建设的长效机制。广泛动员企事业单位、民间组织、社区和个人积极参与生态保护建设，调动原住民参与管理和保护的积极性，进一步提高对风景区生态建设与保护重要性的认识，加大生态建设与保护宣传力度，强化群众的环境保护意识，营造良好的舆论氛围和强大声势，使之成为全社会关心、参与的社会性事业。

4.3 川滇森林及生物多样性生态功能区自然生态遥感监测

4.3.1 概述

四川是国土大省、人口大省、经济大省，地处我国第一地形阶梯青藏高原向第二阶梯的过渡带，是长江上游生态屏障的核心地区，在全国生态安全战略中具有举足轻重的地位。按照全国主体功能区规划，四川省共有 34 个县属于川滇森林及生物多样性国家重点生态功能区，占全省面积的 49.3%。该区域是大熊猫、羚牛、金丝猴等重要珍稀生物的栖息地，是国家乃至世界生物多样性保护重要区域，也是四川省重要的水资源富集区、水源涵养区、天然林保护区，是维系全省和长江、黄河流域生态安全的重要生态功能区。

川滇森林及生物多样性国家重点生态功能区属于高海拔的高山高原区，地形复杂，自然环境类型多，垂直变化大，是典型的生态脆弱区。随着区域社会经济发展和人类活动增强以及全球气候变化，该区的环境和自然生态系统如何演变关系着区域能否持续发展，更关系着全省和国家生态安全，成为世人瞩目的问题。因此，对该区域的自然环境状况进行动态监测，成为一项迫切的任务。四川省测绘地理信息局依托先进的遥感技术和地理信息处理技术，按照国务院地理国情普查领导小组办公室提出的“边普查、边监测、边应用”的总体要求，联合中国测绘科学研究院，在川滇森林及生物多样性国家重点生态功能区中，利用卫星影像以及高分辨率航空影像，开展动态、多要素的系统监测，并结合区域社会经济发展进程，探索该区域人地关系的新动态、新变化、新趋势、新规律，及时分析变化的利弊，提出对策建议，为优化国土空间开发格局、划定生态红线提供科学支撑。

本节仅介绍了对茂县 2001～2013 年十二年来的自然生态状况监测。

4.3.2　监测内容与方法

自然生态状况监测所采用的数据包括：遥感影像数据、地理国情普查成果数据(地表覆盖及国情要素数据、解译样本数据、基本统计数据等)、基础地理信息数据、外业样本数据以及专业部门数据(表 4-29)。

表 4-29　自然生态状况监测内容表

一级分类	定义	二级分类	定义
林地	指生长乔木、灌木、竹类等的林业用地，包括有林地、灌木林地、疏林地和其他林地覆盖的地表。包括乔木、灌木、竹类等多种类型。单位：平方千米	有林地	指郁闭度大于 30%的天然林和人工林，包括材林、经济林、防护林等成片林地，单位：平方千米
		灌木林地	指郁闭度大于 40%、高度在 2m 以下的矮林地和灌丛林地
		疏林地	指郁闭度为 10%~30%的稀疏林地
		其他林地	包括果园、桑园、茶园等在内的其他林地
草地	以草本植物为主，连片覆盖的地表，包括草被覆盖度在 5%以上的各类草地。包括以牧为主的灌丛草地和郁闭度 10%以下的疏林草地	高覆盖度草地	覆盖度大于 50%的天然草地、改良草地和割草地，此类草地一般水分条件较好，草被生长茂密
		中覆盖度草地	覆盖度 20%~50%的天然草地和改良草地，此类草地一般水分不足，草被较稀疏
		低覆盖度草地	覆盖度 5%~20%的天然草地，此类草地水分缺乏，草被稀疏，牧业利用条件较差
水域湿地	天然陆地水域和水利设施用地，包括河渠、水库、坑塘、海涂和滩涂	河流(渠)	天然或人工形成的带状或线状水体
		湖泊(库)	天然或人工作用下形成的面状水体。包括天然湖泊和人工水库
		滩涂湿地	受潮汐影响比较大海边潮间带水分条件比较好的土地，或河、湖水域平水期水位与洪水期水位之间的土地
耕地	指耕种农作物的土地，包括熟耕地、新开荒地、休闲地、轮歇地、草田轮作地；以植农作物为主的农果、农桑、农林用地；耕种三年以上的滩地和滩涂	水田	种植水稻、莲藕等水生农作物的耕地，包括实行水生、旱生轮作的耕地
		旱地	种植小麦、玉米、豆类、薯类、油菜、青稞、蔬菜等旱生农作物的耕地
建设用地	指城乡居民点及县辖以外的工矿、交通等用地。人工活动形成的有混凝土、沙石、玻璃以及其他建材覆盖的地表覆盖类型	城镇建设用地	指大中小城市及县镇以上建成区用地
		农村居民点	
		其他建设用地	独立于城镇以外的厂矿、大型工业区、采石场，以及交通道路、机场及特殊用地
未利用地	指未利用的土地，包括难利用的土地或植被覆盖度低于 5%的土地。自然裸露的地表，不含人工堆掘、夯筑、碾压形成的裸露地表或硬化地表	盐碱地	指表层裸露物以盐碱为主的地表。地表盐碱聚集，植被稀少，只能生长耐盐碱植物的土地
		沙地	地表为沙覆盖，植被覆盖度小于 5%，包括沙漠，不包括水系中的沙滩
		裸土地	地表土质覆盖，植被覆盖度在 5%以下的土地
		裸岩石砾	地表为岩石或石砾，植被覆盖度在 5%以下的土地
		其他未利用地	其他未利用地，包括高寒荒漠、苔原、戈壁等

4.3.2.1 监测内容

1. 地表覆盖变化监测

(1) 监测 2001 年、2007 年和 2013 年地表覆盖状况。
(2) 统计分析 2001 年、2007 年和 2013 年三个不同时段内地表覆盖的变化情况。

2. 基本生态指标变化监测

(1) 根据三期地表覆盖监测成果，构建基本生态统计指标。
(2) 统计分析 2001 年、2007 年和 2013 年基本生态统计指标的变化情况。

3. 综合生态指标变化监测

(1) 根据三期地表覆盖监测成果，构建综合生态统计指标，分析 2001 年、2007 年和 2013 年的自然生态状况。

(2) 构建表征自然生态环境状况的生态环境指数模型，计算分析 2001 年、2007 年和 2013 年的自然生态环境指数。

(3) 针对各县特点，进行典型生态问题监测与分析。

4. 自然生态与经济发展协调性分析

从反映生态可持续发展的角度出发，结合区域生态特征，分别分析区域自然生态与经济发展的协调性，并对生态改善提出合理建议。

4.3.2.2 监测方法

根据监测目标，以多期遥感影像数据为主要数据源，收集、整合、分析国情普查数据和基础地理信息数据及多行业专题数据，采用遥感影像解译、变化信息提取、数据编辑与整理等技术与方法，实现监测区多期监测内容的解译获取和变化监测，同时开展外业核查与检查。最后基于自然生态状况监测指标及评价模型，开展该区域自然生态状况监测。具体技术路线如图 4-45 所示。

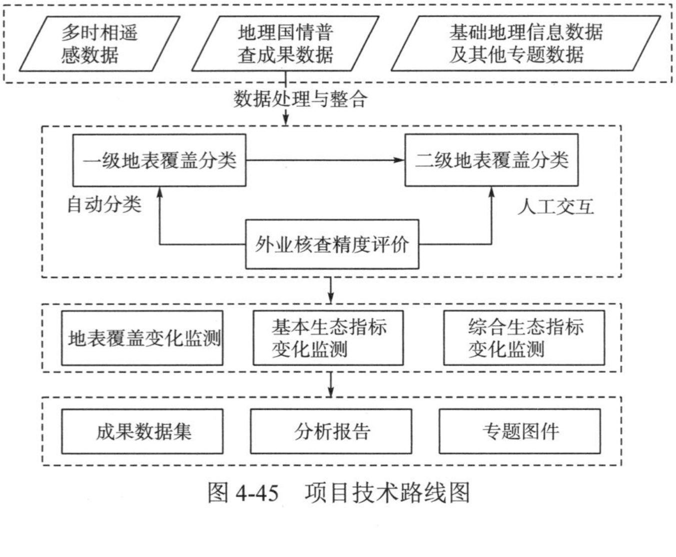

图 4-45 项目技术路线图

1. 数据收集、预处理与整合

以多期遥感影像数据为主要数据源，通过大气辐射校正、几何校正、数据配准、镶嵌融合等预处理生成具有空间一致性的影像成果数据；收集监测区域内的地理国情普查数据和基础地理信息数据，以及专业资料，通过数据整合形成能辅助信息提取的数据(图 4-46)。

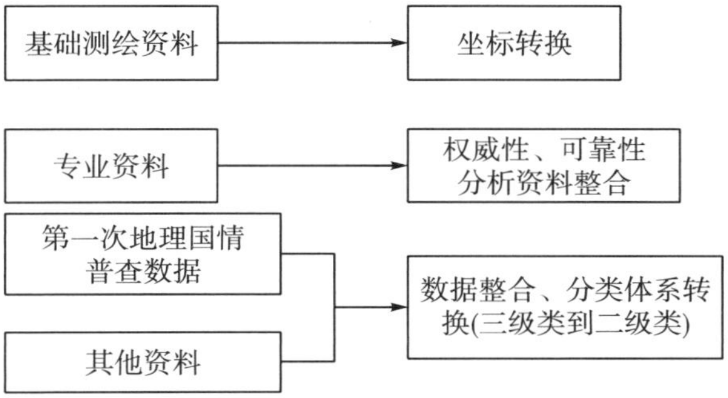

图 4-46　资料融合分析与预处理图

2. 地表覆盖解译

结合自然生态监测地表覆盖分类表，利用多层二级分类方法，对多期遥感影像开展地表覆盖类型分类。其中一级类采用基于 GLC 树的自动分类方法，二级类采用人工解译和自动分类相结合的分类方法。对内业遥感影像分类成果的类型、边界、属性进行高分辨率影像核查和外业实地核查，发现和修正分类错误，检验内业分类的正确率。

3. 地表覆盖变化监测

将多期遥感影像数据和地表覆盖数据作为基期数据。在此基础上，将多期的矢量栅格数据与栅格数据套合，提取变化信息(图 4-47)。

1) 解译提取

多期监测数据的生产，主要使用逆增量更新技术，遥感影像增量更新是指通过对不同时相的遥感影像进行变化检测，提取旧影像中的变化部分单独存储，当历史影像回溯时，只需用相应变化影像模块替换当前影像中的对应数据即可生成旧影像快照的方法。一般而言，以历史时相为基准期，叠加当前时期影像进行变化检测分析称为增量更新，以当前时相为基准期，叠加历史时相进行变化信息提取称为逆增量更新。

2) 疑问图斑的处理

不能确定当期地表覆盖、重要地理国情要素信息时，应结合辅助资料，对内业采集的地表覆盖分类图斑和重要地理国情要素的变化、类型、边界、属性等信息内容进行综合分析。

4. 综合统计分析

收集地理国情普查基本统计分析数据，同时根据多期遥感影像数据采集的自然生态状况监测要素，统计每期数据地表覆盖面积及面积变化，分析不同时期地表覆盖类型变化的面积和分布。在此基础上计算生境质量指数、植被覆盖指数和水源涵养指数等自然生态状况指标，结合监测区域特点开展自然生态与经济发展的协调性分析。

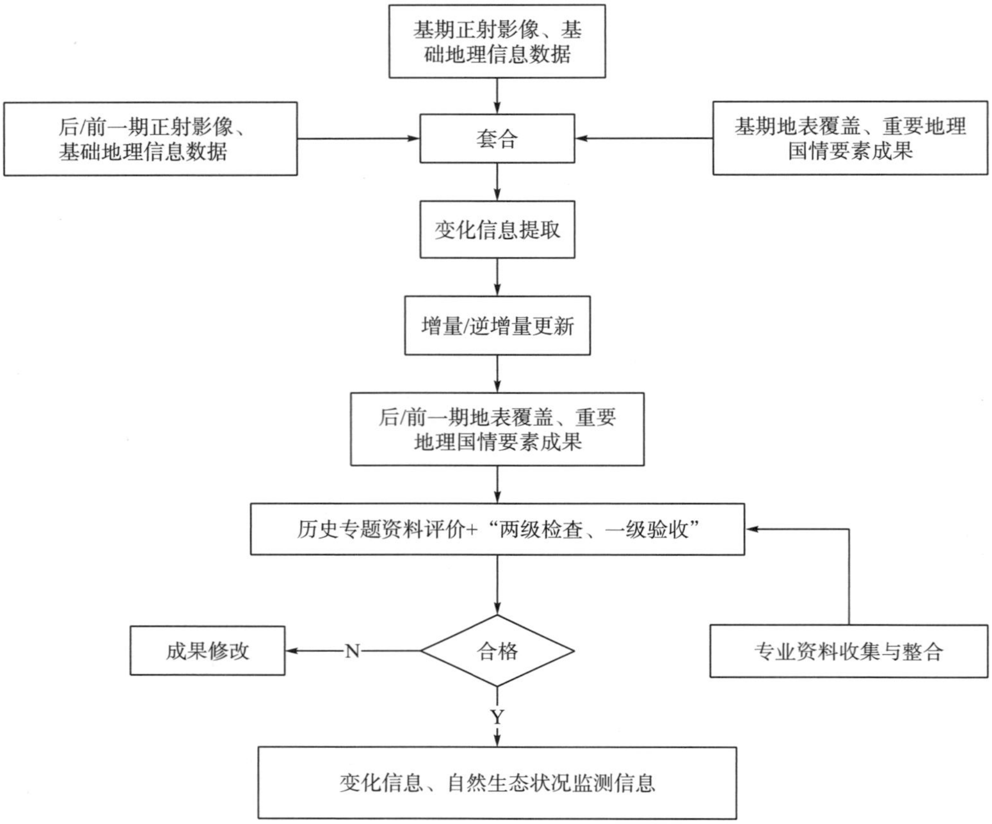

图 4-47 变化信息提取技术流程图

5. **监测报告编写**

最终根据监测与分析成果制作生态监测专题图，并撰写自然生态监测报告。

4.3.3 监测结果与分析

4.3.3.1 茂县地表覆盖状况

茂县地处青藏高原向川西平原过渡地带，地势西北高，东南低，山脉海拔多在 4000m 左右。茂县总面积为 3895.25km²。地表覆盖类型以林地和草地为主，其中林地覆盖率达到 65%以上。图 4-48、图 4-49 和图 4-50 分别是 2001 年、2007 年和 2013 年茂县地表覆盖分类图，可以看出：茂县地表覆盖具有整体植被覆盖状况良好，全县以林地覆盖为主，在西部和北部以及岷江周围草地覆盖较多。

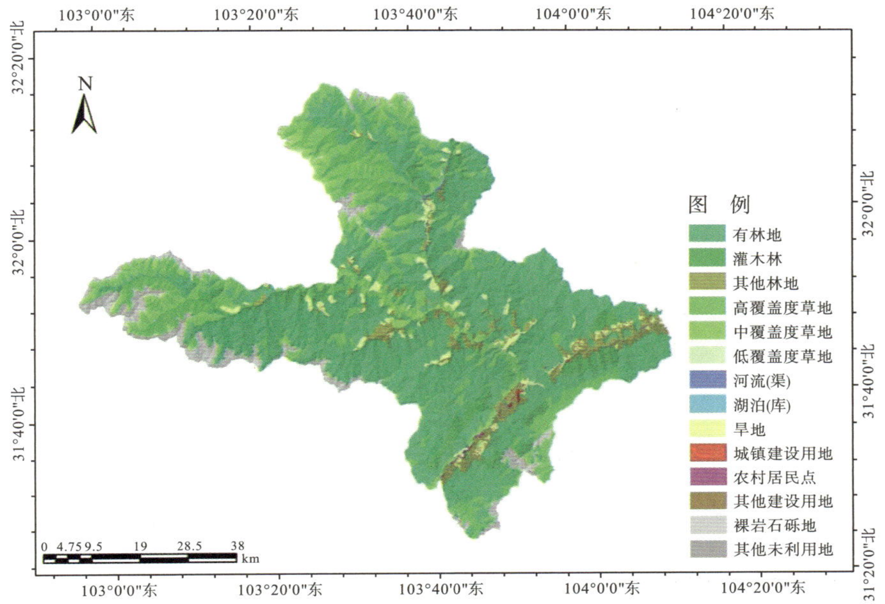

图 4-48 2001 年茂县地表覆盖分类图

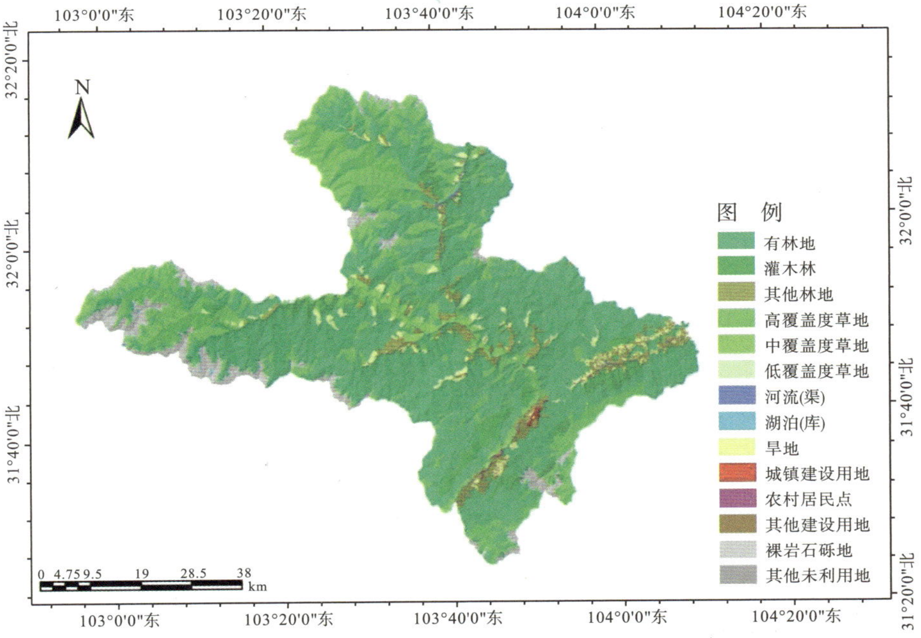

图 4-49 2007 年茂县地表覆盖分类图

图 4-51～图 4-53 以及表 4-30～表 4-33 是对茂县 2001 年、2007 年和 2013 年的地表覆盖类型及变化进行统计的结果。

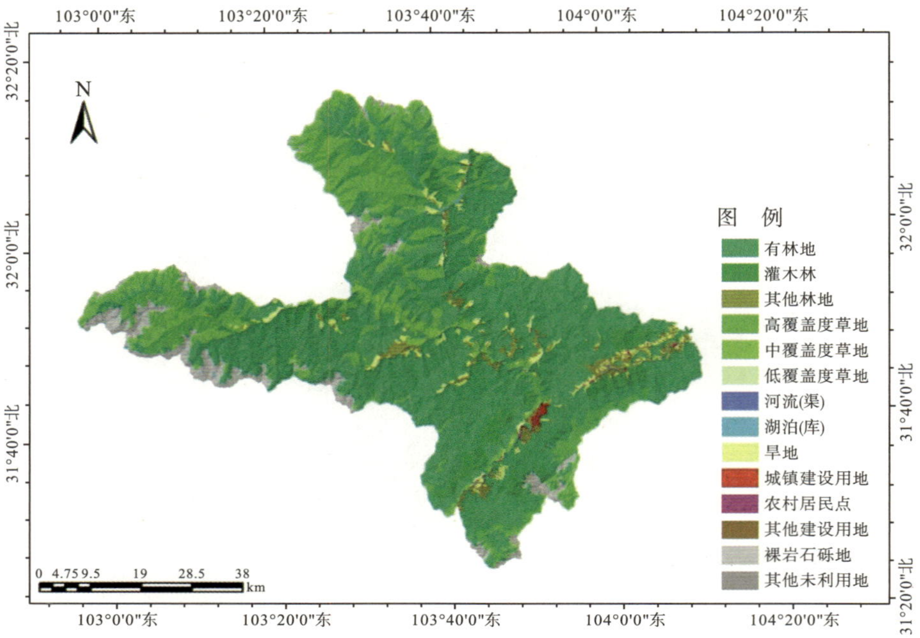

图 4-50 2013 年茂县地表覆盖分类图

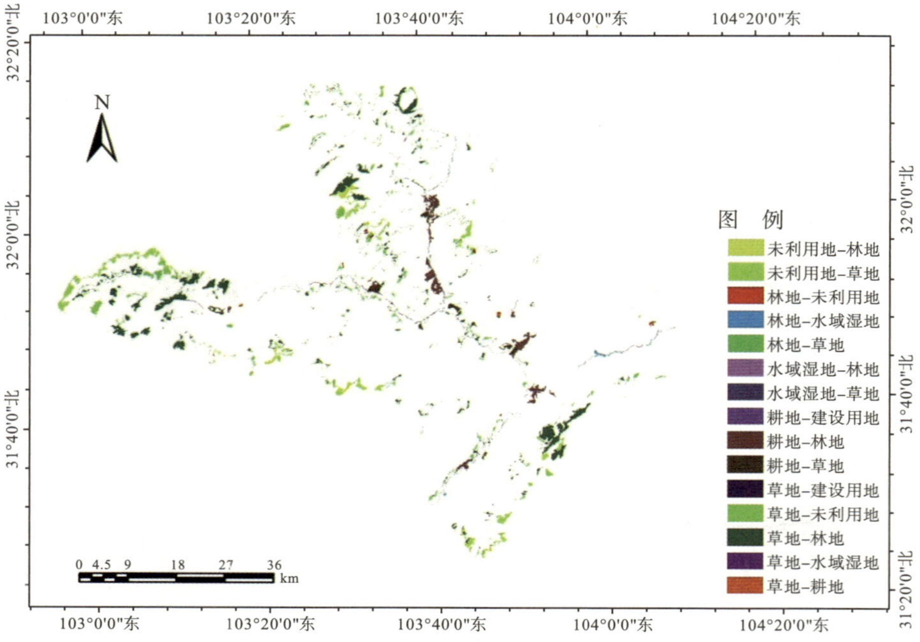

图 4-51 2001～2007 年地表覆盖变化空间分布图

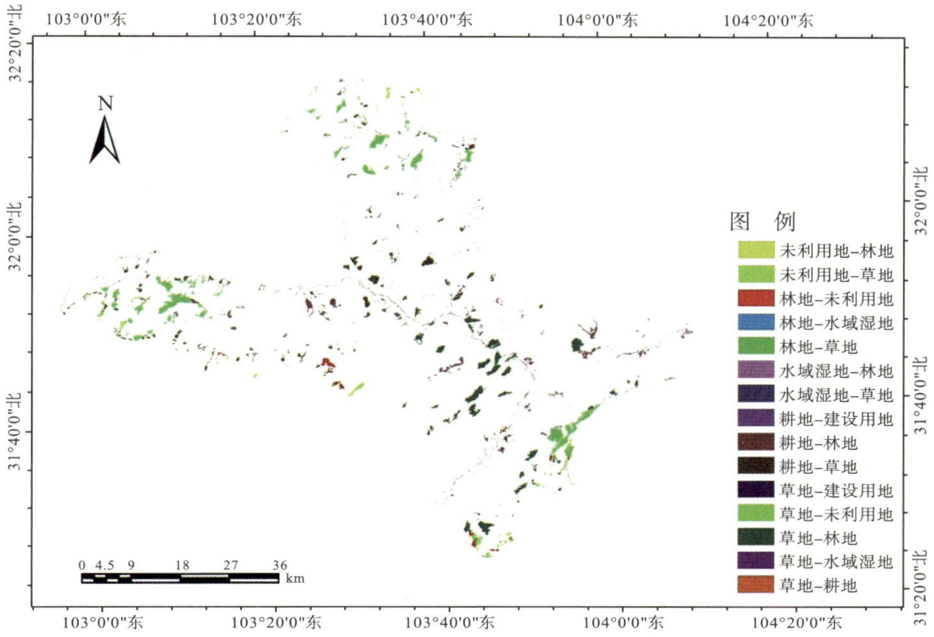

图 4-52　2007～2013 年地表覆盖变化空间分布图

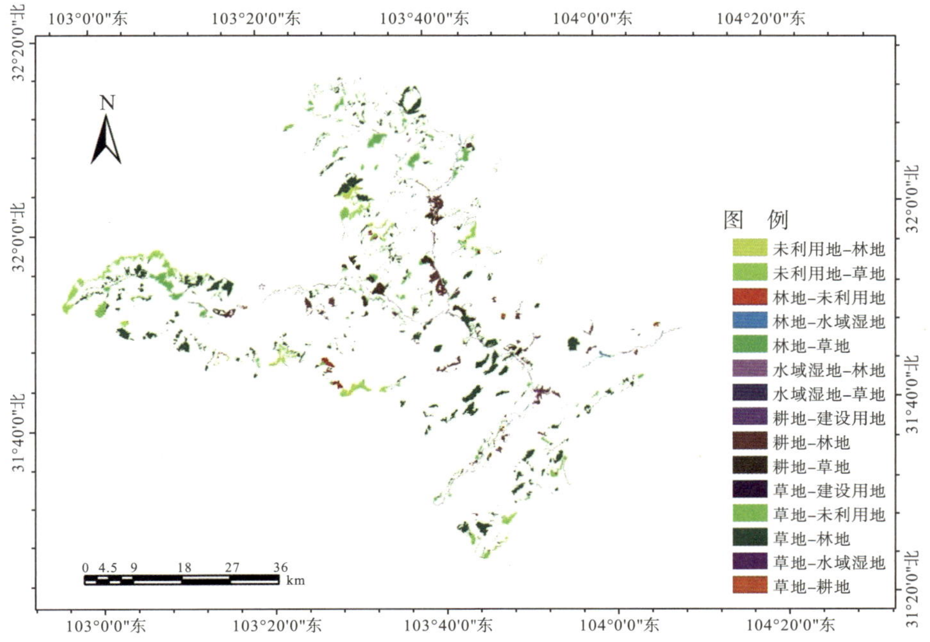

图 4-53　2001～2013 年地表覆盖变化空间分布图

表 4-30 茂县一级地表覆盖类型面积统计表

地表覆盖类型	2001 年/km^2	面积比/%	2007 年/km^2	面积比/%	2013 年/km^2	面积比/%
林地	2526.13	64.80	2607.20	66.88	2613.78	67.05
草地	987.49	25.33	929.95	23.86	916.74	23.52
水域湿地	16.28	0.42	17.83	0.46	18.13	0.47
耕地	111.31	2.86	105.51	2.71	99.86	2.56
建设用地	8.32	0.21	8.40	0.22	12.14	0.31
未利用地	248.79	6.38	229.43	5.89	237.67	6.10

表 4-31 茂县二级地表覆盖类型面积统计表

地表覆盖类型	2001 年/km^2	面积比/%	2007 年/km^2	面积比/%	2013 年/km^2	面积比/%
有林地	2131.81	54.69	2195.92	56.33	2255.17	57.85
灌木林地	160.64	4.12	157.79	4.05	192.16	4.93
其他林地	233.68	5.99	229.64	5.89	166.44	4.27
高覆盖度草地	792.12	20.32	869.17	22.30	838.93	21.52
中覆盖度草地	177.30	4.55	83.77	2.15	77.02	1.98
低覆盖度草地	18.06	0.46	0.86	0.02	0.79	0.02
河流（渠）	14.35	0.37	15.88	0.41	13.41	0.34
湖泊（库）	1.93	0.05	1.95	0.05	4.72	0.12
旱地	111.31	2.86	105.51	2.71	99.86	2.56
城镇建设用地	2.89	0.07	3.73	0.10	7.00	0.18
农村居民点	5.43	0.14	4.67	0.12	5.14	0.13
裸岩石砾地	248.79	6.38	229.43	5.89	237.51	6.09
其他未利用地	0.00	0.00	0.00	0.00	0.16	0.00

表 4-32 2001 年、2007 年和 2013 年茂县一级地表覆盖面积变化统计表

类型	2001～2007 年/km^2	2007～2013 年/km^2	2001～2013 年/km^2
林地	81.07	6.58	87.65
草地	−57.54	−13.21	−70.75
水域湿地	1.55	0.30	1.85
耕地	−5.80	−5.65	−11.45
建设用地	0.08	3.74	3.82
未利用地	−19.36	8.24	−11.12

表 4-33 2001 年、2007 年和 2013 年茂县二级地表覆盖面积变化统计表

类型	2001～2007 年/km^2	2007～2013 年/km^2	2001～2013 年/km^2
有林地	64.11	59.25	123.36

续表

类型	2001～2007 年/km^2	2007～2013 年/km^2	2001～2013 年/km^2
灌木林地	−2.85	34.37	31.52
其他林地	−4.04	−63.2	−67.24
高覆盖度草地	77.05	−30.24	46.81
中覆盖度草地	−93.53	−6.75	−100.28
低覆盖度草地	−17.2	−0.07	−17.27
河流(渠)	1.53	−2.47	−0.94
湖泊(库)	0.02	2.77	2.79
旱地	−5.8	−5.65	−11.45
城镇建设用地	0.84	3.27	4.11
农村居民点	−0.76	0.47	−0.29
裸岩石砾地	−19.36	8.08	−11.28
其他未利用地	0	0.16	0.16

通过对上述图表进行分析可以发现：

(1)十二年来林地面积变化较大，从 2001 年的 2526 km^2 至 2007 年，增加了 81.07km^2，林地覆盖率超过 65%；从 2007 年至 2013 年林地面积增加了 6.58 km^2，林地覆盖率达到了 67%。

(2)十二年来年草地面积在逐渐减少，从 2001 年的 987.49 km^2，减少到 2007 年的 929.95 km^2；至 2013 年草地面积占全县总面积的 23.52%，十二年来草地覆盖率减少 1.81%。

(3)十二年来未利用地变化有所起伏，2001 年到 2007 年由于开展植树造林等有益于生态环境建设的活动，未利用地减少了 19.36 km^2；2008 年“5・12”汶川特大地震造成茂县多地发生滑坡泥石流等自然灾害，对生态造成了严重破坏，经过 5 年的灾后恢复重建工作，生态环境有了很大改善，但未利用地相对 2007 年还是增加了 8.24 km^2。

(4)相对于林地和草地，其他地表覆盖类型所占比例较小，其中耕地面积逐渐减少，从 2001 年的 2.86%覆盖率到 2013 年减少至 2.56%；建设用地和水域湿地占地比例十二年来逐渐增加，但增幅较小，所占比例均在 1%以下。

(5)总体上，2001 年、2007 年和 2013 年三期不同地表覆盖类型变化最大的是草地和林地。从 2001 年至 2007 年，由草地转变成林地的有 94.91 km^2，2007 年至 2013 年有 74 km^2 的草地变成了林地；同样从 2001 年至 2007 年有 21.82 km^2 的林地变成了草地，从 2007 年至 2013 年林地变成草地的面积达到 55.06 km^2。其次变化较大的是未利用地，从 2001 年至 2007 年期间，未利用地有所减少，其中 11.28 km^2 变成了林地、28.0km^2 变成了草地；2007 年至 2013 年期间，未利用地稍有增加，是由于茂县经历了“5・12”汶川特大地震，而灾后恢复重建工作开展作用到生态环境是一个循序渐进的过程。

这些变化与茂县境内的国家重大工程、规划和项目执行以及“5・12”汶川特大地震灾后恢复重建工作息息相关。

2002 年 1 月 10 日，国务院西部开发办公室召开退耕还林工作电视电话会议，确定全面启动退耕还林工程。在朱镕基总理“退耕还林，封山育林，以粮代赈，个体承包”十六字方针指导下，茂县于 1999 年率先启动退耕还林工程。

《全国主体功能区规划》(国发〔2010〕46 号)将我国国土空间分为优化开发区域、重点开发区域、限制开发区域和禁止开发区域等主体功能区，茂县属于限制开发区域(重点生态功能区)。

2011 年 7 月财政部印发《国家重点生态功能区转移支付办法》(财预〔2011〕428 号)，茂县属于财政转移地区。

2008 年底，茂县启动地震灾区震后生态恢复重建项目。

4.3.3.2　茂县自然生态状况

通过表 4-34，可以看出：茂县林地覆盖率有所上升，2013 年相比 2001 年增加了 2.25%，草地覆盖率从 2001 年的 25%持续减少，尤其是 2007 年到 2013 年下降了 0.34%，水域湿地覆盖率最低，但是十二年来也在持续增加。2001 年以来耕地和建设用地比例总体变化不是很大，未利用地比例最近五年有所增加，至今达到 6%。

表 4-34　2001 年、2007 年和 2013 年茂县自然生态基本统计指标　（单位：%）

自然生态基本统计指标	2001 年	2007 年	2013 年
林地覆盖率	64.80	66.88	67.05
草地覆盖率	25.33	23.86	23.52
水域湿地覆盖率	0.42	0.46	0.47
耕地和建设用地比例	3.07	2.93	2.87
未利用地比例	6.38	5.89	6.10

从自然生态综合统计结果来看(表 4-35)，2001 年以来，不论是生境质量指数、植被覆盖指数还是水源涵养指数都在持续增加，表明茂县的自然生态综合状况在好转；从综合生态环境指数的改变来看，茂县生物多样性维护状况良好，从 2001 年到 2013 年生态环境状况也在逐渐改善。

表 4-35　2001 年、2007 年和 2013 年茂县自然生态综合统计指标

自然生态环境指标	2001 年	2007 年	2013 年
生境质量指数	72.21	74.20	75.17
植被覆盖指数	78.99	81.17	81.86
水源涵养指数	70.93	72.94	73.97
土地退化指数	24.83	22.38	21.77
生态环境指数(EI)	64.17	65.33	65.92
GDP/亿元	3.61	10.13	24.89

从图 4-55 和图 4-56 中可以发现：整体上，茂县生态环境状况在改善，尤其是茂县西部和北部地区的生态环境好转明显，但是在中部和南部局部地区生态环境状况有所恶化。经实地调查发现，主要是受地震、滑坡等地质灾害以及一些正在进行的工程施工影响所致。

根据地方财政统计结果，茂县地区生产总值从 2001 年的约 3.6 亿元增至 2007 年的 10.1 亿元，到 2012 年达到 24.9 亿元，10 年间生产总值增加了 6 倍。通过对茂县自然生态与经济发展进行简单的相关分析可以得出：在经济持续增长的情况下，茂县生态功能区的自然生态状况能够逐步改善，保持良好形势。

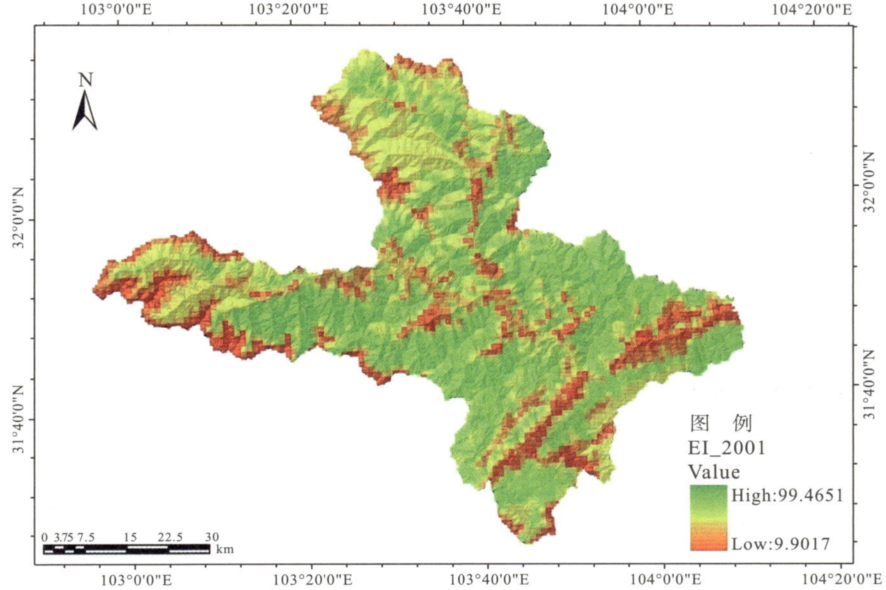

图 4-54 2001 年茂县生态环境指数空间分布统计图

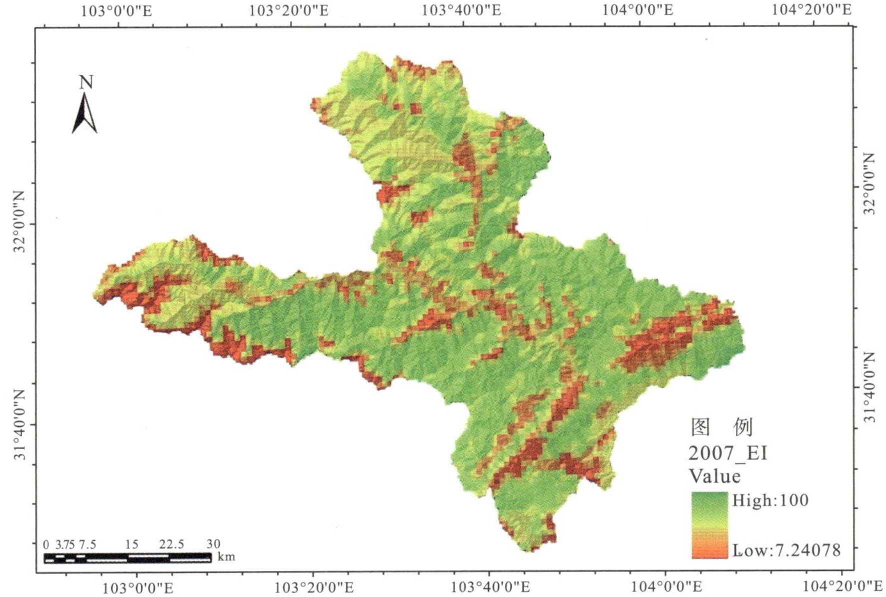

图 4-55 2007 年茂县生态环境指数空间分布统计图

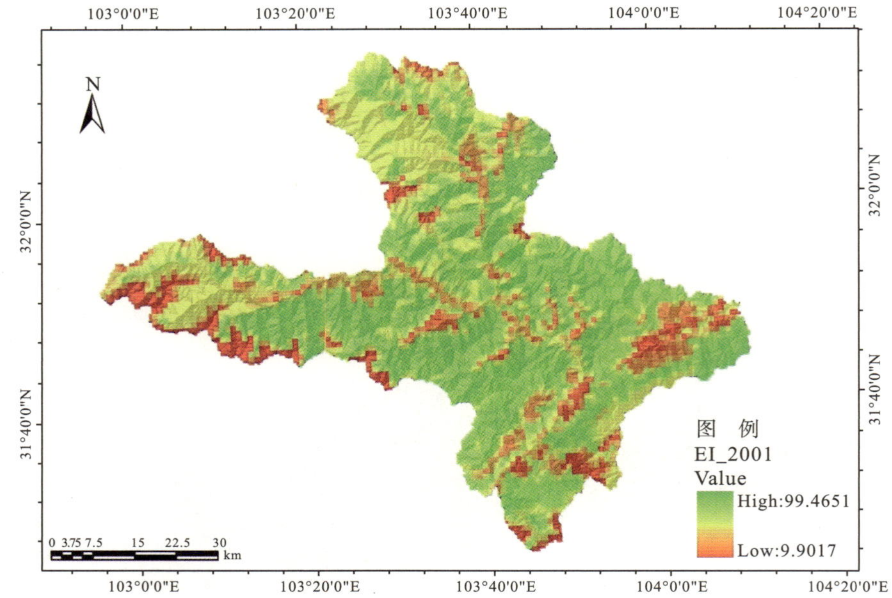

图 4-56 2013 年茂县生态环境指数空间分布统计图

4.3.3.3 茂县自然生态分析评价

根据本次自然生态状况遥感监测的分析结果，发现从 2001 年至 2007 年森林覆盖率在增加，草地在减少，未利用地由于地震影响，2013 年相对 2007 年有所增加，但经过灾后恢复重建工作已经有很好的改善，森林覆盖率已经达到 67%以上。十二年间草地面积减少幅度不是很大，主要集中在中低纬地区，在海拔 4000m 的高纬地区没有什么变化。地表覆盖类型主要是林地和草地两种类型相互转换变化较大。从生态功能角度来说，表征自然生态状况的生境质量指数、植被覆盖指数、水源涵养指数从 2001 年至 2013 年都呈上升趋势。从综合生态环境指数的变化来看，茂县生物多样性维护状况良好，从 2001 年到 2013 年茂县生态环境状况逐渐改善。通过监测结果可以看出，在经济保持持续增长的情况下茂县生态环境状况在持续好转，这主要得益于国家有关植树造林、退耕还林、水土保持、灾后重建、生态转移支付等政策或项目的实施。

第5章　资源节约利用动态监测

资源节约利用动态监测重点围绕能源矿产、森林资源、水资源、社会资源等，开展资源空间分布状况监测，分析评估资源节约集约利用水平，促进人口、经济、资源环境相协调发展。本章选择攀枝花万年沟尾矿库环境监测、义务教育均衡布局监测作为监测项目案例，主要从项目概况、监测内容与方法、监测结果与分析三个方面对监测工作开展情况和取得的成果进行介绍。

5.1　攀枝花万年沟尾矿库环境监测

5.1.1　概述

尾矿库是指筑坝拦截谷口或围地构成的、用以贮存金属非金属矿山进行矿石选别后排出尾矿或工业废渣的场所，是矿山企业不可或缺的生产设施之一。但同时尾矿库也是矿山的重大危险源和环境污染源，是矿山事故的易发、多发部位，其引发的多种地质灾害、环境破坏等不仅影响了矿山的正常运作，也严重威胁着尾矿库周围环境及居民生产生活安全。尾矿库一旦发生滑坡、溃坝等意外，库内废液外泄，就会直接影响其周边及下游的居民安全，造成多方面生态环境的破坏。

攀枝花市位于中国西南川、滇交界部，在横断山区，地处攀西裂谷中南段，地势由西北向东南倾斜。攀枝花市是四川得天独厚的自然资源宝库，矿产丰富，是“中国钒钛之都”“国家首批新型工业产业化基地”，已探明铁矿（主要为钒钛磁铁矿）73.8亿t，占四川省铁矿探明资源储量的72.3%，是中国四大铁矿之一。境内尾矿库众多，其中，万年沟尾矿库位于米易县县城上游，该尾矿库最终大坝高度将达325m，是目前国内高度第一的尾矿高坝。万年沟尾矿库距G5京昆高速直线距离约为5km，其安全稳定性对米易县和攀西地区的交通状况有极大影响，以万年沟尾矿库为攀枝花市尾矿库典型监测区域开展尾矿库风险安全监测分析有重要意义。

5.1.2　监测内容与方法

5.1.2.1　监测内容

基于多时相高分辨率的数字正射影像，辅以地理国情普查成果数据、基础地理信息数据和专业资料，基于GIS的水文分析确定尾矿库影响区域，开展多期尾矿库的分布、影响区域的地表覆盖、尾矿库地理国情要素的监测，在尾矿库地理国情监测成果的基础上，对尾矿库的历年变化、尾矿库影响区地表覆盖转移、尾矿库影响区生态环境指数和尾矿库影响区环境风险等开展监测工作。

5.1.2.2 监测方法

基于多期尾矿库地理国情监测成果，以尾矿库影响区为评价分析单元，从地表覆盖变化监测、尾矿库影响区生态环境指数监测和尾矿库风险评价分析等方面构建监测指标体系，针对尾矿库环境评价指标的具体数值，采用信息提取法、统计学方法、指数评价法、层次分析法等对尾矿库环境进行综合监测分析。详细方法见 5.3.5 节地理国情专题评价方法中尾矿库环境监测技术方法部分。具体技术流程如图 5-1 所示。

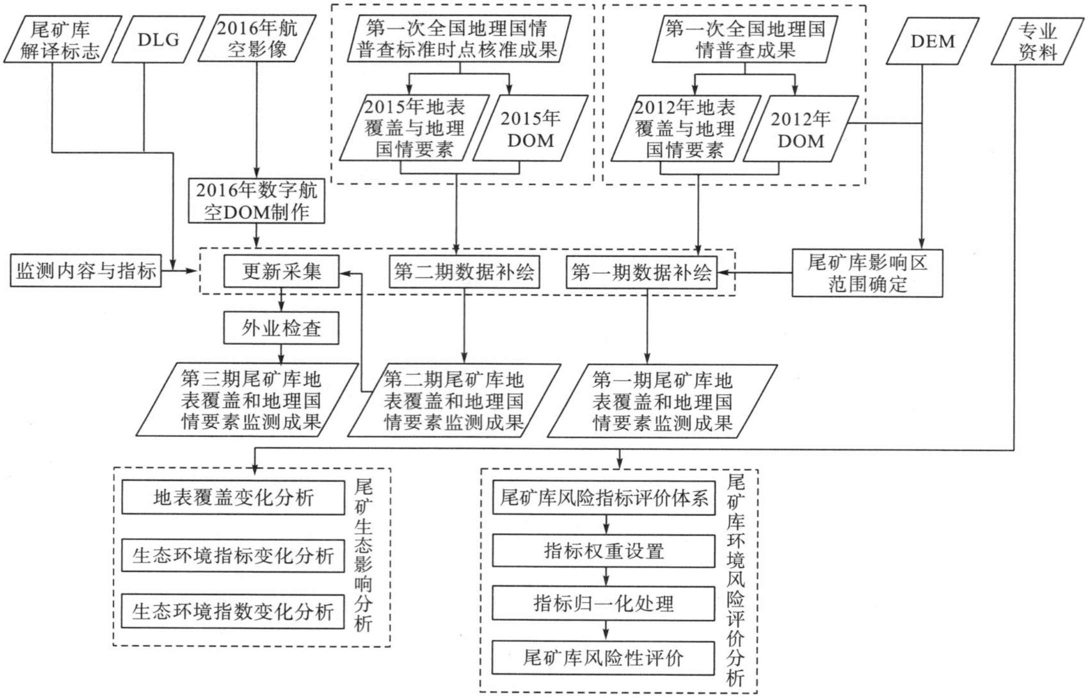

图 5-1 攀枝花市尾矿库生态影响监测综合统计分析技术路线图

5.1.3 监测结果与分析

5.1.3.1 万年沟尾矿库运行状况监测

2012～2016 年，万年沟尾矿库面积扩大 0.45 km^2，五年间年变化率为 20.09%(表 5-1、图 5-2)。

表 5-1 2012～2016 年万年沟尾矿库面积变化统计表

尾矿库指标	2012 年/km^2	2015 年/km^2	2016 年/km^2	2012～2016 年年变化率
尾矿库	0.56	0.88	1.01	20.09%
初期坝	0.02	0.02	0.02	—
堆积坝	0.1	0.16	0.16	15.00%
沉积滩	0.15	0.38	0.40	41.67%

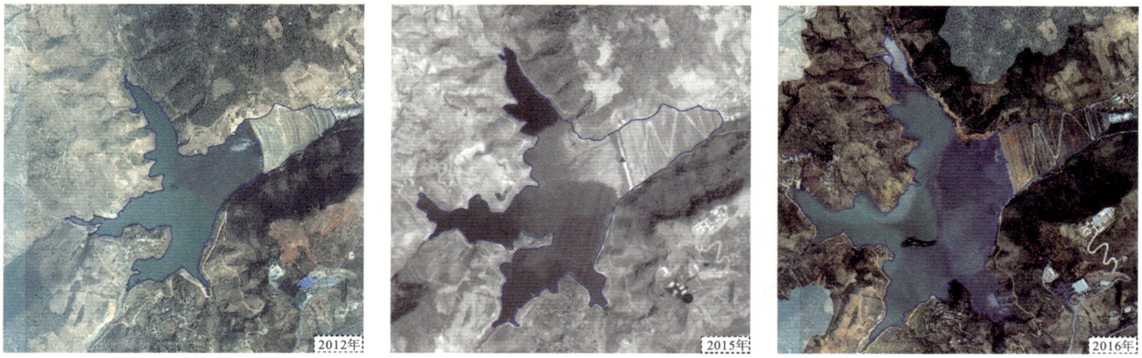

图 5-2　万年沟尾矿库 2012 年、2015 年和 2016 年范围变化影像图

5.1.3.2　万年沟尾矿库地表覆盖变化监测

万年沟尾矿库周边区域地表覆盖类型以耕地、林地、园地、草地和构筑物五大类型为主。2012～2016 年五年间，随着社会经济发展，监测区地表覆盖发生了一定的变化。通过对 2012 年、2015 年和 2016 年三个时段的监测区的地表覆盖开展监测，以揭示监测区五年来的地表覆盖变化情况（图 5-3、图 5-4）。

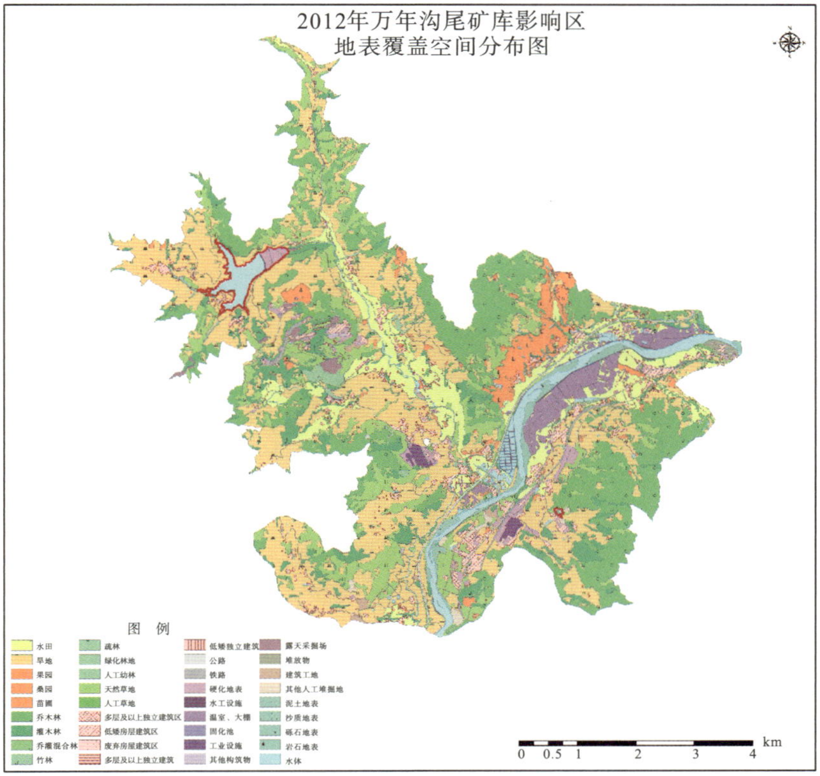

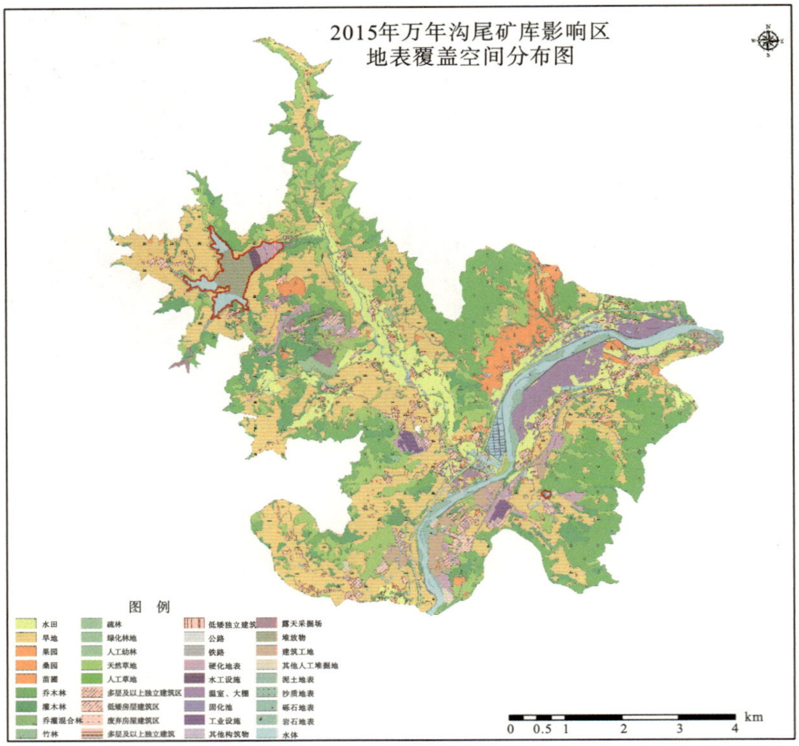

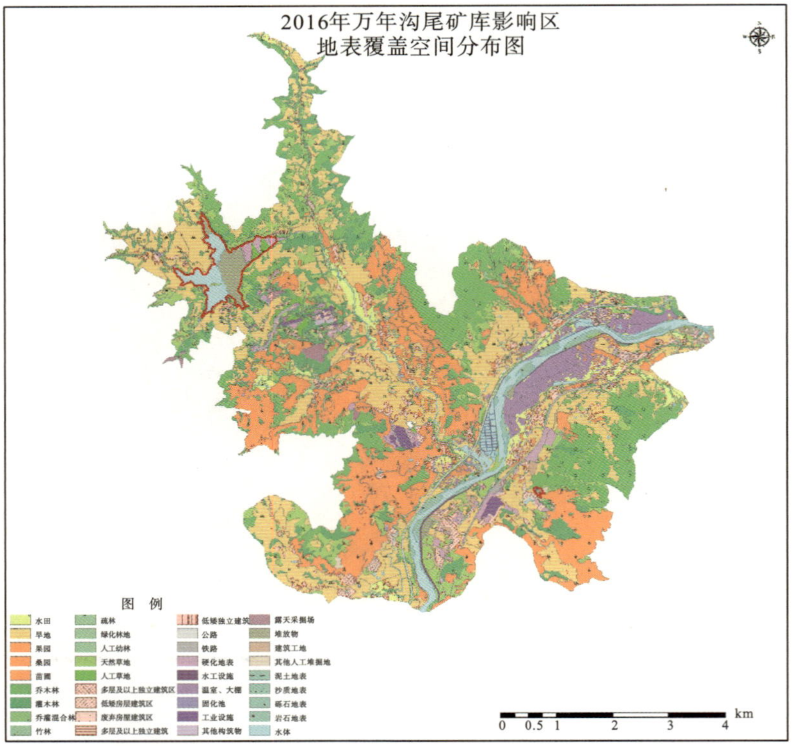

图 5-3　2012 年、2015 年和 2016 年万年沟尾矿库周边区域地表覆盖空间监测图

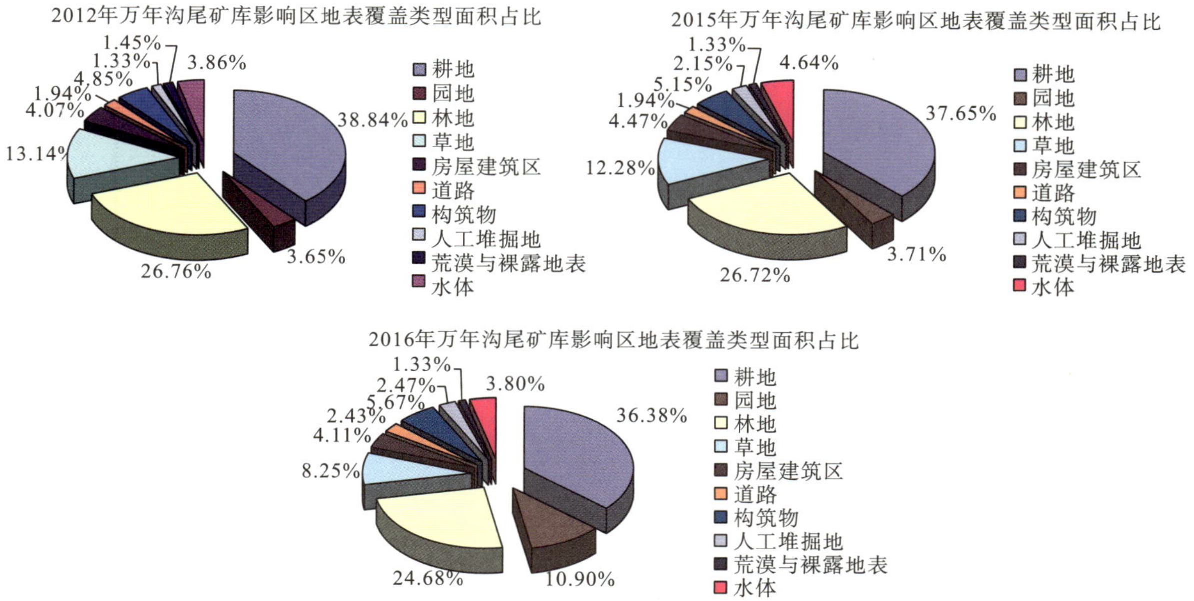

图 5-4　2012 年、2015 年和 2016 年万年沟尾矿库影响区地表覆盖面积占比对比统计

2012 年，耕地、林地、草地、构筑物和房屋建筑区是监测区面积占比最大的五类地表覆盖类型，分别占监测区面积的 38.84%、26.76%、13.14%、4.85%和 4.07%。

2015 年，耕地、林地、草地、构筑物和水域是监测区面积占比最大的五类地表覆盖类型，分别占监测区面积的 37.65%、26.72%、12.28%、5.15%和 4.64%。相对于 2012 年，耕地、林地、草地和荒漠与裸露地表面积占比有所减少，园地、房屋建筑区、道路、构筑物、人工堆掘地和水域的面积占比有所增加。

2016 年，耕地、林地、园地、草地和构筑物是监测区面积占比最大的五类地表覆盖类型，分别占监测区面积的 36.38%、24.68%、10.90%、8.25%和 5.67%。相对于 2015 年，耕地、林地、草地、房屋建筑区、水域的面积占比有所减少，园地、道路、构筑物和人工堆掘地面积占比有所增加，荒漠与裸露地表面积占比基本维持不变。

根据 2012 年、2015 年和 2016 年三期地表覆盖监测成果，构建 2012～2016 年五年间地表覆盖转移矩阵(表 5-2、图 5-5)，分析五年间地表覆盖流转变化。

表 5-2　万年沟尾矿库影响区 2012～2016 年地表覆盖类型转换统计表

		2016 年										
		耕地	园地	林地	草地	房屋建筑区	道路	构筑物	人工堆掘地	荒漠与裸露地表	水体	合计
2012 年	耕地	12.89	2.14	1.26	0.96	0.22	0.13	0.34	0.22	0.02	0.26	18.44
	园地	0.67	0.93	0.07	0.01	0.01	0.02	0.01	0.00	0.00	0.00	1.72
	林地	1.14	1.67	9.00	0.66	0.05	0.03	0.04	0.07	0.02	0.02	12.7
	草地	2.18	0.36	1.20	1.99	0.07	0.05	0.10	0.23	0.01	0.03	6.22

续表

	2016 年										
	耕地	园地	林地	草地	房屋建筑区	道路	构筑物	人工堆掘地	荒漠与裸露地表	水体	合计
房屋建筑区	0.17	0.02	0.06	0.04	1.49	0.01	0.10	0.02	0.00	0.02	1.93
道路	0.02	0.00	0.01	0.01	0.00	0.84	0.01	0.01	0.00	0.01	0.91
构筑物	0.07	0.04	0.04	0.12	0.03	0.06	1.91	0.01	0.02	0.00	2.3
人工堆掘地	0.05	0.00	0.03	0.05	0.08	0.01	0.07	0.32	0.01	0.00	0.62
荒漠与裸露地表	0.03	0.00	0.01	0.05	0.00	0.00	0.05	0.04	0.42	0.09	0.69
水体	0.04	0.01	0.00	0.01	0.00	0.00	0.06	0.24	0.14	1.38	1.88
合计	17.26	5.17	11.68	3.9	1.95	1.15	2.69	1.16	0.64	1.81	47.41

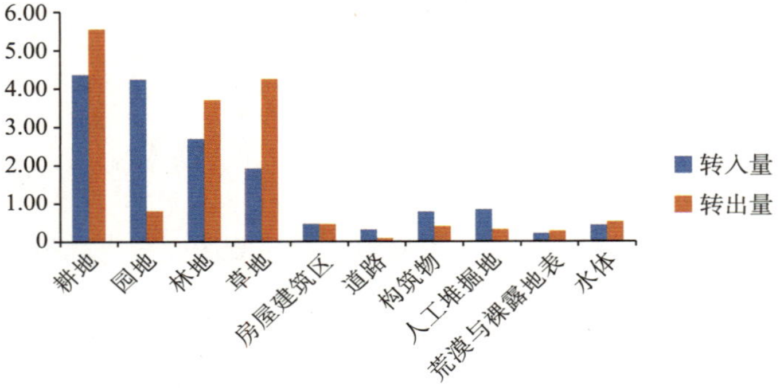

图 5-5 万年沟尾矿库周边区域 2012～2016 年地表覆盖转换量统计图

2012～2016 年五年间，监测区地表覆盖类型转入量最大的五类依次是：耕地、园地、林地、草地和人工堆掘地；转出量最大的五类依次是耕地、草地、林地、园地和构筑物。其中，有 2.18 km^2 的草地转换为了耕地，2.14 km^2 的耕地转换为了园地，1.67 km^2 的林地转换为了园地。

5.1.3.3 万年沟尾矿库影响区生态状况变化监测

从万年沟尾矿库周边区域 2012 年、2015 年和 2016 年的生态指标统计结果来看(表 5-3)，2012～2016 年五年间，万年沟尾矿库周边区域的生态环境状态为良，生态状况略有下降。

表 5-3 万年沟尾矿库影响区 2012 年、2015 年和 2016 年生态指标统计表

生态指标	2012 年	2015 年	2016 年	2012～2016 年年变化率
林地覆盖率	26.76%	26.72%	24.68%	−1.55%
草地覆盖率	13.14%	12.28%	8.25%	−7.44%
水域湿地覆盖率	3.86%	4.64%	3.80%	−0.31%
耕地和建设用地比例	51.02%	51.36%	51.07%	0.02%
生物丰度指数	43.85	45.24	45.12	0.58%

续表

生态指标	2012 年	2015 年	2016 年	2012～2016 年年变化率
植被覆盖指数	53.60	54.79	27.02	-9.92%
水源涵养指数	27.17	27.28	54.23	19.92%
生态环境指数(EI)	41.73	41.61	41.56	-0.08%

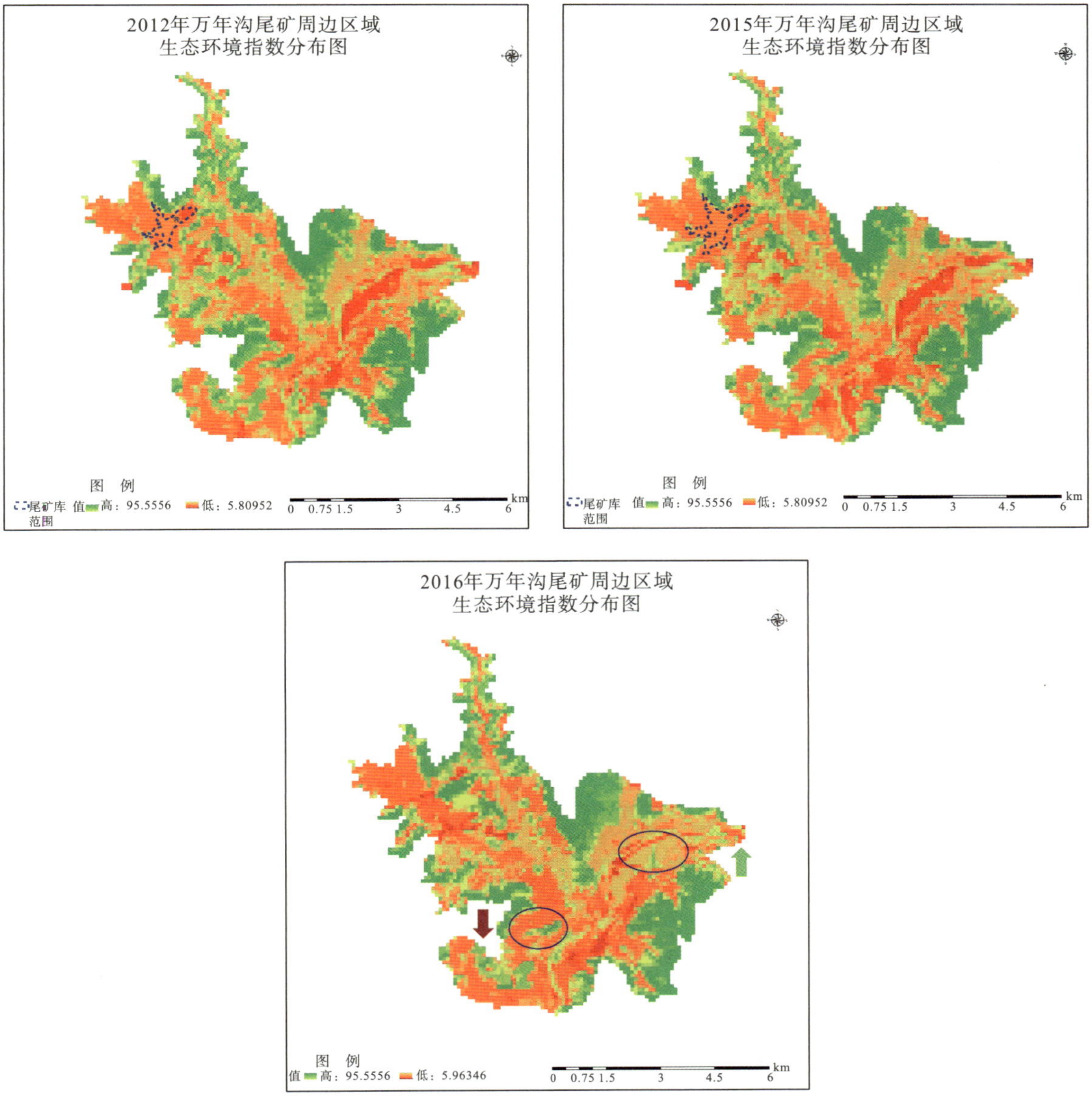

图 5-6　万年沟尾矿库影响区 2012 年、2015 年和 2016 年生态环境指数分布对比图

对比分析万年沟尾矿库周边区域 2012 年、2015 年和 2016 年生态环境分布对比图(图 5-6，其中

红色区域代表为生态指数较低，生态状况较差；绿色区域代表生态指数较高，生态状况较好）可以看出，万年沟尾矿库库区周边生态状况较低，库区周边生态状况保持较好状态，安宁河附近生态环境有所改善。

5.1.3.4 万年沟尾矿库环境风险性分析

1. 万年沟尾矿库环境风险指标取值及计算

1）固废类型

根据收集到的万年沟设计资料，万年沟尾矿库固废类型为一般工业固体废物。万年沟尾矿库容纳的白马铁矿的成分除铁外，还有钒、钛、铜、钴、镍、镓、铬、锰等。

2）库容

根据收集到的万年沟设计资料，万年沟尾矿库总库容为 32600 万 m^3。

3）坝高

通过基于高分辨率卫星和航空影像采集 2012 年、2015 年和 2016 年三期万年沟尾矿库的初期坝和堆积坝，结合高精度的 1∶10000DEM，通过空间剖面分析，得到 2012 年、2015 年和 2016 年万年沟尾矿库的坝高（表 5-4）。

表 5-4 万年沟尾矿库 2012 年、2015 和 2016 年坝高统计表

	2012 年	2015 年	2016 年
坝高/m	130.00	142.00	150.00

4）下游坡度

根据 2012 年、2015 年和 2016 年万年沟尾矿库坝高监测数据，沿河流流向路径，截取 80 倍坝高的流向路径曲线，并做 100m 缓冲区（图 5-7），结合监测区高精度的坡度数据，分析万年沟尾矿库 2012 年、2015 年和 2016 年的下游平均坡度（表 5-5）。

表 5-5 万年沟尾矿库 2012 年、2015 年和 2016 年下游坡度统计表

	2012 年	2015 年	2016 年
下游坡度/(°)	10.83	10.82	10.82

5）下游曲折度

根据 2012 年、2015 年和 2016 年万年沟尾矿库坝高监测数据，沿河流流向路径，截取 80 倍坝高的流向路径曲线，计算曲线长度、直线长度和曲折度（曲折度=曲线长度/直线长度，表 5-6，图 5-8）。

表 5-6 万年沟尾矿库 2012 年、2015 年和 2016 年下游曲折度统计表

	2012 年	2015 年	2016 年
下游曲折度	1.58	1.58	1.62

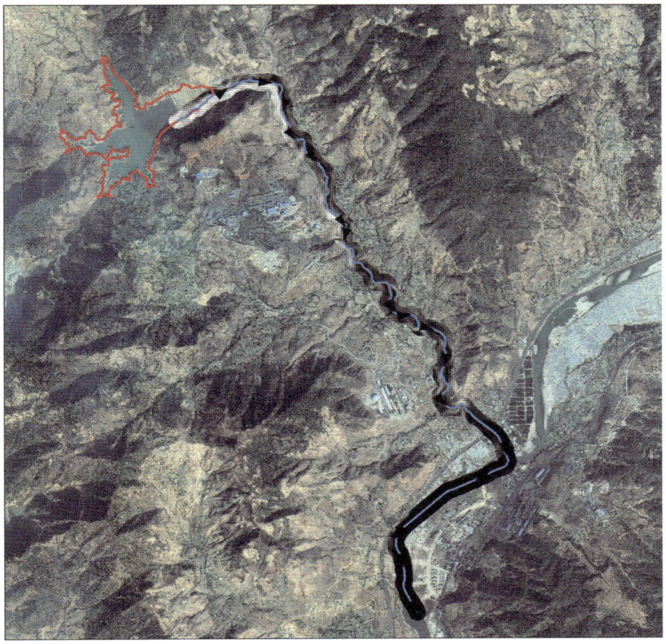

图 5-7　下游坡度计算

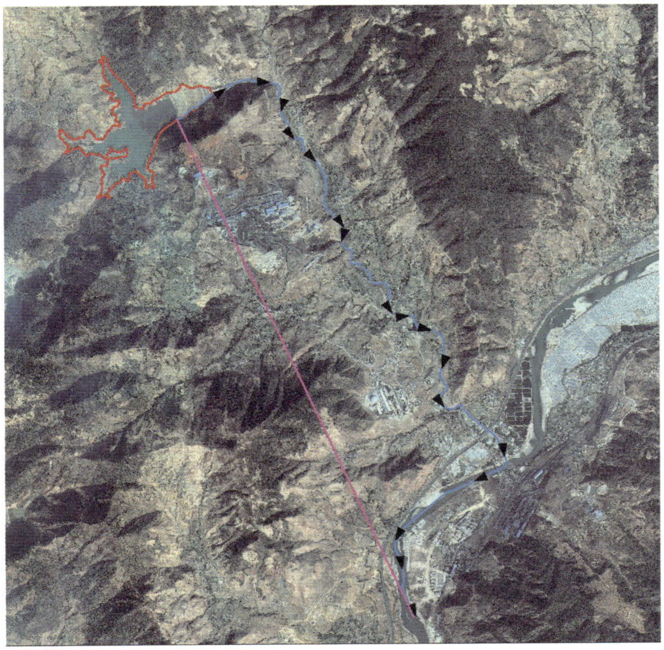

图 5-8　下游曲折度计算

6) 风险受体

根据 2012 年、2015 年和 2016 年三期尾矿库不同的缓冲范围和尾矿库地表覆盖数据，叠加分析计算得 2012 年、2015 年和 2016 年的风险受体指数(表 5-7、图 5-9)。

表 5-7 万年沟尾矿库 2012 年、2015 年和 2016 年风险受体指数统计表

	2012 年	2015 年	2016 年
风险受体指数	0.07	0.08	0.07

7) 运行状况

根据收集专业资料，万年沟尾矿库处于运行状态。

8) 安全等级

根据收集的专业资料，万年沟尾矿库属于正常库。

9) 地震烈度

根据收集到的地震烈度专业资料，万年沟地处安宁河及会理-鱼鲊两个构造地震活动带的影响范围，雅砻江—绿汁江地震带，对本区有一定影响，因此该区域属于多震影响地区，地震烈度为 VII 度。

10) 最大降雨量

根据从米易县气象局收集到的米易县 2012～2015 年日降雨量资料，统计得出 2012 年和 2015 年的最大降雨量(表 5-8)。

表 5-8 米易县 2012 年、2015 年最大降雨量统计表

	2012 年	2015 年
最大降雨量/mm	56.9	52.9

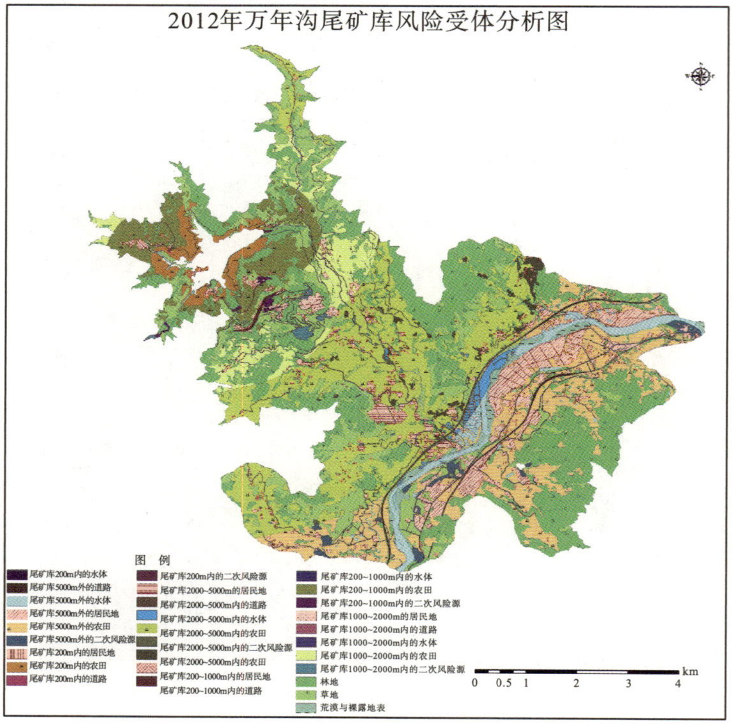

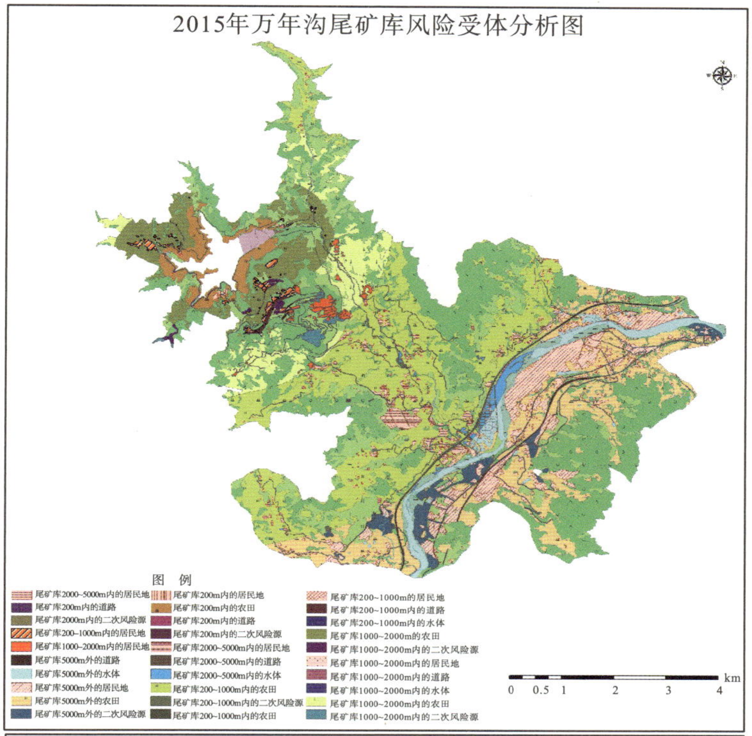

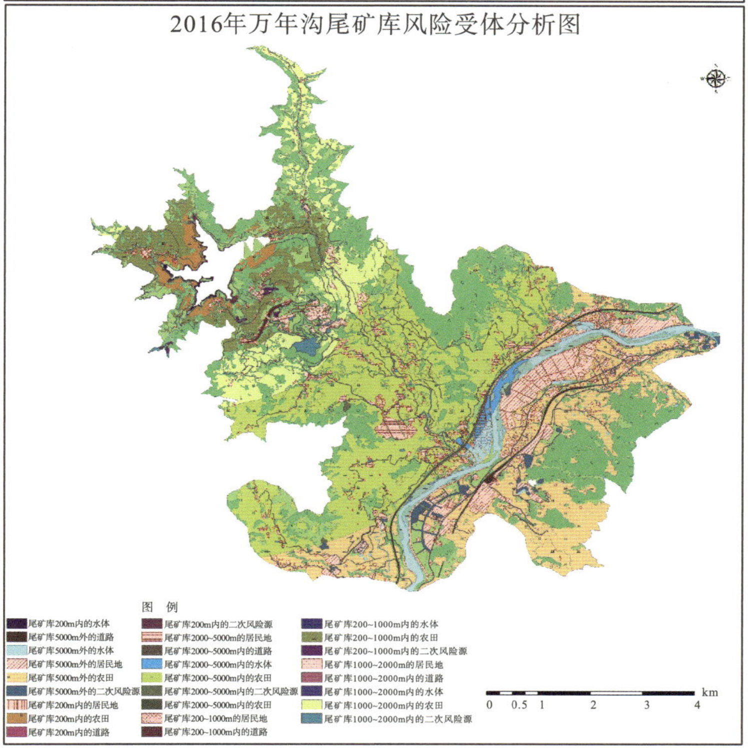

图 5-9　万年沟尾矿库 2012 年、2015 年和 2016 年风险受体分析图

11）日常管理

根据收集到的万年沟尾矿库设计专业资料，万年沟尾矿库设置了安全生产管理委员会和安委会办公室，万年沟尾矿库的日常管理由安委会办公室下属的安全环保科负责。攀钢集团攀枝花新白马矿业有限责任公司主要负责人及安全生产管理人员均已经取得了安全资格证书，特种作业人员均已经取得了操作资格证书。公司为员工购买了工伤保险，并为员工配备了工作服、工作鞋、安全帽等劳动防护用品。公司每天设有专人对尾矿库进行巡查，以便及时发现事故隐患。从 2012 年尾矿库换证运行至今，尾矿库一直运行正常，未发生一起安全生产事故。2012 年 8 月 28 日攀钢集团攀枝花新白马矿业有限责任公司万年沟尾矿库取得了非煤矿山安全生产标准化二级企业证书。

12）事故应急

根据收集到的万年沟尾矿库设计专业资料，攀钢集团攀枝花新白马矿业有限责任公司制定了白马选矿厂万年沟尾矿库应急预案、万年沟尾矿库遭遇特大洪水专项应急抢险救援预案等专项事故应急救援预案和现场处置方案，成立了应急指挥部，并准备了部分应急救援物资。2014 年 6 月 24 日开展了白马选矿厂万年沟尾矿库应急预案演练，并形成了应急预案演练记录。

13）监测设施

根据收集到的万年沟尾矿库设计专业资料，万年沟尾矿库设置了位移观测设施、浸润线观测设施、人员观测设施和在线监控系统；攀钢集团攀枝花新白马矿业有限责任公司为该尾矿库配置了专职尾矿库值班管理人员，进行人工巡视；尾矿库运行期间做了检测系统检查、维护；在尾矿库运行期间监测数据未发现有异常情况；尾矿库监测设施齐全，未损坏；对发生地震、洪水以及尾矿库工作状态出现异常等特殊情况时制定了相关项目加强监测的管理制度。

2. 万年沟尾矿库环境风险评价结果

根据 2012 年、2015 年和 2016 年的万年沟尾矿库地理国情监测数据，结合收集到的专业资料，依据环境风险评价指标体系，利用层次分析法进行万年沟尾矿库环境风险计算（图 5-10，表 5-9～表 5-11）。

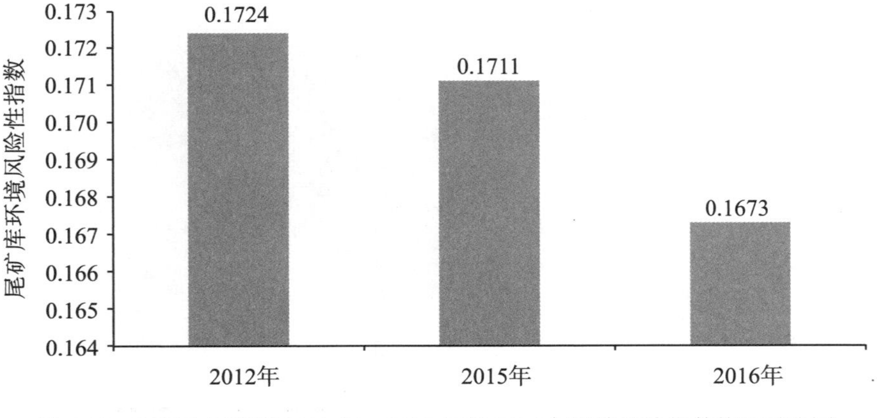

图 5-10　万年沟尾矿库 2012 年、2015 年和 2016 年环境风险指数统计对比图

表 5-9　2012 年万年沟尾矿库环境风险评价表

目标层 1	取值	目标层 2	取值	准则层	权重	取值	指标层	权重	取值
尾矿库环境风险性指数(*R*)	0.1724	风险危害性指数(*H*)	0.4170	污染	0.38	0.2	固废类型	1	0.2
				势能	0.31	0.78	库容	0.4	1.0
							坝高	0.28	1.0
							下游坡度	0.18	0.4
							下游曲折度	0.14	0.2
				风险受体	0.31	0.32	农田	0.2	0.45
							居民地	0.24	0.25
							道路	0.18	0.33
							河流湖泊	0.24	0.25
							二次风险源	0.14	0.36
		风险可能性指数(*P*)	0.41348	尾矿库自身	0.51	0.45	运行状况	0.31	1.0
							安全等级	0.69	0.2
				自然条件	0.34	0.5	地震烈度	0.5	0.6
							最大降雨量	0.5	0.4
				其他因素	0.15	0.1	日常管理	0.4	0.1
							事故应急	0.25	0.1
							监测设施	0.35	0.1

表 5-10　2015 年万年沟尾矿库环境风险评价表

目标层 1	取值	目标层 2	取值	准则层	权重	取值	指标层	权重	取值
尾矿库环境风险性指数(*R*)	0.1711	风险危害性指数(*H*)	0.4139	污染	0.38	0.2	固废类型	1.00	0.2
				势能	0.31	0.78	库容	0.40	1.0
							坝高	0.28	1.0
							下游坡度	0.18	0.4
							下游曲折度	0.14	0.2
				风险受体	0.31	0.31	农田	0.2	0.09
							居民地	0.24	0.06
							道路	0.18	0.07
							河流湖泊	0.24	0.04
							二次风险源	0.14	0.05
		风险可能性指数(*P*)	0.41348	尾矿库自身	0.51	0.448	运行状况	0.31	1.0
							安全等级	0.69	0.2
				自然条件	0.34	0.5	地震烈度	0.50	0.6
							最大降雨量	0.50	0.4
				其他因素	0.15	0.1	日常管理	0.40	0.1
							事故应急	0.25	0.1
							监测设施	0.35	0.1

表 5-11　2016 年万年沟环境风险评价表

目标层 1	取值	目标层 2	取值	准则层	权重	取值	指标层	权重	取值
尾矿库环境风险性指数(*R*)	0.1673	风险危害性指数(*H*)	0.4046	污染	0.38	0.2	固废类型	1.00	0.2
				势能	0.31	0.78	库容	0.40	1.0
							坝高	0.28	1.0
							下游坡度	0.18	0.4
							下游曲折度	0.14	0.2
				风险受体	0.31	0.28	农田	0.20	0.08
							居民地	0.24	0.06
							道路	0.18	0.06
							河流湖泊	0.24	0.04
							二次风险源	0.14	0.04
		风险可能性指数(*P*)	0.41348	尾矿库自身	0.51	0.448	运行状况	0.31	1.0
							安全等级	0.69	0.2
				自然条件	0.34	0.5	地震烈度	0.50	0.6
							最大降雨量	0.50	0.4
				其他因素	0.15	0.1	日常管理	0.40	0.1
							事故应急	0.25	0.1
							监测设施	0.35	0.1

参考《国家突发环境事件应急预案》和《尾矿库应急管理工作指南》，将尾矿库环境风险分为一般、较大、重大、特别重大四等，各等级所对应的环境风险指数取值范围如表 5-12 所示。针对不同的风险等级，参照突发性环境污染事故预警机制等级标准，制定了相应的尾矿库环境风险预警级别。当尾矿库环境风险达到某一等级的风险时，便可以启动相应的预警级别。

表 5-12　尾矿库环境风险分级

取值范围	[0，0.25)	[0.25，0.50)	[0.50，0.75)	[0.75，1]
风险分级	一般	较大	重大	特别重大
预警分级	—	黄色	橙色	红色
等级	I	II	III	IV

5.1.3.5　尾矿库环境评价

根据尾矿库环境监测评价分析，万年沟尾矿库库区扩大的同时，生态状况保持较为稳定。2012～2016 年五年间，万年沟尾矿库面积增加了近一倍，但整个尾矿库周边区域的生态环境指数仅下降了 0.41%。建议加强库区生态环境修复工作，建设生态库区。2012～2016 年万年沟尾矿库生态状况较为稳定，但也呈现逐年下降的趋势，尤其库区周边的生态环境指数较低。根据《四川省攀枝花市矿产资源总规划》，万年沟尾矿库库区属于米易白马钒钛磁铁矿鼓励开采区，在本区域鼓励进行规模开发，但要尽量降低采矿活动对生态地质环境的影响，强制执行矿山生态环境恢复治理制度。有必要在万年沟尾矿库库区开展矿山生态环境修复工作，建设生态库区。

由 5.1.3.4 节中表 5-9～表 5-12 可知，万年沟尾矿库风险等级属于一般风险，总体环境风险处于较低的水平，且有下降趋势，尾矿库下游敏感对象较少，五年间新增居民地大多数位于尾矿库下游 3km 以外的区域。建议利用尾矿库环境监测成果开展尾矿库应急预案编制。在《尾矿库环境应急预案编制指南》中明确提出“在编制尾矿库环境应急工作指南时，必须开展尾矿库应急资源调查、尾矿库环境风险评估和环境安全隐患排查治理”，尾矿库环境监测综合了尾矿库运行状况监测、尾矿库生态状况分析和尾矿库环境风险评估等技术，具有客观、即时、高精度的特点，建议利用监测结果进行尾矿库应急预案编制。

5.2 义务教育均衡布局监测

5.2.1 概述

由于目前教育改革发展中还存在教育结构和布局不合理，城乡、区域教育发展不平衡，因此，四川省义务教育学校均衡布局分析试点项目的实施，从国家、省市教育改革发展层面来讲，是落实科学发展观和《国家中长期教育改革和发展规划纲要》的重要手段，为相关政府部门统筹调配教育资源提供科学理论依据；从地理国情普查成果应用来看，是立足在具有代表性和现实意义的“点”上，有效发挥地理国情普查成果的作用，形成统一的分析方案和技术流程，为今后广泛开展整个四川省乃至全国的义务教育学校均衡布局分析奠定技术基础。

义务教育均衡布局监测以眉山市丹棱县为例。丹棱县地处四川盆地成都平原西南边缘，行政区面积为近 450 km^2，总人口约 17 万人，辖 5 镇 2 乡。2013 年丹棱县 GDP40.87 亿元，同比上年增长 10.4%。农民人均纯收入 9519 元，同比上年增长 14.2%；城镇居民人均可支配收入 19257 元，同比上年增长 10.8%，在全省排名第 140；工业化率 43.2%，在全省排名第 98；规模以上工业企业单位数 46 个，在全省排名第 102；全社会固定资产投资额 43.58 亿元，在全省排名第 129；人民币个人储蓄存款余额 37.08 亿元，在全省排名第 111；地方公共财政收入 2.23 亿元，同比上年增长 31.2%，增长率在全省排名第 21。

5.2.2 监测内容与方法

眉山市丹棱县义务教育均衡布局监测所采用的数据源包括遥感影像数据、地理国情普查数据、基础地理信息资料、其他专题资料等。

5.2.2.1 监测内容

项目主要从县域义务教育学校均衡布局分析方案研究、试点义务教育学校均衡布局分析两个方面开展建设工作。

(1) 县域义务教育学校均衡布局分析方案研究及确定。

(2) 眉山市丹棱县义务教育学校均衡布局分析。

5.2.2.2 监测方法

以服务义务教育学校均衡布局为导向，通过深入开展业务需求调研和综合文献分析，结合地理国情普查成果情况，研究并确定义务教育学校均衡布局的评判指标、评判单元，建立评判指标体系，构建相关数学模型，形成一套县域义务教育学校均衡布局分析的科学评判方案。

整合、处理、分析试点区的影像、地理国情普查、基础地理信息及行业专题数据资料，利用项目构建的义务教育学校均衡布局分析方案开展试点区义务教育学校均衡布局分析，并针对结果进行汇总、分析和评价。最后，根据分析结果撰写分析报告，制作相关专题图件。

总体技术路线如图 5-11 所示。

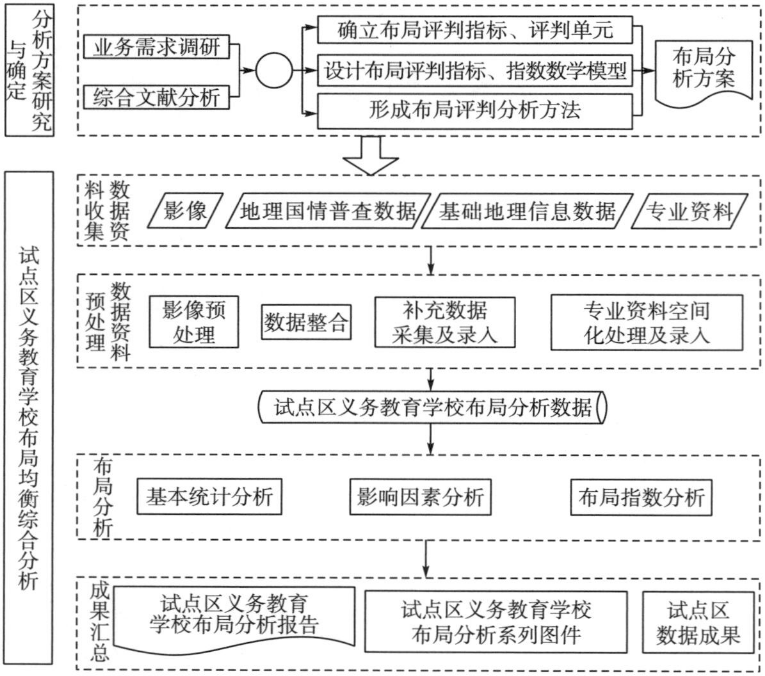

图 5-11 总体技术路线图

5.2.3 监测结果与分析

5.2.3.1 监测结果与分析

1. 丹棱县布局基本监测分析

1)丹棱县布局影响因素监测分析

丹棱县是眉山市人口最少的县，2013 年末人口总数为 16.4 万，也是眉山市各县中乡镇个数最少的县，辖区仅 7 个乡镇，学校总共 19 所，各乡镇义务教育教学点数目、占地面积、路网密度、人口数及人口密度等见表 5-13。

表 5-13　丹棱县各乡镇及城乡义务教育教学点数目统计表

乡镇	小学教学点	初中教学点	学校总数/所	占地面积/km^2	人口/人	学校密度/(所/km^2)	人口密度/(人/km^2)	路网密度/(km/km^2)
丹棱镇	3	2	5	59.34	42193	0.084	711	3.69825
仁美镇	1	1	2	34.14	18582	0.059	544	3.61283
石桥乡	1	1	1	23.28	4219	0.043	181	3.31201
双桥镇	2	1	3	89.57	33016	0.033	369	3.21373
顺龙乡	1	0	1	55.93	9338	0.018	167	3.22713
杨场镇	2	1	3	90.82	32197	0.033	355	2.94888
张场镇	3	1	4	95.86	24384	0.042	254	2.61996
城镇	8	5	13	112.52	83154	0.116	739	3.43462
乡村	5	2	6	337.12	90399	0.018	268	3.02068

由表 5-13 可以看出，顺龙乡初中教学点数目为 0，离顺龙乡内居民点最近的初中教学点在张场镇上，距离为 6165m，步行时间为 1.1 小时，骑自行车需要 23 分钟左右，顺龙乡面积不是丹棱县最小的，但是不设置初中教学点实为不合理，也不符合每个乡镇均应设置至少一个初中教学点的原则。就城乡区域来看，丹棱县城镇区域人口数略低于乡村区域，但人口密度却是乡村的 3 倍，丹棱县乡村区域学校密度较低，顺龙乡属于丹棱县乡村区域，该乡其中一个行政村(万坪村)到该乡唯一一所学校(丹棱县顺龙乡小学校)的距离是 8500m，也即该乡的小学生出门要经过 8.5km 的路程才能到学校上学，除去部分小学生坐私家车或骑自行车外，可以推测有 80%以上的学生需要步行上学，或者在学校寄宿，这对小学生来讲，难度很大，建议丹棱县采取措施解决这一难题。

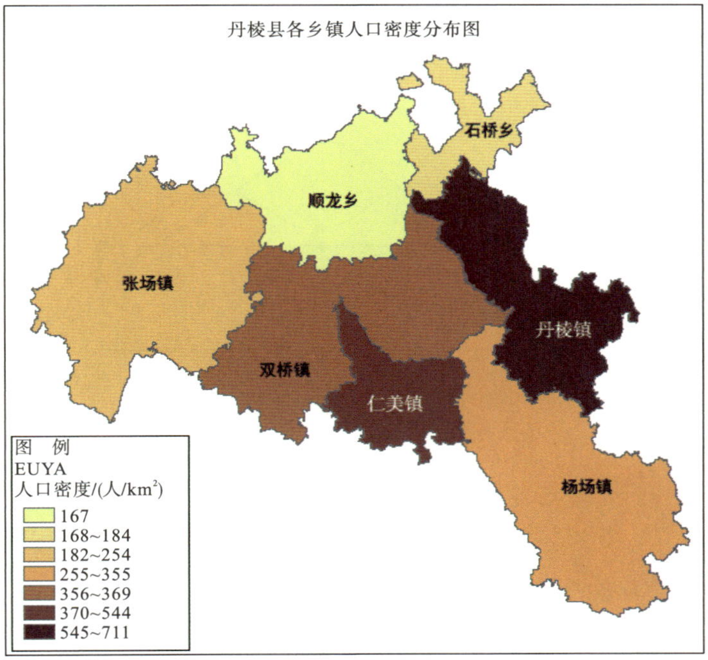

图 5-12　丹棱县各乡镇人口密度分布图

就各乡镇来看，人口密度最大的丹棱镇为711(人/km^2)比人口密度最小的顺龙乡167(人/km^2)多出544(人/km^2)，各乡镇人口密度具体见图5-12所示。

由图5-12可知，丹棱镇是丹棱县县政府所在地，有3个小学教学点，2个初中教学点，虽不能与其他县比较，但已然是丹棱县最多的乡镇。且丹棱镇上的丹棱县第二中学校，潜在服务人数是721人，实际服务人数是703人，教育资源利用情况十分合理，导致丹棱镇的布局指数远远大于其他镇。但是丹棱县无论是小学还是初中在教学设施投入和师资力量两方面均小于眉山市平均值，结合丹棱县生产总值排名眉山最末来看，可以解释这一现象。

选取区域占地面积、区域人口数、区域交通路网密度三个影响因素，分别与学校数目进行相关性分析，具体数值见表5-14。

表5-14 丹棱县各乡镇及城乡布局影响因素相关性列表

丹棱县各乡镇布局影响因素相关性列表		丹棱县城乡布局影响因素相关性列表	
各乡镇路网密度与小学教学点数目的相关性	−0.30	城乡路网密度与小学教学点数目的相关性	1.00
各乡镇路网密度与初中教学点数目的相关性	0.37	城乡路网密度与初中教学点数目的相关性	1.00
各乡镇面积与小学教学点数目的相关性	0.68	城乡面积与小学教学点数目的相关性	−1.00
各乡镇面积与初中教学点数目的相关性	0.03	城乡面积与初中教学点数目的相关性	−1.00
各乡镇人口数与小学教学点数目的相关性	0.79	城乡人口数与小学教学点数目的相关性	−1.00
各乡镇人口数与初中教学点数目的相关性	0.70	城乡人口数与初中教学点数目的相关性	−1.00

由表5-14可知，丹棱县人口数与学校教学点数目的相关性较大。以各乡镇人口数和教学点数目相关性为例，做出以下示意图(图5-13)，走势上可以直观看出人口与学校教学点的相关性。

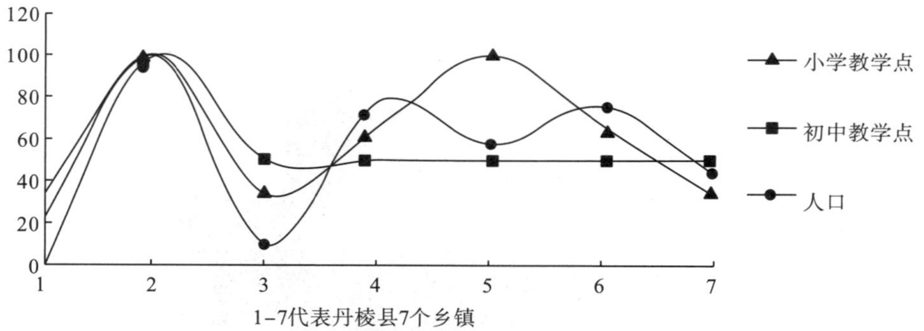

图5-13 丹棱县各乡镇人口数与教学点数目相关性示意图

根据相关性定义可知，丹棱县各乡镇面积与初中教学点数目呈极低度相关，即乡镇面积几乎不影响乡镇初中教学点数目。各乡镇路网密度与教学点(小学、初中)呈低度相关，即针对各乡镇的路网来看，并不十分影响教学点数目，反而是人口数对学校教学点数目有较大影响。对于城乡区域来说，各项均与教学点(小学、初中)呈完全相关关系，但有正相关和负相关之分。就丹棱县城乡而言，城乡人口数越多，城乡面积越大，教学的数目反而越少，结合前表知，乡村区域面积、人口均大于城镇，但是教学点数目却少于城镇区域，故有此结论。城乡路网密度与教学点呈正相关，即路网密度越大，教学点数目相应增大，可以推测，丹棱县城乡区域路网建设是制约学校扩建的重要因素之一。政府已经采取优化和扩改建学校、撤并等一系列措施保证农村有较高入学率和较好入学条件，从而达到优化城乡学校布局的效果，逐步形成城乡均衡、规模适度、效益较高的布点格局。

2) 丹棱县道路格网密度监测分析

教育设施的可达性可以通过每千米道路格网密度来体现，具体见图 5-14 所示，颜色越深，表明道路格网密度越大。

由图 5-14 可知，各学校教学点周围均有公路分布，丹棱县的道路格网密度最大的区域出现在北部，属顺龙乡管辖范围，但顺龙乡的入学便利度并不是最好的，甚至初中入学便利度在丹棱县排名最末。究其原因发现，顺龙乡无初中教学点，既无教学点，何来居民入学便利度一说，故直接导致初中教育规模因子为 0，最终影响到顺龙乡布局指数，此处表明教学点的分布才是影响入学便利度的大小及布局指数的根本原因。

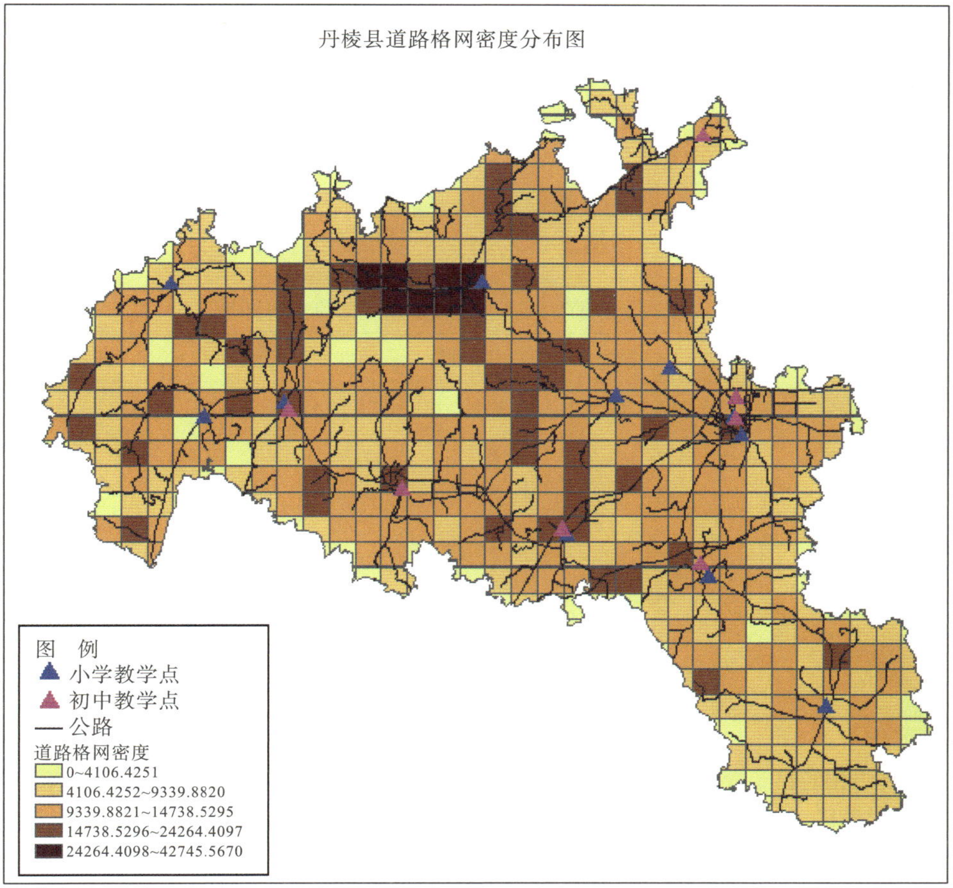

图 5-14 丹棱县县域道路格网密度分布图

3) 丹棱县生均教辅用房面积监测分析

以住房和城乡建设部制定的《农村普通中小学校建设标准》为参照，学校生均教学及辅助用房面积，小学 2.23m^2 为最低要求，初中 2.46 m^2 为最低要求。丹棱县小学教学点 13 个，初中教学点 7 个，全部达标，具体比例见图 5-15 和图 5-16。

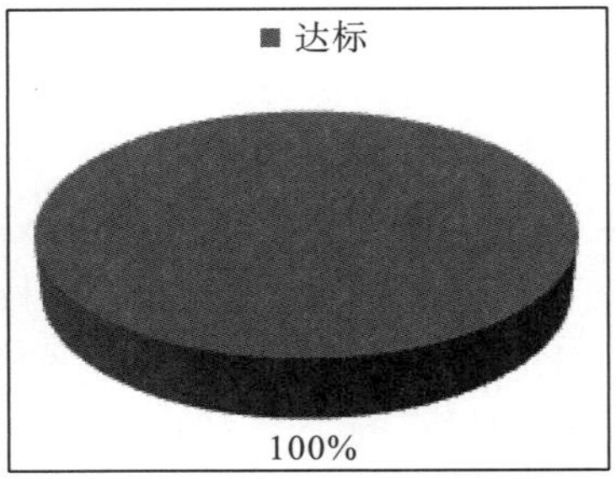

图 5-15　丹棱县小学生均教学面积达标对比图

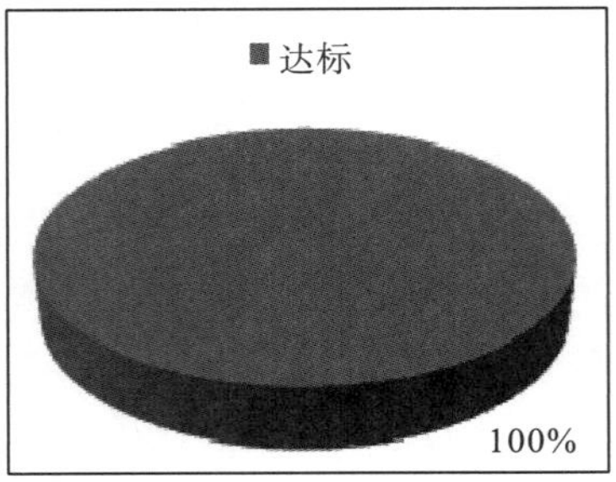

图 5-16　丹棱县初中生均教学面积达标对比图

由图 5-15 和图 5-16 可知，丹棱县生均教辅面积不达标比例无，全县已全部满足国家标准。结合丹棱县布局指数排名眉山市第二也可知，丹棱县虽生产总值排名眉山市最末，但教育投入却是较多的，教育布局较好。

4) 丹棱县平均班额监测分析

适宜班额是尊重教育规律、维持正常教学秩序、提升教育质量的必然要求，是基础教育科学发展、有效发展的重要体现。丹棱县各乡镇小学及初中平均班额统计如表 5-15 所示。

表 5-15　丹棱县各乡镇小学及初中平均班额统计表

行政单元名称	小学平均班额	小学总学生数	小学总教师数	初中平均班额	初中总学生数	初中总教师数
丹棱镇	47	2405	140	47	1330	133
仁美镇	46	552	34	38	227	28
石桥乡	18	107	14	29	87	13
双桥镇	36	959	65	41	246	27
顺龙乡	35	243	21	0	0	0
杨场镇	43	947	63	40	443	59
张场镇	32	734	49	43	298	33

根据图表得到相应的专题图，如图 5-17 和图 5-18 所示，颜色越深，代表班额数越多。

根据《四川省人民政府办公厅关于规范农村义务教育学校布局调整的实施意见》(川办发〔2013〕13 号)，小学班额应控制在 45 人以内，初中班额应控制在 50 人以内。丹棱县小学班额超标的乡镇有 2 个，分别是丹棱镇和仁美镇；初中班额超标的有 0 个，其中顺龙乡班额为 0。丹棱县并未出现大班额的问题，教育资源相对合理，其中石桥乡的师生比最大，班额数是除顺龙乡外最小的，表明石桥乡教育资源存在过剩情况，建议合理利用教学资源。

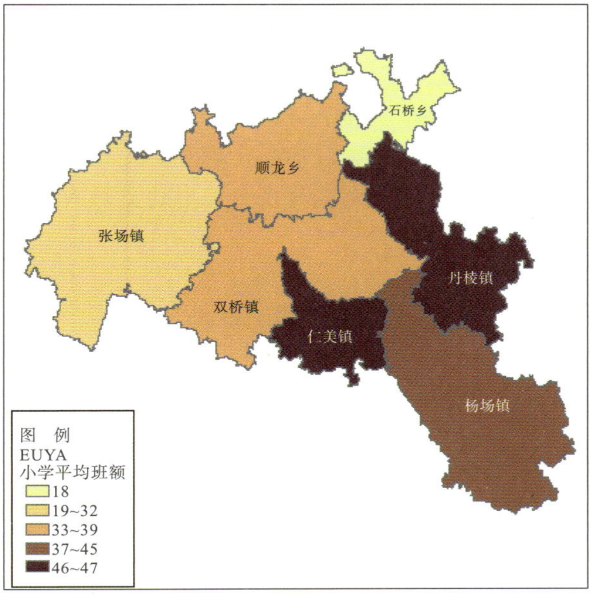

图 5-17　丹棱县小学平均班额分布图

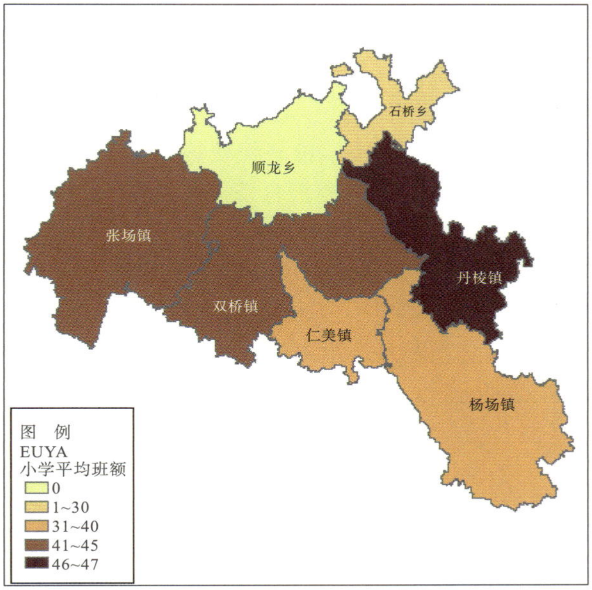

图 5-18　丹棱县初中平均班额分布图

2. 丹棱县布局指标监测分析

1) 丹棱县县域布局指标监测分析

(1) 丹棱县县域教育资源利用情况监测分析。

教育资源利用情况是校际学校服务范围内义务教育学校利用效率，是义务教育学校布局公平性和效率性的体现，结合教育资源利用情况分类指标说明，丹棱县县域内小学、初中教育资源利用情况构成具体见图 5-19、图 5-20。

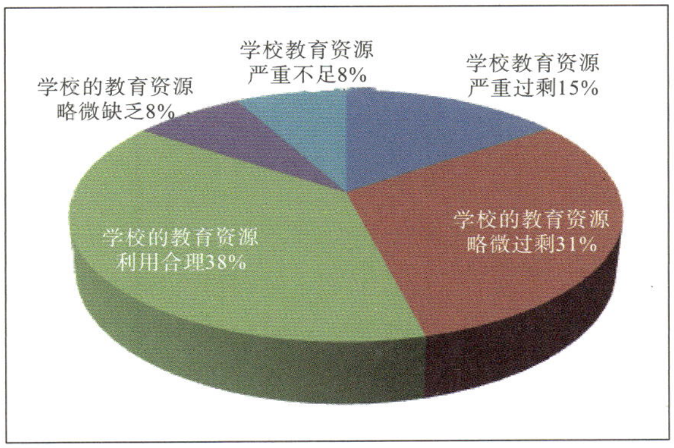

图 5-19　丹棱县县域小学教育资源利用情况构成

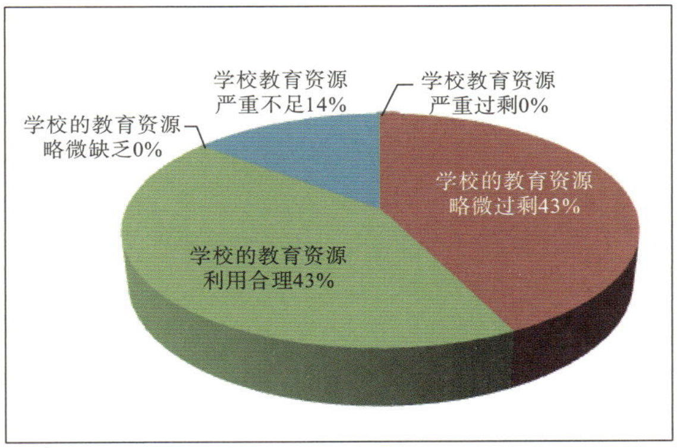

图 5-20　丹棱县县域初中教育资源利用情况构成

就小学而言，丹棱县共 13 个小学教学点，根据图 5-19 可知，小学学校教育资源过剩(含严重过剩和略微过剩)的比例占 46%，教育资源缺乏(含严重不足和略微缺乏)的占 16%，教育资源合理的占

38%。可见丹棱县有将近一半的小学学校处于教育资源过剩情况，虽然合理的比例较其他县大，但仍建议平衡资源过剩和资源不足的情况，使之尽早改善并处于合理利用阶段。

就初中而言，丹棱县共 7 个初中教学点，根据图 5-20 可知，初中学校教育资源过剩(含严重过剩和略微过剩)的比例占 43%，教育资源缺乏(含严重不足和略微缺乏)的占 14%，教育资源合理的占 43%。结合丹棱县教学设施经费投入、师资力量数值初中比小学多来看，初中合理利用的比例也比小学多，只是初中学校教育资源过剩的情况仍不容忽视，建议合理利用教育资金，以达到教育资源利用合理的均衡状态。

(2) 丹棱县县域入学便利度监测分析。

居民点入学便利度，反映了义务教育学校布局的空间可达性，其取值大小关键取决于教学点到居民点的交通距离，距离越近，居民入学便利度越好。丹棱县小学、初中入学便利度分布如图 5-21、图 5-22 所示。

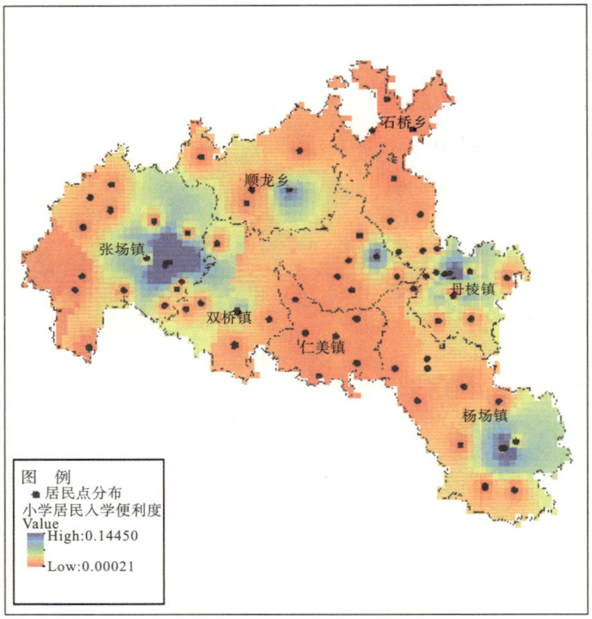

图 5-21 丹棱县小学居民入学便利度分布图

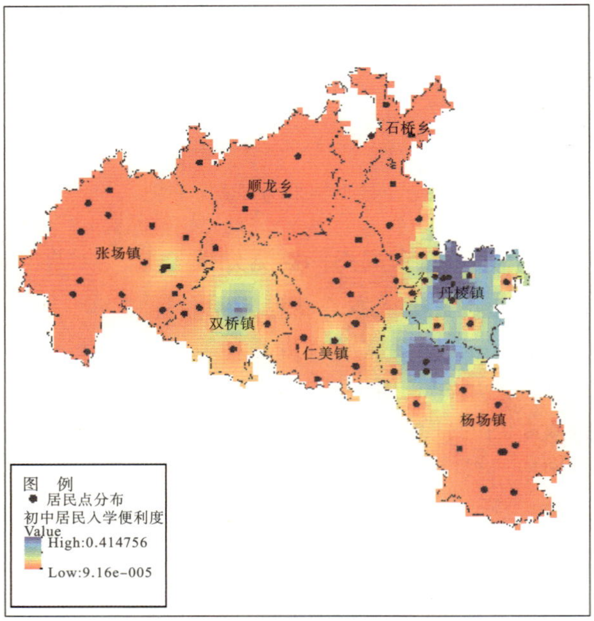

图 5-22 丹棱县初中居民入学便利度分布图

由图 5-21、图 5-22 可知，丹棱县小学居民入学便利度较大值出现在张场镇东部、丹棱镇中部，全县其余地方整体较低，差异不大；丹棱县初中居民入学便利度较大值出现在丹棱镇北部、杨场镇北部，最低值也出现在丹棱镇，全县其余地方整体比小学高，最大、最小值同时出现在丹棱镇且差值较大导致了丹棱镇的初中差异性较大，此结论与丹棱县居民入学便利度差异系数小学远小于初中相符合。以张场镇的小学入学便利度为例，张场镇的官山社区到张场镇小学校的交通距离为 115.3m，而该学校到各行政村的平均距离为 15592.9m，另外，张场镇的玉柱村到各学校的距离平均值为 26909.6m，比其他行政村到各学校距离平均值 16934.6m 高出许多，这两组数据导致了居民入学便利度的较大较小值同时出现在张场镇。可见，交通距离是影响居民入学便利度的关键因素，也是导致学生上学难易的直接因素。

2) 丹棱县城乡区域布局指标监测分析

(1) 丹棱县城乡区域教育资源利用情况监测分析。

结合教育资源利用情况分类指标说明，丹棱县城乡区域小学初中教育资源利用情况构成具体见图 5-23～图 5-26 所示。

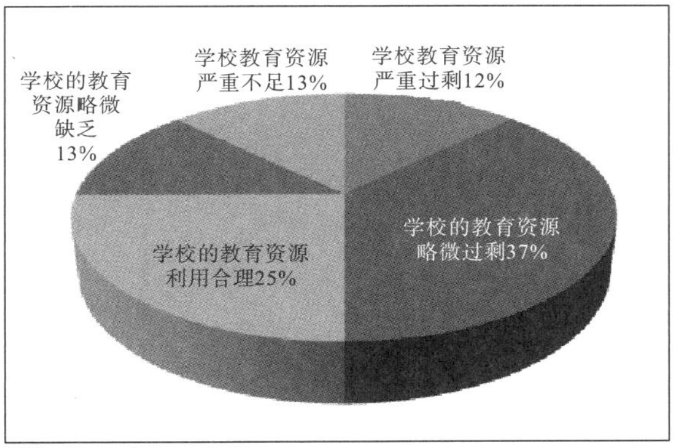

图 5-23　丹棱县城镇区域小学教育资源利用情况构成

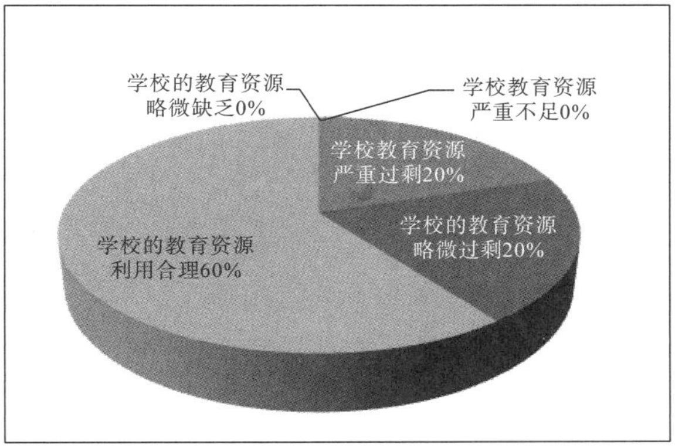

图 5-24　丹棱县乡村区域小学教育资源利用情况构成

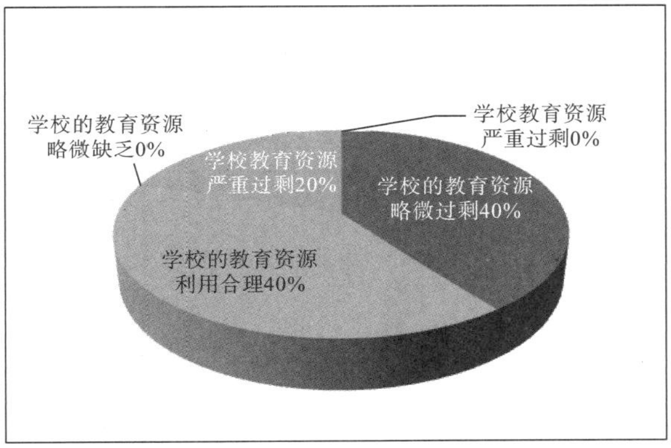

图 5-25　丹棱县城镇区域初中教育资源利用情况构成

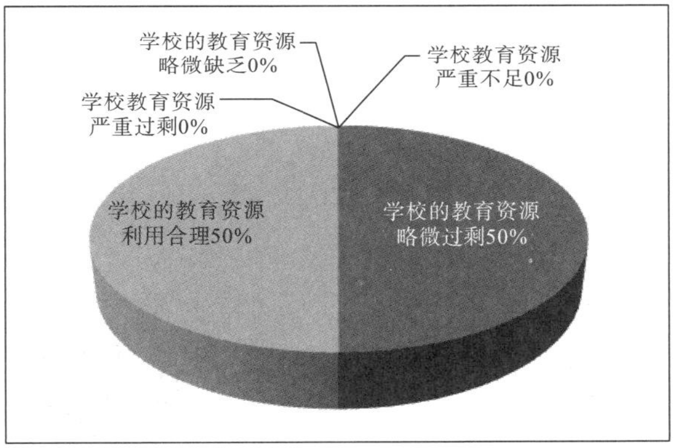

图 5-26　丹棱县乡村区域初中教育资源利用情况构成

根据图 5-23～图 5-26 明显可知，城镇区域小学教育资源合理的比例占 25%，而乡村区域小学教育资源合理的比例达 60%；城镇区域初中教育资源合理的比例占 40%，而乡村区域初中教育资源合理的比例占 50%，可见乡村区域利用合理的学校比城镇区域要多，尤其是小学，建议城镇区域合理利用资源，平衡资源过剩和资源缺乏之间的差距，此结论与丹棱镇小学布局指数远小于初中相符合。另外，乡村区域小学及初中教育资源缺乏均为 0，这种现象说明丹棱县乡村区域学校资源已经完全满足学生需求，丹棱县对教育的投入已足够服务该县的学生，但城乡区域都存在资源过剩的情况，建议政府和学校合理利用资金，避免资源浪费。

(2) 丹棱县城乡区域入学便利度监测分析。

城乡居民入学便利度及道路长度、道路密度具体见表 5-16 所示。

表 5-16 丹棱县城乡区域居民入学便利度统计表

	小学入学便利度	初中入学便利度	道路长度/km	面积/km^2	道路网密度/员（km/km^2）
城镇	0.020909	0.03162	386.45	112.52	3.43462
乡村	0.001982	0.001832	1018.34	337.12	3.02068

根据表 5-16 可知，丹棱县入学便利度（小学及初中）城镇远大于乡村，城镇道路网密度也大于乡村，城镇区域所有学校均处在四通八达的道路网中，学生上学条件较好。结合丹棱县城镇化率在眉山市排名倒数第三来看，丹棱县城镇化率还有很大的上升空间，未来乡村地区的上学条件也会更加便利。

3）丹棱县乡镇区域布局指标监测分析

（1）丹棱县乡镇区域教育资源利用情况监测分析。

教育资源利用情况是一项评判学校教育资源利用是否合理的指标，但不是体现各乡镇或县域或城乡区域布局指数的直接指标。根据设计书中的方法将教育资源利用情况转换为可以直接作为布局指数评判指标的教育资源利用情况评判值，可以直观对比各乡镇的差距，具体数值见图 5-27、图 5-28，颜色越深，数值越大，代表教育资源利用越合理，反之代表教育资源利用情况不合理。

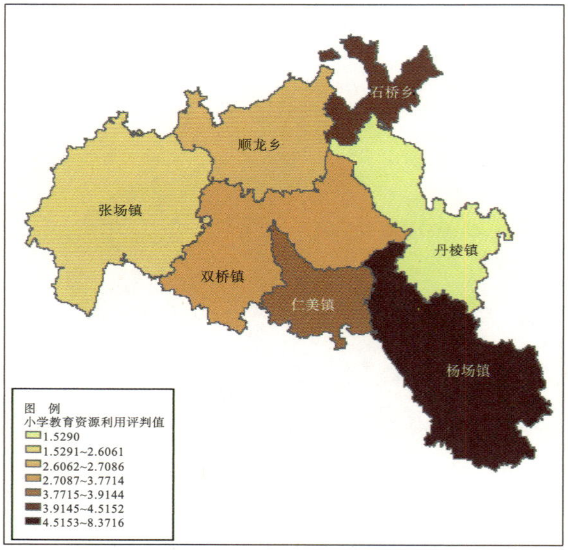

图 5-27 丹棱县小学评判值分布图

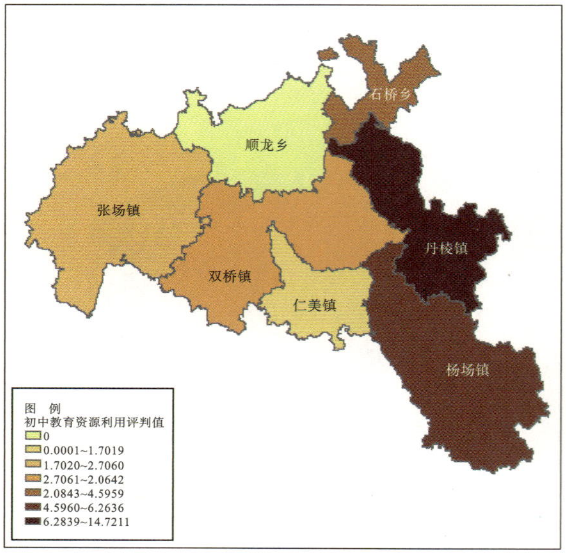

图 5-28 丹棱县初中评判值分布图

根据图 5-27、图 5-28 可知，对小学而言，较合理的乡镇有杨场镇、石桥乡、仁美镇等，而其最小值出现在丹棱镇，丹棱镇有三所小学，其中丹棱县城区小学校潜在服务人数 782 人，实际服务人数 1495 人，教育资源严重不足；而另一所学校（丹棱县丹棱镇唐河小学校）潜在服务人数 561 人，实际服务人数 253 人，教育资源严重过剩，前者地处丹棱镇城镇地区腹地，后者处丹棱镇北部靠乡村地区，同一镇内，资源利用呈两极关系，此为造成丹棱镇教育资源利用情况评判值最小的原因；对初中而言，较合理的乡镇有丹棱镇、杨场镇、石桥乡等，最小值出现在顺龙乡，原因在前节已有描述，即该乡镇无初中教学点，相应教育资源利用情况不存在，也即为教育资源严重不足，该镇学生上初中需到临近乡镇，上学条件不足，建议改善，加强政府对各学校教学资源调控以及合理分配。

(2)丹棱县乡镇区域入学便利度监测分析。

县域内的教育设施的可达性以学校到区域内其他地方(如居住区)的入学便利度评判值来衡量，具体见图 5-29、图 5-30，入学便利度评判值越大，颜色越深，表明居民入学越便利。

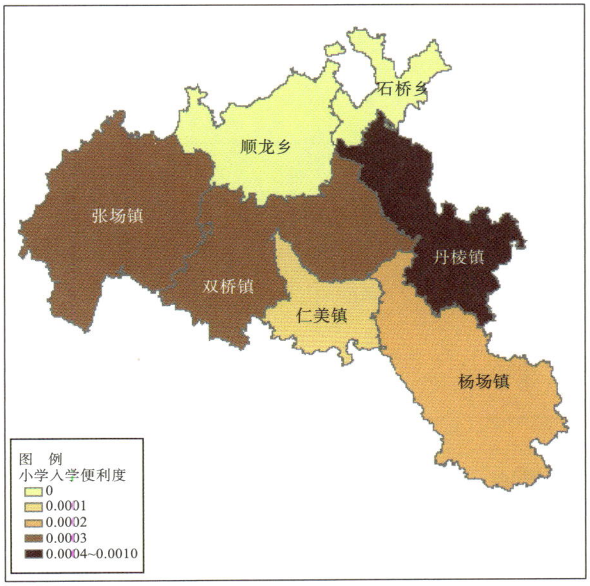

图 5-29　丹棱县小学入学便利度分布图

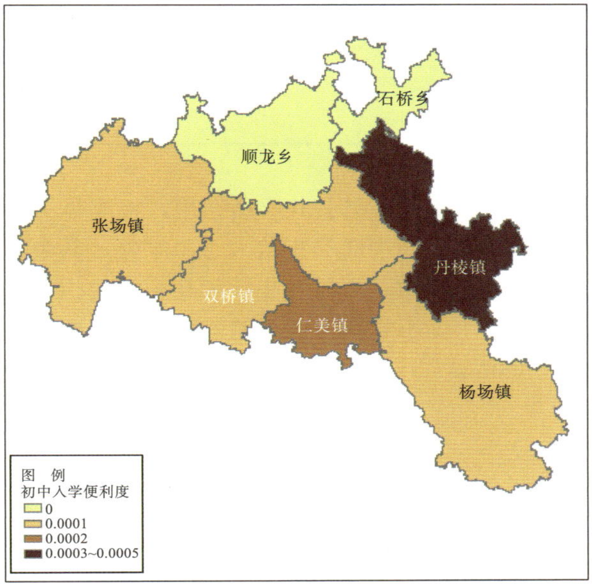

图 5-30　丹棱县初中入学便利度分布图

由图 5-29、图 5-30 可知，小学居民入学便利度较大值出现在丹棱镇，较小值在石桥乡、顺龙乡，以石桥乡为例，究其原因，发现石桥乡的麻柳村到各学校的距离平均值为 28395.5m，是各行政村到所有学校平均距离中的最大值，比其他行政村到学校距离平均值 16934.6m 高出许多，这也是影响石桥乡小学居民入学便利度小的直接原因，石桥乡处在眉山市与成都市交界处，该处学生如果在本县上学不方便，必然要选择成都市，这种现象就会导致丹棱县投入了大量的教育资金，但学生却到别的市就读，长此以往甚至造成别市学校教育资源缺乏；就初中而言，居民入学便利度最大值出现在丹棱镇，最小值在顺龙乡，由于顺龙乡无初中教学点，故其规模因子为 0，顺龙乡学生上初中必须要邻近乡镇，上学距离增加，从而导致居民入学便利度值较小。建议当地政府合理规划校址，既要为本县学生提供良好的充足的学校资源，又要避免资源浪费。

3. 丹棱县布局指数监测分析

1)县乡镇区域布局指数监测分析

布局指数是指综合考虑区域内部学校的教学资源分配的合理利用情况和利用效率，以及居民点到达学校的空间可达性，构成基于区域的布局评判指数，用于衡量该区域学校的整体布局合理性。丹棱县共 7 个乡镇，表 5-17 为丹棱县各乡镇布局指数统计表。

表 5-17 丹棱县各乡镇布局指数统计表

分项布局指数						整体布局指数		
排名	乡镇	小学	排名	乡镇	初中	排名	乡镇	整体
1	杨场镇	4.19	1	丹棱镇	7.36	1	丹棱镇	4.22
2	石桥乡	2.26	2	杨场镇	3.14	2	杨场镇	3.64
3	仁美镇	1.96	3	石桥乡	2.30	3	石桥乡	2.28
4	双桥镇	1.89	4	双桥镇	1.04	4	双桥镇	1.44
5	顺龙乡	1.35	5	张场镇	1.04	5	仁美镇	1.38
6	张场镇	1.30	6	仁美镇	0.85	6	张场镇	1.16
7	丹棱镇	0.76	7	顺龙乡	0.00	7	顺龙乡	0.64

丹棱镇是丹棱县县政府所在地，整体布局指数位列全县第一。根据表 5-17 可知，除石桥乡和丹棱镇两个乡镇初中布局指数大于小学外，其余乡镇均是小学布局指数大于初中，表明丹棱县小学布局普遍优于初中。石桥乡小学和初中布局指数差距最小，丹棱镇小学与初中布局指数差距最大，建议丹棱镇平衡小学和初中间的差距，优化小学布局。

根据表 5-17 得出图 5-31 丹棱县各乡镇布局指数分布图。

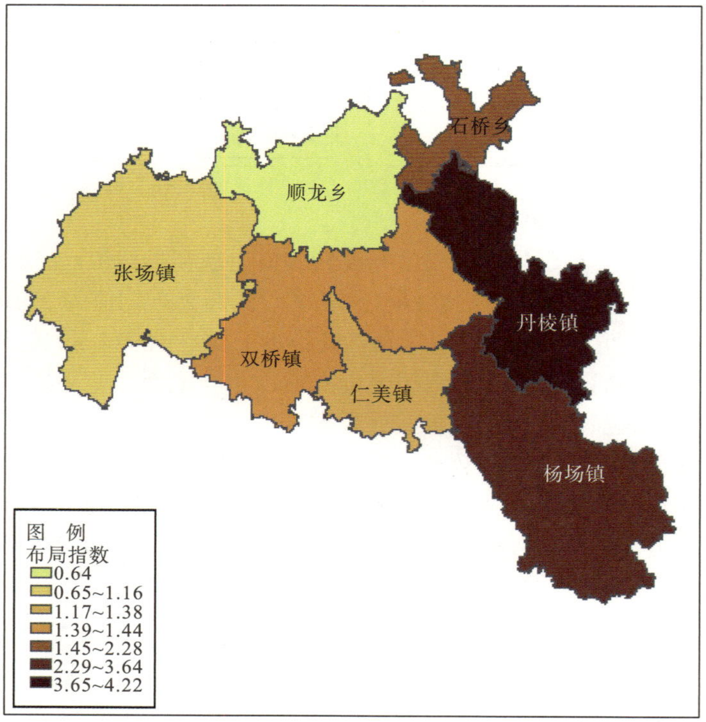

图 5-31 丹棱县各乡镇布局指数分布图

结合图 5-31 可以看出，丹棱县布局指数排名最末为顺龙乡，不难发现，顺龙乡因无初中教学点影响了整体布局。排名第一为丹棱镇，丹棱镇虽然小学布局指数较小，但初中布局指数较大，与其他县差异较大，原因在于，丹棱镇上的丹棱县第二中学校潜在服务人数为 721 人，实际服务人数为 703 人，教育资源利用十分合理，故导致布局指数偏大。建议丹棱镇平衡小学和初中间的差距，而顺龙乡则增设初中教学点，提高布局指数，达到布局优化的目的。

2) 县城乡区域布局指数监测分析

丹棱县城镇区域共有小学 8 所，初中 5 所，居民点 29 个；乡村区域共有小学 5 所，初中 2 所，居民点 48 个，下表为丹棱县城乡布局指数统计表。

表 5-18　丹棱县城乡区域布局指数统计表

评价单元	教育资源利用情况评判值		居民入学便利程度		分项布局指数		整体布局指数
	小学	初中	小学	初中	小学	初中	
城镇区域	3.8932	7.9772	0.0209	0.0316	1.9570	4.0044	3.03
乡村区域	3.3369	3.1489	0.0020	0.0018	1.6694	1.5754	1.62

丹棱县城乡学校数目比为 1.86∶1，每平方千米的人口密度城镇为 739 人，乡村为 268 人，每平方千米的学校数目密度城镇为 0.12 个，乡村为 0.02 个。结合表 5-18 可以看出，无论是教育资源利用情况评判值还是居民入学便利度，城镇区域均大于乡村区域，最终城镇区域布局指数也大于乡村区域。下面从城乡区域办学条件对比中分析原因，具体见表 5-19。

表 5-19　丹棱县城乡区域办学条件统计表

小学	学校数目	教学设施投入	教学设施投入比 (教学设施投入/学校数目)	师资力量	平均师资力量 (师资力量/学校数目)
城镇	8	4.227	0.325	7.470	0.575
乡村	5	5.964	0.852	8.576	1.225
初中	学校数目	教学设施投入	教学设施投入比 (教学设施投入/学校数目)	师资力量	平均师资力量 (师资力量/学校数目)
城镇	5	6.887	0.530	10.779	0.829
乡村	2	8.463	1.209	15.332	2.190

根据表 5-19 可知，无论小学还是初中，从教学设施投入和师资力量总量或比值看，城镇都少于乡村，但是布局指数却是城镇大于乡村，可以推测丹棱县虽在乡村地区投入较多资金和师资力量，但仍因无法完全有效利用而造成了较多资源浪费。结合丹棱县生产总值在眉山市排名末尾可知，丹棱县十分重视城乡区域教育均衡发展，而且得到了良好的效果，特别是乡村地区，教育资源利用合理的比例非常大，比起别的县已属前列，建议丹棱县仍需再接再厉解决资源浪费的情况，从县域整体着手，对教学资源进行合理调配，有效监督，使教育资源能够发挥最大效率及作用。

5.2.3.2 结论与建议

丹棱县城镇地区与乡村地区人口比为1∶1.08，面积比为1∶3。人口数占眉山市总人口的4.6%，是眉山市人口最少的县。眉山市小学教学点的4%及初中教学点的7%分布于此，显而易见，丹棱县也是全市教学点数目最少的县，但路网密度却是最大的县，结合丹棱县布局指数排名眉山市第二来看，丹棱县在教育均衡布局方面丝毫不输于其他县域，可谓“麻雀虽小，五脏俱全”。下面就丹棱县教育均衡布局提出几点建议：

(1)丹棱县城乡区域办学条件不均衡。丹棱县教学投入和师资力量均小于眉山市平均值，结合丹棱县生产总值排名眉山市末尾和人口数为眉山市最少或许可以解释丹棱县教育资金低于眉山市平均值的现象。丹棱县城镇区域教学投入和师资力量均小于乡村区域，但是布局指数却是城镇大于乡村，这说明城镇区域对教育资金利用的效率或方法从某种程度上比乡村高，结合前节看乡村区域资源缺乏的比例为0，过剩的比例达50%，表明丹棱县乡村区域的过剩情况严重。建议丹棱县合理规划教育资金，优化教育布局，平衡城乡之间的教学投入，尤其是乡村区域，应高效率使用教育资金，以提高整体办学水平。

(2)丹棱县乡村区域初中教学点太少。丹棱县乡村区域面积337km^2，只有2所初中，一所处在丹棱县北部与成都市交界处，另一所处在丹棱县南部和洪雅县的交界处，造成丹棱县中部偌大的乡村区域内无初中教学点，可想而知，中部的初中适龄人口要出行到很远地方上学甚至到别的市上学，这样造成了上学条件极不方便的后果，虽然政府支持撤并学校，提高合并后学校的办学质量，但是过多撤并学校会导致偏远地方学生上学条件艰苦，建议丹棱县政府合理规划布局学校，乡村区域可在合适地方设置初中教学点，方便该区域的学生就近上学。

(3)丹棱县小学和初中布局指数差距大。丹棱县县域小学布局指数为1.844，初中布局指数为3.305，可见初中教育学校均衡布局优于小学。以县域为例，丹棱县县域小学学校教育资源合理的占38%，换言之，不合理(包含过剩和不足)占62%；丹棱县初中学校教育资源合理的占43%，不合理占57%。以城镇区域为例，城镇区域小学教育资源合理比例为25%，而城镇区域初中合理比例为40%。再以丹棱镇为例，丹棱镇小学布局指数为0.770，初中布局指数却高达7.379，差距表现得尤为明显。上述三种比较表明丹棱县的小学和初中教育学校均衡布局有一定差距，小学和初中同属九年义务教育范畴，同等重要，建议教育决策者们充分考虑小学和初中的相同性和相异性，在学校设置、布局及资金投入方面多作考虑，避免出现厚此薄彼的现象。

(4)丹棱县乡镇之间差距大。以双桥镇和杨场镇为例，两镇分别位于丹棱县的中部和南部，面积分别为89.5 km^{2}和90.8 km^2，人口分别为33016人和32197人，学校密度相同，教学点数目相同(都是2个小学教学点，1个初中教学点)，布局指数分别为1.44和3.64。可以看出，两所学校客观属性差距都较小，但是布局指数差距却较大，此处表明，同等面积下相同数目教学点并不能代表该两镇的布局优化也一样，杨场镇教育布局明显优于双桥镇，前者无论是教育资源利用情况评判值还是入学便利度均大于后者。教育均衡发展是一种全新的教育理念，是一种全新的教育发展观，均衡不是看学校数目均衡，而是学校资源利用均衡、学校布局分布均衡，是全面提升教师群体的素质，办好每一所学校，教好每一个学生。建议各乡镇积极利用自身优点，及时改善自身弱点，办学好，办好学。

第6章　城市空间发展变化动态监测

城市空间发展变化动态监测选择县级以上城市、城市群等热点对象和热点区域进行监测，服务国家、省(市)推进新型城镇化建设的需要。本章选择成都市城市空间扩展监测和成渝经济区发展变化监测作为监测项目案例，主要从项目概况、监测内容与方法、监测结果与分析三个方面对监测工作开展情况和取得的成果进行介绍。

6.1　成都市城市空间扩展监测

6.1.1　概述

党的十八大提出要建设“新型工业化、信息化、城镇化、农业现代化”。推进城镇化是解决农业、农村、农民问题的重要途径，是推动区域协调发展的有力支撑，是扩大内需和促进产业升级的重要抓手，对全面建成小康社会、加快推进社会主义现代化具有重大现实意义和深远历史意义。当前，城镇化和工业化成为现代化的两大引擎。今后很长一段时间内，城镇化是中国经济社会发展的主要特征之一。我国城市化水平的突飞猛进以及城市变化的日新月异，吸引着我国学者对城市扩展监测展开了广泛的研究。

根据四川省委十届三次全会做出的实施多点多级支撑、“两化”互动城乡统筹、创新驱动“三大发展战略”重大战略部署，城镇化质量将是“十三五”规划工作重点，城市开发红线限定作为国土资源管理的一项重要内容，关系到城市的健康发展。本案例通过对成都市城市空间扩展进行监测，了解监测时间范围内城市发展历程与现状，对城市规划和可持续发展都有着重要的意义。

成都市位于我国的西南地区，地处成都平原腹心地带，长江支流岷江和沱江的中游。属亚热带湿润季风气候，四季分明，夏无酷暑，冬无严寒。成都市是西南地区经济、文化、金融等综合实力最强城市之一，也是全国 15 个副省级城市之一。截至 2013 年底，成都市地区生产总值达 9108.89 亿元，城镇居民人均可支配收入达 29913 元，城镇居民人均可支配收入保持平稳增长态势，经济保持平稳较快增长，产业发展态势稳定。

6.1.2　监测内容与方法

选取的数据包括 2000 年、2005 年、2010 年、2013 年四个时相的航空影像和 WorldView-1、WorldView-2、QuickBird、Pleiades-1、Spot5 等多源高分辨率卫星影像，与各时相配套的 1∶1 万和 1∶5 万基础地理信息数据(DLG)，行政境界线数据，第一次全国地理国情普查数据及成都市 2011～2020 总体规划图、土地利用总体规划文本(2006～2020)、四川省统计年鉴等相关专题数据资料。

6.1.2.1 监测内容

基于遥感影像数据、地理国情普查数据、规划数据、社会经济数据等相关资料，开展成都市城市空间扩展时间变化监测、扩展形态分析、扩展空间分析、扩展弹性分析、扩展驱动力因素分析以及扩展趋势预测等方面的监测，充分了解监测时段内成都市城市发展历程与现状。

6.1.2.2 监测方法

城市扩展存在时空差异，需要借助一些可量化的测度指标或者运用其他数学研究方法来揭示城市扩展的速度和程度，从而更加清楚地认识其规律。本节选用扩展面积、扩展速度、扩展强度指数来分析城市空间扩展随时间的变化，分形维数、紧凑度、空间重心转移作为城市空间扩展的形态测度，从象限方位分析、缓冲区分析、扩展形体模式分析三个方面来分析城市扩展的空间特征，选用城市用地扩展系数来分析城市空间扩展协调性，驱动因素分析中选用灰色关联分析计算关联系数、关联度以及根据关联度的大小对待评指标进行排序。

对城市空间扩展监测以遥感影像为基础提取城区扩展数据信息，利用强大的 GIS 空间分析、空间查询与量算、叠加分析、缓冲区分析、多要素综合分析等功能，对城区空间数据进行提取、转换、分析、制图等工作，并结合交通、人口、经济等多种行业资料进行综合分析，最终形成监测报告与专题图件等监测成果。具体技术路线如图 6-1 所示。

6.1.3 监测结果与分析

6.1.3.1 城市空间扩展的时间变化分析

1. 城市扩展面积变化特征分析

利用不同时相遥感影像，在 GIS 空间分析技术支持下，提取成都市 4 个监测时相城区范围，具体变化面积数据统计结果见表 6-1。

表 6-1 成都市城区面积统计表

时间	2000 年	2005 年	2010 年	2013 年
城区面积/km²	210.15	322.95	445.08	532.53
比重/%	6.48	9.95	13.72	16.41

从表 6-1 可看出，2000～2013 年，成都市城区面积及在行政区划总面积中的比重持续增加。13 年间城区扩展面积高达 2000 年初始城区面积的 1.5 倍，城市扩展十分显著。

2. 城市扩展速度和速度指数分析

城市扩展速度表示某一时间段内各城市城区面积的年增长速率；城市扩展速度指数表示某一时间段内各城市城区面积相对于基期城区的年扩展比例。

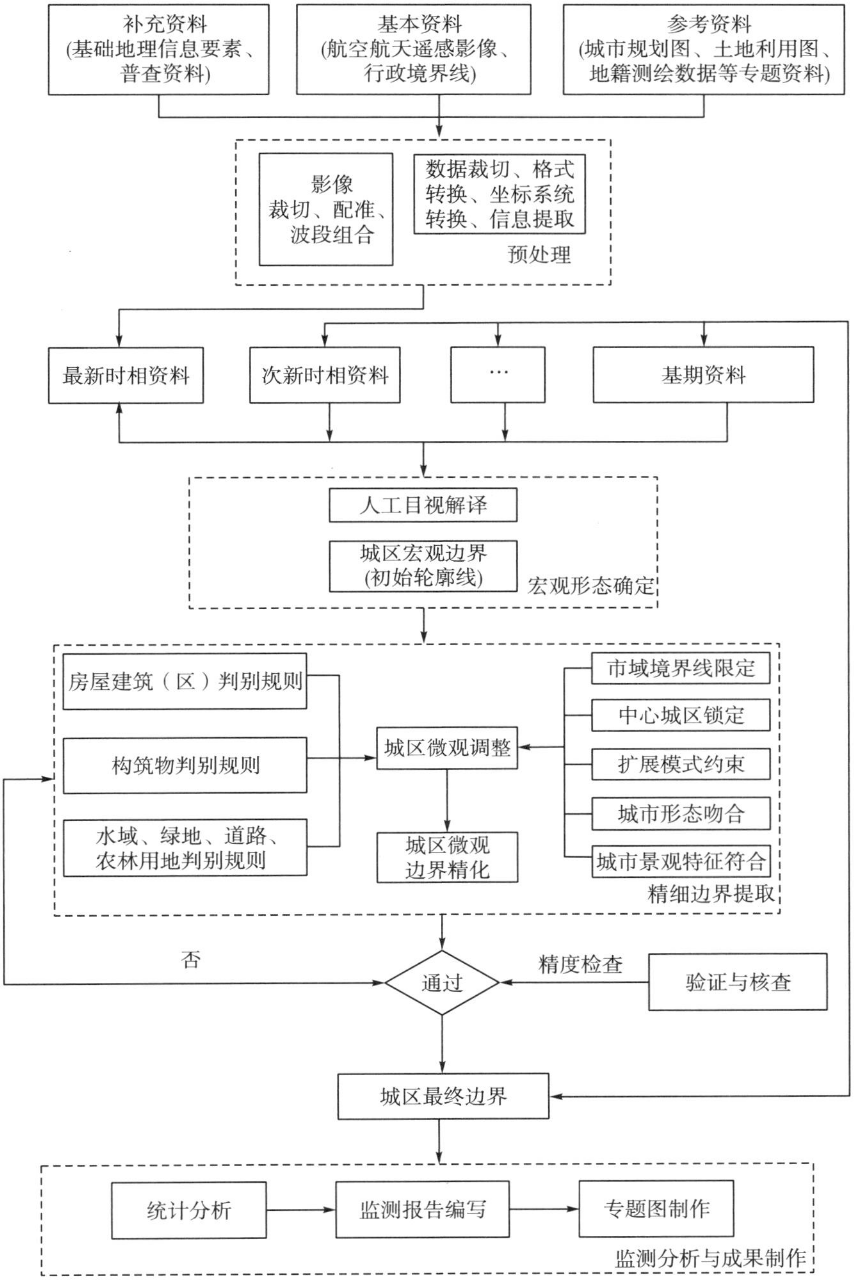
补充资料
(基础地理信息要素、普查资料)
基本资料
(航空航天遥感影像、行政境界线)
参考资料
(城市规划图、土地利用图、地籍测绘数据等专题资料)
影像
裁切、配准、波段组合
数据裁切、格式转换、坐标系统转换、信息提取
预处理
最新时相资料
次新时相资料
…
基期资料
人工目视解译
城区宏观边界
(初始轮廓线)
宏观形态确定
房屋建筑（区）判别规则
构筑物判别规则
水域、绿地、道路、农林用地判别规则
城区微观调整
城区微观边界精化
市域境界线限定
中心城区锁定
扩展模式约束
城市形态吻合
城市景观特征符合
精细边界提取
否
通过
精度检查
验证与核查
城区最终边界
统计分析
监测报告编写
专题图制作
监测分析与成果制作

图 6-1　技术路线图

表 6-2 成都市城区面积统计表

时间	2000～2005 年	2005～2010 年	2010～2013 年
城区扩展面积/km²	112.8	122.13	87.45
扩展速度/(km²/a)	22.56	24.43	29.15
扩展速度指数	10.74	7.56	6.55

从表 6-2 中可看出，随着经济的快速发展及城市化水平的不断提高，成都市城区面积、扩展速度在各监测时段均在增加，参照刘盛和等(2000)的研究方法，以年均扩展速度高低把建成区扩展差异分为 4 种类型：高速扩展(≥17 km²/a)，快速扩展(8~17 km²/a)，中速扩展(5~8 km²/a)，缓慢扩展(0~5 km²/a)，可见成都市三个监测时段都属于高速扩展。但是与此同时，扩展速度指数呈递减趋势，说明近年来成都市在西部大开发政策带动下进入了加速发展时期。

3. 城市空间扩展的地域差异分析

城市扩展强度指数是指某空间单元在一定时期内的城市土地利用扩展面积占其土地总面积的百分比。通过扩展强度指数来对比分析不同区域城区扩展的强度特征，反映城市空间扩展的地域差异性，对比结果如图 6-2 所示。

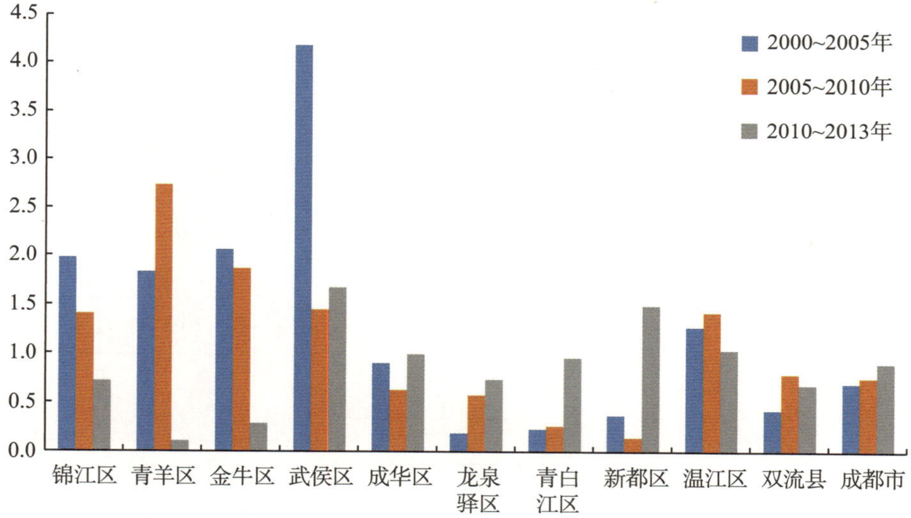

图 6-2 监测区域各区县扩展强度图

由图 6-2 可见，成都市城市扩展存在显著的地域差异。其中，武侯区在 2000～2005 年和 2010～2013 年两个监测时段扩展强度均最大；青羊区在 2005～2010 年的扩展强度为监测各区域最大；双流区和龙泉驿区扩展强度相对较小，三个监测时段扩展强度指数均小于 0.8。总体来看，成都市三个监测时段扩展强度指数均小于 0.9，呈现出逐渐增大的趋势且增速平稳。

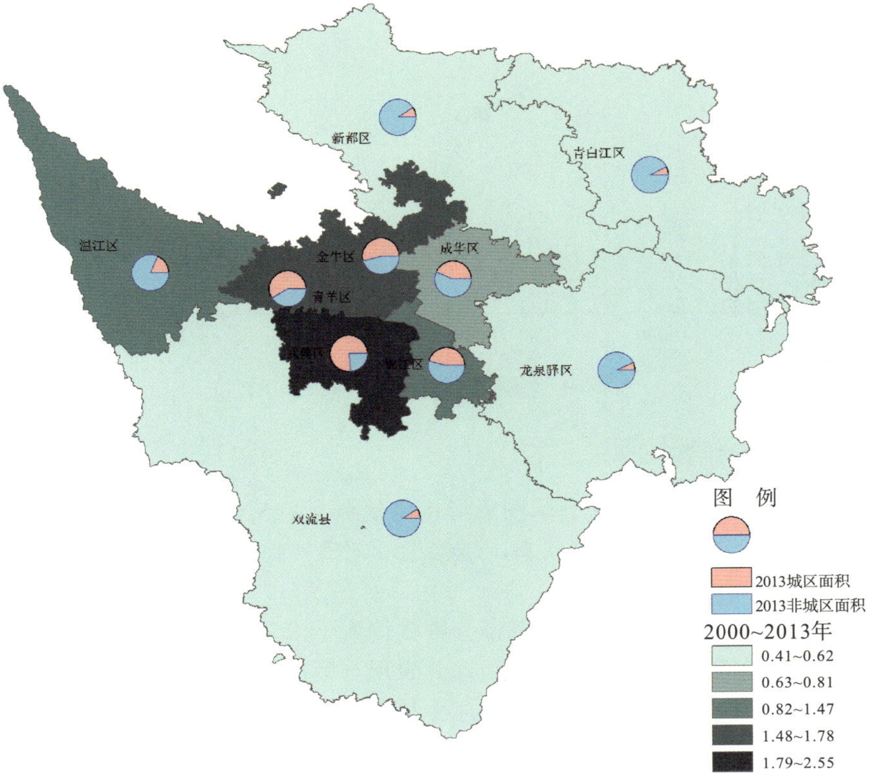

图 6-3　监测区域各区县城区面积占比和扩展强度分级图

由图 6-3 可知，武侯区、青羊区、金牛区扩展强度相对较大，城区面积占比均已超过 50%，未来扩展潜力较小；而青白江区、新都区、龙泉驿区、双流区扩展强度指数相对较小，截至 2013 年城市面积占比均小于 10%，未来扩展潜力较大。

6.1.3.2　城市空间扩展形态特征分析

城市形态的紧凑度和分维数的变化，反映了城市空间扩展的集约化程度。这两个指标有较强的独立性和相互验证的效果，因而被广泛应用于城市空间的研究。

1. 城市空间形态的紧凑度

城市形态的紧凑度取值为 0～1 时，值越大形状越具有紧凑性，值越接近 1 形状越紧凑，越接近于圆形；反之，形状紧凑度越差。

图 6-4 所示，监测时段内城区的紧凑度指数逐渐降低，可知成都市的城市空间分布情况越来越离散，城市形态也变得越来越复杂。其中，2010～2013 年时段的紧凑度变化速率明显小于前两个监测时段，城市空间分布变离线的趋势有所减弱。

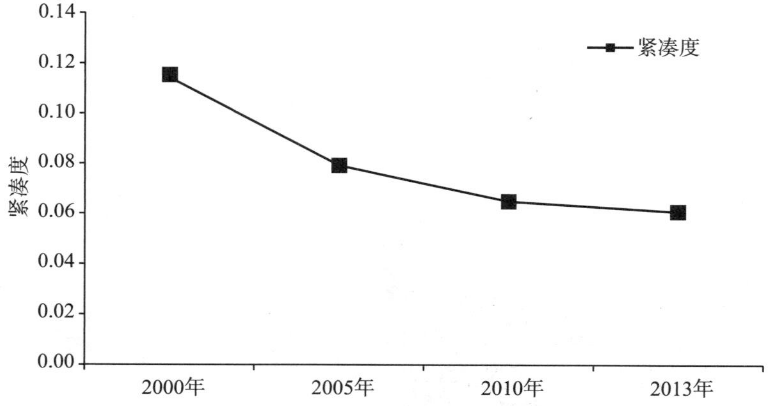

图 6-4 成都市紧凑度随时间变化图

2. 城市空间形态的分维数

分维数理论范围为 1～2，值越大表示图形形状越复杂。当 S_t<1.5 时，说明图形趋向于简单；当 S_t=1.5 时，表示图形处于布朗随机运动状态，越接近于该值，稳定性越差；当 S_t>1.5 时，则图形更为复杂。

从图 6-5 得知，2000～2013 年期间成都市分维数均大于 1.5，且表现为随时间逐渐增大的趋势，说明成都市城区空间形态较复杂且越来越复杂，此表现与紧凑度形成了相互验证的效果，说明成都市城区注意是以向外扩展为主。分维数的增加速度呈现出逐渐变缓的趋势，说明城区扩展趋向整齐规则。

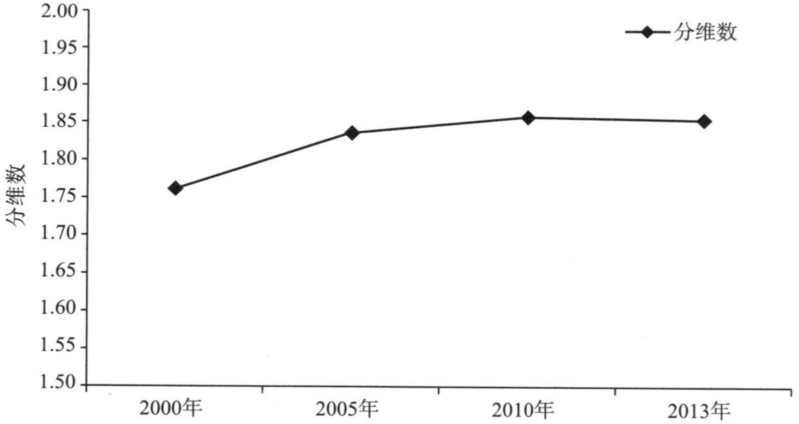

图 6-5 成都市分维数随时间变化图

3. 城市空间重心转移

成都市城区各监测时相的城市重心位置，如图 6-6 所示。2000～2010 年成都市城区的重心位置主要是向西南方向转移，2010～2013 年间，随着天府新区的成立及建设的推进，城市重心开始向东南方向转移。

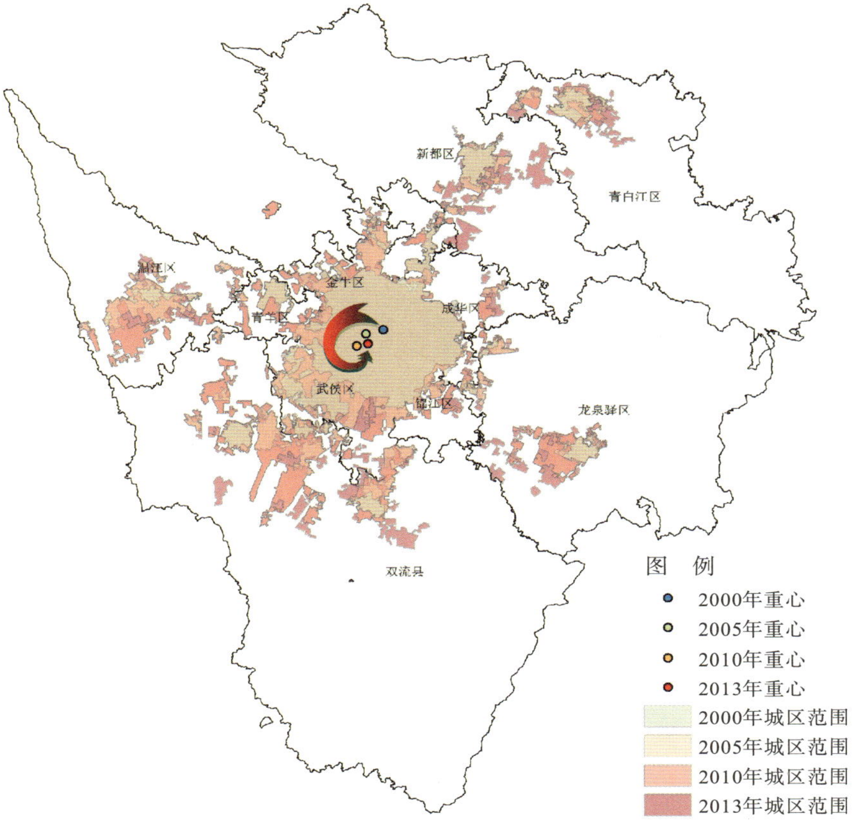

图 6-6　成都市城市空间重心转移图

6.1.3.3　城市空间扩展的空间特征分析

1. 城市扩展空间象限方位分析

城市空间扩展的方向性对于研究城市的发展是十分重要的，对城市管理更有应用价值。为了研究成都市城区扩展的方向性，本节应用几何学上的象限方位分析法，以 2000 年城区几何中心为原点，东西方向为横轴，南北方向为纵轴，按四个象限八个方位将研究区域划分成八个象限区域，计算并对比各监测时段八个方向的扩展速度指数(图 6-7)，从而分析城市用地扩展变化的方向差异。由图 6-8 可知，2000～2005 年和 2005～2010 年两个监测时段扩展速度指数最大的都是正西方向，2010～2013 年扩展速度指数最大的是东北方向。

为了更直观地展示不同方位上扩展情况，本书将每个研究时段的城镇扩展强度分成了高速扩展、快速扩展、中速扩展和缓慢扩展四级。由图 6-8 可看出，2000～2013 年，正西方向扩展速度指数最大，属高速扩展，其次是正南方向，属快速扩展，即正西和正南是成都市 2000～2013 年扩展的主导方向。

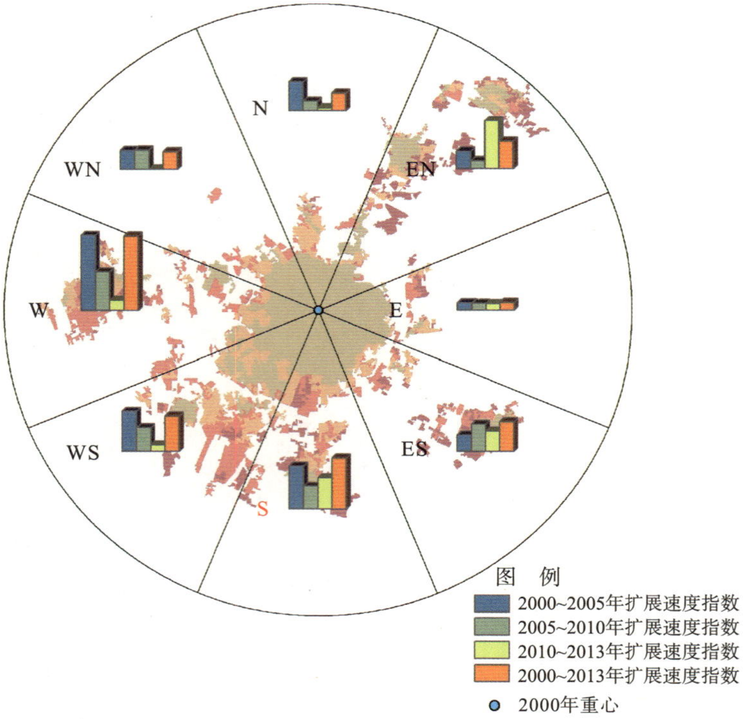

图 6-7 成都城市扩展空间方位分析图

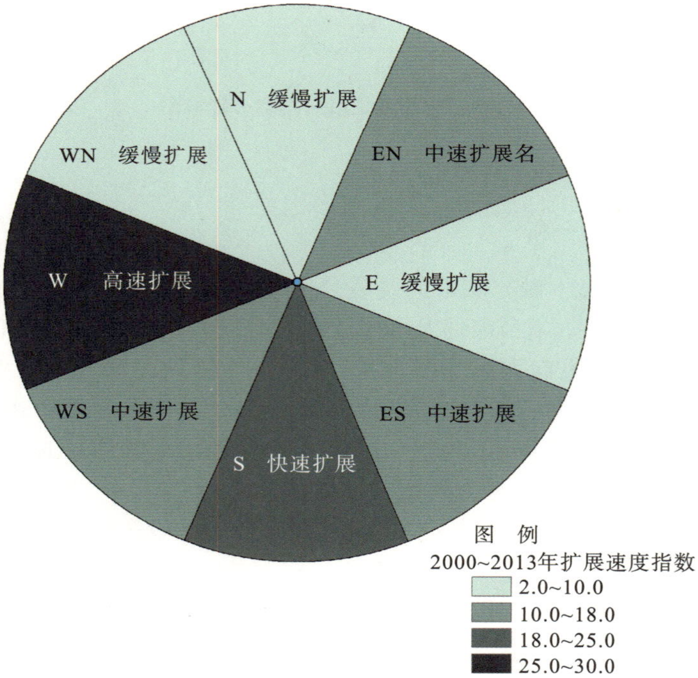

图 6-8 城市扩展速度指数空间范围差异分级图

2. 城市空间扩展模式分析

成都市城市扩展在空间上主要表现为轴向扩展和外向扩展两种形式。轴向扩展是沿交通干线进行扩展，而外向扩展则主要是以城市重心点为中心向外围地域扩展，空间距离衰减规律是造成这两种扩展形态的主要原因。通过对 2000～2013 年成都市扩展情况分析得出，成都市的发展模式为复合型扩展模式。早期的成都市中心城区主要是同心圆圈层扩展模式，后来随着高速公路等运输干线的建成，以及双流机场的两次扩建，继而在主城区周边的各区县也出现圈层扩展，从而形成复合型扩展模式(图 6-9、图 6-10)。

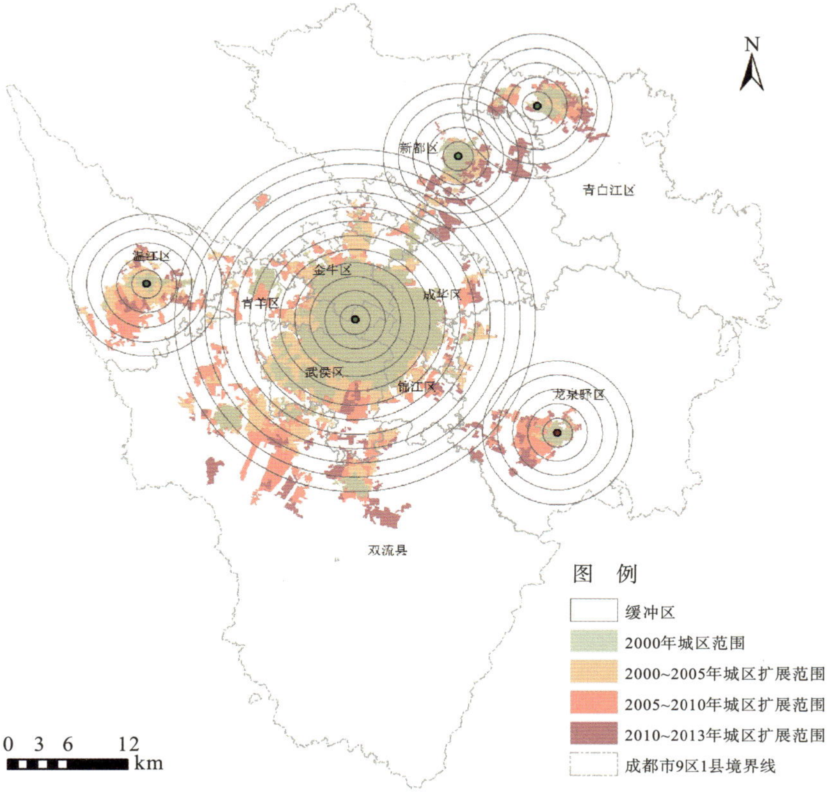

图 6-9　成都市城市用地扩展缓冲区分析图

6.1.3.4　城市空间扩展弹性分析

城市用地扩展系数(也称弹性系数)指一定时期内城市用地增长率与城市人口增长率之比，可直接反映城市城区扩展与城市人口增长协调性问题。为促进城镇化健康发展，国际社会一般采用城市用地扩展系数作为评价指数，其最优为 1～1.12。大于此值表明城市城区面积增长速度超过城市人口的增长速度，即城市扩展过快，易造成土地资源的浪费；小于此值表明城市城区面积增长的速度慢于城市人口的增长速度，即城市扩展过慢，城市承载压力较大。

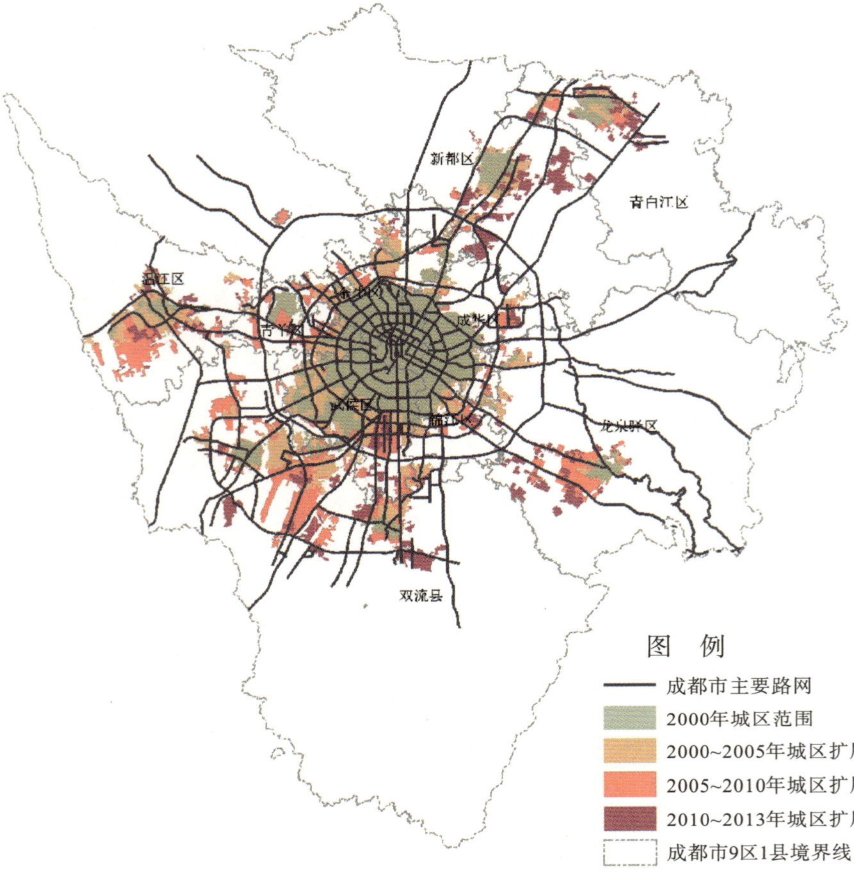

图 6-10　城市用地扩展与主要路网关联性分析图

从四川省统计年鉴得到成都市各时期非农人口数量，结合城市用地增长率计算三个监测时段的扩展弹性系数结果如表 6-3 所示。

表 6-3　成都市各监测时段城市用地扩展系数统计表

时间	2000～2005 年	2005～2010 年	2010～2013 年
城市用地增长率/%	8.97	6.63	6.16
城市人口增长率/%	8.21	4.22	3.32
弹性系数/(*K*)	1.09	1.57	1.85

由表 6-3 可知，2000～2005 年城市用地扩展弹性系数与最优值非常接近，说明此阶段城市扩展速度与城市人口增长速度之间较为协调。2005～2010 年和 2010～2013 年两个阶段，城市用地扩展弹性系数持续上升，且远远超过了 1.12，表明此两阶段成都市的城市用地扩展速度远高于城市人口增长速度，有可能会造成土地资源的浪费。经分析可知，截至 2013 年，成都市的常住人口数比户籍人口多 227.1 万人，占成都市非农户籍人口数的 42.5%，增加了对城市用地的需求。

6.1.3.5　城市空间扩展驱动因素及灰色关联分析

城市空间扩展的驱动因素很多，且往往互为影响、累加或交叉重叠起作用，比如城市经济的发展是吸引非农人口流入的重要因素，一般可把这些因素概括为自然地理环境、政策与规划、社会经济因素三大类。

成都市位于我国西南地区最大的平原成都平原的中部，四川盆地西部的岷江中游地段，地形条件十分优越，位于岷江干流上的都江堰水利工程为广阔的成都平原提供了丰富的水资源，成都市的空间扩展与空间形态演变受自然地理环境的影响相对较小。

社会经济因素是直接影响成都市城市扩展的规模、方向、速度和空间结构的重要驱动因素。社会经济因素包含经济、人口、基础设施、科技等多个方面，本节在总结近年来城市扩展研究结果基础上，结合成都市扩展情况，选取非农人口数、二、三产业生产总值、全社会固定资产投资额三个主要驱动因素进行灰色关联分析，通过计算出关联系数、关联度的大小对各驱动因素的驱动力大小进行排序。

表 6-4　成都市主要社会经济驱动因素灰色关联统计表

时间	驱动因素		
	全社会固定资产投资	二、三产业值	非农人口数
2000 年	0.79	0.75	0.85
2005 年	0.75	0.76	0.79
2010 年	0.9	0.78	0.9
2013 年	0.86	0.79	0.84
2000～2013 年	0.83	0.77	0.85

由表 6-4 可见，2000～2013 年，各驱动因素对成都市扩展变化的影响次序为：非农人口＞全社会固定资产投资＞二、三产业值。

西部大开发政策带动城乡一体化的全面推进、成都市城市总体规划，天府新区建设等政策与规划因素，对近年来成都市的城市空间扩展均有明显的驱动作用。

6.1.3.6　城市空间扩展趋势预测

本书基于影像提取的城区范围与统计年鉴公布的城市建成区范围的界定标准不一样，故在绝对值上会存在一定的差异，但相对变化量的趋势基本保持一致。通过对比发现，2000 年、2005 年、2010 年三个监测时相的城区面积均小于统计年鉴公布的建成区面积，但 2013 年基于影像采集的城区面积却比建成区面积多了 3.63 km^2。通过与成都市总体规划进行对比不难发现，成都市城市空间扩展与城市规划的吻合度很高，但还是有个别区域存在未严格执行城市规划的情况（图 6-11）。

根据影像上客观提取的成都市城区边界成果，统计得到四个时相的城区面积，拟合构建城区面积随时间变化的线性增长模型，从而预测未来城区扩展的趋势（图 6-12）。

根据线性拟合方程可以估计，到 2020 年，成都市城区面积将达到 697.5km^2，与《成都市土地利用总体规划（2006—2020 年）》计划的 2020 年城市建设用地 634.65km^2相比，多了 62.89km^2，建议未来 5 年部分限制建设区域可适当加强监管力度。

建议加强城市扩展的动态监测，及时掌握城市空间扩展的信息，通过城市空间扩展监测，及时、准确地获取城市空间扩展信息，对于合理制定和完善城市规划、实现城市经济与生态环境的可持续发展具有重要意义。

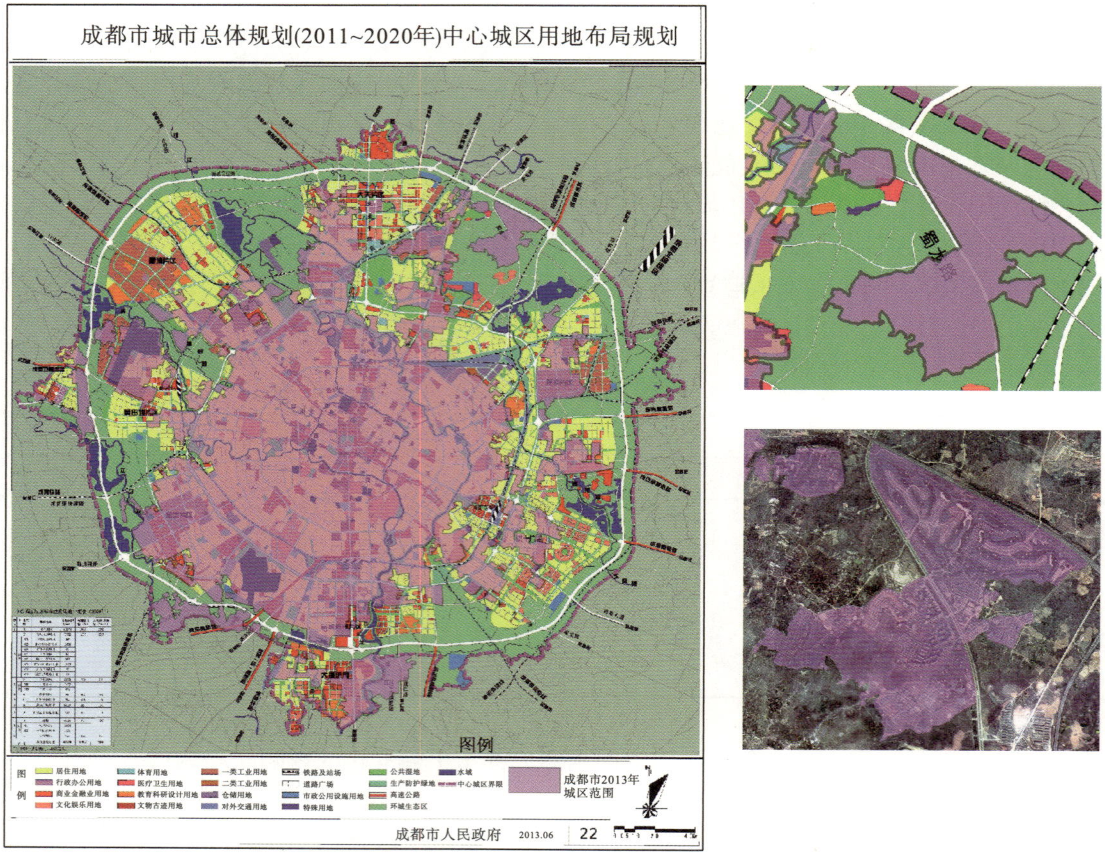

图 6-11　成都市 2013 年城市用地与土地利用总体规划叠加对比图

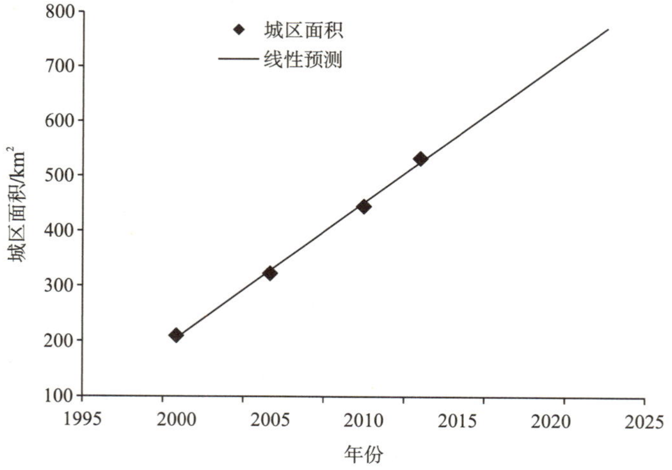

图 6-12　成都市城市用地扩展趋势预测图

6.2　成渝经济区发展变化监测

6.2.1　概述

区域规划最早产生于 20 世纪二三十年代，是在城市规划的基础上发展起来的，旨在从较大的空间范围内协调解决城市及区域发展问题，在兼顾具体城市规划目标的基础上，通过内部协同、优势互补等手段进行战略布局，提高区域的一体化水平，体现区域的整体优势。尤其是随着国家新一轮城镇化规划的深入推进，作为推进城镇化的主体形态的城市群得到了快速的发展，现已形成以京津冀、长三角、珠三角三个国家级城市群为代表的一批已具有一定规模的城市群，以城市群、都市圈为对象的众多区域规划开始进入实施阶段，部分区域规划已进入实施中后期。

新的形势下，区域发展的方式和动力等都在发生着深刻变化，如何从地理空间信息挖掘和分析背后的经济社会变迁，从而为国家和区域战略决策提供客观依据，是地理空间信息服务面临的新课题。因此，本节以地理国情普查与监测数据为基础，并结合相关专题数据，进行地理空间信息的处理、挖掘和分析，开展成渝经济区泸州市区域规划是规划动态跟踪与评估的试点探索。

6.2.2　监测内容与方法

6.2.2.1　监测内容

基于地理国情普查与监测数据的区域规划实施监测内容主要包括综合经济实力、地表覆盖、基础设施、城镇化、产业结构、公共服务及生态环境等 7 个方面内容，各监测内容对应的监测指标详见图 6-13 所示。

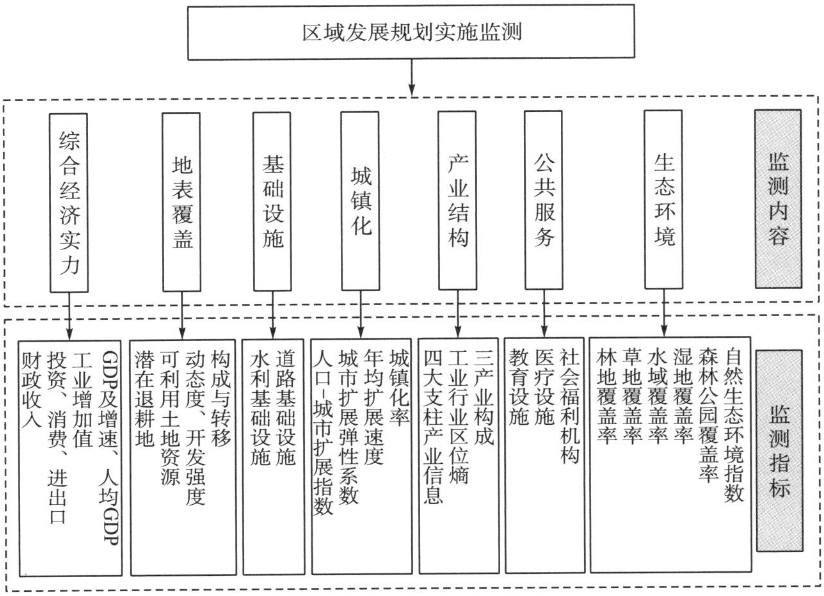

图 6-13　区域发展规划实施监测内容与指标

6.2.2.2 监测方法

以地理国情普查与监测数据为基础，融合统计、教育、卫生、民政等部门社会经济资料，选取地表覆盖、基础设施、城镇化、产业结构、公共服务、生态环境等7个监测内容进行区域规划实施监测，采用空间统计、区域综合分析等方法，深入分析监测区经济社会发展情况及存在的问题。区域规划实施监测具体技术路线如图6-14所示。

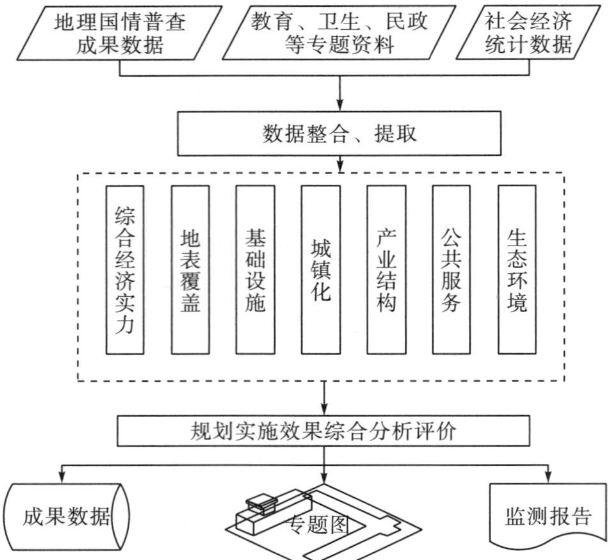

图6-14 区域规划实施监测技术路线

6.2.3 监测结果与分析

6.2.3.1 综合经济实力监测

在经济增长放缓的大背景下，泸州市2010～2014年地区生产总值年均增速仍达12.7%，高于全国、四川省的平均水平。2014年泸州市地区生产总值达到1259.73亿元，上升到四川省第8位(图6-15)。同时泸州市工业增加值平稳增长，由2010年的377.15亿元增加至2014年的702.90亿元，年平均增长率达16.8%(图6-16)。2014年，酒业、能源、机械制造、化工四大支柱产业实现增加值486.55亿元，占总增加值的64.05%，展现出了支柱产业的强大支撑作用。

2010年以来，泸州投资、消费和进出口持续增长，对经济增长的拉动能力不断提升(图6-17)；同时2013年市财政收入较2010年实现翻番，突破百亿大关，2014年地方公共财政收入达115.93亿元，较上年增长8.0%(图6-18)。

从整个泸州市经济发展格局来看，以长江为界，北部三个县(区)经济发展水平远高于南部区域。就经济总量而言，江阳区属于首位区域，2013年地区生产总值突破了300亿元，2014年达352.91

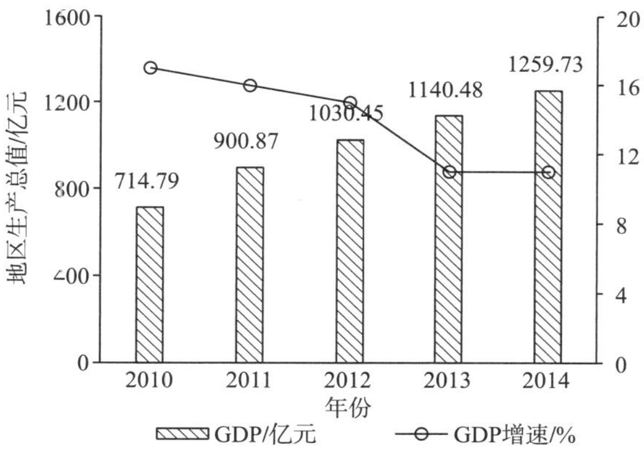

图 6-15　2010～2014 年泸州市地区生产总值及其增速

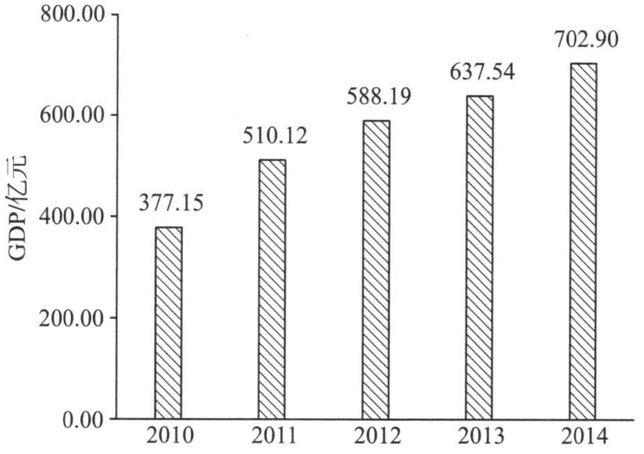

图 6-16　2010～2014 年泸州市 GDP

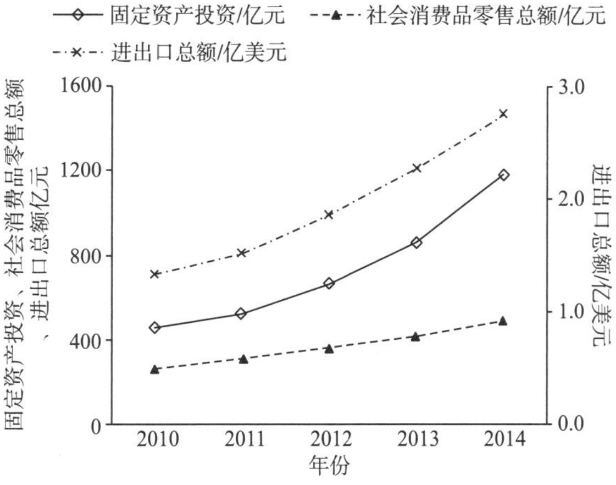

图 6-17　2010～2014 年泸州投资、消费及进出口

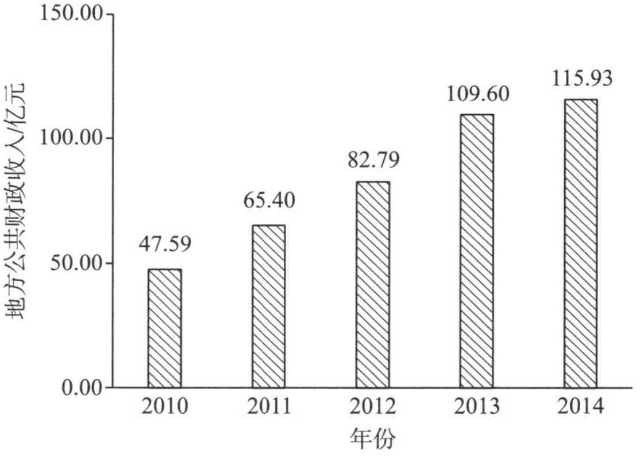

图 6-18　2010～2014 年泸州市财政收入

亿元，占整个泸州市地区生产总值的 28%；其次是泸县，2013 年地区生产总值突破 200 亿元，2014 年达 237.03 亿元；龙马潭区行政面积虽小，但是经济总量仅次于江阳区和泸县(图 6-19)。

2010～2014 年，泸州市各县(区)的人均 GDP 有不同程度增长，但南北发展不平衡。以长江为界的北部地区三个县(区)增长较快，其中江阳区和龙马潭区在 2010 年已超过了全国、四川省平均水平，江阳区增加的绝对值最大，4 年增加了 2.52 万元/人；而南部区域整体发展水平较差，远低于泸州市平均水平、四川省平均水平，其中叙永县增长最为缓慢(图 6-20)。

6.2.3.2　地表覆盖变化监测

总体来讲，2010～2014 年泸州市地表覆空间结构变化不剧烈，土地开发强度不断提高。重点开发区、限制开发区的地表覆盖变化动态度与其主体功能区定位相符，土地开发强度变化符合其主体功能区要求。泸州市空间开发格局有待进一步优化。针对泸州市地表覆盖构成与转移、动态度与开发强度、可利用土地资源、潜在退耕地的详细情况如下。

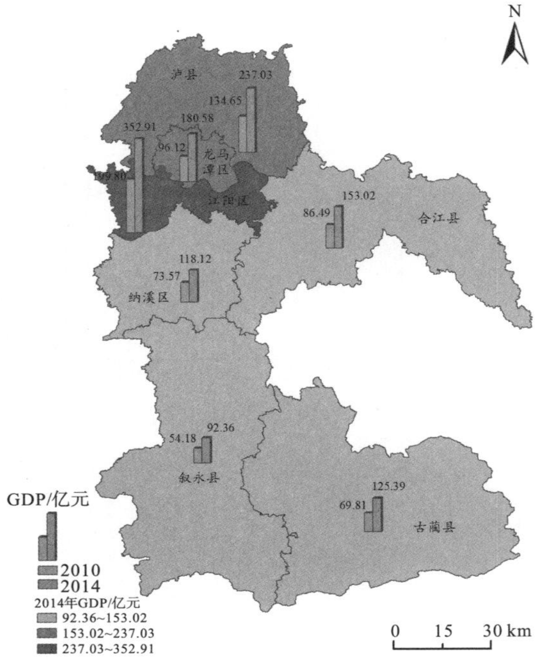

图 6-19　2010～2014 年泸州市县(区)GDP

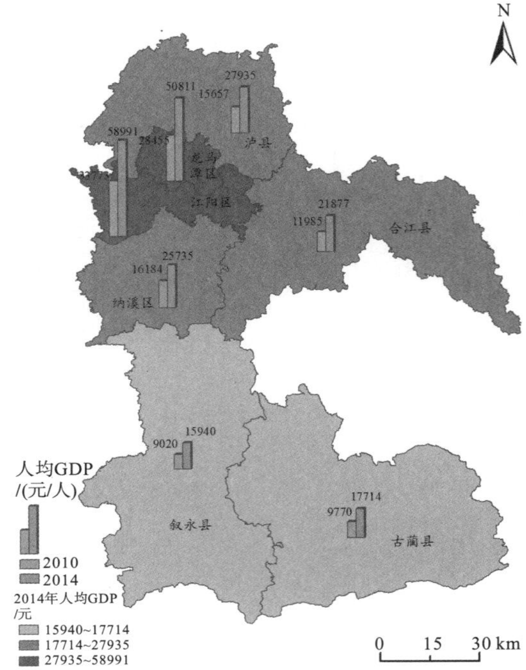

图 6-20　2010～2014 年泸州市县(区)人均 GDP

1. 构成与转移分析

监测表明(图 6-21)，泸州市地表覆盖以林地与耕地为主，两者面积总占比约 90%；其中林地面积占比约 55%，主要分布于中部丘陵低山区，包括合江县和纳溪区大部、叙永县和古蔺县的北部地区，包含福宝、黄荆两大原始森林公园以及省、市级重要风景名胜区；耕地面积占比约 35%，主要分布于北部沿江河谷地区及南部低中山区；此外，房屋建筑(区)、园地、水域面积占比均超过 1%。总体而言，2010～2014 年泸州市地表覆盖变化较小，构成比例基本维持原状。

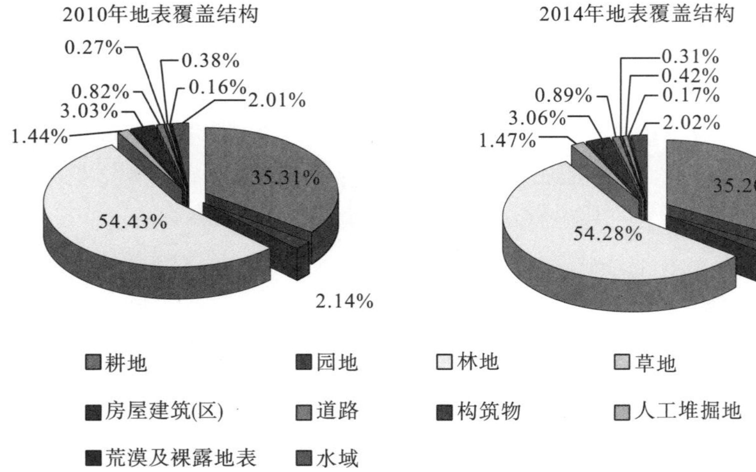

图 6-21　2010～2014 年泸州市地表覆盖构成

由表 6-5、图 6-22 表明：①2010～2014 年泸州市地表覆盖类型变化主要集中在江阳区和龙马潭区、长江和沱江沿线、交通干线两侧；②地表覆盖转换类型主要包括耕地、林地、草地等向人工堆掘地的转换，及人工堆掘地向道路和房屋建筑(区)的转换；③耕地和林地面积分别净减少了 13.34km^2、18.15km^2；房屋建筑(区)、道路、构筑物、人工堆掘地等 4 类建设用地增加了 22.56 km^2。

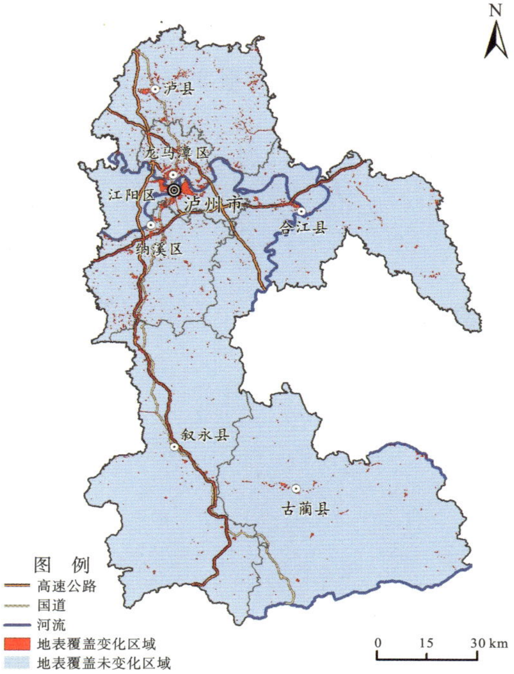

图 6-22　2010～2014 年泸州市地表覆盖变化空间分布

表 6-5　2010～2014 年泸州市地表覆盖变化转移矩阵　(单位：km^2)

		2014 年 耕地	园地	林地	草地	房屋建筑(区)	道路	构筑物	人工堆掘地	荒漠与裸露地表	水域	2010 年合计
2010 年	耕地	4295.53	1.50	2.65	1.53	1.05	0.49	1.52	12.65	0.38	1.75	4319.05
	园地	0.04	261.67	0.02	0.01	0.00	0.04	0.04	0.13	0.00	0.00	261.95
	林地	9.53	2.27	6635.92	3.63	0.24	0.22	0.32	5.28	0.30	0.30	6658.03
	草地	0.04	0.09	0.31	170.77	0.60	0.12	0.53	3.46	0.21	0.37	176.51
	房屋建筑(区)	0.06	0.08	0.12	0.04	369.53	0.06	0.08	0.98	0.00	0.01	370.96
	道路	0.01	0.01	0.01	0.00	0.00	99.75	0.00	0.01	0.00	0.00	99.79
	构筑物	0.00	0.00	0.00	0.01	0.05	0.01	33.06	0.11	0.00	0.00	33.24
	人工堆掘地	0.40	0.16	0.53	3.25	2.83	8.14	2.27	28.46	0.07	0.03	46.13
	荒漠与裸露地表	0.00	0.00	0.01	0.00	0.00	0.00	0.00	0.00	19.72	0.07	19.81
	水域	0.11	0.01	0.29	0.69	0.02	0.01	0.20	0.39	0.25	244.30	246.26
2014 年合计		4305.72	265.78	6639.88	179.94	374.33	108.83	38.02	51.48	20.94	246.83	12231.73

2. 动态度与开发强度

2010～2014 年，泸州市地表覆盖变化综合动态度为 0.15%/a，从单一类别来看，人工堆掘地、构筑物的变化动态度较高，人工堆掘地变化动态度超过了 10%/a。江阳区、纳溪区、龙马潭区、泸县、合江县的地表覆盖变化动态度相对较高，叙永县、古蔺县的动态度较低(图 6-23)。

2010～2014 年，泸州市开发强度由 4.50%提高到 4.68%，高于当前四川省与我国总体水平。江阳区、龙马潭区、纳溪区、泸县等重点开发区开发强度有所提高，而叙永县、古蔺县等限制开发区开发强度变化相对较小(图 6-24)。

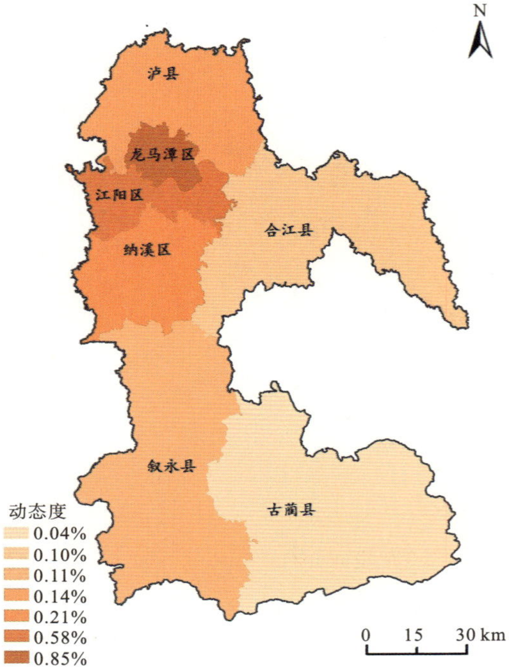

图 6-23　2010～2014 年泸州市土地开发强度变化

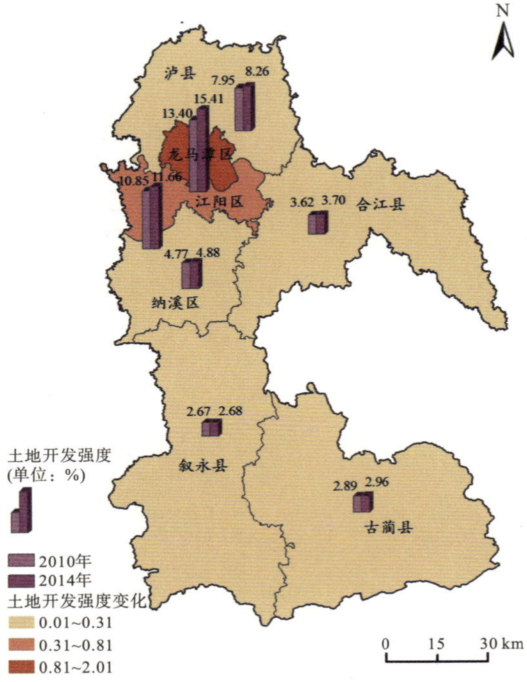

图 6-24　2010～2014 年泸州市动态度空间分布

3. 可利用土地资源

由表 6-6 和图 6-25 可知，2014 年泸州市可利用土地资源面积约 245.70 km^2，人均可利用土地资源约 0.58 km^2/万人，人均可利用土地资源丰缺度等级为缺乏(丰富≥13.33、较丰富 13.33～5.34、中等 5.34～2.01、较缺乏 2.01～0.67、缺乏 <0.67)。

表 6-6　2014 年泸州市可利用土地资源统计

行政区划名称	可利用土地资源/km^2	人均可利用土地资源/(km^2/万人)
江阳区	13.86	0.23
纳溪区	29.48	0.64
龙马潭区	11.82	0.33
泸县	48.27	0.57

续表

行政区划名称	可利用土地资源/km^2	人均可利用土地资源/(km^2/万人)
合江县	45.48	0.65
叙永县	52.82	0.91
古蔺县	43.98	0.62
合计	245.70	0.58

4. 潜在退耕地分析

由图 6-26 可知，2014 年，泸州市坡度≥25º 的潜在退耕地总面积超过 230km^2，占泸州市耕地面积的 5.48%，主要分布在叙永、古蔺与合江县的山区。

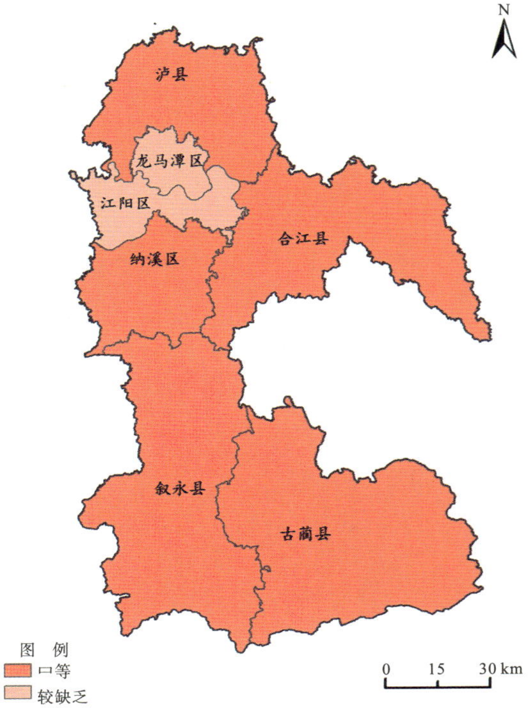

图 6-25　2014 年泸州市可利用土地资源丰缺度

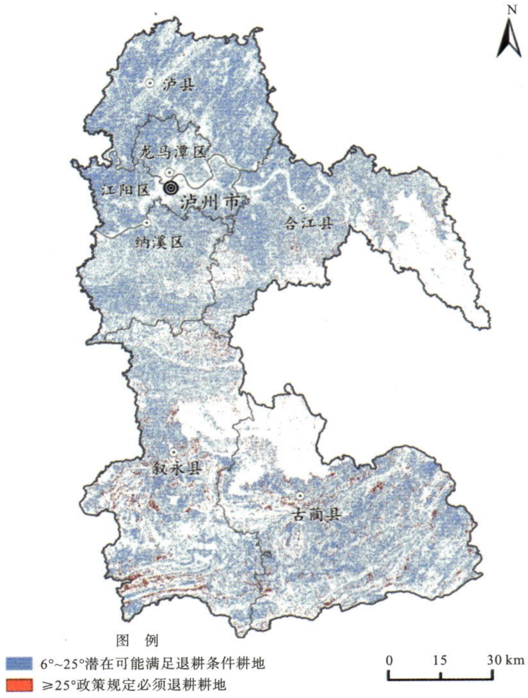

图 6-26　2014 年泸州市潜在退耕地空间分布图

6.2.3.3　基础设施监测

1. 道路基础设施

监测表明(图 6-27～图 6-29)：目前泸州市基本形成了以 G76 厦蓉高速、S4 成自泸(G4215 蓉遵高速泸州段)、G93 成渝环线高速“两纵一横”三条高速公路为主骨架，以国道 G321、省道 S207、S307、S308、S309 为脉络，横穿东西、纵贯南北、沟通周边的公路网格局，基本形成泸州与成渝经济区及周边其他城市“1～3 小时交通圈”，市域范围内“1 小时交通圈”(除古蔺外)。

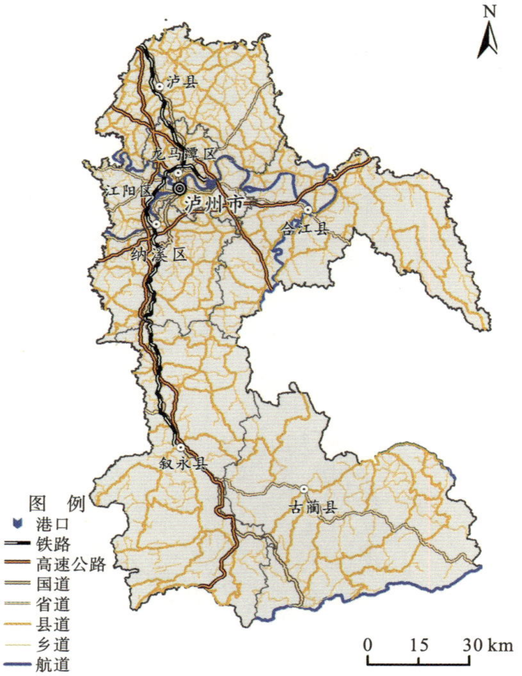

图 6-27 2010～2014 年泸州市道路基础设施空间分布图

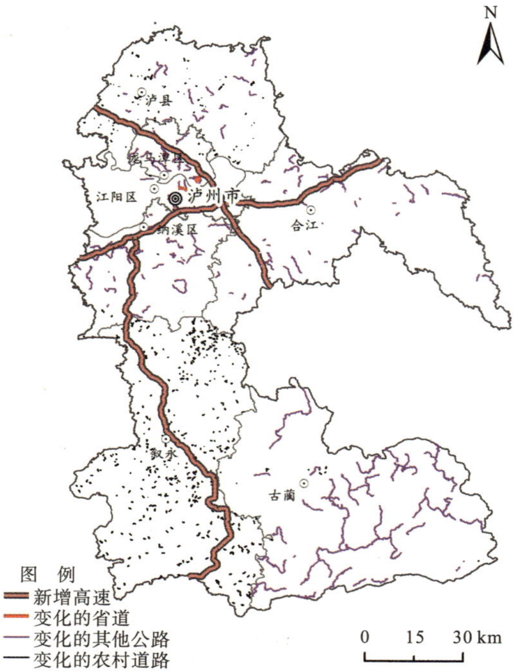

图 6-28 2010～2014 年道路变化空间分布图

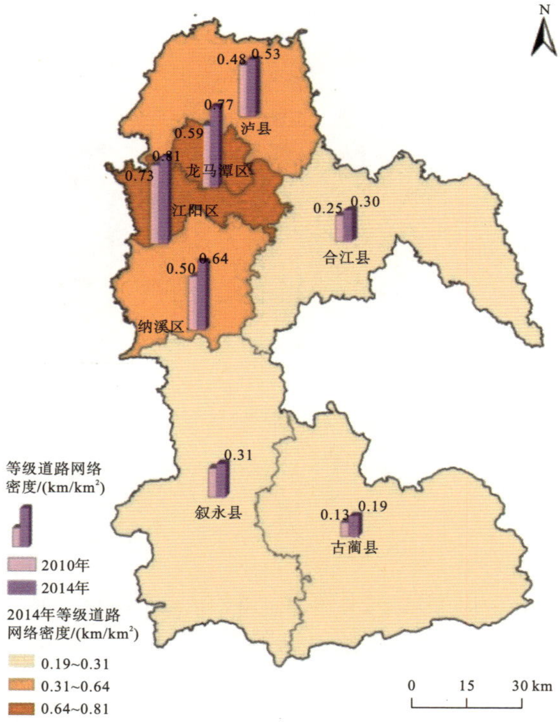

图 6-29 2010～2014 年等级道路网络密度变化图

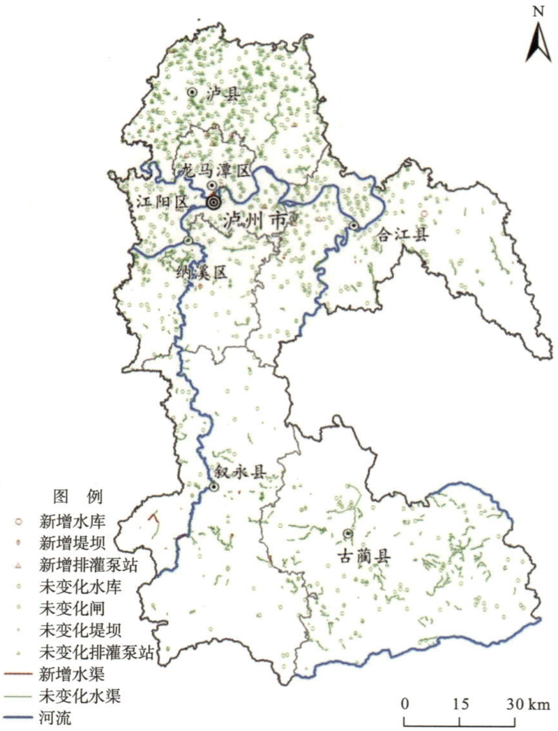

图 6-30 2010～2014 年泸州市水利基础设施变化空间分布图

2. 水利基础设施

泸州市水利基础设施主要分布于长江、沱江及赤水河流经的泸县、龙马潭区、江阳区、纳溪区及合江县北部县(区)。泸州市“十二五”水利专项规划中明确指出要加强农田水利基本建设，加快已建成工程续建配套与节水改造，抓紧完成现有病险水库和在建水利工程建设，新建一批大中型水利枢纽工程；加强农村机电灌溉设施建设和改造。2010～2014 年，泸州市水利设施总量增加了 35 个，主要分布在泸州市北部，其中排灌泵站新增 14 个，堤坝新增 5 个，水渠增加 14 个、长度超过 12km，水库新增了 2 个。从监测结果来看，泸州市在不断加大水利设施投入，并且水利设施数量明显增多(表 6-7、图 6-30)。

表 6-7 2010～2014 年泸州市水利基础设施变化统计

	堤坝		闸数量/个	排灌泵站数量/个	水渠		水库/个	总量/个
	数量/个	长度/km			数量/个	长度/km		
2010 年	327	74.56	74	588	750	816.28	579	2318
2014 年	332	76.77	74	602	764	828.93	581	2353
变化量	5	2.21	0	14	14	12.65	2	35
变化率/%	1.53	2.96	0.00	2.38	1.87	1.55	0.35	1.51

6.2.3.4 中心城区建成区空间扩展监测

2010～2014 年，泸州市中心城区建成区面积由 2010 年的 82.66 km^2 扩展至 2014 年的 113.17 km^2，建成区面积年均扩展 8.17%，中心城区主要向南北向、西向扩展，扩展模式总体上属于填充型(图 6-31)；中心城区常住城镇人口由 2010 年的 84.73 万人，增加至 2014 年的 111.59 万人；监测期内，泸州市中心城区建成区增长弹性系数为 1.01，国际社会公认合理标准为 1～1.12(表 6-8)；泸州市中心城区建成区人口-城市扩指数 1.14，表明泸州市中心城区建成区面积扩展有人口支撑，不存在建成区的盲目扩展。

表 6-8 2010～2014 年泸州市中心城区建成区扩展分析表

年份	常住人口/万人	建成区面积/km^2	年均扩展速度/%	城市扩展弹性系数	人口-城市扩展指数
2010 年	84.73	82.66	8.17	1.01	1.14
2014 年	111.59	113.17			

泸州市作为全省唯一的地级市列入全国新型城镇化试点，泸州市全面启动“两江新城”建设，中心城区建成区面积 113.17 km^2，人口达到 116.59 万人，成为长江上游除重庆主城区外首个百万人口大城市。西南医疗康健城、川滇黔渝接合部教科城加快建设，泸州市医学院更名为四川医科大学，城市辐射带动能力和综合服务功能全面提升。为落实国家《关于依托黄金水道推动长江经济带发展的指导意见》的有关精神，2014 年 12 月，泸州市委七届九次全会通过《抢抓长江经济带发展机遇加快泸州发展的工作意见》(以下简称《意见》)。《意见》指出，按照依托成渝、对接滇黔、拥江发展、产城融合、生态宜居的思路，优化城镇化布局，增强城市综合承载能力，着力打造长江上游川滇黔渝接合部区域中心城市。按照泸州市中心城区北进西延南跨东拓，以及拥江发展的城市空间发展战略，拓展优化城市发展空间，形成“三大产业园区”(四川泸州长江经济开发区、泸州高新技

术产业园区、泸州酒业集中发展区）和“两江新城”（沱江新城、长江生态湿地新城）发展格局。

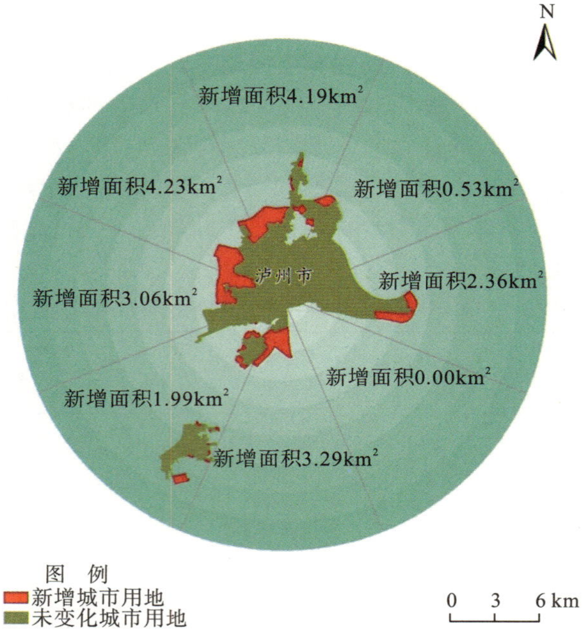

图 6-31 2010～2014 年泸州市中心城区空间扩展图

6.2.3.5 产业发展监测

2010 年、2014 年泸州市三次产业结构都呈现“二、三、一”格局。与 2010 年相比，2014 年泸州市第二产业比重由 56.5%上升到 60.3%，主导地位更加稳固，第一、三产业比重呈下降趋势（图 6-32）。

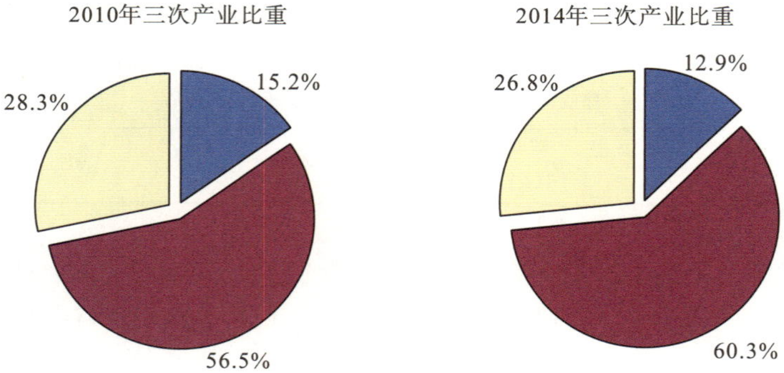

图 6-32 2010 年、2014 年泸州市三次产业构成图

分析泸州市工业行业区位熵（图 6-33、图 6-34），可以发现饮料制造业、造纸及纸制品业、印刷业、石油加工、炼焦及核燃料加工业、化学原料及化学制品业的区位熵都大于 1，表明泸州市这些行业专业化程度高，属于向外输出的行业，是重要的创收创汇行业。其中，饮料制造业区位熵最高，2014 年超过 8.5，支柱地位明显。

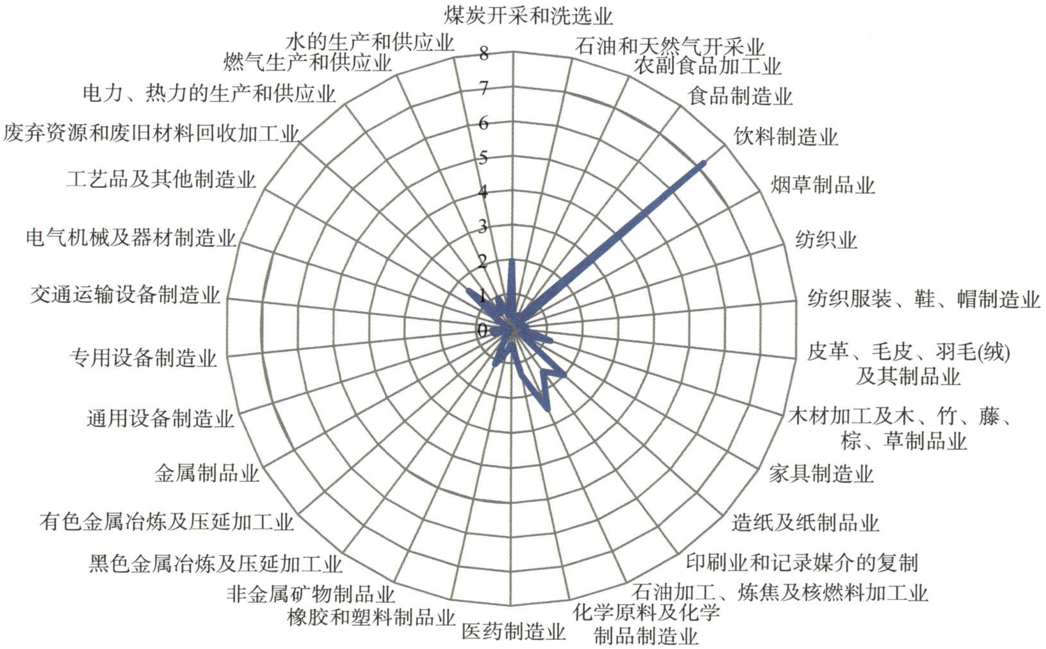

图 6-33　2010 年泸州市工业行业区位熵

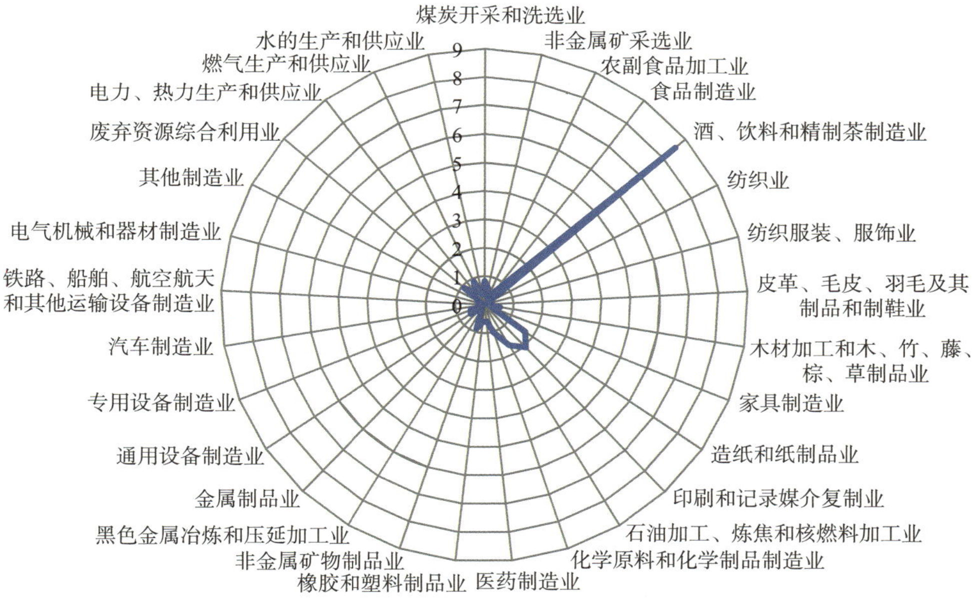

图 6-34　2014 年泸州市工业行业区位熵

酒业是泸州市四大支柱产业中规模最大的产业，2014 年企业数量占泸州市四大支柱产业规模以上企业总量的 42.06%(图 6-35)。从空间分布来看(图 6-36)，江阳区、龙马潭区和泸县是酒类制造业集中分布区；化工企业主要分布在纳溪区、龙马潭区和泸县；能源企业主要分布于泸县、合江县、叙永县和古蔺县；机械行业则主要分布于江阳区和龙马潭区。

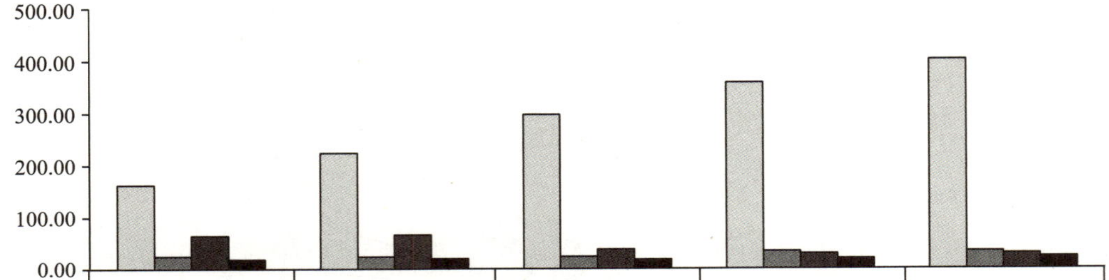

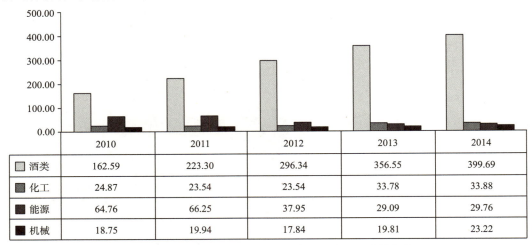

	2010	2011	2012	2013	2014
酒类	162.59	223.30	296.34	356.55	399.69
化工	24.87	23.54	23.54	33.78	33.88
能源	64.76	66.25	37.95	29.09	29.76
机械	18.75	19.94	17.84	19.81	23.22

图 6-35　2010～2014 年泸州市四大支柱产业工业增加值

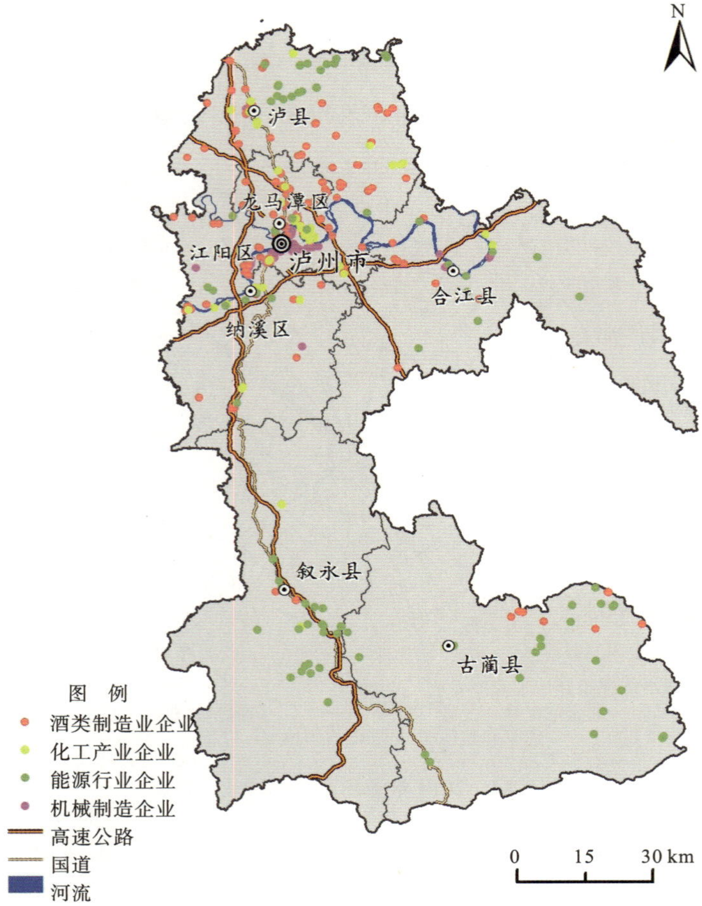

图 6-36　2014 年泸州市规模以上四大支柱产业企业空间分布图

6.2.3.6　公共服务监测

1. 教育

泸州市学校具有“南北密集，中部稀疏”的空间分布特点，其空间分布特征与人口一致。2010～2014 年，泸州市学校数量整体呈减少趋势。其间，泸州市学校新增 23 所，减少 65 所，净减少 42 所。新增学校主要位于江阳区、龙马潭区和泸县等经济条件相对较好、人口较密集的地区；减少的学校则集中分布在泸州市中部丘陵低山区和南部低中山区，即纳溪区、合江县、叙永县和古蔺县。减少的小学数超过减少学校总数的 50%，与小学入学人数在减少的客观情况相符（图 6-37、图 6-38）。

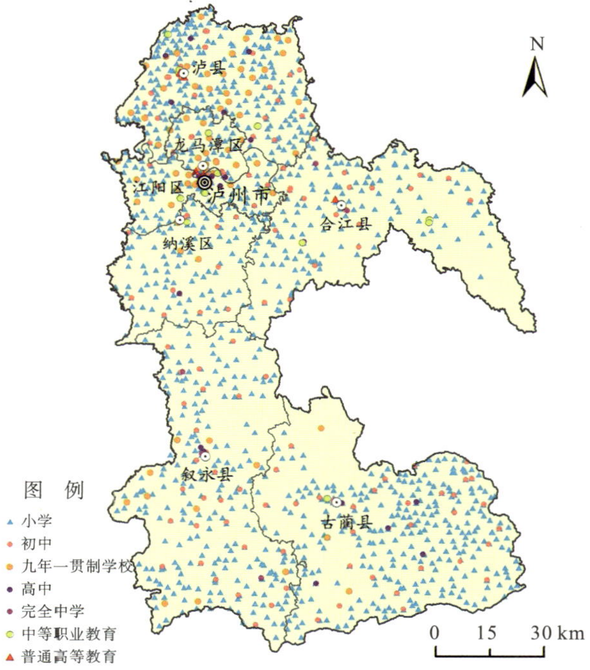

图 6-37　2014 年泸州市学校变化空间分布图

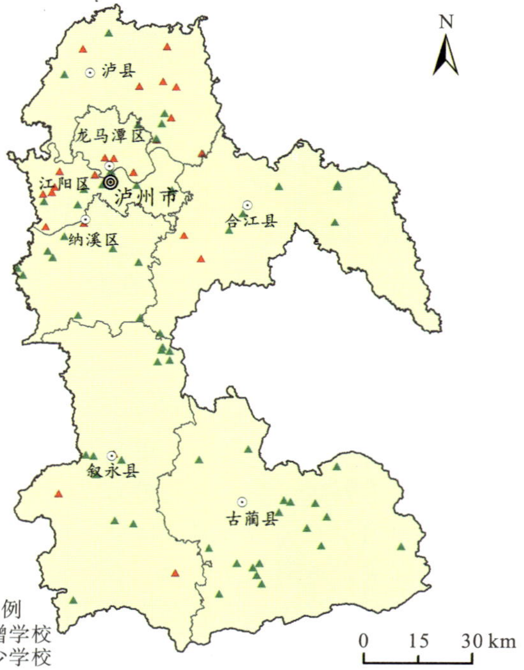

图 6-38　2010～2014 年泸州市学校变化空间分布图

2. 医疗

2010～2014 年，泸州市医疗卫生机构增加了 39 家，各县(区)医疗卫生机构均有所增加，但增幅不大。新增医疗卫生机构主要集中在泸州市人口密集、经济社会发展较好的纳溪区、江阳区、龙马潭区和泸县(图 6-39)。

3. 社会福利机构

泸州市社会福利机构数量呈现增长趋势，从 2010 年的 150 家增加到 2014 年的 169 家，增长率为 12.67%，增加的社会福利机构全部为敬(养)老院。除泸县的社会福利机构数保持不变外，其余县(区)均有不同程度的增加，其中合江县增长最快，增长率达到了 38.1%(图 6-40)。

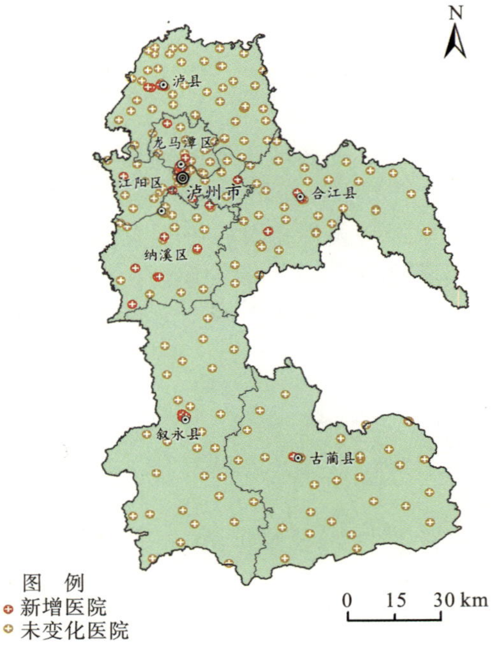

图 6-39 2010～2014 年泸州市医院变化空间分布图

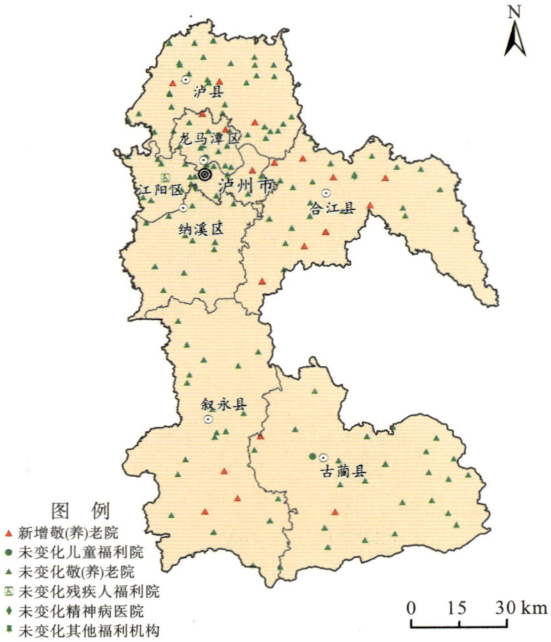

图 6-40 2010～2014 年泸州市社会福利机构变化空间分布图

6.2.3.7 生态环境监测

2010～2014 年，泸州市的基本生态指标整体变化不大，林地覆盖率略有下降，草地、水域覆盖率略有上升，湿地、森林公园覆盖率保持不变(表 6-9)。2014 年泸州市自然生态质量指数为 46.20，自然生态质量等级一般，空间分布呈现出中间高两头低的总体态势。自然生态质量较好的区域主要分布于泸州市的中部丘陵低山区，即合江县和纳溪区大部、叙永县和古蔺县的北部地区，该区域包含了福宝、黄荆两大原始森林公园以及省、市级重要风景名胜区，该区域地表覆盖以林地为主。北部浅丘宽谷区、南部低中山区及沿江河谷阶地等社会经济活动聚集区，生态环境质量则相对较差(图 6-41)。

表 6-9 2010 年、2014 年泸州市基本生态指标统计 (单位：%)

	林地覆盖率/%	草地覆盖率/%	水域覆盖率/%	湿地覆盖率/%	森林公园覆盖率/%
2010 年	54.43	1.44	2.01	1.43	0.02
2014 年	54.28	1.47	2.02	1.43	0.02
变化量	−0.15	0.03	0.01	0.00	0.00
变化率	−0.27	1.94	0.23	0.00	0.00

6.2.3.8 监测结论与建议

泸州市正处于工业化、城镇化“双加速”阶段，经济社会活动及其空间投射-地理信息变化剧烈。

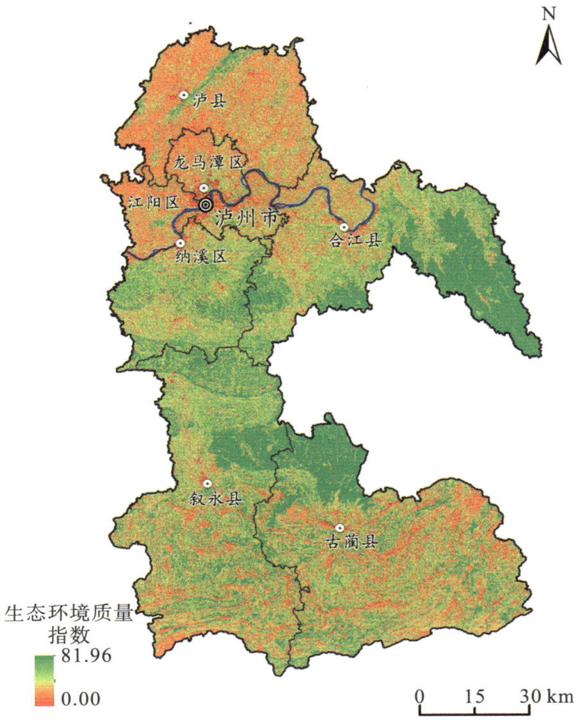

图 6-41　2014 年泸州市自然生态环境质量指数空间分布图

对以上监测内容进一步挖掘，我们可以发现泸州市经济社会发展的一些空间特点和演变趋势。监测结论如下：

(1) 川滇黔渝接合部区域中心城市、全国重要区域性综合交通枢纽和川南地区重要商贸物流中心初见轮廓。

(2) 空间开发格局进一步优化、生态环境建设稳步推进，但经济发展与用地矛盾、生产空间与生态空间矛盾仍然突出。

(3) 城镇化快速推进，城市规模不断扩张。

(4) 结构调整迈出新步伐，产业沿长江黄金水道布局的态势凸显。

当前我国经济发展步入新常态，对区域可持续发展提出了新要求；同时国家长江经济带与新型城镇化战略，四川省“多点多极”战略，也给成渝经济区带来了新的发展机遇与挑战。新形势下，区域发展的方式和动力等都在发生着深刻变化，本书从地理空间信息挖掘出发，为泸州市深入实施《成渝经济区区域规划》，提出以下建议：

(1) 加强空间管制。严格按照主体功能定位，控制开发强度，在区域发展和城市扩展中，预留和保证开敞空间和绿色空间等生态用地，合理确定城市规模、开发边界、开发强度和保护性空间。

(2) 推进新型城镇化，促进城乡基本公共服务均等化。

(3) 加强沿江地区地理国情监测与岸线资源普查。

(4) 为解决各规划自成体系、缺乏衔接等问题，增强政府空间管控能力，促进国土空间集约、高效利用，实现经济社会可持续发展，建议开展“多规合一”工作。

第 7 章　区域总体发展规划实施和重大工程建设动态监测

近年来，国家和地方为了推动经济社会发展和生态环境保护，开展了诸多国家级和地方级重大工程建设，通过开展区域发展规划实施和重大工程建设动态监测，反映各区域性发展规划、重大工程实施以来的建设进展、实施效果和作用影响等，服务于国家、部门和地方对发展规划和重大工程进展、影响进行跟踪评估的需要。本章选择天府新区发展变化监测和成都东客站重大项目建设监测作为监测项目案例，主要从项目概况、监测内容与方法、监测结果与分析三个方面对监测工作开展情况和取得的成果进行介绍。

7.1　天府新区发展变化监测

7.1.1　概述

2014 年 10 月，国务院发布《国务院关于同意设立四川天府新区的批复》(国函〔2014〕133 号)，正式同意设立天府新区，标志着天府新区晋升为国家级新区。

为深入贯彻落实中央城镇化工作会议精神和国务院批复，四川省委省政府出台了《关于加快推进四川天府新区建设的指导意见》。该意见明确要求“进一步明晰和优化天府新区各区域功能定位和主导产业，开展天府新区规划实施情况评估，修订完善天府新区总体规划、专项规划、分区规划和控制性详细规划，加强城市设计”。2015 年 11 月，经多轮修改完善，《四川天府新区总体规划(2010—2030)(2015 版)》(以下简称“新规划”)正式出台。

作为成都新的发展空间，目前正处于经济转型升级和近期规划评估的关键阶段，持续开展天府新区建设情况跟踪监测，可实现对天府新区土地利用结构和布局的整体把握，深入了解城乡建设用地、基础设施用地、区域生态用地等土地利用现状及发展变化情况，直观反映天府新区规划建设的实施进展情况，展示重大项目与重要工程的实施状况和效果，揭示天府新区经济社会发展和自然资源环境的空间分布规律。开展天府新区变化监测，全面掌握天府新区地理国情信息时空变化情况，为天府新区建设提供及时、可靠的基础测绘保障，是制定新区发展战略与发展规划、调整经济结构布局、转变经济发展方式、推动经济社会科学发展的重要支撑，有利于推动新区人口、资源、环境协调发展，其意义十分重大。

天府新区的设立是国家深入实施西部大开发战略、积极稳妥扎实推进新型城镇化、深入实施创新驱动发展战略的重要举措；是在全省经济进入“新常态”和深刻调整期的形式下，四川省委省政府做出的重大战略部署。新规划对新区的总体定位为：我国西部地区的核心增长极与科技创新高地，以现代制造业和高端服务业为主，宜业宜商宜居的国际化现代新区；核心功能包括：全面创新改革试验区、现代高端产业集聚区、内陆开放经济高地、宜业宜商宜居城市和统筹城乡一体化发展示范区；根据新区的建设用地适宜性，划定四区(禁建、限建、已建和适建)；对新区的空间结构规划为“一带两翼，一城六区”，与成都中心城区共同形成“一核、两区、双中心”；对新区的用地布局规划城镇建设用地总面积 580 km^2，其中工业用地面积 93 km^2，规划居住用地面积 107 km^2；公共管理与公共服务设施用地面积 67 km^2，商业服务业设施用地面积 55 km^2；绿地与广场用地面积 99 km^2。

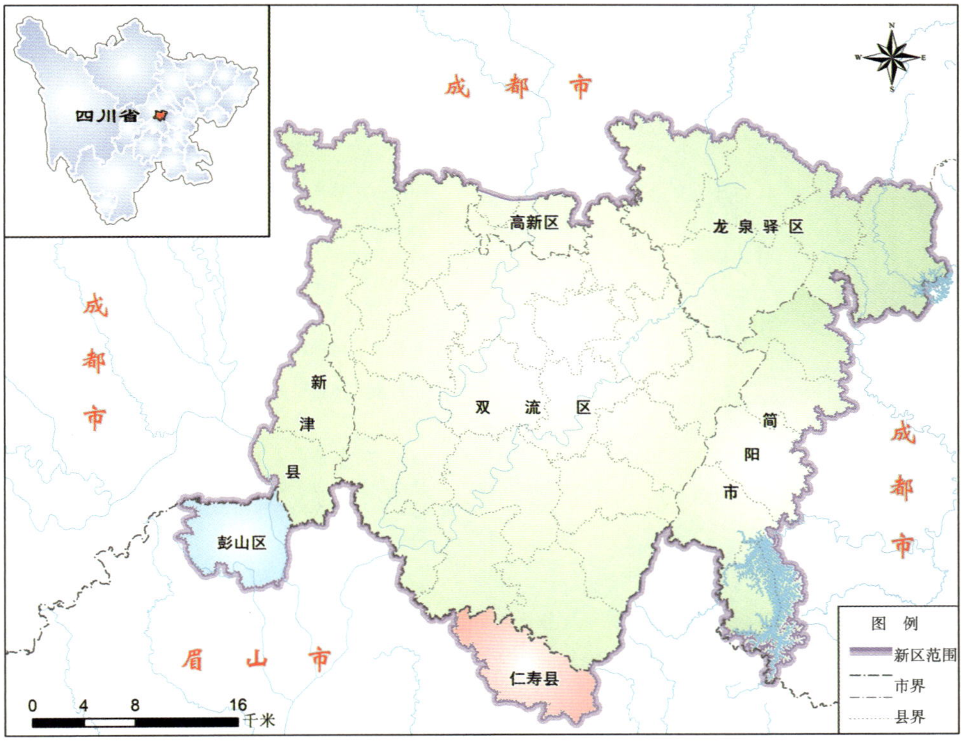

图 7-1　天府新区区位图

7.1.2　监测内容与方法

7.1.2.1　监测内容

开展天府新区 2014 年 1 月至 2015 年 6 月期间的建设变化监测，总面积为 1578km^2。监测内容主要包括：地表覆盖状况监测、建成区扩展特征监测、建设用地监测、生态功能用地监测、重要基础设施监测、社会经济区域单元监测等六个方面。并在此监测分析基础上，对天府新区建设实施效果进行综合评价。天府新区地表覆盖分类及定义见表 7-1，天府新区建设用地分类及定义见表 7-2。

表 7-1　天府新区地表覆盖分类及定义

一级	二级	三级	定义
耕地			指经过开垦种植农作物并经常耕耘管理的土地。包括熟耕地、新开发整理荒地、以农为主的草田轮作地；以种植农作物为主，间有零星果树、桑树或其他树木的土地
园地			指连片人工种植、多年生木本和草本作物，集约经营的，以采集果实、叶、根、茎等为主，作物覆盖度一般大于 50%的土地
林地	乔木林		由具有高大明显主干的非攀缘性多年生木本植物为主体构成的片林或林带，高度一般大于 5 m
	灌木林		由生长低矮的多年生灌木型木本植物为主体构成的植被，覆盖度大于 30%，高度一般低于 5 m
	乔灌混合林		由乔木和灌木交替生长混合覆盖但两者林冠覆盖面积各自都不超过 65%，且树木总体覆盖度大于 30%的地表
	竹林		全部由各类竹子组成的纯林或仅混生少量针阔叶树种的植被类型
	疏林		指由各类林木组成但覆盖度较低，郁闭度在 0.1~0.2 的林地
	绿化林地		城镇等人口集中居住范围内的街巷、零星地块、街心花园以及道路隔离绿化带等范围内人工种植的绿化树木覆盖形成的小面积片状或带状区域
	人工幼林		以造林为目的，人工种植不久、处于初长阶段、树木矮小、枝叶稀少且树冠覆盖度低于 20%的未成林
	稀疏灌丛		在荒漠或植被稀疏地区丘团状生长的低矮灌木或灌草丛，成群分布，但平均覆盖度低于 30%、大于 10%的地表
草地	天然草地		以天然生长或半人工培育的草本植物为主覆盖的地表。一般未经改良或经过不破坏天然植被条件下的改良，用于放牧或割草，包括以牧为主、树木覆盖度在 10%以下的疏林草地和灌丛草地
	人工草地		
		牧草地	由人工种植的用于放牧或饲料的牧草覆盖的草地
		绿化草地	城镇或居住区域内地面上，由栽种的草本植物覆盖的地表，包括公园、运动场所、绿地等范围内为绿化环境人工种植的草地、花坛，不包括楼顶种植的草坪
		固沙灌草	为了固定或者减轻干旱地区流沙移动而人工种植的发挥防风固沙、减少水土流失作用的灌丛或草地
		护坡灌草	指路堤、路堑、堤、坝、护坡等的边坡部位，为防止受冲刷，在格框中生长或直接在坡面上人工栽植的灌丛或草地
		其他人工草地	其他未分类的人工草地
房屋建筑(区)			包括房屋建筑区和独立房屋建筑。房屋建筑区是指城镇和乡村集中居住区域内，被连片房屋建筑遮盖的地表区域
道路			从地表覆盖角度，包括有轨和无轨的道路路面覆盖的地表
构筑物	硬化地表		
		广场	指城镇居民地中的广阔、平坦的一般经过铺设的露天空间
		露天体育场	大型无顶盖体育运动场所

续表

一级	二级	三级	定义
		停车场	供露天停放车辆的场地
		停机坪与跑道	机场内飞机起降、滑行和停驻的露天区域，包括停机坪、跑道、滑行道、联络道以及其他露天硬化场地区域
		硬化护坡	为防止受侵蚀，对堆置物、山体或工程不稳定处形成的高陡边坡采取人工硬化防护措施形成、无植被覆盖的地表。不含道路路堤、路堑范围
		场院	农村中用来打谷、晾晒粮食以及院落内的硬化场地
		露天堆放场	主要用来装卸并短期存放矿石、煤炭、砂石、钢材、木材、砖瓦、预制件等散堆装物资、长大笨重货物以及集装箱等的露天硬化平地
		碾压踩踏地表	由于人类社会经济活动经常性碾压、踩踏形成的次生裸露地表。包括无植被覆盖的田埂，牧区露天的牲畜圈舍，房前屋后堆放杂物、日常活动用的空地等
		其他硬化地表	其他未分类的硬化地表
	水工设施		为消除水害和开发利用水资源而修建的工程设施
	城墙		古代城墙，包括长城和城市古城墙
	温室、大棚		用来栽培植物或用于养殖的能透光和保温(或加温)的设施。不包括地膜覆盖和人不能在内部进行生产活动的简易塑料棚
	固化池		
		游泳池	人工修建的有固定设施的专供露天游泳的场所
		污水处理池	人工构筑的用于沉淀、消化污水的露天设施
		晒盐池	又称盐池、盐田，蒸发法制取海盐的场地
		其他固化池	未分类的其他固化池
	工业设施		露天安置的大型工业设备设施，如采油、炼油、储油、炼钢、发电、输电等设施
	沙障		为消减风速、固定流动或半流动沙丘，用柴草、秸秆、黏土、树枝、板条、卵石等物料在沙面上连片建构的障蔽物
	其他构筑物		其他未分类的人工构筑物
人工堆掘地	露天采掘场		露天开采对原始地表破坏后长期出露形成的地表，如露天采掘煤矿、铁矿、铜矿、稀土、石料、沙石以及取土等活动人工形成的裸露地表
	堆放物		
		尾矿堆放物	矿石经过选别、综合利用处理后的残留物质堆积形成的地表。尾矿库是尾矿堆放的一种重要方式，是筑坝拦截谷口或围地构成的，用以堆存金属或非金属矿山进行矿石选别后排出尾矿或其他工业废渣的场所
		垃圾堆放物	集中堆放的垃圾
		其他堆放物	未分类的其他堆放物
	建筑工地		
		拆迁待建工地	已经拆迁尚待施工的建筑工地

续表

一级	二级	三级	定义
		房屋建筑工地	进行房屋施工的建筑工地
		道路建筑工地	进行道路施工的建筑工地
		其他建筑工地	进行其他建筑物、构筑物施工的建筑工地
	其他人工堆掘地		未分类的其他人工堆掘地
荒漠与裸露地表			指植被覆盖度低于10%的各类自然裸露的地表，不包含人工堆掘、夯筑、碾(踩)压形成的裸露地表或硬化地表
水域	河渠		
		河流	指自然或半自然的带状或线状水体
		水渠	指水渠中的水，或无水出露作为输水设施的渠道无植被覆盖的硬化部分
	湖泊		湖盆及其承纳的水体称为湖泊
	库塘		人工形成的面状水体

表 7-2　天府新区建设用地分类及定义

类别	定义
城乡居民点建设用地	城市、镇、乡、村庄建设用地
区域交通设施用地	铁路、公路、港口、机场和管道运输等区域交通运输及其附属设施用地，不包括城市建设用地范围内的铁路客货运站、公路长途客货运站以及港口客运码头
区域公用设施用地	为区域服务的公用设施用地，包括区域性能源设施、水工设施、通信设施、广播电视设施、殡葬设施、环卫设施、排水设施等用地
特殊用地	特殊性质的用地
采矿用地	采矿、采石、采沙、盐田、砖瓦窑等地面生产用地及尾矿堆放地
其他建设用地	除以上之外的建设用地，包括边境口岸和风景名胜区、森林公园等的管理及服务设施等用地
其他建筑工地	除以上类别以外的未定义建设用地

7.1.2.2　监测方法

基于测绘地理信息部门监测成果数据集，结合天府新区国土、规划、经济社会、人文等专题数据，对天府新区 2014 年 1 月与 2015 年 6 月两个时期的建成区范围、地表覆盖、建设用地、城市建设用地、独立乡镇建设用地、建筑工地、重要基础设施、生态功能用地、城市绿地、四区土地利用、社会经济区域单元等方面的建设现状与变化进行统计分析。并在此基础上，对新区建设与规划对比分析、产业布局与发展态势综合分析、交通优势分析、基础设施配置分析、人居环境分析、四区土地利用评价等开展综合评价，全面展示天府新区建设变化与效果。具体技术路线如图 7-2 所示。

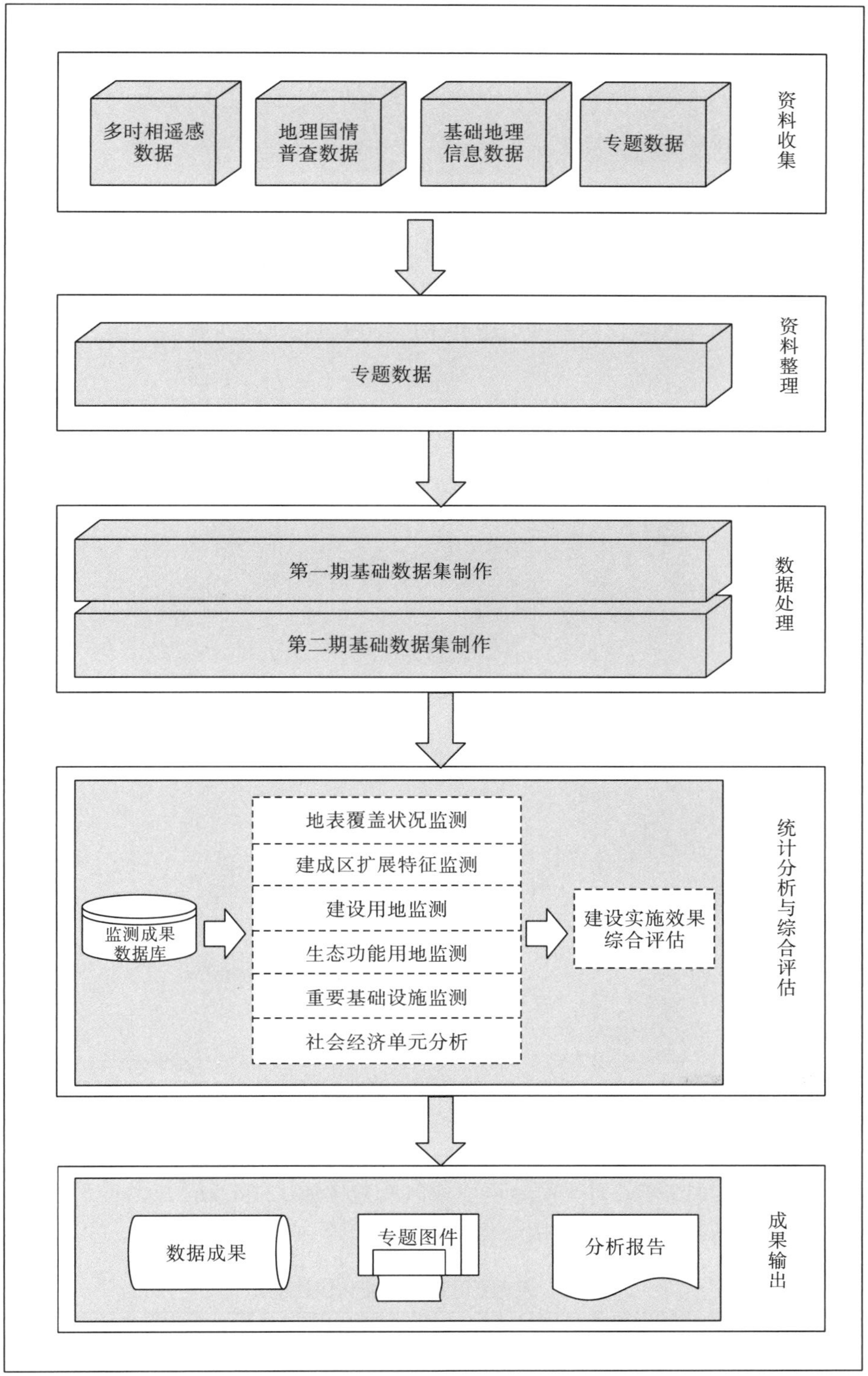

图 7-2　天府新区建设变化监测技术路线图

7.1.3 监测结果与分析

7.1.3.1 建成区监测

1. 总体情况

截至 2015 年 6 月，天府新区建成区面积达 241.82 km^2，占新区总面积的 15.32%；城市户籍人口达 92.93 万人，人均占有面积为 260.20 m^2/人。建成区集中分布在临成都主城区的高新区石羊街道和桂溪街道，双流区北部东升街道、西航港街道和华阳镇街道以及龙泉驿区大面街道、龙泉街道和柏合镇，其空间布局如图 7-3。

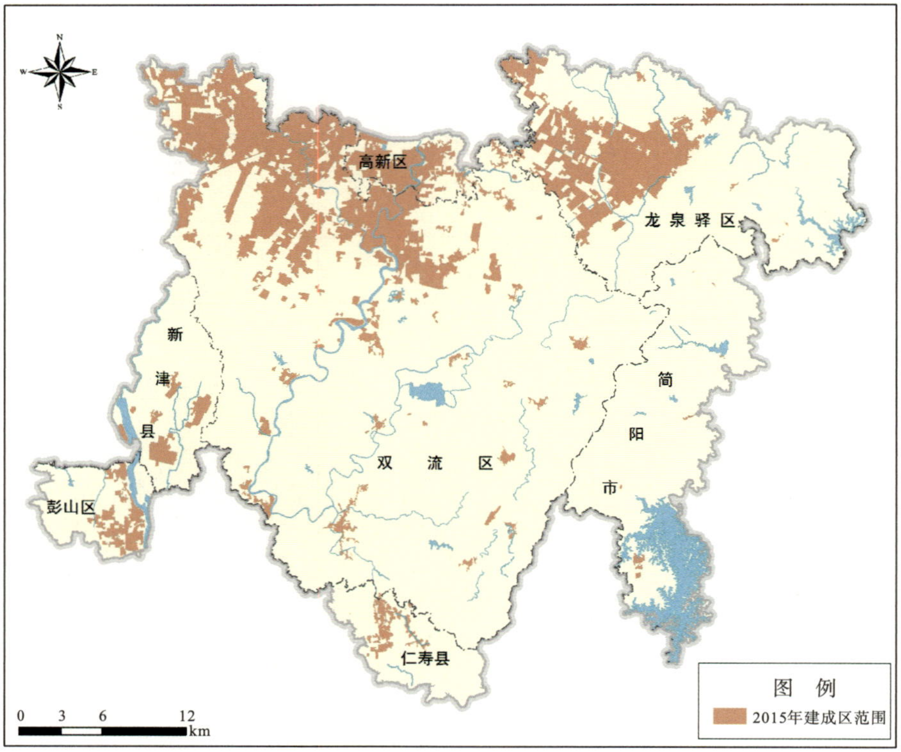

图 7-3 2015 年天府新区建成区空间布局

相比 2014 年 1 月，2015 年 6 月天府新区建成区面积增加 12.06 km^2，增长了 5.25%，增加区域主要位于新区北部的城区内部以及城乡接合部（表 7-3、图 7-4）。

表 7-3 天府新区建成区变化信息统计

监测时点	面积/km^2	变化量/km^2
2014 年 1 月	229.76	12.06
2015 年 6 月	241.82	

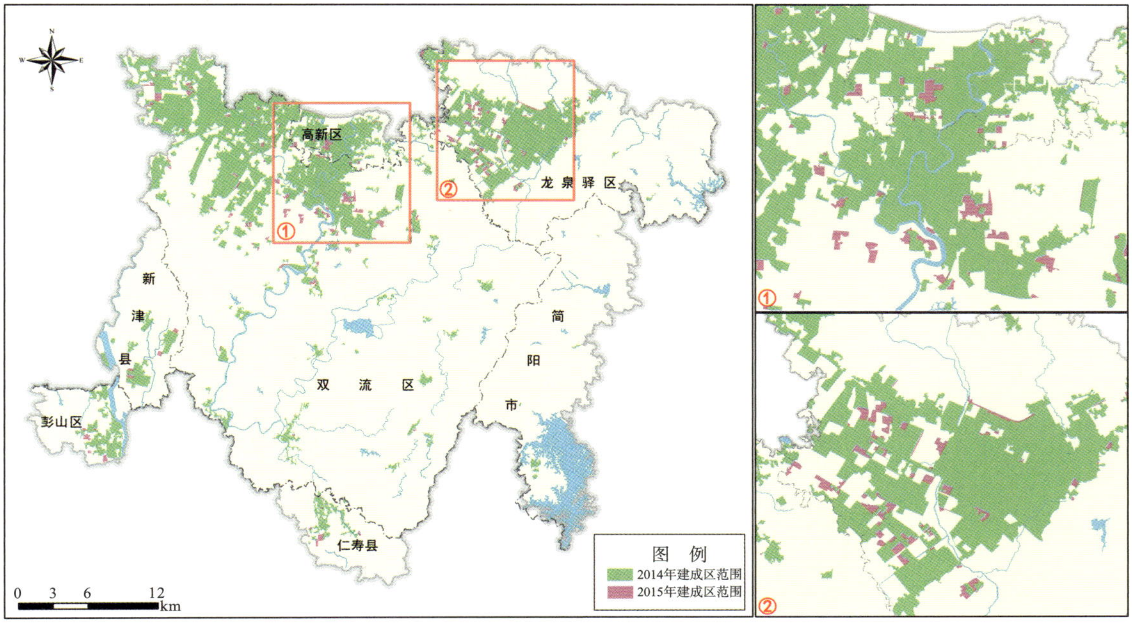

图 7-4　天府新区建成区范围变化图

2. 扩展方向

监测采用等扇形分析法，以建成区几何中心为原点，将建成区划分为 8 个方位(正东、正南、正西、正北、东北、东南、西北、西南)，空间叠加两期建成区范围，计算各个方位上新增建成区的面积及其占比，总体情况见表 7-4 和图 7-5。

表 7-4　天府新区不同方位新增面积及占比统计

建成区		正东	正南	正西	正北	东北	东南	西北	西南	总计
面积/km^2	2014 年	47.80	15.93	32.92	10.38	27.24	15.24	55.90	24.35	229.76
	2015 年	50.82	17.52	33.50	11.14	28.01	16.55	57.64	26.64	241.82
面积变化/km^2		3.01	1.59	0.58	0.76	0.77	1.31	1.74	2.30	12.06
扩展强度/%		6.31	10.01	1.75	7.28	2.83	8.61	3.11	9.44	5.25
扩展速率/(km^2/a)		2.01	1.06	0.38	0.50	0.51	0.87	1.16	1.53	8.04

从各方向新增面积来看，2014 年 1 月至 2015 年 6 月，天府新区建成区扩展主要方向是正东、西南方向，分别为 3.01km^2 和 2.30km^2；正西方向建成区范围变化最小，仅为 0.58km^2。从各方向扩展强度来看，正南方向扩展强度最大，达到 10.01%；西南和东南方向扩展强度都比较大，均在 9%左右；正西方向扩展强度最弱，仅为 1.75%。

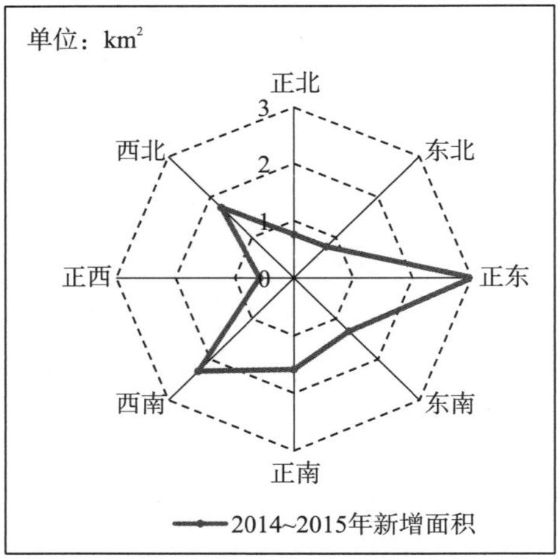

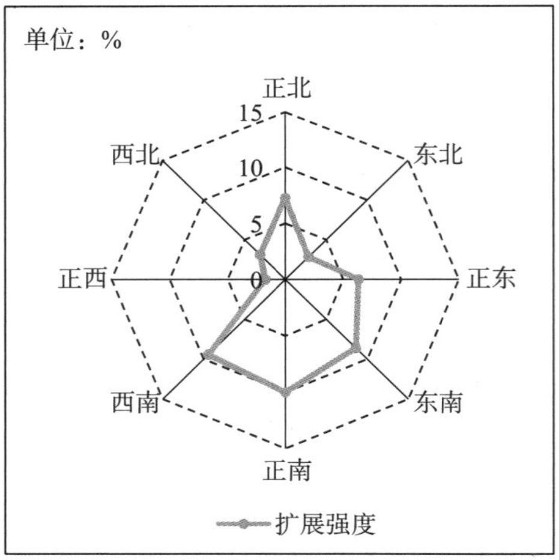

图 7-5 天府新区建成区各方位面积(左)和扩展强度(右)统计图

由于天府新区北部、西北部和东北部区域城市化程度高，用地矛盾较为剧烈。随着天府新区“一城六区”的规划发展以及“两横四纵”高速路网和“四横六纵”快速路网的修建，天府新区建设发展重心将逐渐南移，建成区将逐渐向南扩展。

3. 扩展特征

监测时间段内，天府新区建成区扩展较迅速。一年半时间内建成区面积扩大了 12.06km^2，扩张速率达到 8.04km^2/a，扩展强度为 5.25%。从空间形状和紧凑程度来看，建成区空间形状分维数略有放大，紧凑度有所加强，扩张过程中城市形态逐渐趋于复杂。原因在于天府新区建成区扩展区域大多位于原有建成区的空心和边缘处(表 7-5)。

从城市扩展与人口协调性来看，监测时段内的扩张弹性系数为 0.6818，低于我国城市用地合理扩展系数 1.12，说明建成区的扩展速率低于城市人口增长率，建成区规模扩展不足。实际上随着天府新区建设如火如荼地进行，大量农业人口被划分为城市人口，而建成区的建设需要一定周期，故而在监测时间段内扩展弹性系数低于合理值。

表 7-5 天府新区建成区扩展特征情况

监测时点	扩展速率/(km^2/a)	扩展强度/%	空间形状分维数	空间紧凑度	扩展弹性系数
2014 年 1 月	8.04	5.25	1.0105	0.0398	0.6818
2015 年 6 月			1.0122	0.0408	

7.1.3.2 地表覆盖监测

1. 总体情况

2015 年 6 月，天府新区地表覆盖以耕地、园地、林地为主，三大地类分别占土地总面积的

21.82%、22.05%和 21.53%；荒漠与裸露地表占地面积最小，仅有 0.93 km^2，占新区土地总面积的 0.06%(图 7-6)。可以看出：天府新区的土地资源利用率较高。

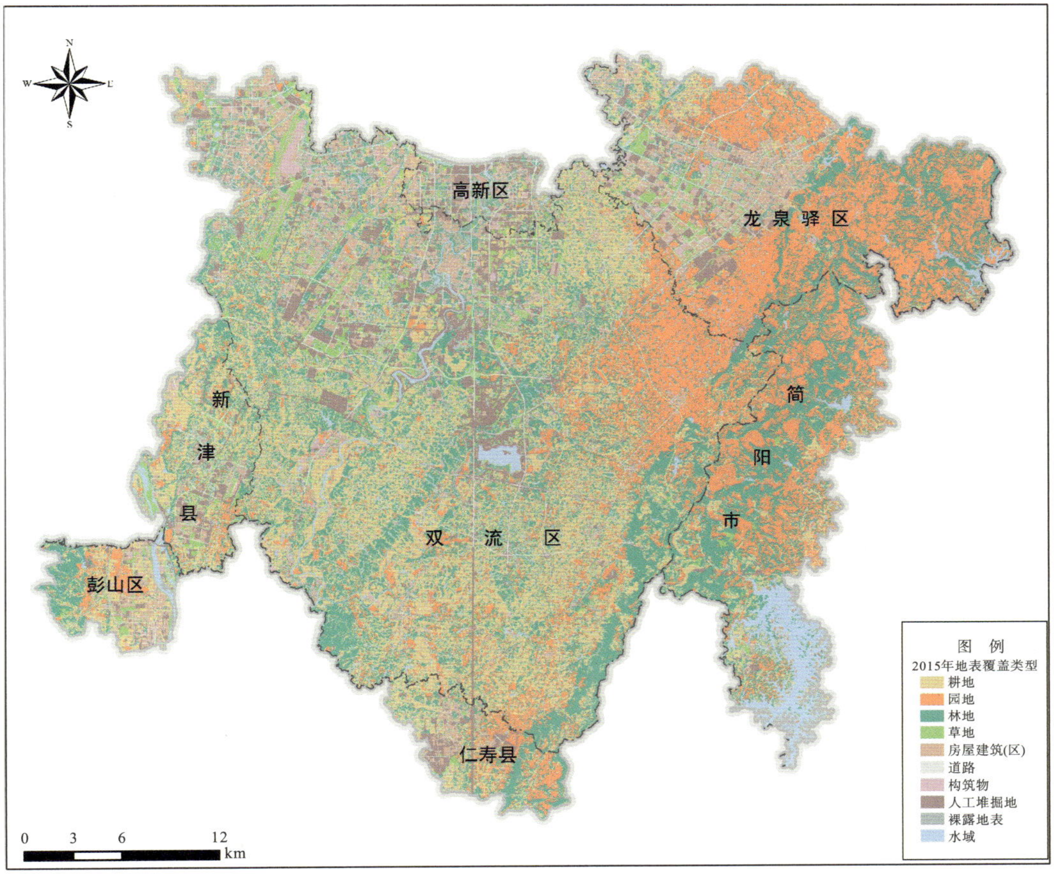

图 7-6　天府新区地表覆盖空间分布

表 7-6　天府新区地表覆盖变化信息统计

地表覆盖		耕地	园地	林地	草地	房屋建筑(区)	道路	构筑物	人工堆掘地	荒漠与裸露地表	水域
面积变化/km^2	2014 年	366.05	352.53	355.38	67.62	145.07	68.36	47.1	86.95	1.11	87.06
	2015 年	344.22	347.73	339.50	72.31	146.73	73.42	54.17	108.05	0.93	90.17
	2014～2015 年	−21.83	−4.80	−15.88	4.69	1.66	5.06	7.07	21.1	−0.18	3.11
占比变化/%	2014 年	23.21	22.35	22.53	4.29	9.20	4.33	2.99	5.51	0.07	5.52
	2015 年	21.82	22.05	21.53	4.58	9.30	4.66	3.43	6.85	0.06	5.72
	2014～2015 年	−1.39	−0.30	−1.00	0.29	0.10	0.33	0.44	1.34	−0.01	0.20
人均面积变化/(m^2/人)	2014 年	226.88	218.50	220.26	41.91	89.92	42.37	29.19	53.89	0.69	53.96
	2015 年	189.04	190.96	186.45	39.71	80.58	40.32	29.75	59.34	0.51	49.52
	2014～2015 年	−37.84	−27.54	−33.81	−2.20	−9.34	−2.05	0.56	5.45	−0.18	−4.44

由表 7-6 可知：相比 2014 年 1 月，天府新区 2015 年 6 月的地表覆盖类型中，耕地、园地、林地、荒漠与裸露地表呈减少状态，其中耕地减幅最大，减少面积达 21.83 km^2，占比达 1.39%，人均面积达 37.84 m^2/人；房屋建筑(区)、道路、人工堆掘地、构筑物、水域面积相应增加，其中人工堆掘地增幅最大，增加面积达 21.1 km^2，占比增加了 1.34%，人均面积增加了 5.45 m^2/人。地表覆盖变化集中在北面，位于绕城高速与第二绕城高速之间，天府大道沿线地类变化尤为显著(图 7-7)。

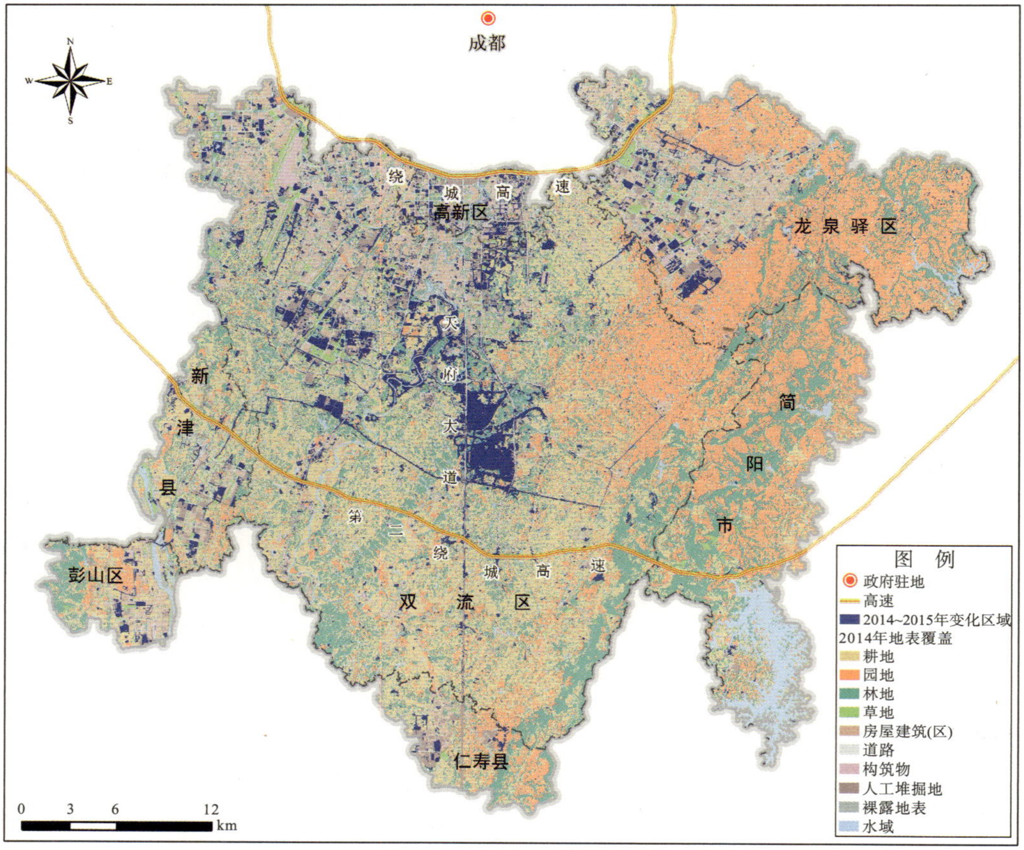

图 7-7 天府新区地表覆盖变化空间分布

2. 地类演变

监测期内地类的主要演变形式表现为：耕地、园地、林地、草地向人工堆掘地转变，人工堆掘地向草地、房屋建筑(区)、道路、构筑物转变，其他地类间转变幅度不大(表 7-7)。

表 7-7 天府新区地表覆盖变化转移矩阵

(单位：km^2)

转移矩阵	2015 年										2014 年减少量	2014 年总计
	耕地	园地	林地	草地	房屋建筑(区)	道路	构筑物	人工堆掘地	荒漠与裸露地表	水域		
耕地	338.73	0.76	1.09	4.45	0.39	0.55	2.92	15.76	0.00	1.41	27.32	366.05
园地	0.50	345.51	0.26	0.38	0.29	0.29	0.75	4.04	0.00	0.50	7.02	352.53

续表

转移矩阵		2015 年										2014 年减少量	2014 年总计
		耕地	园地	林地	草地	房屋建筑(区)	道路	构筑物	人工堆掘地	荒漠与裸露地表	水域		
2014 年	林地	2.18	0.79	336.23	4.02	0.42	0.47	0.99	9.67	0.00	0.61	19.15	355.38
	草地	1.21	0.08	0.78	53.91	0.42	0.27	0.98	8.99	0.00	0.96	13.71	67.62
	房屋建筑(区)	0.07	0.12	0.12	0.28	139.38	0.12	2.09	2.83	0.00	0.06	5.69	145.07
	道路	0.02	0.03	0.03	0.13	0.06	67.07	0.15	0.78	0.00	0.08	1.29	68.36
	构筑物	0.57	0.09	0.17	0.66	0.41	0.14	43.03	1.96	0.00	0.07	4.07	47.10
	人工堆掘地	0.76	0.29	0.74	7.63	5.35	4.42	3.13	62.38	0.00	2.26	24.58	86.95
	荒漠与裸露地表	0.00	0.00	0.00	0.04	0.00	0.00	0.02	0.02	0.93	0.11	0.18	1.11
	水域	0.18	0.07	0.07	0.81	0.02	0.08	0.11	1.61	0.00	84.11	2.95	87.06
2015 年增加量		5.49	2.22	3.27	18.40	7.34	6.35	11.14	45.67	0.01	6.06	/	/
2015 年总计		344.22	347.73	339.50	72.31	146.73	73.42	54.17	108.05	0.93	90.17	/	/

3. 变化动态度

天府新区的地表覆盖变化动态度达到了 4.48%。同时，各种地表覆盖类型也在变化，其中变化动态度达到 10%以上的有人工堆掘地、草地、构筑物、荒漠与裸露地表，园地变化较缓和，变化动态度仅有 1.75%(表 7-8)。

表 7-8 天府新区地表覆盖变化动态度统计 (单位：%/a)

地类	耕地	园地	林地	草地	房屋建筑(区)	道路	构筑物	人工堆掘地	荒漠与裸露地表	水域
变化动态度	5.98	1.75	4.21	31.66	5.99	7.46	21.53	53.86	11.43	6.90
综合动态度	4.48									

4. 变化强度

天府新区土地利用程度综合指数有所提升，土地利用处于发展期。从各区县土地利用程度统计值上看(表 7-9)，土地利用程度变化最大的是高新区和双流区，综合指数分别上升了 7.31 和 3.29，高于天府新区土地利用程度平均变化量。彭山区的土地利用程度有所下降，处于衰退期，简阳市变化程度最小(图 7-8)。

表 7-9 天府新区土地利用程度综合指数统计

统计单元	土地利用程度综合指数		土地利用程度变化量(L_{b-a})
	2014 年(L_a)	2015 年(L_b)	
天府新区	278.51	280.86	2.35
高新区	324.26	331.57	7.31

续表

统计单元	土地利用程度综合指数		土地利用程度变化量(L_{b-a})
	2014 年(L_a)	2015 年(L_b)	
龙泉驿区	296.61	298.03	1.41
双流区	280.03	283.32	3.29
新津县	280.69	280.87	0.18
仁寿县	291.34	293.46	2.12
彭山区	283.17	282.11	-1.07
简阳市	231.45	231.55	0.10

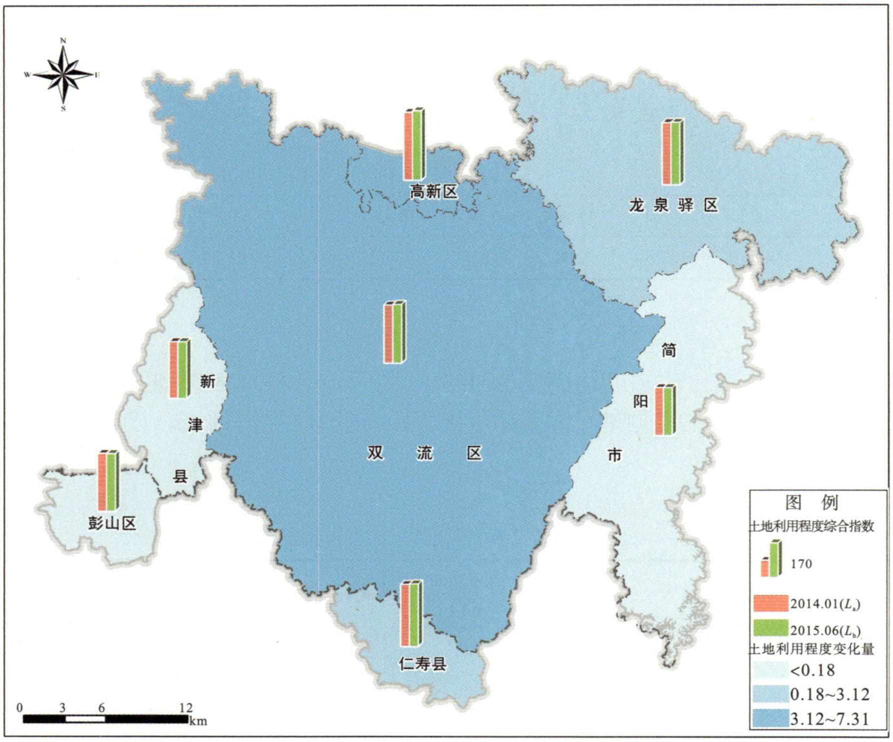

图 7-8 天府新区土地利用程度综合指数变化量分级示意

7.1.3.3 建设用地监测

1. 总体情况

天府新区建设用地集中分布在西北部和东北部，总面积达 444.14km^2，占新区总面积 28.15%，人均占有面积为 243.91m^2。城乡居民点建设用地占主导地位，占建设用地总面积 67.05%，其次为其他建筑工地，占建设用地总面积 17.64%。特殊用地面积最少，仅有 0.27km^2，占总面积 0.06%，可见建设用地各地类结构差异较大。

相比 2014 年 1 月，天府新区 2015 年 6 月的建设用地发生较大变化，其中变化区域主要分布在建设强度最大的城乡接合部，具体位于双流区的正兴镇和兴隆镇(图 7-9)。从面积变化来看，除特殊用地面积维持不变以外，其他各地类均在增加，其中其他建筑工地面积增加最多，增长量为 19.03km^2。从结构变化来看，其他建筑工地和城乡居民点建设用地变化最大，分别增加 3.33%和减少 3.35%，其他五种地类结构几乎没有变化。从人均占有面积来看，其他建筑工地和公共设施用地在增加，分别增加 6.26m^2/人和 0.09m^2/人，其他五种地类均在减少，其中城乡居民点建设用地减少最多，减少量为 17.30m^2/人(表 7-10)。

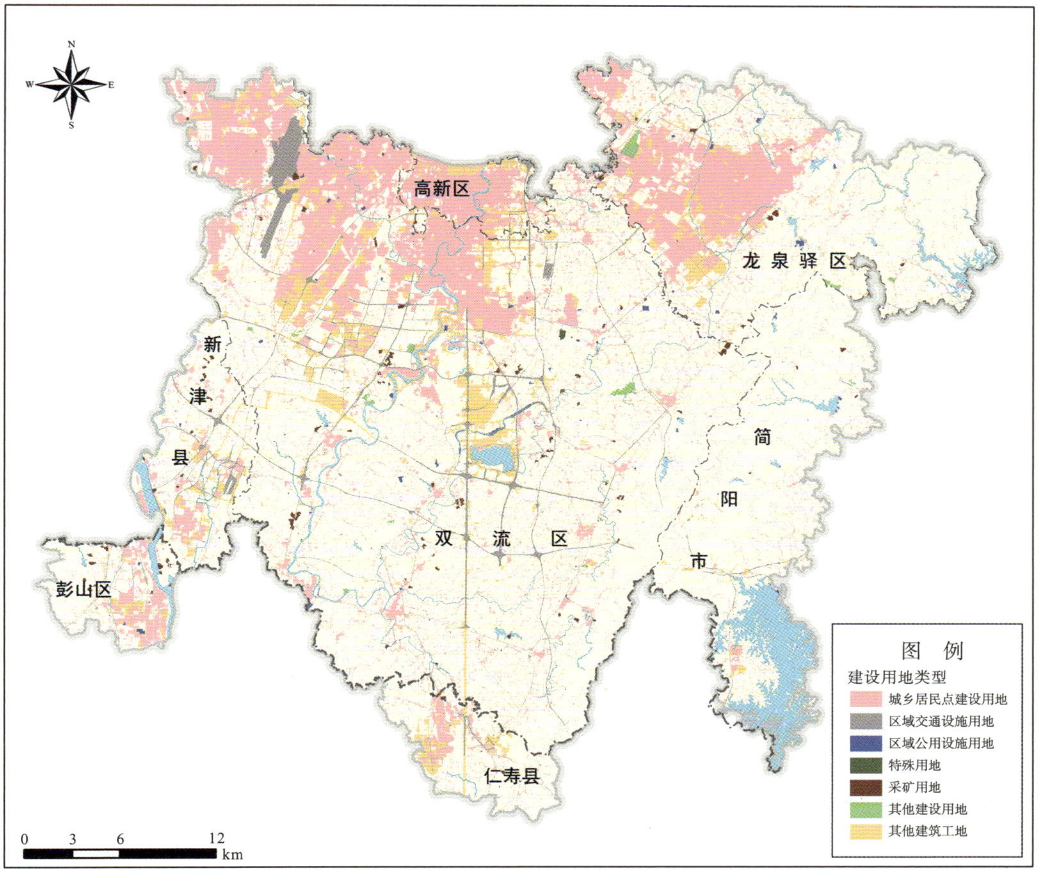

图 7-9　2015 年 6 月天府新区建设用地分布图

表 7-10　天府新区建设用地基本信息

建设用地		城乡居民点建设用地	区域交通设施用地	区域公用设施用地	特殊用地	采矿用地	其他建设用地	其他建筑工地
面积变化/km^2	2014 年	291.76	52.28	2.70	0.27	5.04	3.10	59.30
	2015 年	297.78	56.20	3.21	0.27	5.22	3.14	78.33
	2014～2015 年	6.02	3.92	0.51	0.00	0.18	0.04	19.03
占建设用地比例变化/%	2014 年	70.40	12.61	0.65	0.07	1.22	0.75	14.31
	2015 年	67.05	12.65	0.72	0.06	1.17	0.71	17.64
	2014～2015 年	−3.35	0.04	0.07	0.00	−0.04	−0.04	3.33

续表

建设用地		城乡居民点建设用地	区域交通设施用地	区域公用设施用地	特殊用地	采矿用地	其他建设用地	其他建筑工地
占新区比例变化/%	2014 年	18.49	3.31	0.17	0.02	0.32	0.20	3.76
	2015 年	18.87	3.56	0.20	0.02	0.33	0.20	4.96
	2014～2015 年	0.38	0.25	0.03	0.00	0.01	0.00	1.21
人均占有面积变化/km^2	2014 年	180.84	32.40	1.67	0.17	3.12	1.92	36.75
	2015 年	163.54	30.86	1.76	0.15	2.87	1.72	43.02
	2014～2015 年	-17.30	-1.55	0.09	-0.02	-0.26	-0.20	6.26

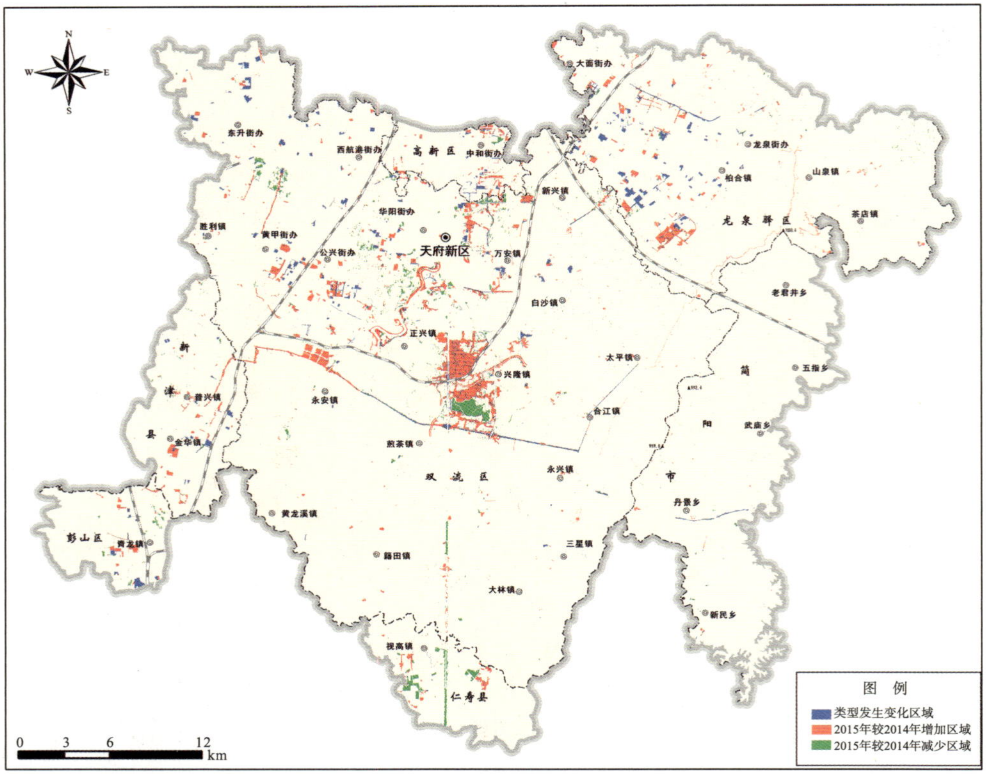

图 7-10　天府新区建设用地变化区域空间分布

2. 区域开发强度差异

天府新区各区县土地开发强度均在加大，除简阳市、彭山区外，其余区县土地开发强度变化均高于天府新区的平均变化量 1.88%，其中变化量最大的是高新区，为 3.97%；最小的是简阳市，为 0.12%(表 7-11)。

表 7-11　天府新区及各区县土地开发强度统计　（单位：%）

	天府新区	新津县	高新区	双流区	仁寿县	彭山区	龙泉驿区	简阳市
2014 年	26.26	24.65	73.40	27.36	23.11	28.94	31.54	5.90
2015 年	28.15	26.85	77.37	29.50	25.50	30.37	33.42	6.02
2014～2015 年	1.88	2.20	3.97	2.14	2.39	1.43	1.88	0.12

7.1.3.4　生态功能用地监测

1. 总体情况

2015 年 6 月，天府新区生态功能用地以基础性生态用地为主。其中基础性生态用地类型主要以园地、耕地和林地为主；而功能性生态用地类型中人工绿地、人工水域和湿地三者面积差值较小，覆盖率均在 3%左右。

天府新区基础性生态用地空间布局呈现总体分布均匀，但部分类别不集中(图 7-11)。除天府新区西北部以及龙泉驿区西部与中部建成区范围内基础性生态用地空间分布极少外，其他区域均较为富足。天府新区功能性生态用地布局呈现总体零星分散，但部分类别相对集中(图 7-12)。湿地主要分布在天府新区东部简阳市的东南部(图 7-13)。

监测时间段内，天府新区内生态功能用地总体构成未发生较大变化。除湿地未发生变化外，耕地、园地、林地占比均有下降，其中下降最多的是耕地(1.38%)，其次是林地(0.99%)；其他各类型生态功能用地占比则小幅上升，详细统计数据见表 7-12。

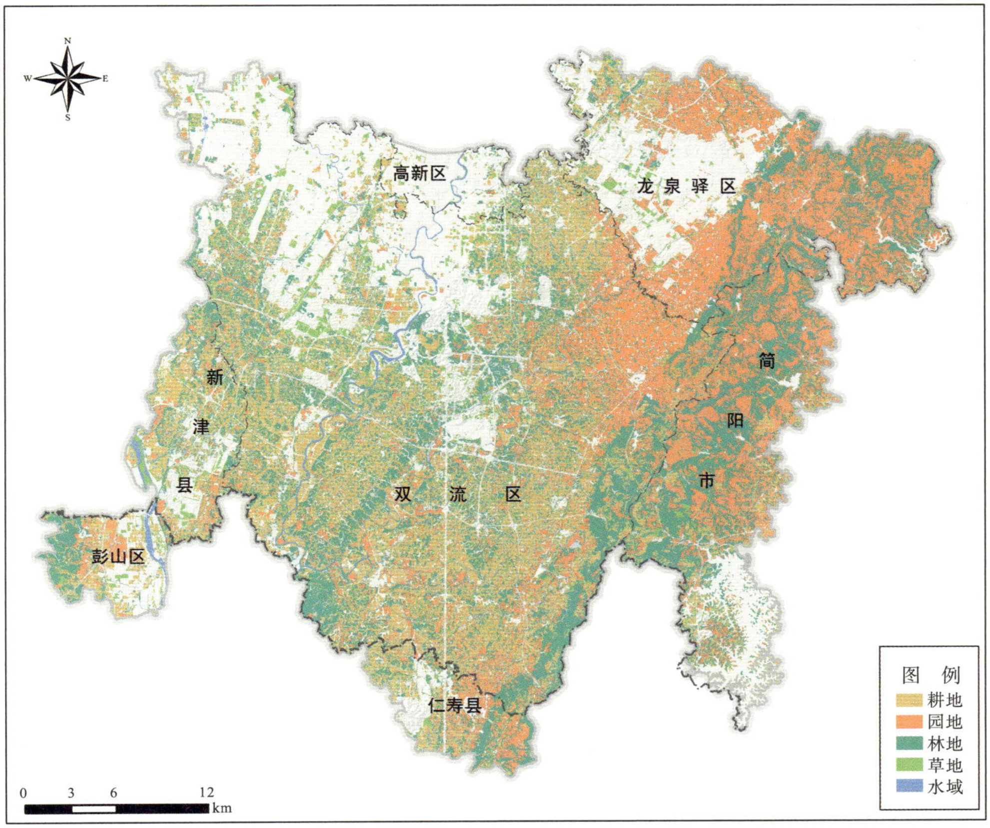

图 7-11　天府新区基础性生态用地空间分布

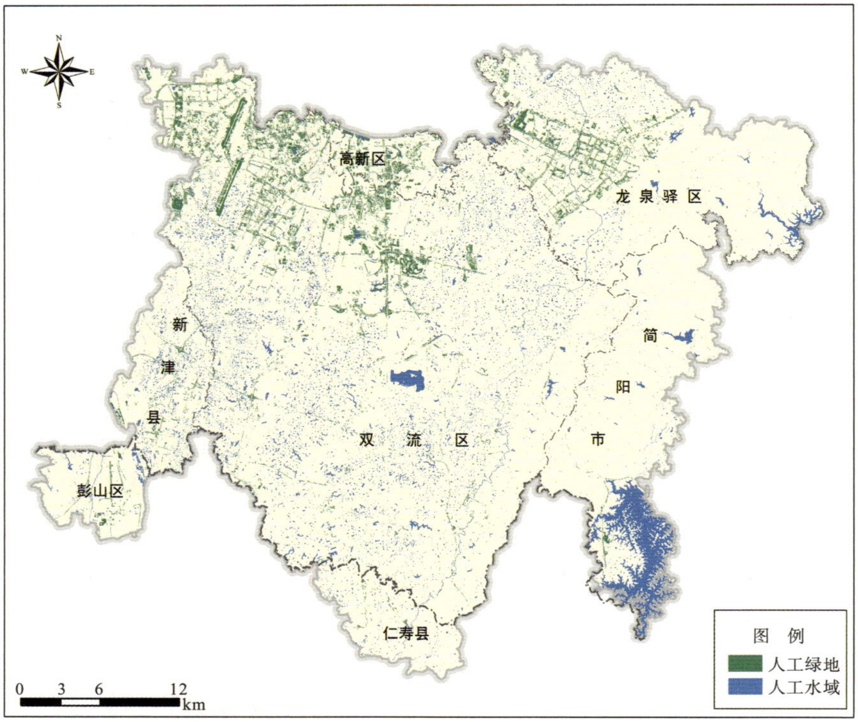

图 7-12 天府新区功能性生态用地空间分布

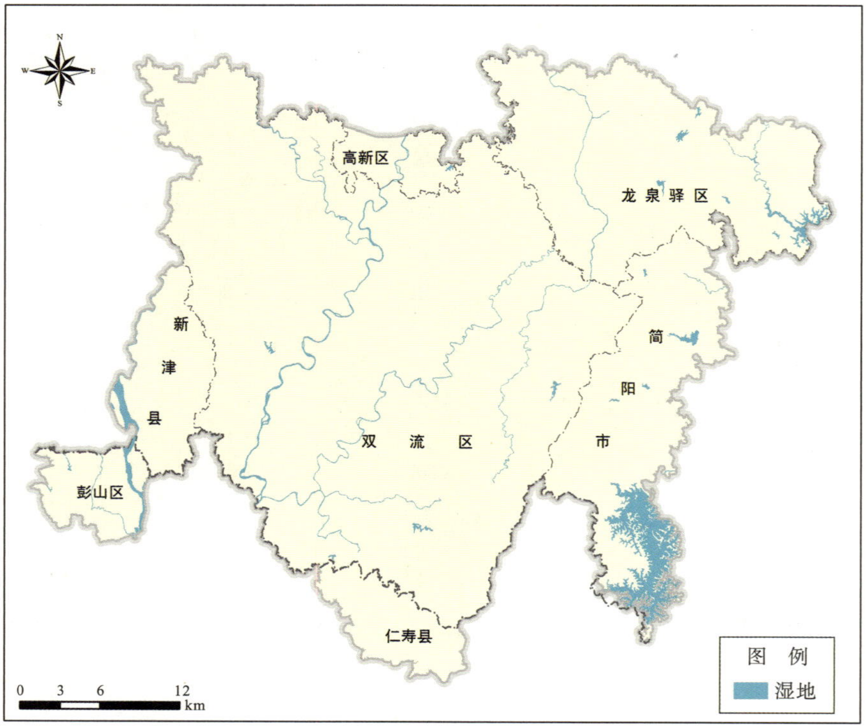

图 7-13 天府新区湿地空间分布

表 7-12　天府新区生态功能用地信息统计

		基础性生态用地类型					功能性生态用地类型		
		耕地	园地	林地	草地	水域	人工绿地	人工水域	湿地
面积/km^2	2014 年	366.05	352.53	327.83	44.58	11.48	50.59	75.58	42.34
	2015 年	344.22	347.73	312.23	44.96	12.45	54.62	77.71	42.34
	变化量	−21.83	−4.80	−15.59	0.37	0.97	4.04	2.14	0.00
覆盖度/%	2014 年	23.20	22.34	20.77	2.83	0.73	3.21	4.79	2.68
	2015 年	21.81	22.04	19.79	2.85	0.79	3.46	4.92	2.68
	变化量	−1.38	−0.30	-0.99	0.02	0.06	0.26	0.14	0.00
人均占有面积/(m^2/人)	2014 年	226.88	218.50	203.19	27.63	7.12	31.35	46.84	26.24
	2015 年	189.04	190.96	171.47	24.69	6.84	30.00	42.68	23.25
	变化量	−37.84	−27.53	−31.72	−2.94	−0.28	−1.36	−4.17	−2.99

天府新区内基础性生态用地的总面积、人均占有面积和覆盖率均呈递减趋势。基础性生态用地的总面积由 2014 年 1 月的 1102.47 km^2 下降到 2015 年的 1061.59 km^2，共减少 40.88 km^2。

天府新区内功能性生态用地的总面积在增加，而人均占有面积在减少。功能性生态用地总面积由 2014 年 1 月的 168.50 km^2 增加到 2015 年 6 月的 174.68 km^2，增加了 6.18 km^2。主要由于近年来，随着天府新区的快速发展，道路建设力度加大，新增了多条主干道，伴随其道路绿化带面积也不断增加；再加上双流区兴隆镇与正兴镇交界处 2015 年新增了一处面积约 2.86 km^2 的人工湖(兴隆湖)。

2. 流转形式

生态功能用地流转分为两种情况(表 7-13)：一是生态功能用地内部调整；二是生态功能用地与非生态功能用地间的流转。生态功能用地转变为非生态用地的面积远大于其内部流转面积。

表 7-13　天府新区生态功能用地土地转移矩阵　(单位：km^2)

土地利用转移矩阵		2014 年基础性生态功能用地					2014 年功能性生态功能用地		
		耕地	园地	林地	草地	水域	人工绿地	人工水域	湿地
2014 年基础性生态功能用地	耕地	338.73	0.50	2.17	1.21	0.00	0.01	0.17	0.00
	园地	0.76	345.51	0.78	0.08	0.00	0.00	0.06	0.00
	林地	1.08	0.24	309.52	0.67	0.00	0.06	0.07	0.00
	草地	4.06	0.31	3.34	31.01	0.13	0.22	0.63	0.00
	房屋建筑(区)	0.39	0.29	0.35	0.33	0.00	0.16	0.02	0.00
	道路	0.55	0.29	0.37	0.12	0.02	0.25	0.06	0.00
	构筑物	2.92	0.75	0.87	0.87	0.01	0.23	0.10	0.00
	人工堆掘地	15.76	4.04	9.31	8.72	0.34	0.63	1.28	0.00
	荒漠与裸露地表	0.00	0.00	0.00	0.00	0.00	0.00	0.00	0.00
	水域	0.49	0.08	0.30	0.40	10.82	0.01	0.05	0.00
	人工绿地	0.40	0.10	0.51	0.66	0.01	48.97	0.04	0.00
	人工水域	0.91	0.42	0.30	0.52	0.15	0.04	73.09	0.00
总计		366.05	352.53	327.82	44.59	11.48	50.58	75.57	0.00

1）生态功能用地内部调整

无论是基础性生态用地还是功能性生态用地其内部的转变趋势均未发生较大变化。其中，基础性生态用地转变趋势主要是耕地和林地向草地转变，林地和草地向耕地转变；功能性生态用地中，人工绿地与人工水域之间的转换面积一致。

2）生态功能用地向非生态功能用地转变

基础性生态用地主要流向人工堆掘地、道路和构筑物等建设用地，其中转出为人工堆掘地的面积最大，2014～2015 年间转变面积为 38.17 km^2，占非基础性生态用地转出总面积的 75.91%；功能性生态用地主要流向人工堆掘地、草地、道路，其中流向人工堆掘地的面积也最大。

3. 空间差异

天府新区生态功能用地变化存在着十分显著的空间差异，其变化区域差异详情见图 7-14 和图 7-15。

由图 7-14 和图 7-15 可以看出，生态功能用地内部相互转化区域分布较分散，且地类比重较小，多数位于平原地区，呈星状零散分布。

天府新区基础性生态用地减少区域主要位于城乡接合区域，即天府新区北部、中部平原地带及天府大道沿线；增加区域主要位于双流区北部和新津县，这些区域由于土地已被征用但暂未投入或部分开工建设，目前地表覆盖基本为草地。功能性生态用地减少区域也集中在天府新区北部、中部的平原地带；增加区域主要位于中部、北部。

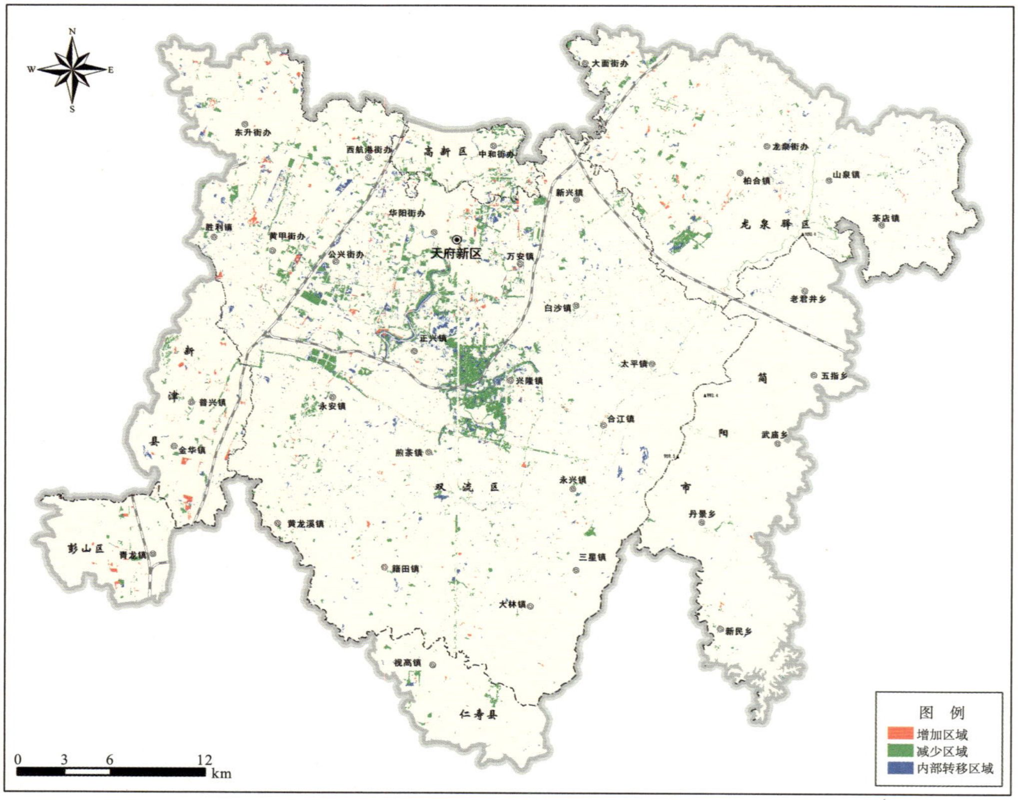

图 7-14 天府新区基础性生态用地变化区域分布

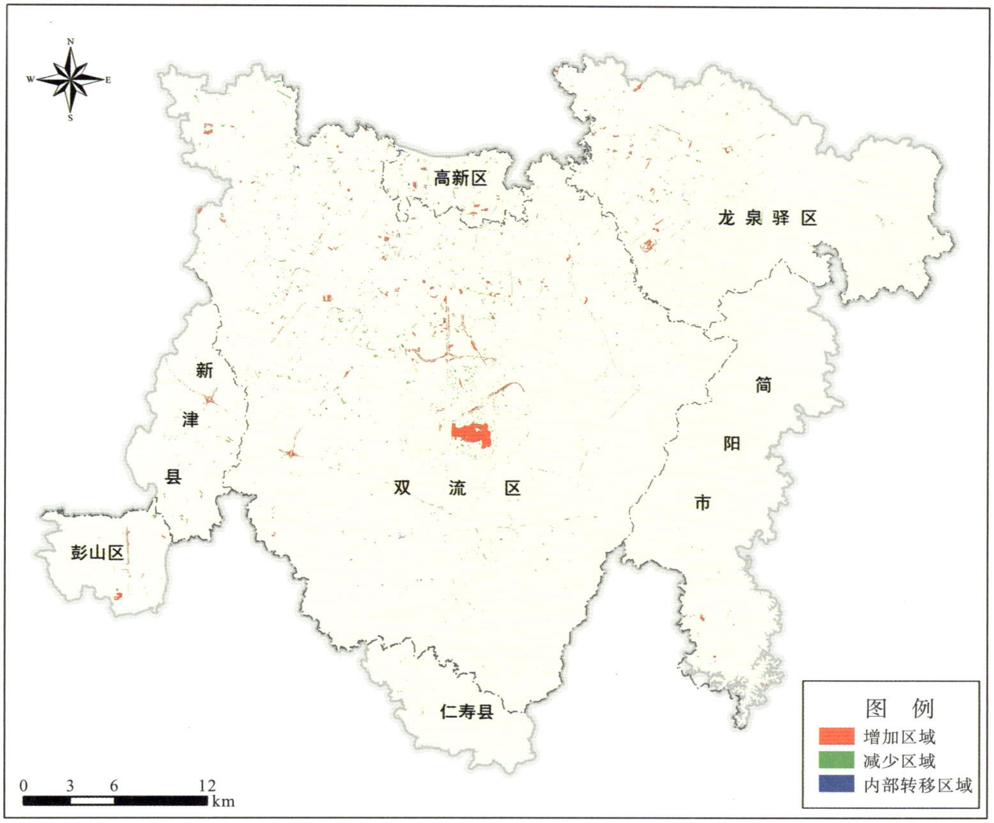

图 7-15　天府新区功能性生态用地变化分布

7.1.3.5　交通基础设施监测

1. 路网布局

天府新区道路交通的基本格局是南北向和东西向。纵横交错的交通设施，构成了新区的血脉和骨架，推动着天府新区大踏步地建设进程。天府新区 2015 年 6 月的道路交通空间分布见图 7-16。

监测时间段内，道路交通新增区域主要集中在天府新区建设变化最为迅速的北部、东北部以及中部地势平坦地区，并逐渐向南扩展。新增道路主要包括天府大道南延线、红星路南延线以及第二绕城高速，新增铁路为成渝客运专线，新增地铁是地铁二号线东沿线(成都行政学院站—龙泉驿站)，详见图 7-17。

2. 交通配置水平

2015 年 6 月，天府新区道路总长为 6407.16 km，路网密度为 4.06 km/km^2，人均拥有量为 35.19 km/万人，最短通达路径为 24.61 km。

天府新区交通网路总体呈发展趋势。2014～2015 年道路总长度增加了 62.95 km，路网密度提高了 0.04 km/km^2，人均拥有量在人口城市化前提下下降了 4.13 km/万人。天府新区道路总体变化情况见表 7-14～表 7-17。

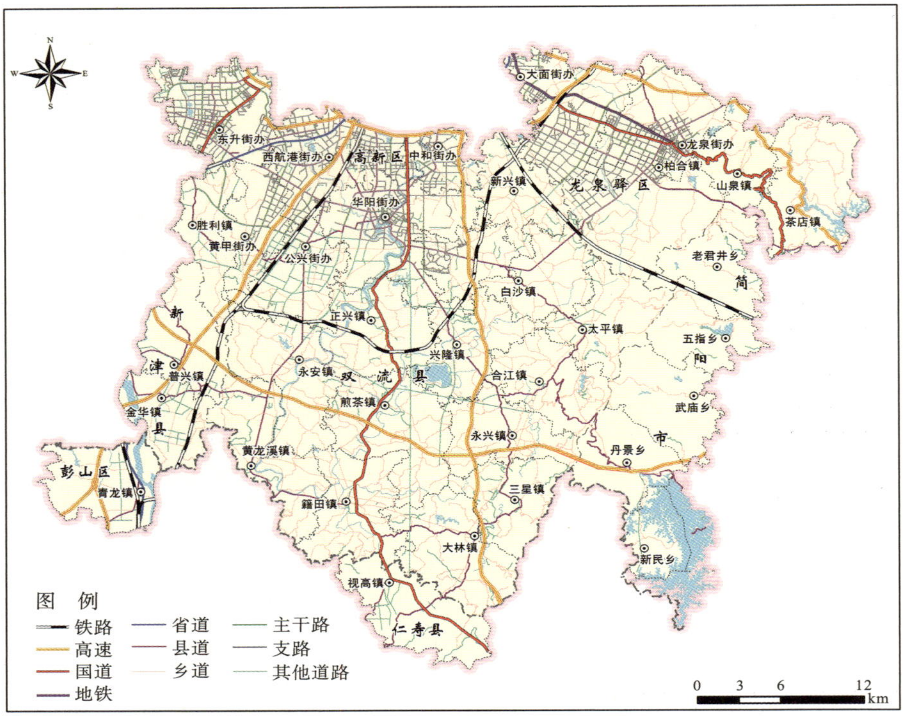

图 7-16 天府新区道路交通分布图

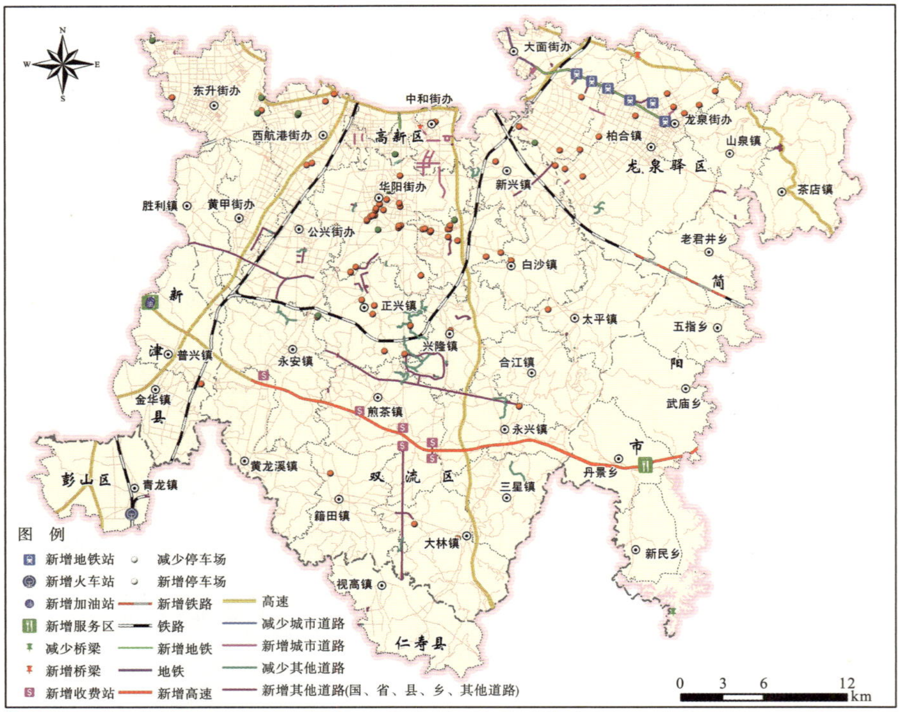

图 7-17 天府新区交通基础设施变化分布图

表 7-14　天府新区总道路信息统计

道路	长度/km	路网密度/(km/km^2)	人均道路拥有量/(km/万人)
2014 年	6344.21	4.02	39.32
2015 年	6407.16	4.06	35.19
2014～2015 年	62.95	0.04	-4.13

表 7-15　天府新区各类道路信息统计

道路		铁路	公路	城市道路	乡村道路	总计
长度变化/km	2014 年	98.59	2332.29	930.28	3235.74	6596.90
	2015 年	106.21	2407.90	958.66	3191.20	6663.97
	2014～2015 年	7.62	75.61	28.38	-44.54	67.07
占比变化/%	2014 年	1.50	35.59	14.20	49.38	100.68
	2015 年	1.58	35.89	14.29	47.57	99.34
	2014～2015 年	0.08	0.30	0.09	-1.81	-1.34
人均拥有量变化/(m/人)	2014 年	0.61	14.46	5.77	19.78	40.62
	2015 年	0.58	13.22	5.26	17.77	36.83
	2014～2015 年	-0.03	-1.24	-0.51	-2.01	-3.79

表 7-16　天府新区各类公路变化信息统计

公路		国道	省道	县道	乡道	总计
长度/km	2014 年	176.62	70.02	318.90	1315.03	1880.57
	2015 年	216.01	70.02	318.75	1295.51	1900.29
	2014～2015 年	39.39	0.00	-0.15	-19.52	19.72
占比/%	2014 年	9.39	3.72	16.96	69.93	100.00
	2015 年	11.37	3.68	16.77	68.17	100.00
	2014～2015 年	1.98	-0.04	-0.18	-1.75	-0.00
人均拥有量/(m/人)	2014 年	1.09	0.43	1.98	8.15	11.65
	2015 年	1.19	0.38	1.75	7.11	10.43
	2014～2015 年	0.10	-0.05	-0.23	-1.04	-1.22

表 7-17　天府新区各等级道路信息统计

公路		高速	一级公路	二级公路	三级公路	四级公路
长度变化/km	2014 年	140.65	201.70	260.16	209.24	1093.13
	2015 年	180.04	201.67	259.09	208.64	1065.89
	2014～2015 年	39.39	-0.03	-1.07	-0.60	-27.24
占比变化/%	2014 年	7.38	10.59	13.66	10.98	57.39
	2015 年	9.40	10.53	13.53	10.89	55.65
	2014～2015 年	2.02	-0.06	-0.13	-0.09	-1.74

续表

公路		高速	一级公路	二级公路	三级公路	四级公路
人均拥有量变化/(m/人)	2014 年	1.12	1.25	1.61	1.29	6.61
	2015 年	0.99	1.11	1.42	1.15	5.85
	2014～2015 年	−0.13	−0.14	-0.18	−0.15	−0.75

3. 交通通达性

天府新区整体交通通达性发展态势良好，但由于受区位因素、经济因素等的影响，通达性水平空间分布不均，空间格局呈同心圈层结构，由最优区域新区北部城区向周边西南部、南部、东部等地辐射，通达性逐渐衰减。交通通达性系数最小的中心地区位于天府新区成都片区管委会，该区域路网密集且等级较高。龙泉驿茶店镇东部、彭山青龙镇、仁寿视高镇南部、简阳新民乡等地区网络布局不完善，道路基础设施建设滞后，道路形状弯曲度大，结点通达程度低，甚至出现较多断头路段，交通通达性较低。天府新区交通通达性见图 7-18。

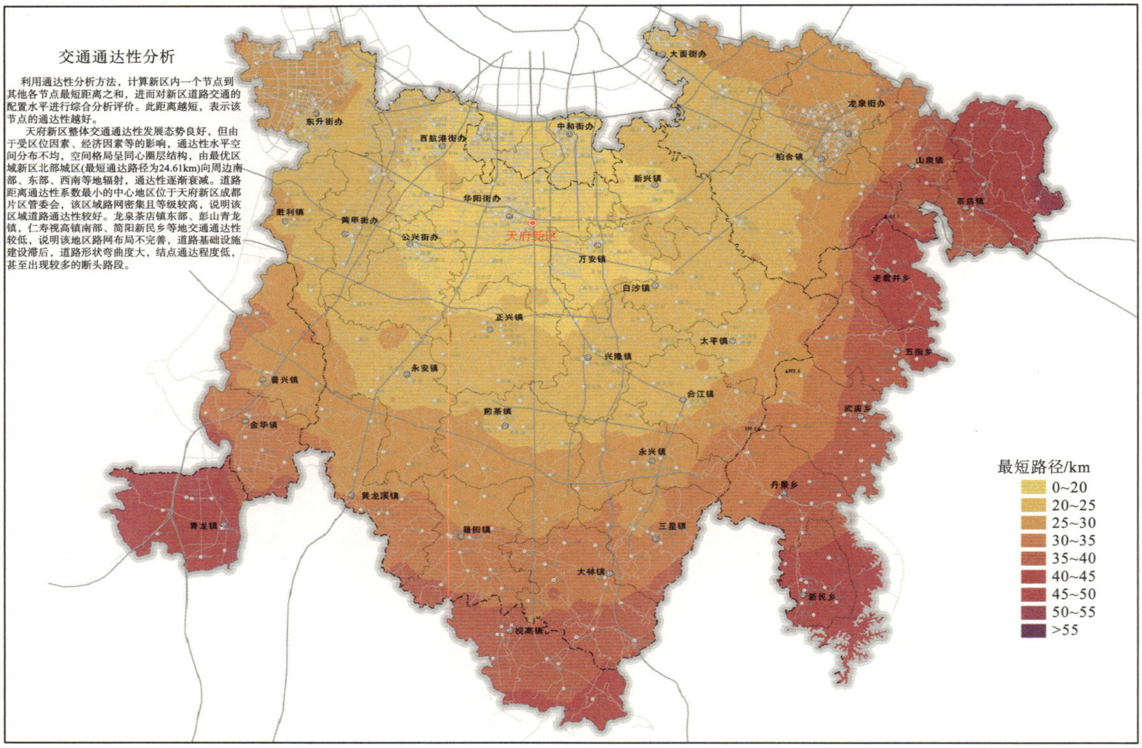

图 7-18　天府新区交通通达程度分级图

4. 区域交通优势度

天府新区范围内各区县交通优势度从 0.10 到 1.50 不等，区域差异相对较明显(图 7-19)。交通优势度最高的分别为高新区(1.50)、双流区(1.47)，该地区距离中心城市(成都市)近，公路、铁路交通便捷，国道、高速等主干线南北贯穿，综合交通优势突出。交通优势度最低的是简阳市(0.10)，该地区位于新区边缘、规划中被列为生态区，交通干线影响度弱，区位条件落后，从而导致该地区交通优势度低下。

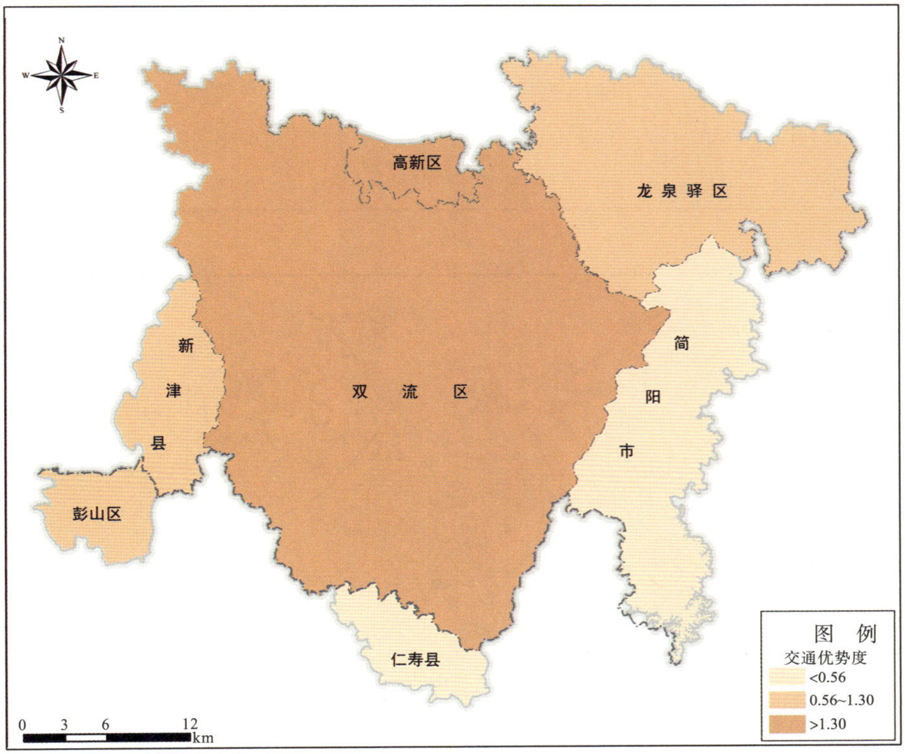

图 7-19　区域交通优势评价图

5. 交通附属设施

2015 年 6 月天府新区范围内的交通附属设施主要涵盖 1 个飞机场、7 个火车站、10 个汽车站、10 个地铁站、7 个服务区、43 个收费站、80 个高速公路出入口、98 个加油(气)站、111 个桥梁、351 个停车场等。其空间分布不均匀，以新区西北部和东北部居多，龙泉山以东的简阳片区相对较少。

2014～2015 年天府新区内交通附属设施新增了 67 个，增长率为 10.29%，平均每 100 km^2 土地面积上交通附属设施新增 4.25 个。其中收费站新增 11 个、服务区新增了 4 个(新津花源服务区 2 个、谭家沟服务区 2 个)，均为成都市第二绕城高速沿线服务区；地铁站新增 6 个，均位于成都地铁 2 号线东沿线；火车站增加 1 个，为青龙场火车站，总体情况见表 7-18 和图 7-20 所示。

表 7-18　天府新区交通附属设施统计表

交通附属类型		加油(气)站	高速公路出入口	收费站	服务区	桥梁	停车场	飞机场	火车站	汽车站	地铁站
数量/个	2014 年 1 月	96	80	32	3	107	312	1	6	10	4

续表

交通附属类型		加油(气)站	高速公路出入口	收费站	服务区	桥梁	停车场	飞机场	火车站	汽车站	地铁站
	2015年6月	98	80	43	7	111	351	1	7	10	10
	2014～2015年	2	0	11	4	4	39	0	1	0	6
密度/(个/100km^2)	2014年1月	6.08	5.07	2.03	0.19	6.78	19.77	0.06	0.38	0.63	0.25
	2015年6月	6.21	5.07	2.72	0.44	7.03	22.24	0.06	0.44	0.63	0.63
	2014～2015年	0.13	0	0.70	0.25	0.25	2.47	0	0.06	0	0.38

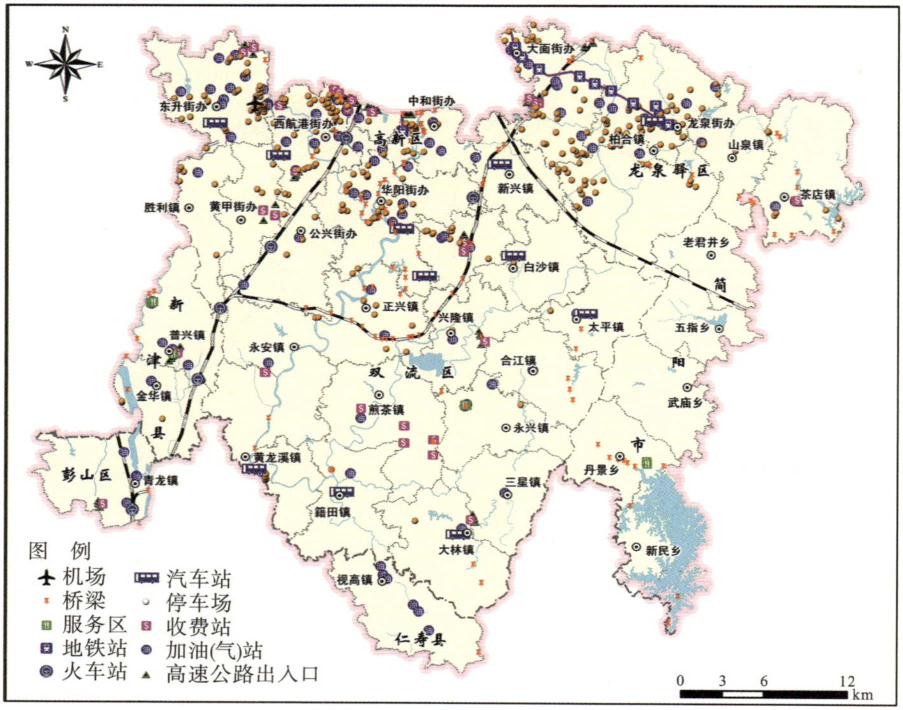

图 7-20　交通附属设施分布图

以 10 分钟作为适宜出行时间，根据《城市道路交通设计规范 GB 50200—95》规定各类交通方式的行驶速度来确定交通车站的最大辐射半径，通过缓冲区分析得到其覆盖情况。统计结果和覆盖情况见表 7-19 和图 7-21。

结果表明，目前天府新区仍有 31.89%的居民点在规定时间内无法达到附近交通车站。新区北部和南部交通车站覆盖水平整体较高，尤其是地铁二号线经过的龙泉驿区大面街道和龙泉街道区域；而西部、东部和中部区域的交通车站覆盖水平则较低，因此需加强该区域交通车站的建设力度，合理规划交通设施布局。

表 7-19　2015 年交通车站空间覆盖度统计表

接驳方式	速度 km/h	辐射半径/km	覆盖行政村数目/个	覆盖行政村占比/%
步行	4	0.67	21	5.36
自行车	11	1.83	74	18.88
公共汽车	16	2.67	112	28.57
小汽车	40	6.67	267	68.11

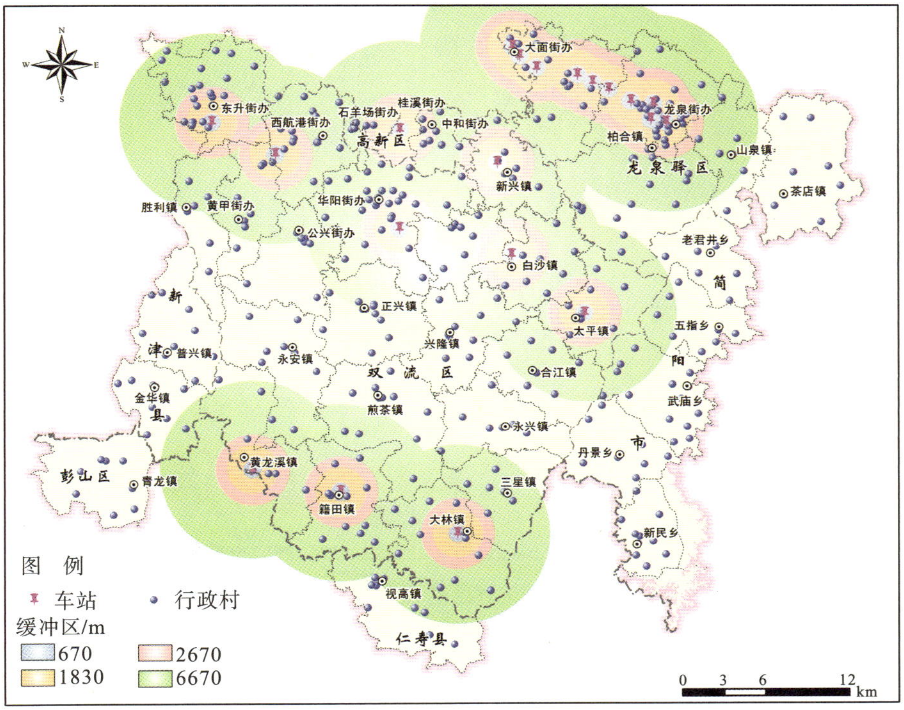

图 7-21　交通车站各辐射半径覆盖图

7.2　成都东客站重大项目建设监测

7.2.1　概述

近几年，四川省启动、续建重点项目 500 个，总投资 28 809 亿元，其中 2014 年计划投资 4151 亿元，项目具有分布广、投资大、涉及领域多、建设周期长等特点。重点项目是四川省经济社会发展重要支柱，在重大基础设施、重大产业、重大民生工程及社会事业、重大生态建设及环境保护等多个领域发挥着重要的支撑作用。《四川省人民政府关于做好 2014 年投资和重点项目工作的通知》(川府发〔2014〕17 号)明确指出，“要进一步优化投资结构，提高投资效益，扎实推进重点项目工作”。

本次重大工程项目以成都东客站片区基础设施项目(图 7-22)为例，依托先进的遥感技术和地理信息技术，根据项目情况，选择三个监测时间节点，开展重点项目建设状况动态监测，展示重点项目建设状况与监测成果，该监测结果可实现对重点项目建设状况的整体把握，为政府部门对项目的管理、计划、决策提供科学精准的地理情报支持。

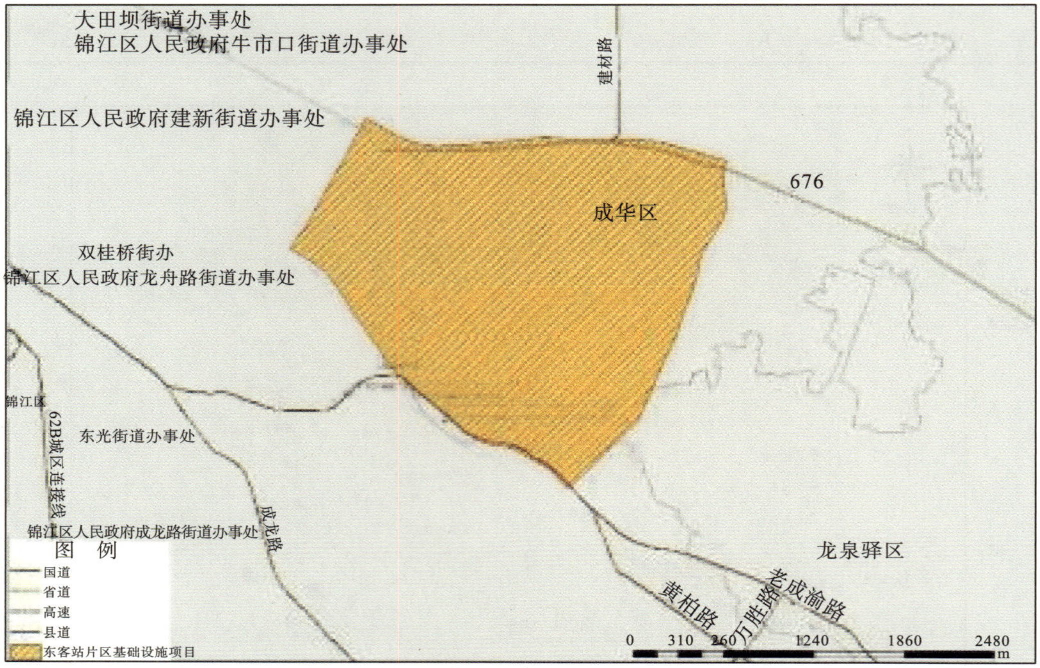

图 7-22　成都东客站片区基础设施项目位置示意图

7.2.2　监测内容与方法

成都东客站重大项目建设监测所采用的数据包括：遥感影像数据、地理国情普查成果数据(地表覆盖及国情要素数据、解译样本数据、基本统计数据等)、基础地理信息数据以及相关专业部门数据(交通部专题资料、四川省第二次全国土地调查数据、重大项目建设相关规划材料)。

7.2.2.1　监测内容

1. 地表覆盖变化监测分析

对重点项目监测区域每期数据二级地类地表覆盖面积及面积占比、一级地类变化动态度、一级地类流转情况展开监测，分析监测周期内地表覆盖变化情况。

2. 地理国情要素变化监测分析

根据重点项目监测的特殊性及地理国情要素覆盖情况，选择部分重点项目监测区域内道路类地理国情要素展开变化监测。

3. 工程形象进度综合分析

对多个或单个工程项目工程形象进度情况展开分析，分析不同工程建设进度的建设情况，并根据分析结果制作工程形象进度状况监测示意图。

4. 拆迁情况综合分析

对重点项目建设范围内涉及的房屋拆迁区域进行统计分析，统计分析拆迁的房屋建筑区面积，展示拆迁所在位置及拆迁区域后期建设情况。

5. 工程建设动态遥感监测

充分利用规划建设材料、变化区域影像数据以及三期地表覆盖监测数据，对项目重点建设工程、典型建设工程等进行监测。

7.2.2.2　监测方法

以三期(或两期)空间分辨率优于 1 m 的航空航天遥感影像为数据源，充分利用四川省第一次全国地理国情普查数据成果，辅以重点项目规划资料、行业专题资料，采用遥感影像解译、变化信息提取、外业调查、数据编辑与整理等技术方法，监测重点项目建设区域的动态遥感变化情况，地表覆盖变化情况、工程形象进度变化等，在此基础上制作专题图件，编写综合统计分析报告。具体技术路线如图 7-23。

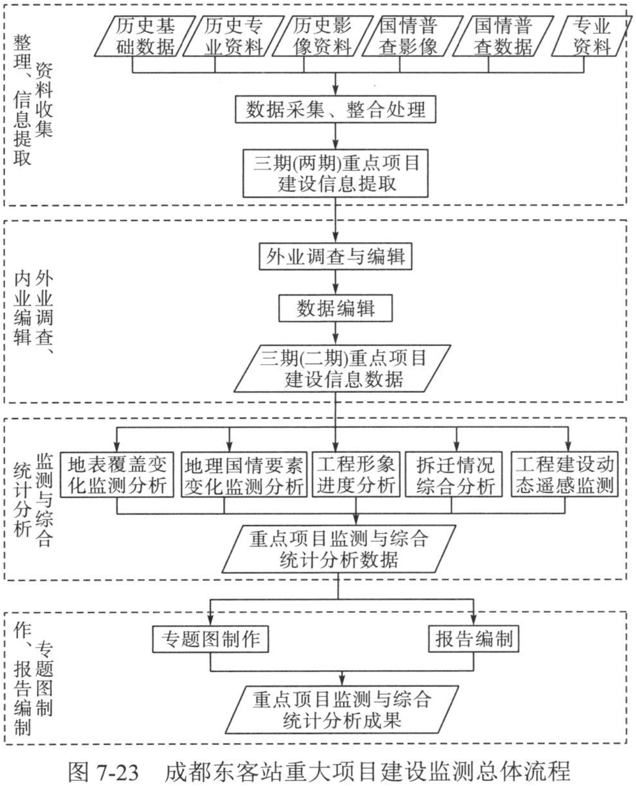

图 7-23　成都东客站重大项目建设监测总体流程

7.2.3 监测结果与分析

7.2.3.1 监测结果

1. 东客站片区地表覆盖变化监测

1) 地表覆盖基本统计分析

从成都东客站片区基础设施项目范围内地表覆盖变化的遥感监测结果(表 7-20、图 7-24)可以看出，监测范围内，2010 年林地所占比例最大，占监测范围的 24.81%，其次为人工堆掘地、房屋建筑区及耕地，分别占 20.07%、16.86%及 16.41%；到 2012 年，草地及道路占比大幅增加，分别增至 22.41%、21.40%，林地所占比例下降至 14.10%，房屋建筑区占比下降为 12.21%；到 2014 年，草地所占比例最大，为 27.44%，其次为道路，占 22.20%。

表 7-20 监测范围内 2010～2014 年地表覆盖类型变化统计表

地表覆盖类型		2010 年 5 月		2012 年 11 月		2014 年 1 月	
一级类	二级类	面积/km^2	比例/%	面积/km^2	比例/%	面积/km^2	比例/%
耕地	旱地	0.80	16.41	0.24	4.97	0.29	5.95
林地	乔木林	0.44	8.93	0.33	6.72	0.20	4.11
	灌木林	0.61	12.40	0.31	6.25	0.00	0.00
	竹林	0.11	2.28	0.02	0.42	0.00	0.05
	绿化林地	0.06	1.20	0.03	0.71	0.05	1.05
草地	天然草地	0.49	9.97	0.89	18.23	1.11	22.76
	人工草地	0.10	2.14	0.20	4.18	0.23	4.68
房屋建筑(区)	多层及以上房屋建筑区	0.18	3.65	0.17	3.42	0.26	5.40
	低矮房屋建筑区	0.56	11.49	0.24	4.99	0.10	1.98
	多层及以上独立房屋建筑	0.03	0.70	0.17	3.49	0.19	3.86
	低矮独立房屋建筑	0.05	1.02	0.02	0.31	0.02	0.36
道路	路面	0.22	4.59	0.81	16.56	0.84	17.26
	铁路(有轨路面)	0.03	0.69	0.24	4.84	0.24	4.94
构筑物	硬化地表	0.16	3.30	0.34	6.88	0.42	8.66
	其他构筑物	0.00	0.00	0.07	1.51	0.08	1.54
人工堆掘地	堆放物	0.16	3.31	0.01	0.21	0.01	0.22
	建筑工地	0.82	16.76	0.75	15.26	0.79	16.12
水域	水面	0.06	1.16	0.05	1.05	0.05	1.06

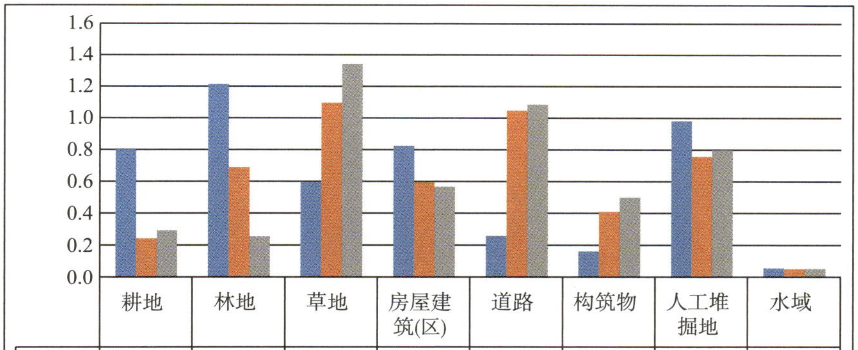

	耕地	林地	草地	房屋建筑(区)	道路	构筑物	人工堆掘地	水域
2010年	0.80	1.21	0.59	0.82	0.26	0.16	0.98	0.06
2012年	0.24	0.69	1.10	0.60	1.05	0.41	0.76	0.05
2014年	0.29	0.25	1.34	0.57	1.09	0.50	0.80	0.05

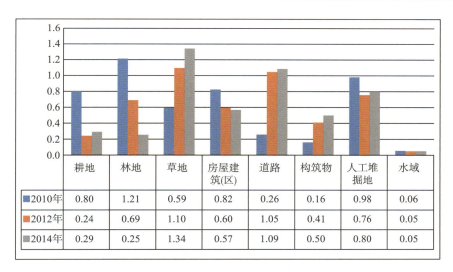

图 7-24　成都东客站片区内 2010～2014 年地表覆盖类型变化柱状图

可以看出，东客站片区开工建设后，监测范围内配套工程建设工作陆续启动，大面积场地拆迁、场地平整、公共基础设施建设、道路建设等项目对地表覆盖变化影响较大。

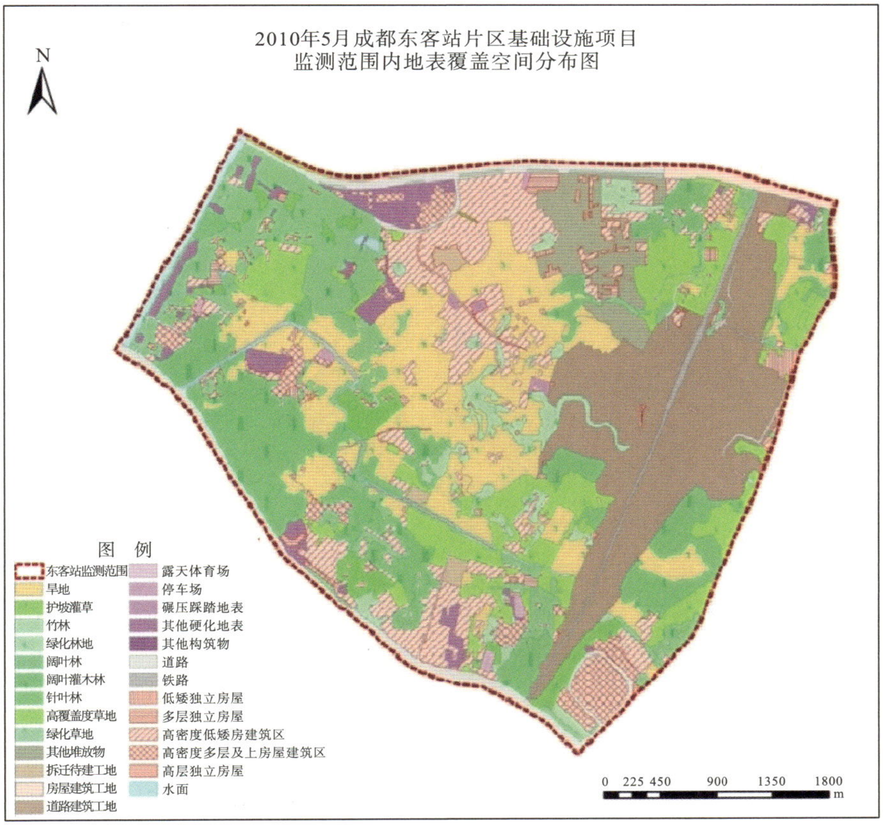

图 7-25　2010 年 5 月监测范围内地表覆盖空间分布图

图 7-26 2012 年 11 月监测范围内地表覆盖空间分布图

图 7-27 2014 年 1 月监测范围内地表覆盖空间分布图

2010～2014 年成都东客站片区基础设施项目范围内地表覆盖空间分布图(图 7-25～图 7-27)，在一定程度上反映了成都东客站片区基础设施项目建设过程中地表状况的变化。

2) 地表覆盖变化动态度分析

从表 7-21 以及图 7-28 可知，2010～2014 年，年平均变化速度最活跃的为 2010～2012 年间道路类型地表覆盖，变化动态度达 151.16%，其次为构筑物 76.85%，草地 42.83%；变化最缓慢的为 2012～2014 年期间水域，仅变化 0.98%，其次为道路 2.11%，房屋建筑区−2.43%。

由此可知，2010～2012 年期间地表覆盖动态度明显高于 2012～2014 年，说明东客站片区基础设施项目场地拆迁、场地平整、地基开挖等前期建设工作主要集中在 2010～2012 年期间，对监测区域地表覆盖影响明显。

表 7-21　东客站片区 2010～2014 年地表覆盖变化动态度

一级类	2010 年	2012 年	2014 年	2010～2012 年变化动态度	2012～2014 年变化动态度
耕地	0.803	0.243	0.291	−34.87%	9.88%
林地	1.215	0.69	0.254	−21.60%	−31.59%
草地	0.593	1.101	1.342	42.83%	10.94%
房屋建筑区	0.825	0.597	0.568	−13.82%	−2.43%
道路	0.259	1.042	1.086	151.16%	2.11%
构筑物	0.162	0.411	0.499	76.85%	10.71%
人工堆掘地	0.981	0.757	0.799	−11.42%	2.77%
水域	0.057	0.051	0.052	−5.26%	0.98%

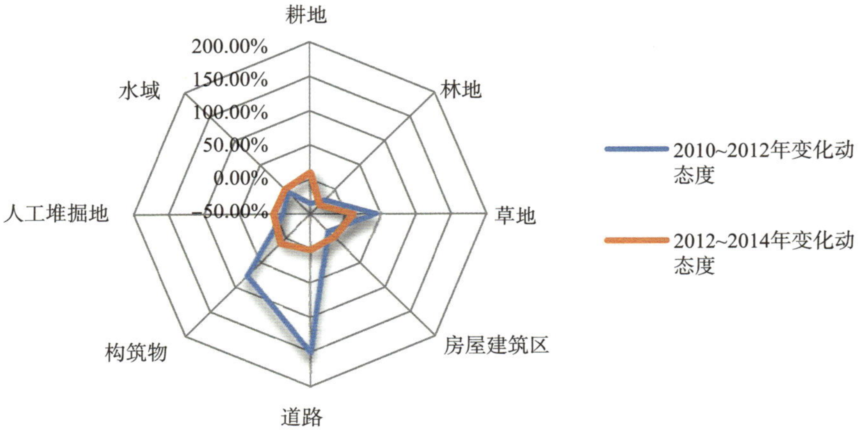

图 7-28　东客站片区 2010～2014 年地表覆盖化动态度分析

3）一级地类流转监测

根据三期监测的地表覆盖数据，构建转移矩阵（表 7-22），可以发现 2010 年 5 月至 2014 年 1 月，监测区范围内耕地、林地面积大幅减少，主要向草地、道路及人工堆掘地转换；房屋建筑区面积也出现下降，转换为人工堆掘地、草地与道路；人工堆掘地则大量向道路、构筑物、房屋建筑区及草地转换（图 7-29）。

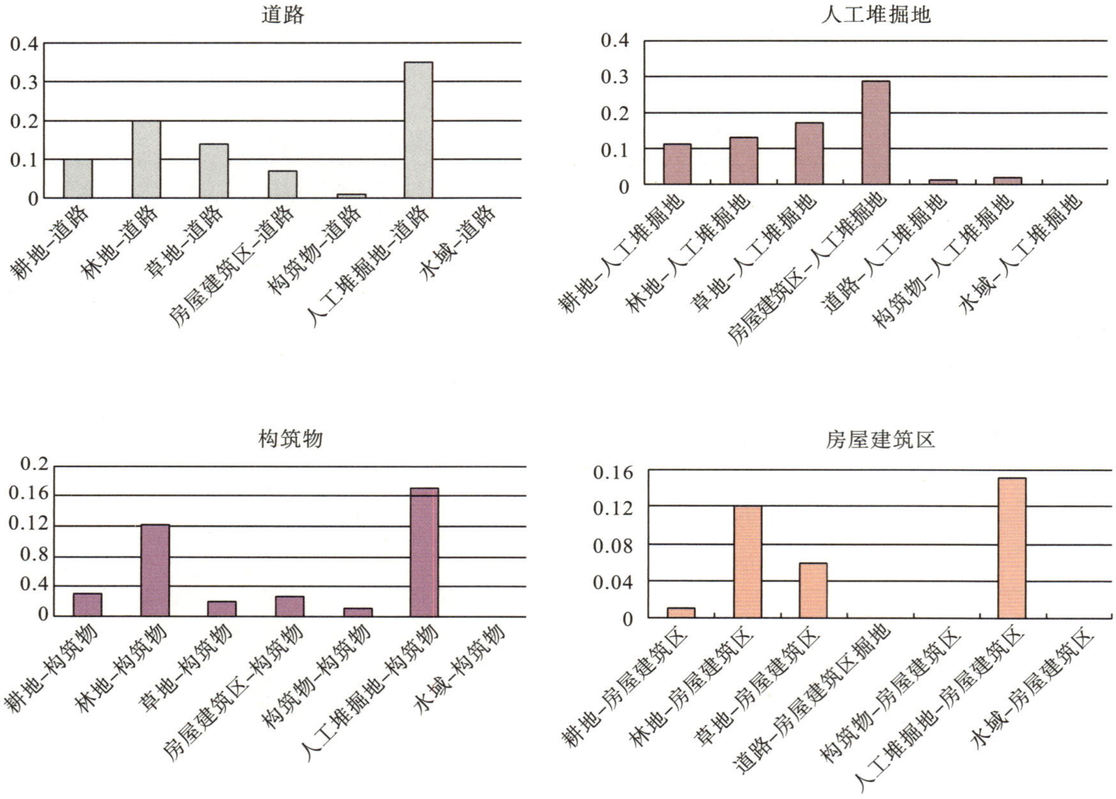

图 7-29 监测范围内道路、构筑物、人工堆掘地、房屋建筑区转换类型示意图

从图 7-30 可以看出，监测范围内道路建设占用土地类型主要为人工堆掘地及林地，其中 0.35 km^2 人工堆掘地转换为道路；构筑物建设占用土地类型依次为人工堆掘地 0.17 km^2、林地 0.12 km^2 及耕地 0.03 km^2；人工堆掘地开挖主要由 0.29 km^2 房屋建筑区、0.17 km^2 草地、0.13 km^2 林地转换而来；监测区内房屋建筑区建设占用土地主要来源于人工堆掘地 0.15 km^2、林地 0.12 km^2、草地 0.06 km^2 等。

总体而言，二绕 A1 段 500m 缓冲区内的规划建设项目用地主要来源于耕地、园地及林地三大土地类型。

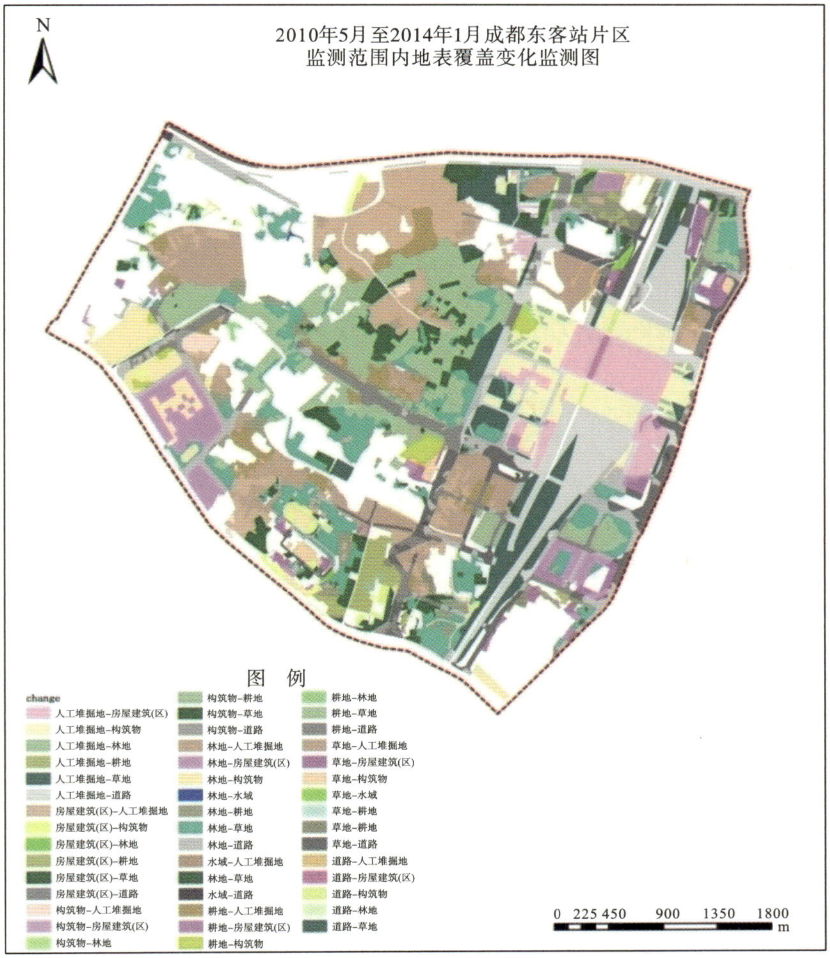

图 7-30　2010 年 5 月至 2014 年 1 月监测范围内地表覆盖转换监测图

表 7-22　监测范围内 2010～2014 年地表覆盖类型转换面积统计表　　（单位：km^2）

转移矩阵	耕地	林地	草地	房屋建筑(区)	道路	构筑物	人工堆掘地	水域
耕地	0.15	0	0.41	0.01	0.10	0.03	0.11	0
林地	0.07	0.22	0.35	0.12	0.20	0.12	0.13	0
草地	0.02	0.01	0.19	0.06	0.14	0.02	0.17	0
房屋建筑(区)	0.05	0.01	0.15	0.22	0.07	0.03	0.29	0
道路	0	0	0.01	0	0.23	0.01	0.01	0
构筑物	0	0	0.01	0	0.01	0.12	0.02	0
人工堆掘地	0.01	0.02	0.21	0.15	0.35	0.17	0.08	0
水域	0	0	0	0	0	0	0	0.05

2. 东客站片区基础设施项目建设情况监测

成都东客站片区基础设施项目建设开始于 2010 年，根据三期工程建设情况监测成果数据

(表 7-23，图 7-31～图 7-33)，分析成都东客站片区监测时点基础设施项目建设状况。

2010 年，已建成的建设类型中，房屋建筑区所占比例最大，达 16.85%，未建成工程占 16.05%，主要为东客站主体工程建设施工；2012 年，已建成公路面积从 0.225km^2 增至 0.774km^2，占到监测总面积的 15.83%，东客站主体工程基本建设完毕，未建成建筑工地占比下降到 7.09%；2014 年，监测范围内已建成面积合计增至 2.36km²，占监测范围的 48.25%，其中道路建成面积占 22.2%，公共配套基础设施占 10.62%，房屋建筑区建成面积占 9.71%，绿化草地占 5.72%；未建成面积合计 0.789km²，占监测范围的 16.12%。道路占地面积增加了 15.39%，主要为东客站内部分基础设施建设配套公路及铁路建设完工；可以看出，2010～2014 年，监测范围内建成项目主要为公共配套基础设施项目及道路工程项目，和东客站片区基础设施项目建设规划建设内容一致。

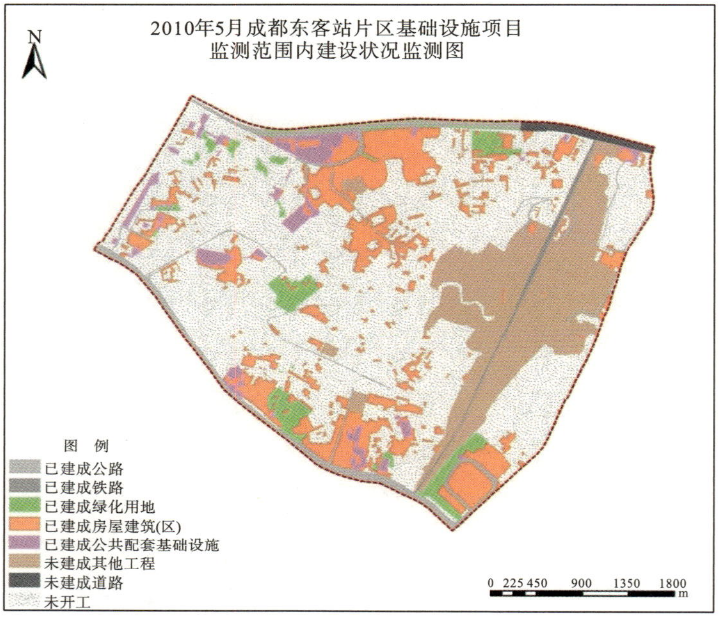

图 7-31　2010 年 5 月成都东客站片区基础设施项目建设状况图

表 7-23　监测范围内 2010～2014 年工程建设状况统计表

建设状况	建设类型	2010 年		2012 年		2014 年	
		面积/km²	比例/%	面积/km²	比例/%	面积/km²	比例/%
已建成	房屋建筑(区)	0.824	16.85	0.504	10.31	0.475	9.71
	公共配套基础设施	0.152	3.11	0.494	10.10	0.519	10.62
	公路	0.225	4.59	0.774	15.83	0.844	17.26
	铁路	0.034	0.69	0.237	4.84	0.242	4.94
	绿化草地	0.164	3.35	0.239	4.89	0.280	5.72
未建成	房屋建筑(区)	0.000	0.00	0.357	7.31	0.224	4.58
	道路	0.034	0.70	0.078	1.58	0.015	0.30
	其他工程	0.785	16.05	0.347	7.09	0.550	11.24
未开工		2.673	54.65	1.861	38.04	1.743	35.63

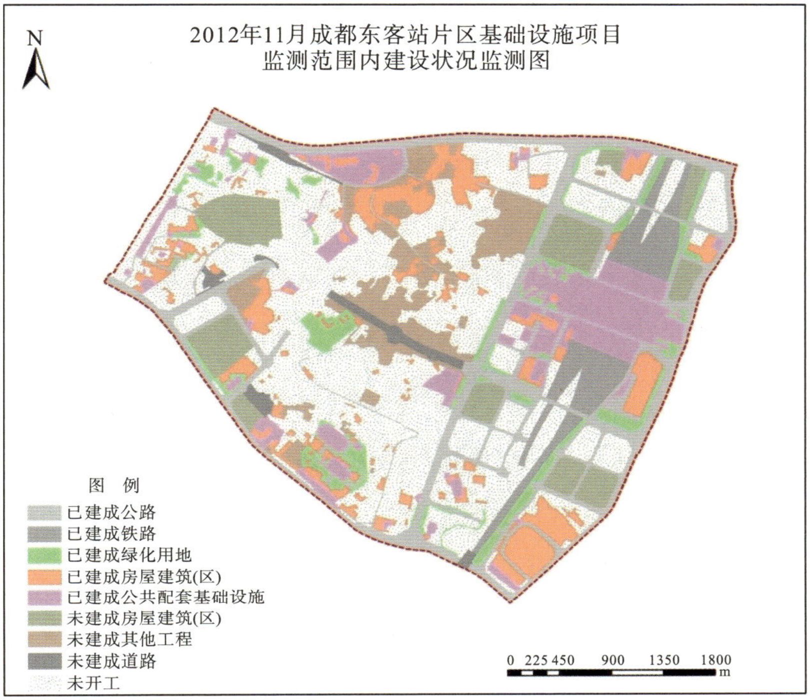

图 7-32　2012 年 11 月成都东客站片区基础设施项目建设状况图

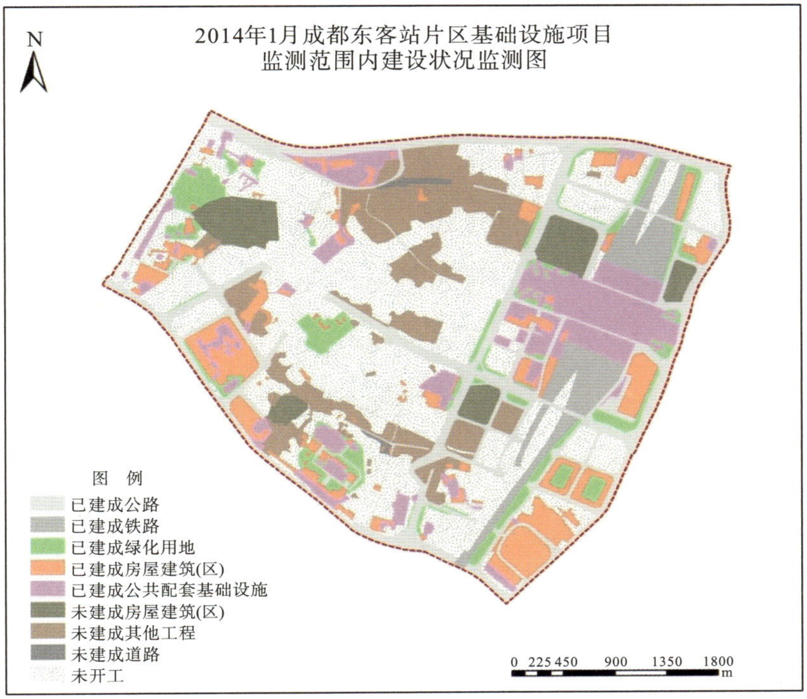

图 7-33　2014 年 1 月成都东客站片区基础设施项目建设状况图

3. 东客站片区基础设施项目拆迁情况综合分析

2010～2014 年，因片区内规划道路、公共基础设施等配套建设工程启动，成都东客站片区监测范围内大量房屋建筑区拆迁，拆迁房屋约 0.6km²，占监测范围总面积的 12.21%(图 7-34)。

图 7-34 成都东客站片区基础设施建设范围拆迁位置示意图

图 7-34 中的①、②、③、④区为拆迁主要监测范围，具体拆迁变化见图 7-35～图 7-38。

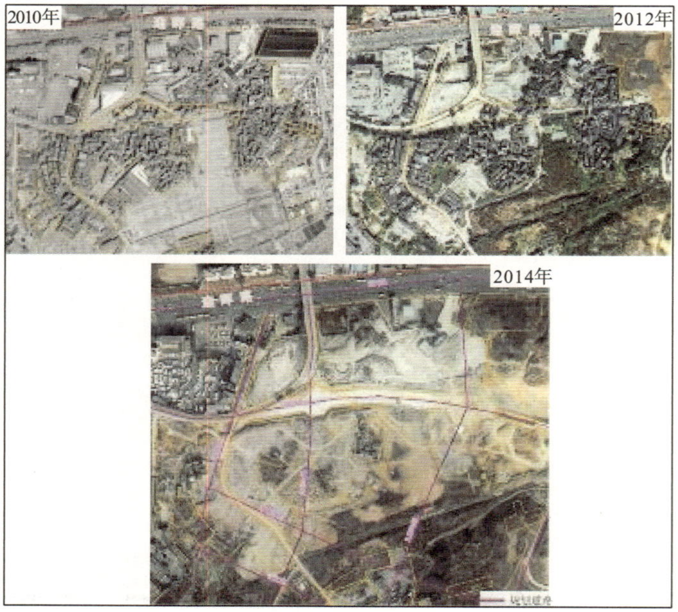

图 7-35 2010 年 5 月至 2014 年 1 月①区拆迁情况监测图

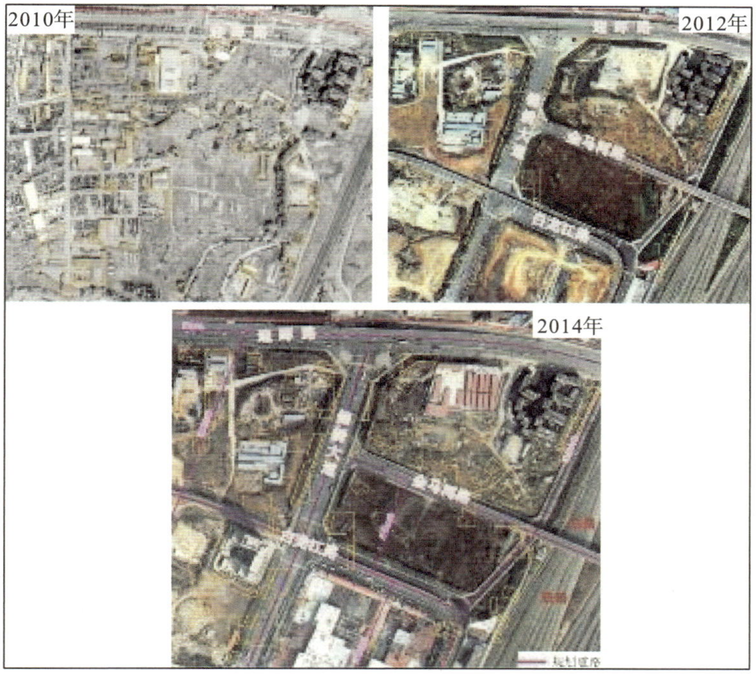

图 7-36　2010 年 5 月至 2014 年 1 月②区拆迁情况监测图

图 7-37　2010 年 5 月至 2014 年 1 月③区拆迁情况监测图

图 7-38 2010 年 5 月至 2014 年 1 月④区拆迁情况监测图

4. 东客站片区基础设施项目工程建设动态遥感监测

成都东客站片区基础设施项目建设范围内工程建设项目主要包括东客站片区市政道路、绿地及公共配套基础设施等的建设(图 7-39)。

图 7-39 2014 年成都市东客站片区基础设施项目主要工程建设位置示意图

1) 市政道路建设

成都市东客站片区市政道路建设包括岷江路、大渡河路等 26 条公路，根据成都东客站片区规划（图 7-40），截至 2014 年 1 月，市政道路建成区域主要集中于东片区，包括锦绣大道、龙泉山路等公路，拟开工公路主要位于西片区，包括大巴山路、九寨沟路等；2010 年 5 月至 2014 年 1 月，东客站片区监测范围内累计建成铁路 0.242km。

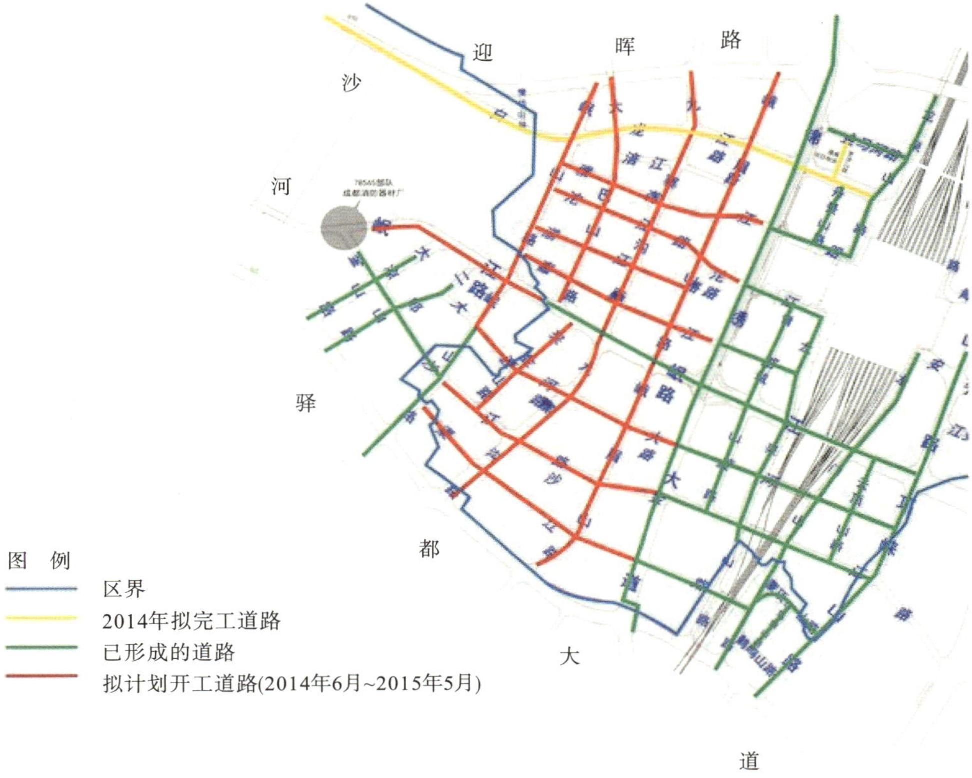

图 7-40　成都东客站片区市政道路建设规划图

根据 2010 年、2012 年和 2014 年成都市东客站片区三期道路监测成果数据（(表 7-24、图 7-41、图 7-42)，2010～2012 年功能区内已建成道路增加 14.09 km，2012～2014 年已建成道路增加 1.61 km。

表 7-24　2010～2014 年成都东客站监测范围内道路建设统计表　（单位：km）

道路名称	道路长度	2010 年道路建设情况			2012 年道路建设情况			2014 年道路建设情况		
		已建成	在建	未建	已建成	在建	未建	已建成	在建	未建
白龙江路	2.05	0	0.93	1.12	0.55	0.93	0.58	1.60	0.45	0
大巴山路	0.93	0	0	0.93	0	0	0.93	0	0	0.93
大渡河路	1.63	0	0	1.63	0.74	0	0.89	0.74	0	0.89
大凉山路	0.59	0	0	0.59	0.59	0	0	0.59	0	0
丹景山路	0.43	0	0	0.43	0	0.26	0.16	0	0.26	0.16

续表

道路名称	道路长度	2010 年道路建设情况			2012 年道路建设情况			2014 年道路建设情况		
		已建成	在建	未建	已建成	在建	未建	已建成	在建	未建
峨眉山路	2.18	0	0	2.18	0	0	2.18	0	0	2.18
二郎山路	0.32	0	0	0.32	0.32	0	0	0.32	0	0
嘉陵江路	1.14	0	0	1.14	0.30	0	0.84	0.30	0	0.84
金马河路	0.87	0.50	0	0.36	0.87	0	0	0.87	0	0
金沙江路	2.32	0	0	2.32	1.35	0.96	0	1.35	0.96	0
锦绣大道	2.25	0	0	2.25	2.25	0	0	2.36	0	0
九寨沟路	1.99	0	0	1.99	0	0	1.99	0	0	1.99
漓江路	0.58	0	0	0.58	0	0	0.58	0	0	0.58
龙门山路	1.43	0	0	1.43	1.43	0	0	1.43	0	0
龙泉山路	1.62	1.62	0	0	1.62	0	0	1.62	0	0
蒙顶山路	0.37	0.37	0	0	0.37	0	0	0.37	0	0
岷江路	2.29	0	0	2.29	1.22	0.45	0.62	1.67	0	0.62
岷山路	1.60	0	0	1.60	0.49	0	1.11	0.49	0	1.11
青城山路	0.87	0	0	0.87	0.87	0	0	0.87	0	0
邛崃山路	1.46	0	0	1.46	1.46	0	0	1.46	0	0
渠江路	1.41	0	0	1.41	0.31	0	1.10	0.31	0	1.10
沱江路	1.10	0	0	1.10	0.30	0	0.80	0.30	0	0.80
雅砻江路	1.13	0	0	1.13	0.30	0	0.83	0.30	0	0.83
驿都大道	2.64	2.64	0	0	2.64	0	0	2.64	0	0
迎晖路	2.55	1.72	0.83	0	2.55	0	0	2.55	0	0
云顶山路	0.42	0	0	0.42	0.42	0	0	0.42	78 900	0

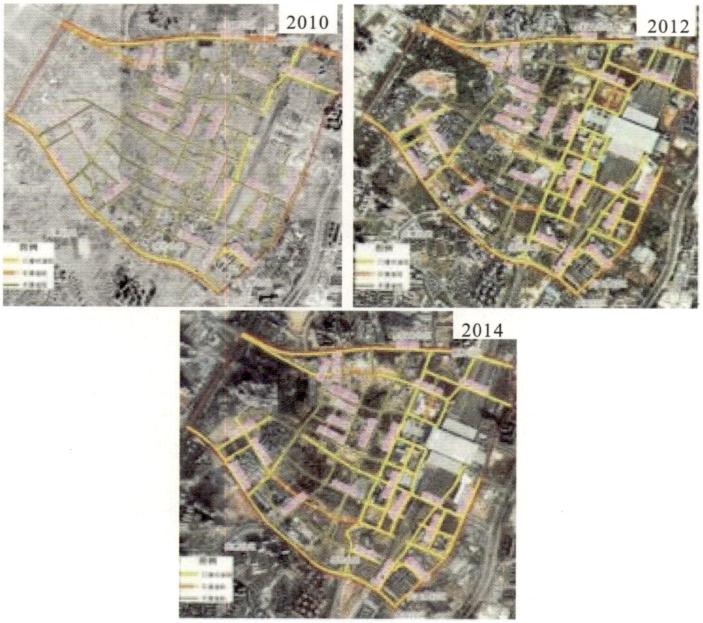

图 7-41　2010 年 5 月至 2014 年 1 月成都东客站市政道路建设监测图

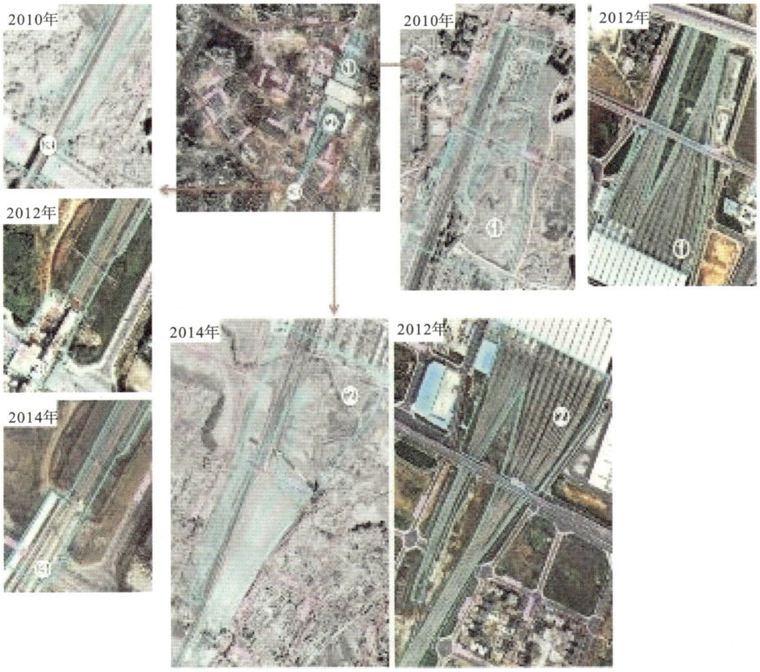

图 7-42　2010 年 5 月至 2014 年 1 月成都东客站铁路建设监测图

2) 公共配套基础设施建设

根据三期监测成果数据(图 7-43)，2010～2014 年，成都东客站监测范围内公共配套基础设施建设区域主要集中于成都东客站东片区，包括东客站候车楼建设、东客站东广场、西广场建设等配套建设项目。

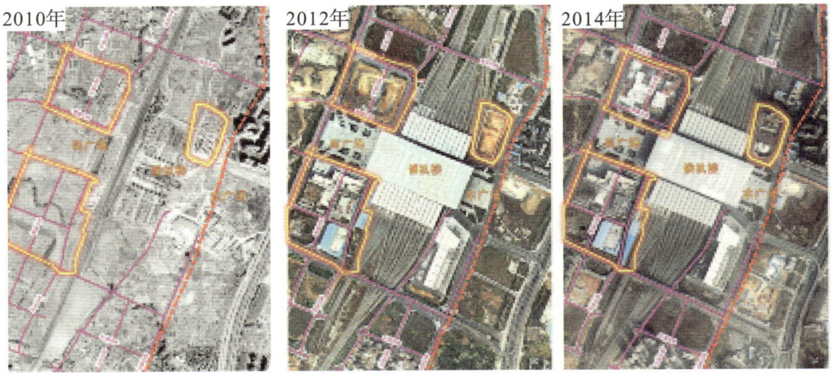

图 7-43　2010～2014 年成都东客站配套公共基础设施建设监测图

3) 绿化草地建设

成都东客站监测范围内绿化草地建设区域主要为成都东客站东广场、西广场等公共基础设施配套区域。于 2010～2012 年期间集中建设，建成绿化草地 0.076 km²(图 7-44)。

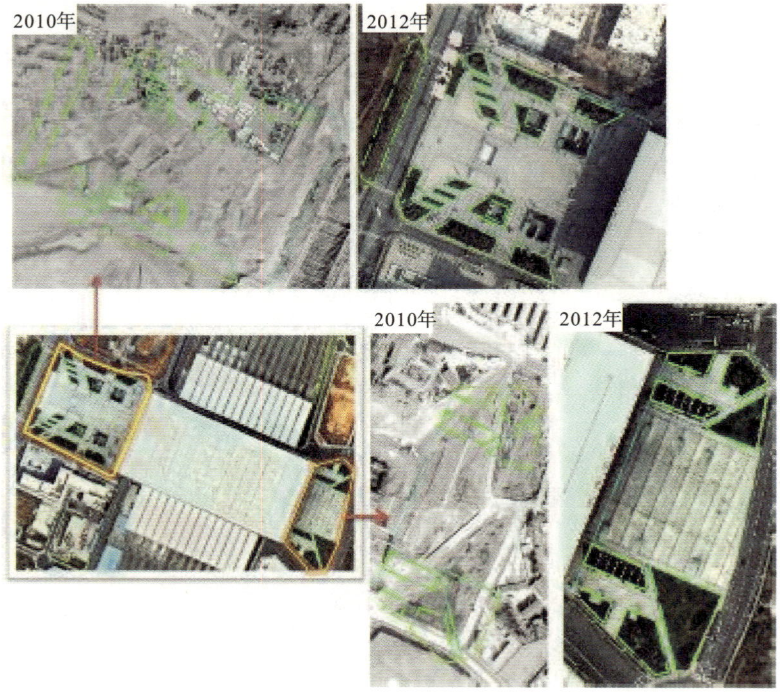

图 7-44　2010～2014 年成都东客站绿化草地建设监测图

7.2.3.2　结论分析

基础设施项目建设监测选取 2014 年四川省重点项目“续建”项目成都东客站片区基础上设施项目为监测对象，利用 2009 年 10 月(2010 年 5 月)、2012 年 11 月和 2014 年 1 月的高分辨率遥感影像，对成都东客站片区基础设施项目范围内的地表覆盖状况和项目建设状况开展动态监测。

2010～2012 年，耕地、林地面积大量减少，成都东客站与其他基础项目有区别，成都东客站是重大基础设施项目，修建意义重大，惠及千万人，便不能以消失的耕地和林地来计算得失，耕地、林地大部分转换成草地、道路、构筑物等。表明成都东客站的基础设施建设以及绿化与项目进行呈正比进行，并未因为工程进行而忽视绿化效果，2014 年草地成为主要地表覆盖类型。

成都东客站片区设有 32 条道路，以“田”字形分布在站房附近，这与道路类型地表覆盖面积从 2010～2012 年几乎呈直线上升趋势以及道路 2010～2012 年变化动态度达 151.16%的结论一致。

第 8 章　灾害性地理国情信息监测

四川省是一个地震、洪灾、泥石流、干旱等自然灾害频发的省份。利用先进测绘装备，形成快速获取、快速处理、快速解译与分析、快速构建服务系统的一体化测绘应急监测体系，实现对灾前、灾期、灾后全过程进行动态监测，为国家、省和相关部门提供及时的监测成果，满足抢险救灾、灾害评估和灾后重建规划的迫切需求。本章选择都江堰地质灾害综合统计分析和区域地表沉降监测作为监测项目案例，主要从项目概况、监测内容与方法、监测结果与分析三个方面对监测工作开展情况和取得的成果进行介绍。

8.1　都江堰地质灾害综合统计分析

8.1.1　概述

都江堰地处四川省龙门山断裂带直接影响区，是四川省重要的旅游集散中心，位于东经 103°25′42″～103°47′0″、北纬 31°44′54″～31°02′9″之间，地处四川省中部，是成都市下辖的一个县级市，其面积为 1208 km^2，东邻彭州市、郫都区、温江区，南连崇州市，西、北接汶川县，南距成都市区 48 km，全市总人口约 66 万，人口密度约 835 人/km^2(图 8-1)。

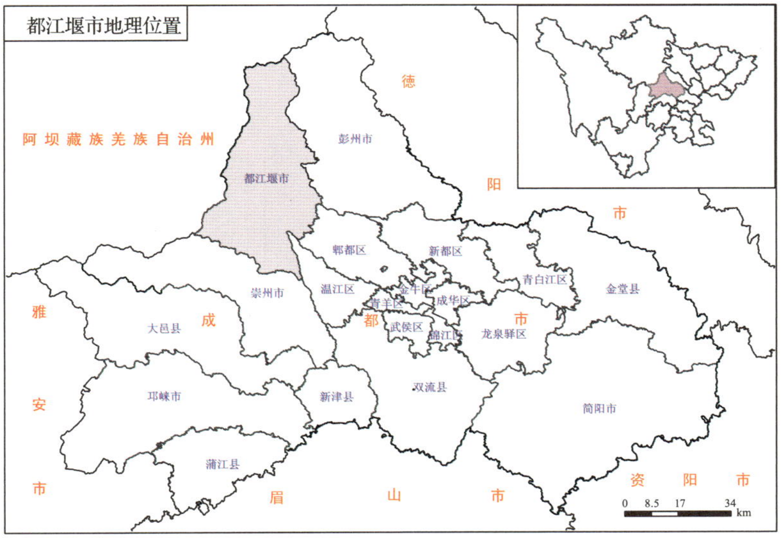

图 8-1　都江堰市地理位置示意图

8.1.2 监测内容与方法

8.1.2.1 监测内容

基于测绘地理信息部门监测成果数据集、地质灾害隐患点数据、地质背景数据、降雨气象资料等，从历史因素(灾害点密度)、基本环境因素(地形坡度、高程、斜坡类型、工程地质岩组、距断层距离、距水系距离)、诱发因素(降雨量、人类工程活动)三个方面开展都江堰地质灾害危险性评价，从人口易损性、物质易损性(房屋建筑易损性、农业易损性、林业易损性、畜牧业易损性、道路交通易损性、水域易损性)两个方面开展都江堰地区地质灾害易损性评价，基于评价结果开展都江堰地质灾害风险评价。

8.1.2.2 监测方法

基于遥感解译技术及 GIS 空间统计分析技术，利用地质灾害危险评价方法、易损评价方法和风险评价方法，开展都江堰地区地质灾害危险性评价、易损性评价和风险评价。

8.1.3 监测结果与分析

8.1.3.1 地质灾害危险性评价

根据都江堰山区城镇所处的地质环境特点，通过对已发育的地质灾害的特征分析，结合实际情况，最终确定在市县域尺度范围内采用的指标体系如图 8-2。

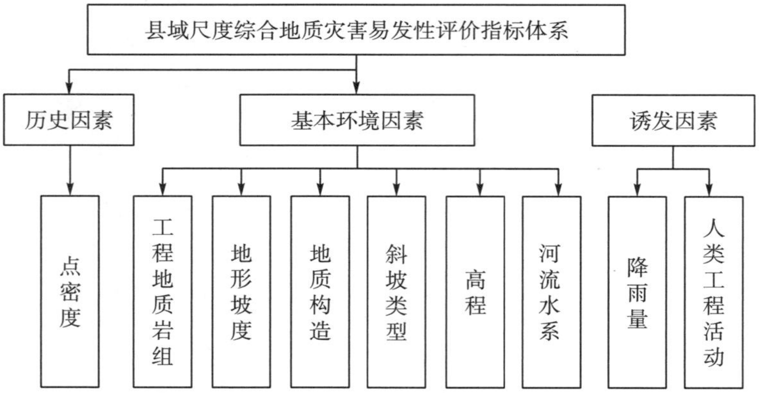

图 8-2 县域尺度综合地质灾害危险性评价指标体系

基于信息熵方法，利用 GIS 空间分析功能，分别监测图 8-2 所示因子与地质灾害的关系。

历史地质灾害密度(点密度)因子：地质灾害多发生于山区中，平原地区极少发育；地形坡度因子：地质灾害多分布于坡度 15°～50°范围内，占总数的 70%；斜坡类型因子：地质灾害多发育于凸形斜坡体上，而凹形坡和顺直坡灾害较少；高程因子：受地形地貌的控制，地质灾害多发育于高程 800～2000 m 内，数量达 534 处，占总数的 72%；河流水系因子：灾害点多分布于距离水系 300 m 范围内，数量达 514 处，约占总数的 70%；工程地质岩组因子：灾害点多发育于软硬相间的岩层上；地质构造因子：70%的地质灾害都分布在断裂带 3 km 范围内；降雨量因子：灾害点多分布于年均降雨量大于 1000 mm 的区域；人类工程活动因子：人类工程活动会对山体斜坡稳定性造成破坏，导致灾害发生。

图 8-3～图 8-11 为都江堰市域范围内各地质灾害因子分级图。

通过分析地质灾害危险性评价因子，采用信息量模型和专家打分相结合的方法，确定各因子权重，同时兼顾考虑客观情况和主观因素，并利用软件 ArcGIS 将各个评价因子层叠加计算出地质灾害危险性，最终得到都江堰地质灾害危险区划分结果如表 8-1 所示。

表 8-1　地质灾害危险性评价各因子权重表

因子	断裂距离	工程地质岩组	高程	历史灾害	坡度	斜坡类型	降雨	水系距离	居民点密度
权重	0.19	0.17	0.15	0.13	0.12	0.09	0.07	0.06	0.02

图 8-3　历史灾害密度图

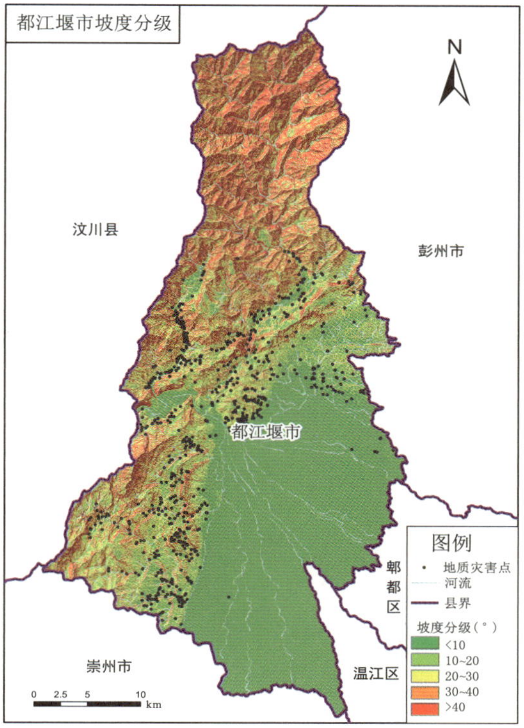

图 8-4　地形坡度分级图

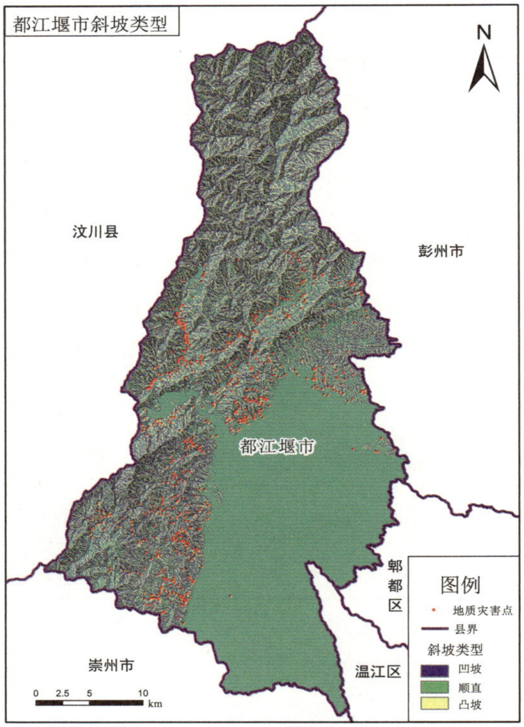

图 8-5　斜坡类型图

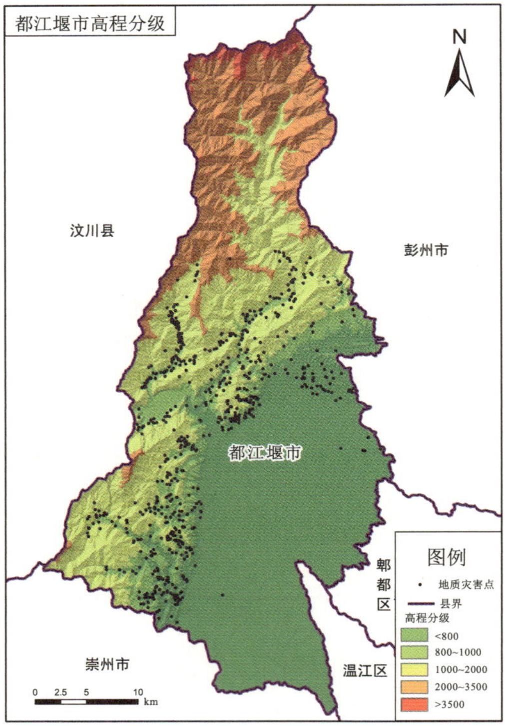

图 8-6　高程分级图

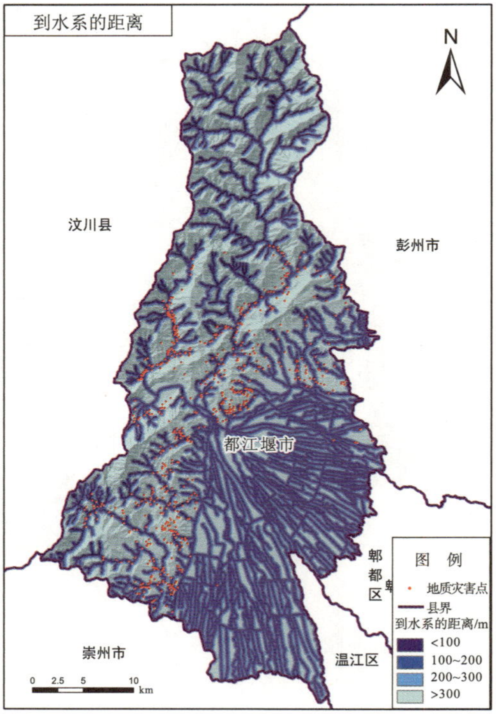

图 8-7　水系距离分级图

图 8-8　工程地质岩组分级图

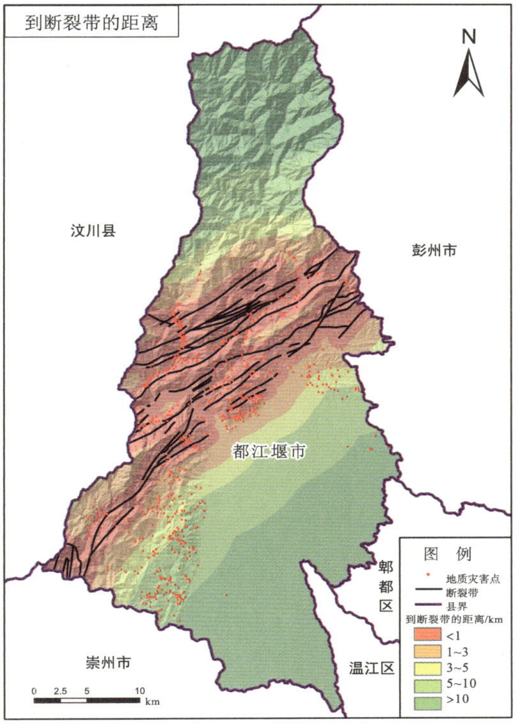

图 8-9　断裂带距离分级图

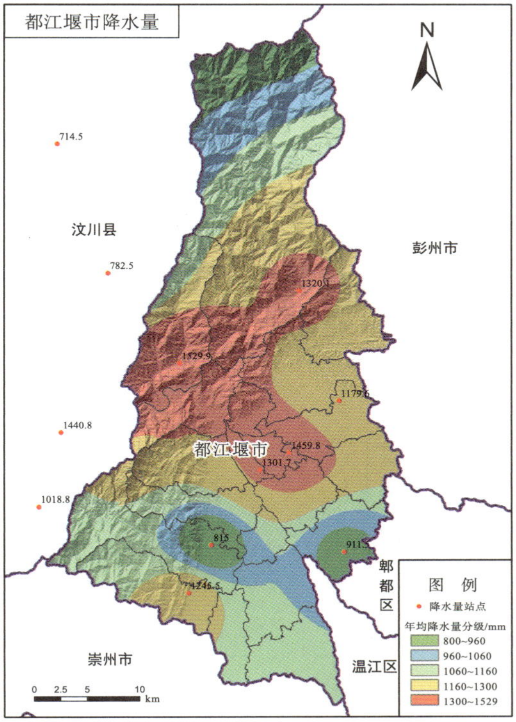

图 8-10　降水量分级图

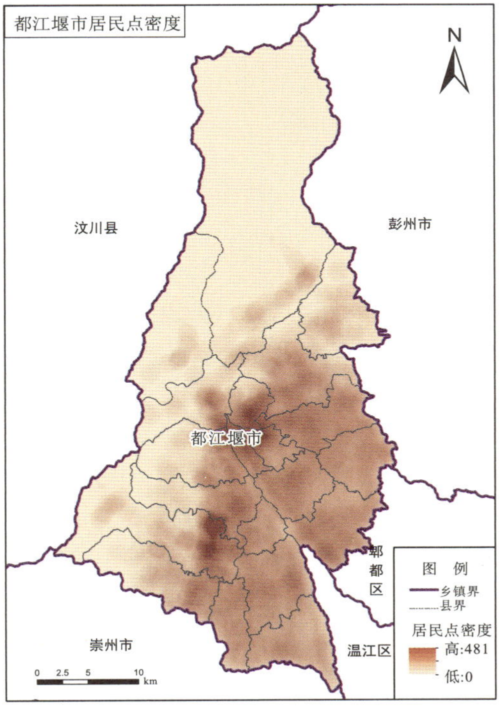

图 8-11　居民点密度图

根据定量和定性划分结果，并结合实际情况综合划分地质灾害危险区，将都江堰市划分为四大类(图 8-12、图 8-13)。

图 8-12 都江堰市地质灾害危险性分区图

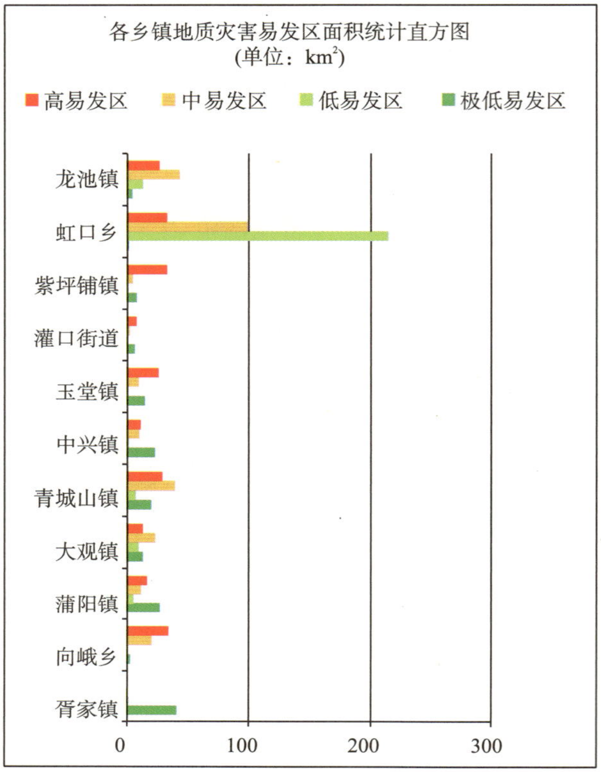

图 8-13 各乡镇易发区面积统计直方图

1. **地质灾害高易发区**

地质灾害高易发区主要位于市域中西部区域，呈北东至南西带状分布。该区面积 231 km^2，占全市面积的 19.1%。地质灾害隐患点分布密度 1.60 处/km^2。

2. **地质灾害中易发区**

地质灾害中易发区主要位于虹口乡、龙池镇中部地区以及市域西南部区域沿玉堂镇、中兴镇、青城山镇、大观镇山前一带。该区面积达到 267 km^2，占全市总面积的 22.1%，地质灾害隐患点分布密度为 0.84 处/km^2。

3. **地质灾害低易发区**

地质灾害低易发区主要位于平原边缘地带的低山丘陵区以及北部中、高山区，该区总面积 259 km^2，约占都江堰市总面积的 21.5%，地质灾害隐患点分布密度为 0.36 处/km^2。需要说明的是，地震之前，虹口乡北部植被覆盖茂密，灾害点少，目前虹口乡北部灾害点主要由“5·12”汶川大地震这一特殊事件造成的，且灾害点以山顶部位的表层崩塌为主，正常情况下，该区域稳定性较好，地质灾害并不发育。

4. 地质灾害极低易发区

地质灾害极低易发区面积约 451km^2，约占都江堰市总面积的 37.3%。

8.1.3.2 地质灾害易损性评价

地质灾害的易损性反映了区域对地质灾害的抵抗能力以及灾后重建的恢复能力。因此，选取人口易损性和物质易损性作为都江堰市地质灾害易损性评价指标，共二级指标(表 8-2)。

表 8-2　地质灾害易损性中等比例尺(县域)评价指标体系

一级指标	二级指标	权重
人口易损性	监测区内居民点密度	0.55
物质易损性	不同土地利用类型受灾体的资产价值(表 8-3)	0.45

表 8-3　都江堰市土地利用类型受灾体资产价值

类型	单价/(元/m^2)
城镇用地	1400
村庄	400
工矿仓储用地	1000
耕地	60
林地	20
园地	40
草地	2
水域	50
水工建筑用地	200
道路	800
裸地	2
其他土地	100
风景名胜及特殊用地	2000

通过将居民点密度和土地资产价值归一化，利用软件 ArcGIS 将两者叠加计算，得到都江堰市地质灾害易损性分析结果见图 8-14、图 8-15 所示。

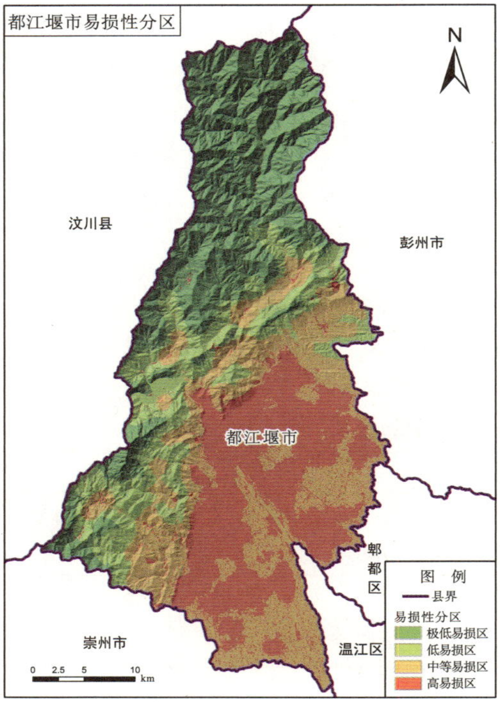

图 8-14 都江堰市地质灾害易损性分区图

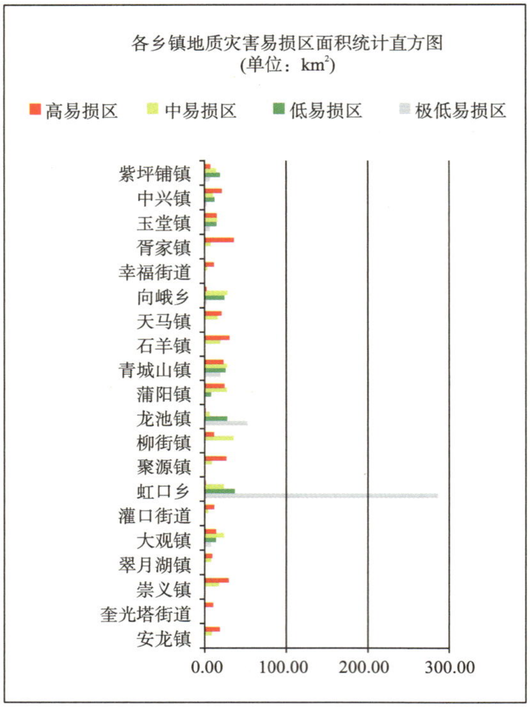

图 8-15 各乡镇易损区面积统计直方图

1. 地质灾害高易损区

地质灾害高易损区主要位于岷江水系冲积平原区域及向峨乡、虹口乡、龙池镇、青城山镇及大观镇等人口聚集区以及城镇建设发达的区域。

2. 地质灾害中易损区

地质灾害中易损区主要位于平原边缘的低山丘陵区及白沙河、龙溪河及味江河河谷两侧，主要是分布有农村村庄以及耕地、果园等经济作物。

3. 地质灾害低易损区

地质灾害低易损区主要分布于中、低山区，有少量的农村居民地分布，经济作物也较少，土地价值不大。

4. 地质灾害极低易损区

地质灾害极低易损区主要分布于虹口乡北部高山区，此区域地形复杂，丛林密布，人烟稀少。

8.1.3.3　地质灾害风险分析

地质灾害风险包含地质灾害发生的可能性，以及当人类的社会活动遭受到这些危害后，对人类的生命、财产等造成的损失大小和严重性。

根据易发区图层与易损性图层，采用将都江堰市地质灾害易发区和易损性叠加分析的方法对风险性进行定性评价，最终得到都江堰市地质灾害易发区风险分区图(图 8-16、图 8-17)，以讨论地质灾害对人类社会活动的危害程度，进而指导该市的城镇土地利用规划。

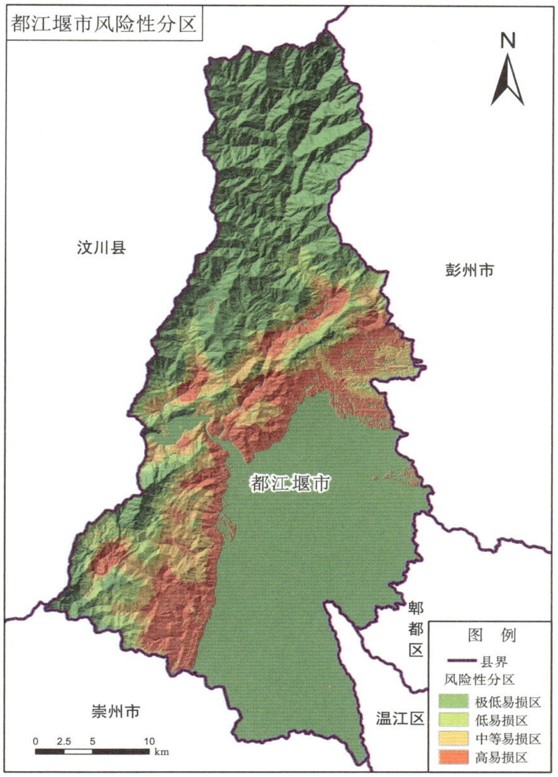

图 8-16　都江堰市地质灾害风险性分区

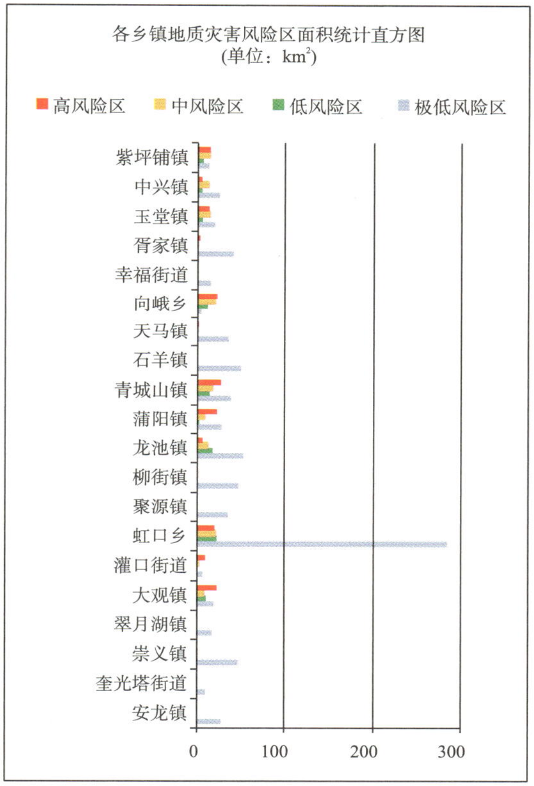

图 8-17　各乡镇风险区面积统计

1. 地质灾害高风险区

地质灾害高风险区主要位于山区向平原过渡的低山丘陵区及各乡镇人口聚集区域，包括各乡镇政府所在地及各乡镇的居民聚集点，主要分布在都江堰市几大水系(龙溪河、白沙河、泰安河等)两岸，该区面积约 162 km^2，占都江堰市总面积 13.4%。

2. 地质灾害中风险区

地质灾害中风险区主要分布于市域的中、低山区内，分布于农村居民较为集中的区域以及含有耕地、果园、道路等土地价值较大的地方，该区总面积 126 km^2，占都江堰市总面积 10.4%。

3. 地质灾害低风险区

地质灾害低风险区主要分布于山区地区，主要是人口分布少、土地价值小与低易发区重叠的区域，总面积达 99 km^2，占都江堰市总面积的 8.2%。

4. 地质灾害极低风险区

地质灾害极低风险区地质灾害微弱或无风险区面积约 821 km^2，占都江堰市总面积的 68%。该区地质灾害危险性一般来说极低甚至没有，人口密度也极低。例如虹口乡北部山区，无居民点分布，因此其风险性也极低；平原地区的天马镇、聚源镇、柳街镇等虽居民分布大，但基本上无地质灾害或危险性极低，使得该区风险也极低。

8.1.3.4 评价结果验证

通过以都江堰市地质灾害风险评价结果为外业调查底图，进行了野外调查，共选取了 22 个外业核查点，经实地位置确认，20 个点落入高风险区域，2 个点落入中等风险区域，这些区域都发生了地质灾害，并造成了不同程度的损失，证明了都江堰市易发区风险评价结果与野外调查结果一致，评价模型具有一定可靠性，但评价指标体系有待进一步完善。其中龙池镇的黄央沟、龙池镇的八一沟、中兴镇三溪村的五里坡以及大观镇的红梅村都发生了较为大型的地质灾害，造成了巨大的损失(图 8-18)。

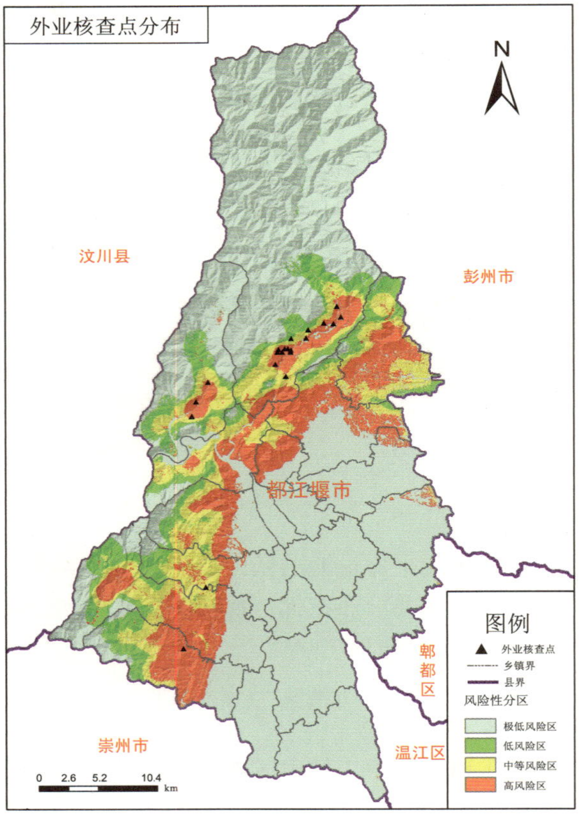

图 8-18 县域尺度外业核查点图

1. 龙池镇黄央沟泥石流

黄央沟位于都江堰市龙池镇南岳村1组所在地，该次泥石流直接造成2户农家乐被冲毁淤埋，同时冲毁淤埋省道景区公路200 m(图8-19)。

图8-19　龙池镇黄央沟泥石流

2. 龙池镇八一沟泥石流

八一沟位于都江堰龙池镇云华村，据调查访问，八一沟泥石流冲毁房屋30余间，板房100余间，掩埋都汶公路连接线280m，冲毁或淤埋谷坊、拦沙坝11座，排导槽全埋，轻微堵塞龙溪河，造成直接经济损失约1500万元(图8-20)。

图8-20　龙池镇八一沟泥石流

3. 中兴镇三溪村五里坡特大山体滑坡

中兴镇三溪村五里坡特大山体滑坡位于三溪村一组自然斜坡的反倾坡地带，在滑坡后缘发生分叉，滑坡规模大、滑动距离远、滑动速度快、破坏力强、危害严重，造成了较大的损失(图 8-21)。

图 8-21　中兴镇五里坡特大山体滑坡

4. **大观镇红梅村滑坡**

大观镇红梅村滑坡位于都江堰市大观镇红梅村村委会所在地，地形总体上西北高东南低。据调查，滑坡顶部有多处修建房屋，人类活动影响使得滑坡稳定性减小，加上暴雨影响，使得滑坡变形破坏严重，造成道路、民房破坏，目前在滑坡体上设立了监测点，每时每刻都在监测滑坡形变(图 8-22)。

图 8-22　已发生的滑坡(大观镇红梅村滑坡)

8.2　区域地表沉降监测

8.2.1　概述

地面沉降是在自然和人为因素作用下，由于地壳表层土体压缩而导致区域性地面标高降低的一种地质现象，是一种不可补偿的永久性环境和资源损失。世界上最早发现地面沉降在日本新潟(1898

年）。目前有 50 多个国家和地区发生地面沉降，较严重的国家有日本、美国、墨西哥、意大利、泰国和中国等。至 1921 年上海出现地面沉降以来，我国已有多个城市和地区发生了不同程度的地面沉降。随着经济发展、城市规模和人口数量膨胀以及工业化程度提高，各种资源消耗量急剧上升，地下水、煤炭、石油、天然气等多种地下资源被大量开采，导致我国地面沉降问题越来越严重。我国地面沉降主要发生在长江三角洲、华北平原、汾渭断陷盆地这三个地区，代表性的城市有上海、无锡、嘉兴、天津、沧州、太原、西安等。近几年来，通过对这些区域采取控制地下水开采等一系列措施，地面沉降现在已趋于缓和。

为全面掌握我国的国情国貌，及满足社会经济发展和生态文明建设的需要，国务院下发了《国务院关于开展第一次全国地理国情普查的通知》（国发〔2013〕9 号），决定于 2013 年至 2015 年开展第一次全国地理国情普查工作。重点区域地表形变监测，主要采用 PS-InSAR 技术开展成都平原主要城市的沉降监测，该技术从一组时间序列的 SAR 影像中选取那些保持高相干性的点作为 PS 点，较适合城市地区地表形变监测，具有良好的精度。

8.2.2　监测内容与方法

重点区域地表形变监测所采用的数据有 3 m 分辨率的 COSMO-SkyMed HIMAGE SAR 数据（重点城市形变监测）、6 轨震前、震后，各 18 景 PALSAR 数据，两期 ASAR WS 数据（核心灾区）、DEM 数据、基础地理信息数据、地理国情监测影像数据等。

8.2.2.1　监测内容

依据项目设计要求，完成成都、绵阳、都江堰和乐山 4 个重点城市主城区的地表沉降监测及汶川地震核心灾区——龙门山断裂带中心沿线区域的地表形变监测，并形成监测成果，重点城市监测区域分布如图 8-23～图 8-26 所示。

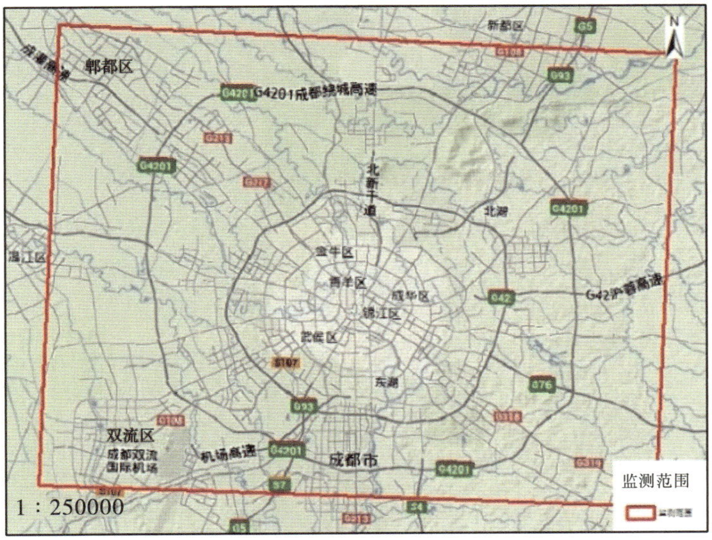

图 8-23　成都市沉降监测范围示意图

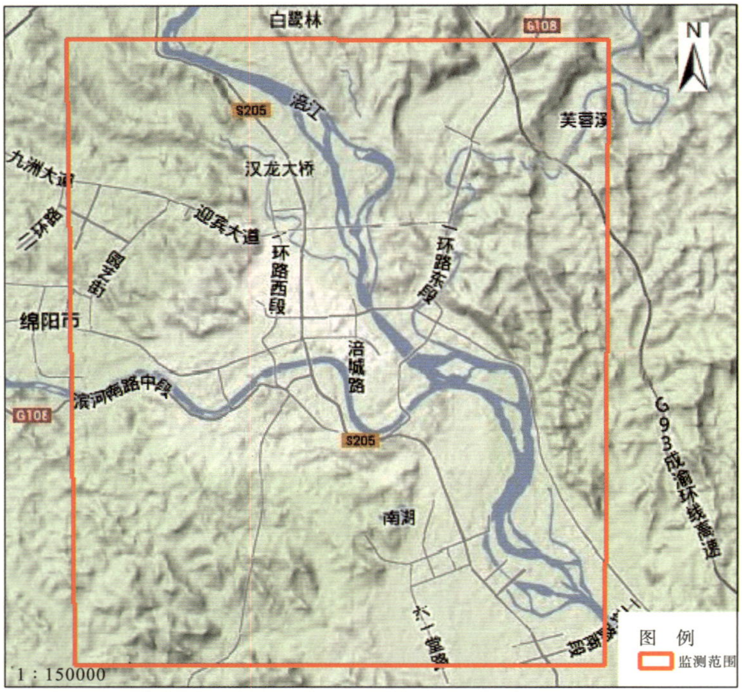

图 8-24　绵阳市沉降监测范围示意图

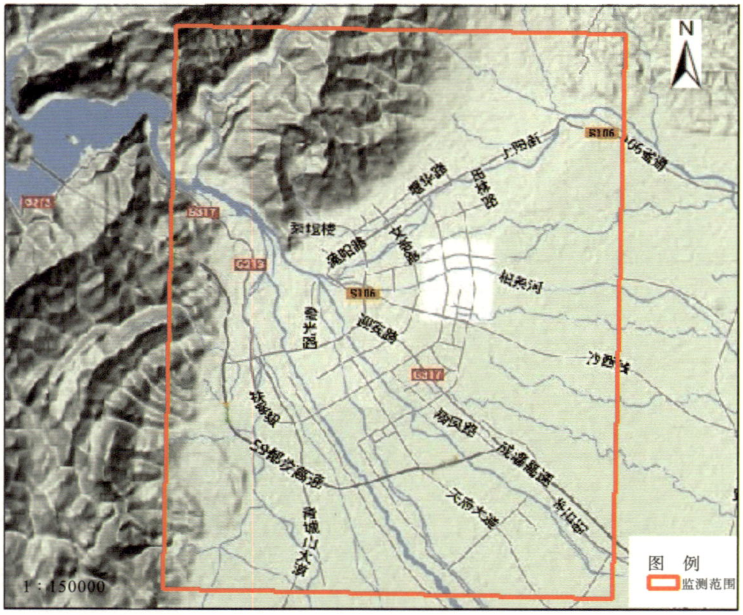

图 8-25　都江堰市沉降监测范围示意图

图 8-26　乐山市沉降监测范围

8.2.2.2　监测方法

1. 总体技术路线

项目利用覆盖监测范围的 36 期 COSMO-SkyMed HIMAGE SAR 影像进行 PS-InSAR 分析，主要工作分为前期技术调研、SAR 影像数据预处理、PS-InSAR 地表形变监测、监测结果精度验证和监测成果汇总五个阶段。前期工作主要包括对监测区进行自然环境等考察，通过技术调研与分析确定需要定购的 SAR 影像数据。在订购相关影像的基础上，需要结合该地区的 DEM 数据开展影像预处理工作，经过差分干涉处理选取高相干永久散射点。基于影像预处理工作，进一步建立分析模型，开展目标长期动态监测分析。结合实测的水准测量数据进行监测结果精度验证，在完成上述工作的基础上，进行项目总结如图 8-27 所示。

2. InSAR 技术基本原理及处理流程

1) InSAR 技术原理

InSAR 技术是基于同一地区的两幅或多幅 SAR 影像进行干涉处理，以获取地表三维空间信息的技术。理论上要求两幅 SAR 影像是同一雷达系统在不同时间(事件前后)对同一地区的观测所得，主影像与从影像之间需满足一定的时间和空间相干性条件，才可进行有效的干涉处理。InSAR 对地观测原理如图 8-28 所示，B 为两次成像卫星之间的空间基线，θ 为观测入射角，ρ_1、ρ_2 分别为两次观测时目标与雷达系统之间的斜距，ψ_1 和 ψ_2 为对应的干涉相位值。

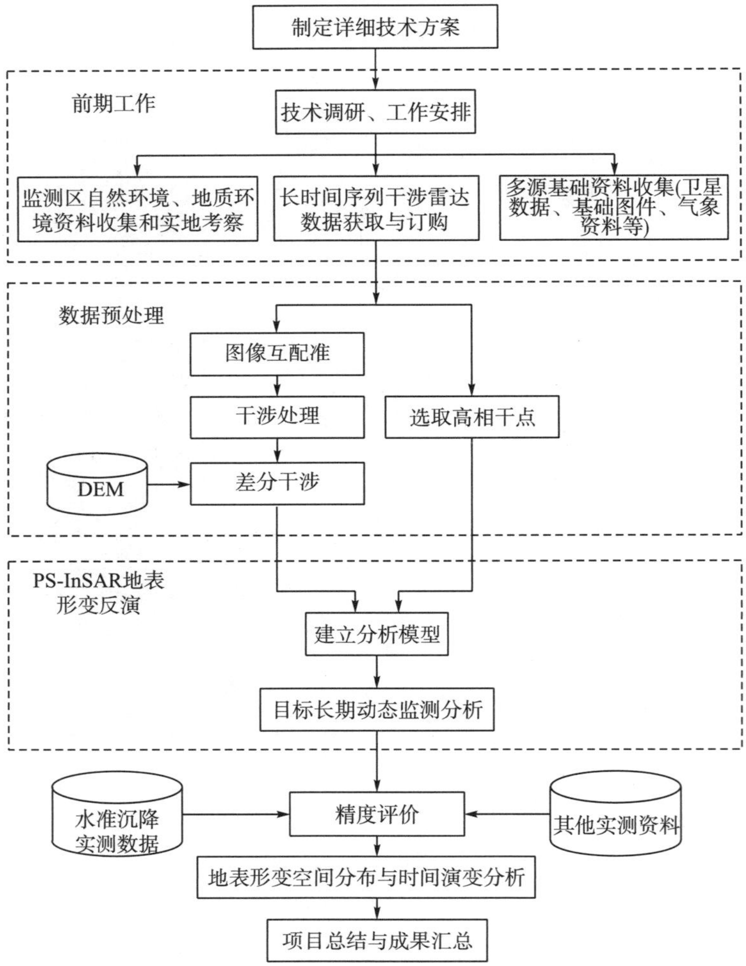

图 8-27　地表沉降监测技术方案

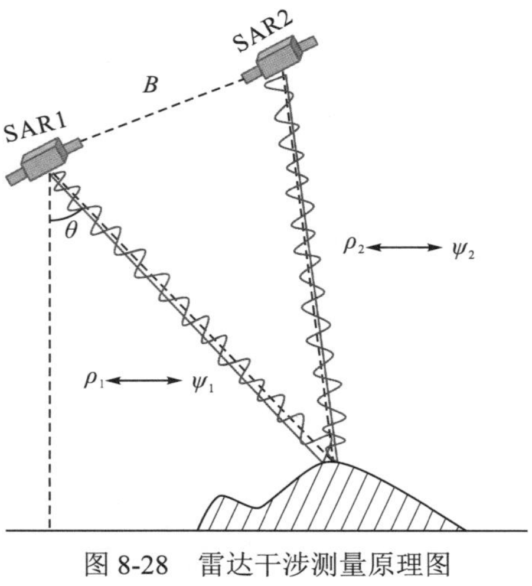

图 8-28　雷达干涉测量原理图

影像对的距离差与相位差之间的关系可以用式(8-1)表示，其中 $\Delta\rho$ 表示两次对地观测时的斜距差，Φ_m 为两幅影像的相位差 $\psi_1-\psi_2$。

$$\Delta\rho=\rho_1-\rho_2=\frac{\lambda}{4\pi}\times(2k\pi+\Phi_m) \tag{8-1}$$

这样，通过干涉的方式就可建立起相位差与斜距差之间的对应关系，相位差中不仅包含地形和形变这两种信息，还包含由于 InSAR 系统本身的空间几何关系和地球曲面影响而产生的相位差异(平地效应 Φ_{flat})、大气延迟相位信息(Φ_{atm})及轨道误差等噪声(Φ_{noi})信息。

$$\Phi_m=\Phi_{def}+\Phi_{flat}+\Phi_{top}+\Phi_{atm}+\Phi_{noi} \tag{8-2}$$

因此，从相位差中提取出地形信息和地表形变信息需要通过构建参数模型等方法去除大气延迟误差、轨道误差和平地效应影响，通过滤波处理去除噪声影响，这在许多成熟的 InSAR 处理软件中都可以实现。

对于地表形变信息的提取，一般采用 InSAR 技术，在获得的干涉图基础上进行差分处理，可去除地形相位影响，获得形变相位值。由 InSAR 直接获得的形变是地面各个方向的形变在雷达视线方向(line of sight，LOS)上的投影。由于不同方向的形变投影值相异，故存在干涉雷达的 LOS 向模糊度问题。需要将SAR坐标系统中的卫星轨道方向投影至地面上进行坐标转换，建立LOS向形变(D_{IOS})与三维形变(东向形变 D_e、北向形变 D_n 和垂直向形变 D_v)之间的转换关系。图 8-29 显示了 SAR 成像系统(以升轨为例说明)与地面三维坐标系统之间的几何关系。θ 为局部入射角，φ 为卫星航向角，OP 为 LOS 向形变在地面上的投影。

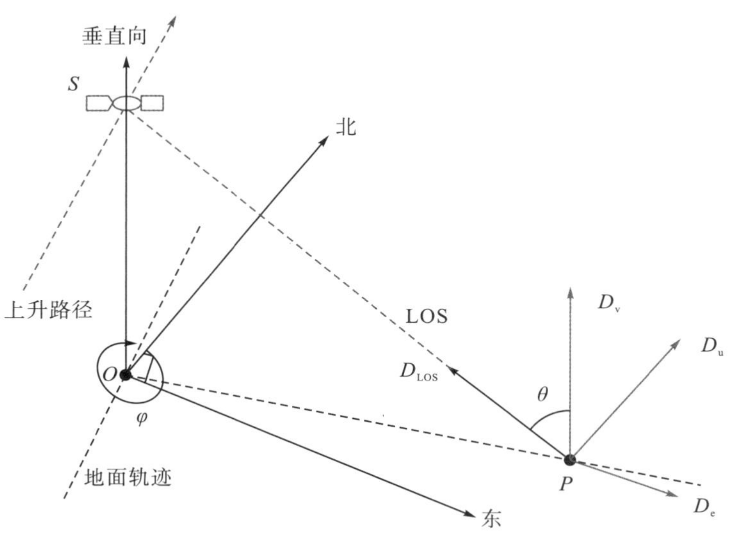

图 8-29　LOS 向形变与地表三维形变的几何关系图

由图 8-29 所示的 LOS 向与地面坐标的几何关系可以得到转换关系：

$$D_{LOS}=[D_v\ \ D_n\ \ D_e][\cos\theta\ \ \sin\varphi\sin\theta\ \ -\cos\varphi\sin\theta]^T \tag{8-3}$$

基于这一转换关系即可由 InSAR 获取的 LOS 向形变信息获得地面的垂直向、东向及北向三维形变信息。

2) DInSAR 技术原理

DInSAR 是在 InSAR 基础上发展而成的用于测量地表三维形变的技术。在空间基线足够小和良好的相干性的条件下，利用同一地区的多次重复观测进行差分处理，就可实现地表的微小形变监测。

经过干涉处理后影像所承载的相位信息包括地形相位、形变相位、平地效应相位、大气延迟和各类噪声。要获得地表形变信息需要去除其他相位影响：平地效应的去除可以基于卫星轨道与地球椭球之间的几何关系，利用几何算法进行严密求解予以去除；大气延迟的影响可以借助外部辅助数据或者利用时序分析求解参数模型予以去除；其他的噪声干扰信息则需要通过多视处理和滤波等方法来减少。地形相位的去除主要依赖 DInSAR 技术实现，具体方法可分为以下几种。

(1) 空间基线距为零的影像对，经过干涉处理可直接消去地形相位的影响。但是受雷达系统和卫星轨道等客观条件的影响，这种干涉影像对很少，此方法难以实现。

(2) 两通法 DInSAR 处理需要借助外部 DEM 辅助数据实现，将 DEM 转换为相位信息后，在干涉影像中减去此部分信息即可。在两通法中，所获形变量的精度受外部 DEM 的精度、插值方法、空间分辨率及干涉基线等因素的影响较大。随着 DEM 技术的发展和普及，满足一般应用的外部 DEM 的获取已经相对容易了，而且两通法干涉测量的精度也足以满足常规监测需求，所以这种方法应用最广泛。本研究是基于两通法 DInSAR 技术获取的同震形变场。

(3) 三通法和四通法 DInSAR 处理，是利用同一地区的三幅影像或四幅影像组成两对干涉对，分别进行干涉处理。其中一幅干涉影像中只包含地形信息不包含形变信息，另一幅干涉影像中包含这两种信息，再将两幅干涉影像进行差分处理便可去除地形信息，只余下形变信息，从而实现形变探测。这两种方法虽然精度高，但对数据选择要求较高，且经济上也不尽合理。

3) 处理流程

利用 DInSAR 获取地表形变信息需要在 InSAR 数据处理基础上，减去地形相位来实现。这些数据处理的步骤主要包括主从影像配准、干涉图生成、相位解缠、去除平地效应、地理编码等，具体流程如图 8-30 所示。

4) PS-InSAR 基本原理

对于探测形变的差分干涉测量而言，选择用于干涉的两幅影像一般具有较长的时间间隔，通常地物的散射特性和大气条件在这期间会发生较大变化，在干涉相位中就会存在严重的失相关噪声和大气延迟影响，造成干涉失败，使得常规差分干涉方法不能获取地表形变量。但是，一些地面硬目标，如房屋、桥梁、裸露的岩石及人工安置的角反射器等，它们的散射特性一般较稳定，并且对雷达波的反射较强，它们的雷达回波就具有较高的信噪比，在很长一段时间内仍然能够保持较好的相干性。因此，可找出研究区域内散射特性较稳定、对雷达波反射较强的地面硬目标，通过对它们的一系列观测值(即干涉相位)进行时间序列分析，可有效提取这些目标的形变量，进一步可研究监测区域上的地表形变场。这就是永久散射体雷达差分干涉测量的理论基础，那些散射特性较稳定、对雷达波反射较强的硬目标就称为永久散射体(或永久反射器)。

根据 PS-InSAR 原理，对 K+1 幅 SAR 单视复数影像，经配准、辐射定标、PS 探测和干涉处理，并借助已知 DEM 进行差分干涉处理，得到 K 幅干涉和差分干涉图、H 个 PS 点以及各 PS 点在各差分干涉图中的差分干涉相位集。在考虑地表形变、高程误差、大气影响及失相关的情况下，每个 PS 点在每幅差分干涉图上的差分干涉相位组成可表示如下：

$$\phi_{\text{diff}} = \phi_{\text{topo}} + \phi_{\text{def}} + \phi_{\text{orb}} + \phi_{\text{atm}} + \phi_{\text{noise}} \tag{8-4}$$

式中，$\phi_{\text{topo}} = -\dfrac{4\pi B_{\perp}}{\lambda R \sin\theta}\varepsilon$，为所采用的 DEM 数据不精准造成的残余地形相位，ε 为高程误差；$\phi_{\text{def}} = -\dfrac{4\pi}{\lambda}\upsilon T$，$T$ 为干涉图的时间基线，υ 为地形在该时间段内的平均形变速率；ϕ_{orb} 为在不精确的轨道参数下，去平地相位过程中引入的轨道误差相位；ϕ_{atm} 和 ϕ_{noise} 分别为大气和噪声引入的相位。

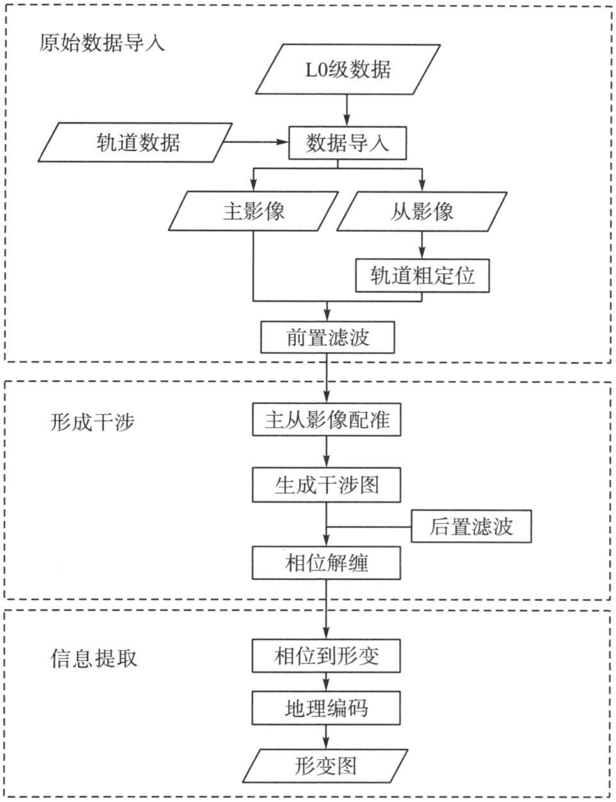

图 8-30　InSAR 数据处理流程图

根据式(8-4)各项的分析,式(8-4)的差分干涉相位模型就可以改写为高程误差和线性形变速率的函数模型，即

$$\begin{gathered} \phi_{\text{diff}}(x_h, t_k) = C_{\varepsilon}(x_h) \cdot B_k + C_{\upsilon}(x_h) \cdot t_k + w(x_h, t_k) \\ h \in 1,2,3,\cdots,H \qquad k \in 1,2,3,\cdots,K \end{gathered} \tag{8-5}$$

式中，$C_{\varepsilon}(x_h) = \dfrac{4\pi}{\lambda R \sin\theta} \cdot \varepsilon(x_h)$，与高程误差相关项；$C_{\upsilon}(x_h) = \dfrac{4\pi}{\lambda}\upsilon(x_h)$，与线性形变速率相关项；$w(x_h, t_k) = \mu_{NL}(x_h, t_k) + \alpha(x_h, t_k) + n(x_h, t_k)$，为线性残余相位。

式(8-5)难以直接求解，可考虑永久散射体点相位中各分量的空间相关性，通过建立 PS 邻域差分相位模型间接求解，设有两 PS 点 P_r(为参考点)和 P_s，则

$$\Delta\phi(x_r,x_s,t_k)=\phi_{\text{diff}}(x_r,t_k)-\phi_{\text{diff}}(x_s,t_k)=\Delta C_\varepsilon(x_r,x_s)\cdot B_k+\Delta C_\upsilon(x_r,x_s)\cdot t_k+\varphi_{res}(x_r,x_s,t_k) \tag{8-6}$$

式中，$\Delta C_\varepsilon(x_r,x_s)=\dfrac{4\pi}{\lambda R\sin\theta}\cdot\Delta\varepsilon(x_r,x_s)$；$\Delta C_\upsilon(x_r,x_s)=\dfrac{4\pi}{\lambda}\upsilon(x_r,x_s)$；$\varphi_{res}=w(x_r,t_k)-w(x_s,t_k)$。

如果有 K 幅差分干涉图，对于每对 PS 点来说有 K 个时序邻域差分相位，并可建立 K 个式(8-7)组成的方程组：

$$\begin{cases}\Delta\phi_1=f\left[\Delta\varepsilon(x_r,x_s),\Delta\upsilon(x_r,x_s),B_1,t_1\right]+\phi_{\text{res}}(x_r,x_s,t_1)\\ \Delta\phi_2=f\left[\Delta\varepsilon(x_r,x_s),\Delta\upsilon(x_r,x_s),B_2,t_2\right]+\phi_{\text{res}}(x_r,x_s,t_2)\\ \qquad\vdots\\ \Delta\phi_K=f\left[\Delta\varepsilon(x_r,x_s),\Delta\upsilon(x_r,x_s),B_K,t_K\right]+\phi_{\text{res}}(x_r,x_s,t_K)\end{cases} \tag{8-7}$$

式中有 K+2 个未知数，且只知道邻域差分相位的主值，常规无法求解。

实际中，$\Delta\varepsilon(x_r,x_s),\Delta\upsilon(x_r,x_s)$ 是通过如下的最优化模型求解的，即

$$\max|\gamma|=\max\left|\frac{1}{K}\sum_{k=1}^{K}\mathrm{e}^{j\cdot\Delta\phi_w(x_r,x_s,t_k)}\mathrm{e}^{-j\cdot\left[\frac{4\pi}{\lambda R\sin\theta}\cdot\Delta\varepsilon(x_r,x_s)\cdot B_k+\frac{4\pi}{\lambda}\Delta\upsilon\cdot(x_r,x_s)\cdot t_k\right]}\right| \tag{8-8}$$

从信号分析的角度出发，就是通过确定信号“频率”$\Delta\upsilon(x_r,x_s)$ 和 $\Delta\varepsilon(x_r,x_s)$，使离散采样信号 $\mathrm{e}^{-j\cdot\left[\frac{4\pi}{\lambda R\sin\theta}\cdot\Delta\varepsilon(x_r,x_s)\cdot B_k+\frac{4\pi}{\lambda}\cdot\Delta\upsilon(x_r,x_s)\cdot t_k\right]}$ 能最佳地拟合信号 $\mathrm{e}^{-j\cdot\Delta\phi_w(x_r,x_s,t_k)}$。

对形变速率增量 $\Delta\upsilon(x_r,x_s)$ 和高程误差增量 $\Delta\varepsilon(x_r,x_s)$ 积分，可以得到每个 PS 点相对于主参考点的形变速率和高程误差。同时，根据求解结果在 PS 离散点上进行相位解缠。

经过积分，还可以获得解缠的线性相位残差(相对于主参考点)，即

$$\begin{gathered}w(x_h,t_k)=\mu_{NL}(x_h,t_k)+\alpha(x_h,t_k)+n(x_h,t_k)\\ h\in 1,2,\cdots,H \qquad k\in 1,2,\cdots,K\end{gathered} \tag{8-9}$$

式中，$\alpha(x_h,t_k)$ 为大气相位，它在时间序列上是随机的，为高频信号，在空间上相关，是低频信号；$\mu_{NL}(x_h,t_k)$ 为非线性形变相位，在时间序列上相关，是低频信号；$n(x_h,t_k)$ 为噪声相位，在时间和空间上都是随机的。

对某一 PS 点 P_h 时序残留相位先进行高通滤波，再从空间尺度上予以平滑，则可以得到差分干涉图、干涉图上的大气相位：

$$\phi_{\text{int}}^{\text{atmo}}=\phi_{d\text{int}}^{\text{atmo}}=\left\{\left[w(x_h,t_k)\right]_{\text{HP\_Time}}\right\}_{\text{LP\_Space}} \qquad k\in 1,2,\cdots,K \tag{8-10}$$

对时序残留相位取均值并作空间平滑可消除从影像大气贡献，得到主影像大气相位：

$$\phi_{\text{m}}^{\text{atmo}}=\frac{1}{K}\sum_{k=1}^{K}\left[w(x_h,t_k)\right]_{HP\_\text{Time}} \qquad k\in 1,2\cdots,K \tag{8-11}$$

得到 PS 在主影像和各干涉图中的大气相位后，主影像大气相位与各干涉图大气相位之差，就是各干涉图对应的从影像的大气相位：

$$\phi_{\text{s}}^{\text{atmo}}=\phi_{\text{m}}^{\text{atmo}}-\phi_{\text{int}}^{\text{atmo}} \tag{8-12}$$

其在干涉图中的非线性形变相位为

$$\mu_{NL}(x_h,t_k)=\left\{w(x_h,t_k)-\left[w(x_h,t_k)\right]_{\text{HP\_Time}}\right\}_{\text{LP\_Time}} \qquad k\in 1,2,\cdots,K \tag{8-13}$$

PS-InSAR 处理流程如图 8-31 所示：

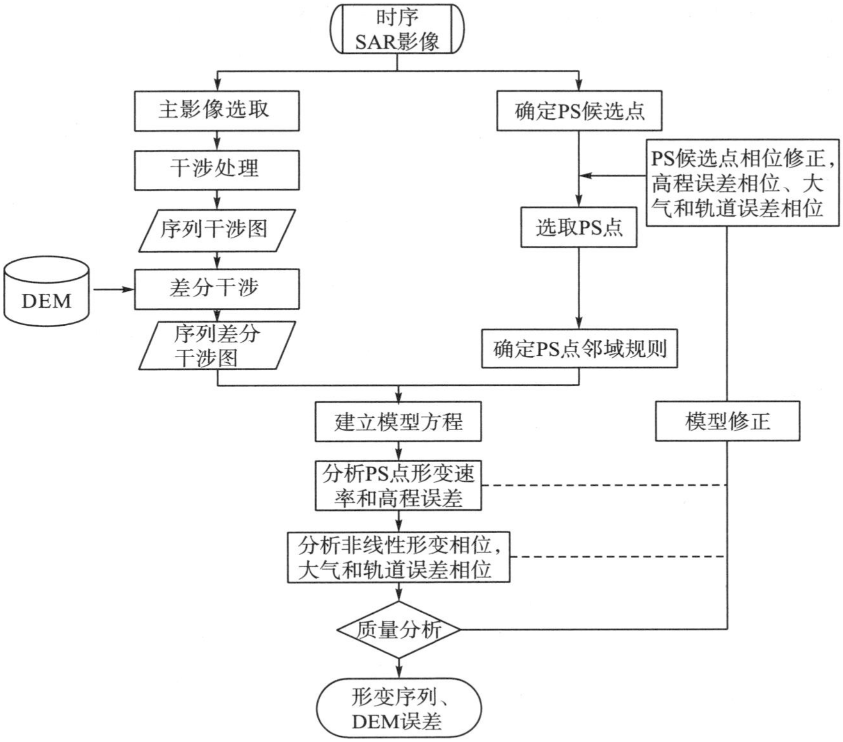

图 8-31　PS-InSAR 处理流程图

(1) 选取 K+1 幅 SAR 影像，以其中一幅作主影像，其余作从影像，分别与主影像配准并进行干涉处理，获得 K 幅干涉图。

(2) 利用已知 DEM 数据，对 K 幅干涉图进行差分干涉处理，得到 K 幅差分干涉图。

(3) 从定标和配准后的 K+1 幅 SAR 影像中探测出所有可作为永久散射体的点。

(4) 根据探测出的 PS 和 K 幅差分干涉图，得到 PS 的差分干涉相位集。

(5) 根据地面形变情况(线性形变和非线性形变)，建立合理的差分干涉相位模型。

(6) 根据差分干涉相位函数模型和 PS 的差分干涉相位集，采用相应的算法进行处理，得到各 PS 点的形变速率、DEM 误差和大气相位。

(7) 将得到的 PS 点的形变量、DEM 误差和大气相位重新应用于模型，对其进行修正。经过质量分析，得到最终的形变序列和 DEM 误差。

8.2.3　监测结果

8.2.3.1　成都市

采用相干系数阈值法在覆盖成都市的多幅时序雷达影像上识别选取 PS(永久散射体)点，共获得 7382249 个 PS 点，通过序列影像图的差分干涉处理及建模解算，得到各 PS 点的点位分布情况及其年形变速率如图 8-32 所示。

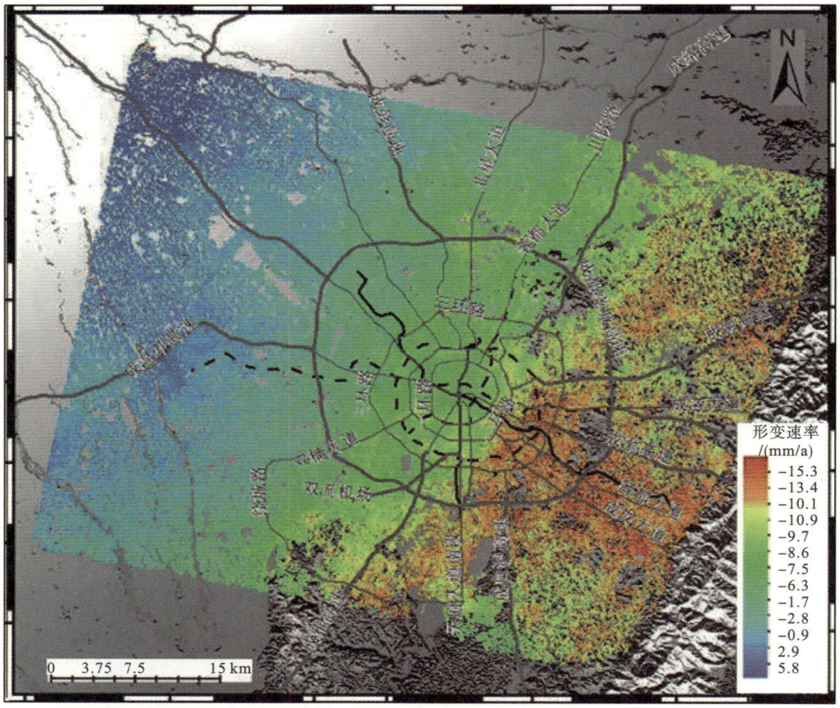

图 8-32　成都市形变速率图

观测范围内，形变速率最大值为 22.1mm/a，最小值为−28.7mm/a，平均值为−6.0mm/a，96%的数据位于[−14.8，5.2] mm/a。

成都市在 4 个监测城市中整体沉降量最大，这与成都市较为活跃的城市建设活动有关。成都市自西向东逐渐由抬升趋势变为沉降趋势，主要可能存在 3 个方面的原因：①成都平原处于挤压环境中，成都西侧受逆冲作用的影响呈现抬升趋势，东侧呈现沉降趋势；②成都东自西向东地下水由富水区变为贫水区，地下水量的减少同样会导致沉降；③成都市东侧，尤其龙泉驿区近年房地产开发活动频繁，新建楼盘增加地面承载负荷，易诱发沉降。因此，三重因素叠加导致呈现西抬东降的格局。部分典型区域形变情况如下。

1. 双化街路面塌陷地区

据媒体报道，2016 年 3 月 6 日下午，成都市双化街发生路面塌陷事故，事发时，一辆出租车陷入坑中，尚无人员受伤情况。

如图 8-33 中所示，其中(a)为媒体拍摄的现场图片；(b)为 PS-InSAR 监测结果。根据监测结果，塌陷区域 2013～2015 年平均沉降速率为−15.16mm/a，在监测范围内属于沉降速率较大的区域。

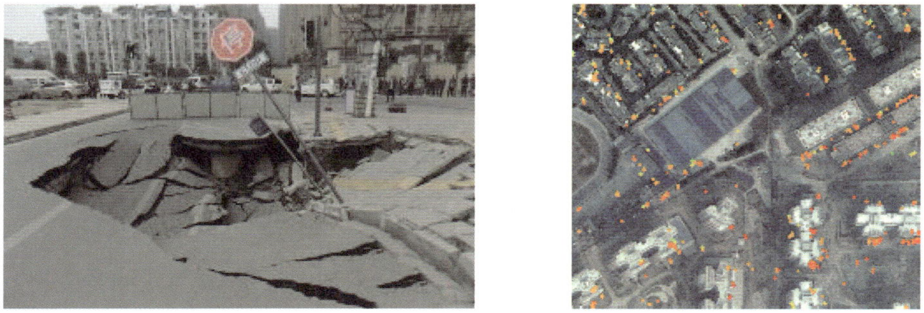

(a)　　　　(b)

图 8-33　双化街地面沉降现场照片及监测结果

2. 地铁 7 号线成都北站附近

地铁 7 号线成都北站附近监测时段内呈现线性沉降，平均形变速率为−10.52mm/a，地铁线路周边形变速率为−7.96mm/a，地铁线路通过区域沉降速率明显大于周边区域(图 8-34～图 8-36)。

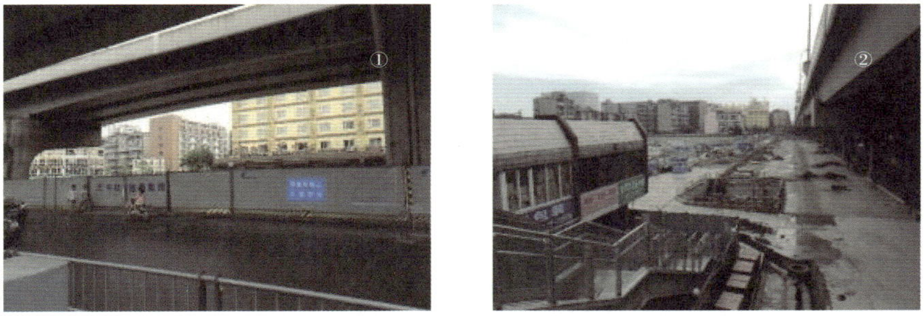

(a)　　　　(b)

图 8-34　地铁 7 号线(成都北站附近)实地照片

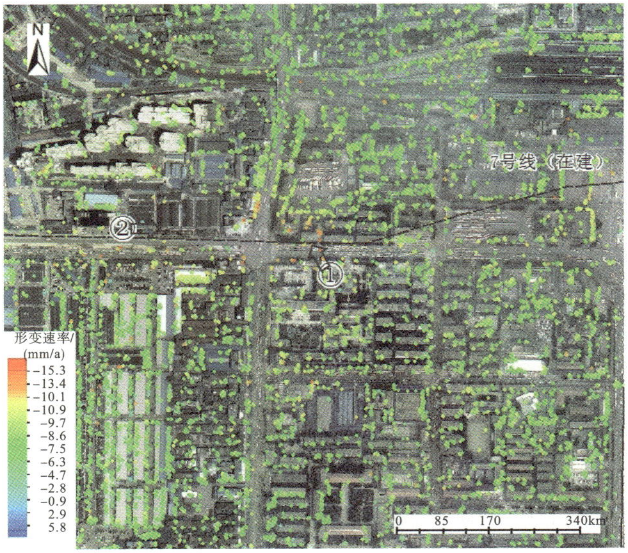

图 8-35　地铁 7 号线(成都北站附近)形变速率图

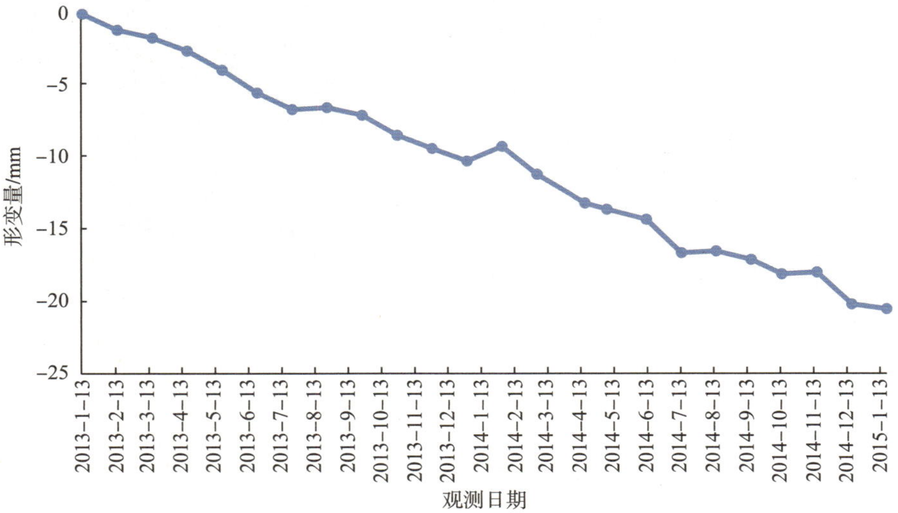

图 8-36　地铁 7 号线(成都北站附近)累积形变量

3. 东苑 B 区

科华南路以东“东苑 B 区”地铁线路经过的两栋楼，呈现较大沉降速率，平均形变速率为−14.13mm/a，而周边形变速率为−11.16mm/a。从现场调查照片中可以看到，工程机械目前在两栋楼之间施工(图 8-37～图 8-39)。

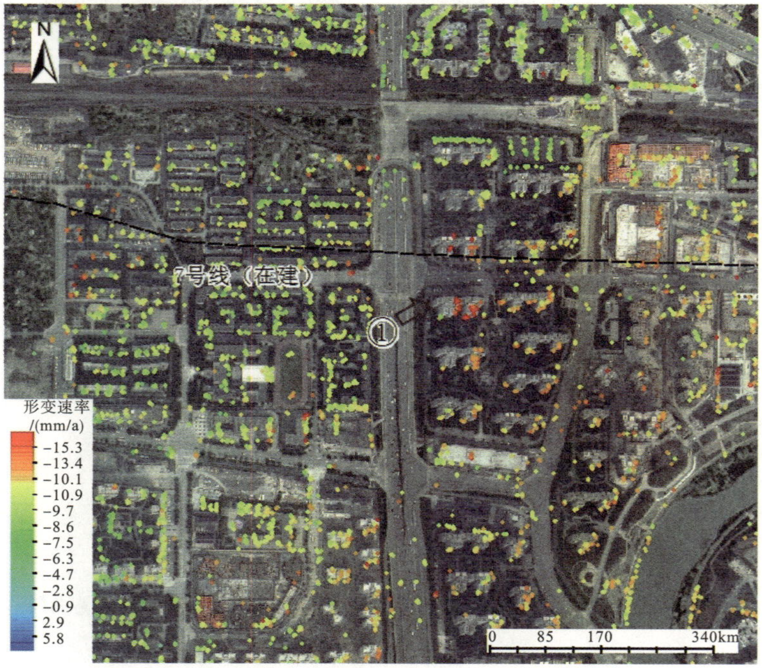

图 8-37　东苑 B 区形变速率图

图 8-38　东苑 B 区实地照片

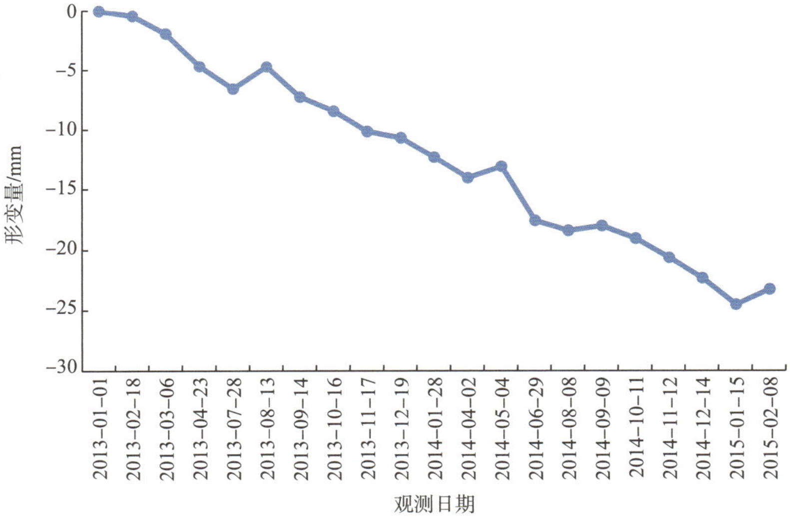

图 8-39　东苑 B 区累积形变量

4. 龙泉驿区

成都市以南整体呈现沉降趋势，其中龙泉驿区近年来房地产开发活动频繁，新建楼盘有较大的自然沉降，另外新建楼盘会增加地面载荷造成范围内整体沉降，龙泉驿区平均形变速率为 −13.39mm/a(图 8-40、图 8-41)。

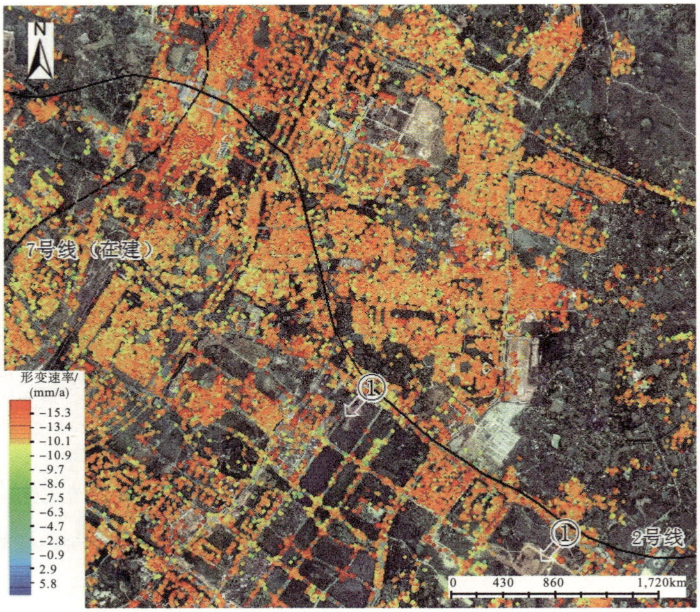

图 8-40 龙泉驿区部分区域形变速率图

图 8-41 龙泉驿区在建楼盘实地照片

8.2.3.2 绵阳市

绵阳市共获得 2 0100 35 个 PS 点，通过序列影像图的差分干涉处理及建模解算，得到各 PS 点的点位分布情况及其年形变速率如图 8-42 所示。

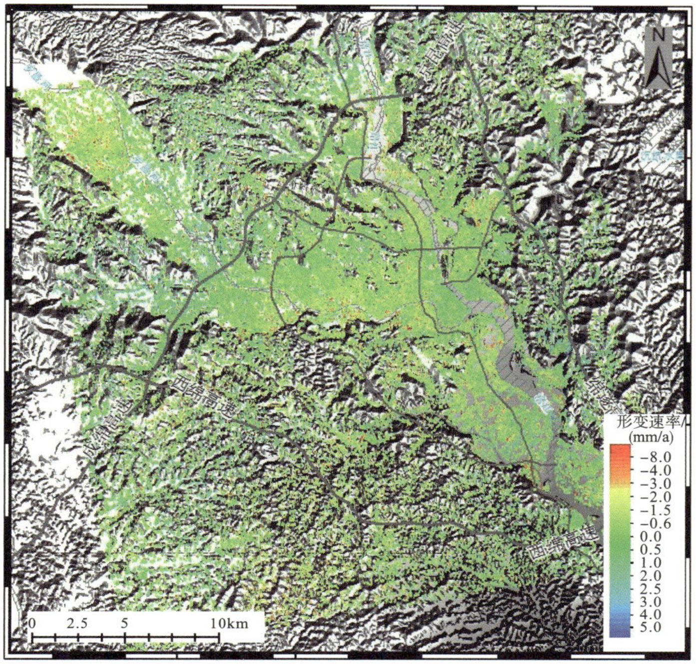

图 8-42　绵阳形变速率图

绵阳市在监测时段内，形变速率最大值 12.2mm/a，最小值−15.2mm/a，平均值为−0.6 mm/a，96%的数据位于[−4.1，2.1] mm/a。部分典型区域形变情况如下。

1. 九州集团对面房屋建筑

九州集团位于绵阳市西北侧，集团对面两排房屋呈现沉降趋势，如图 8-43 所示。

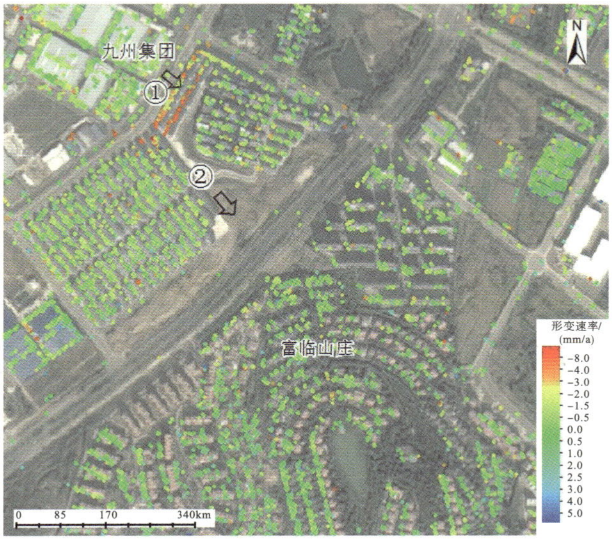

图 8-43　九州集团对面居民楼形变速率图

图 8-46 中①为九州集团对面新建居民楼，②为富临小区。

图 8-44 九州集团对面居民楼实地照片

从图 8-45 中可以看出，九州集团对面新建居民楼为近期修建，人员尚未大量入住，观测时段内出现自然沉降，平均形变速率为−3.64mm/a。

富临山庄由于建成时间在 2008 年前后，从图 8-46 中可以看出，现总体形变趋于稳定，平均形变速率接近 0。

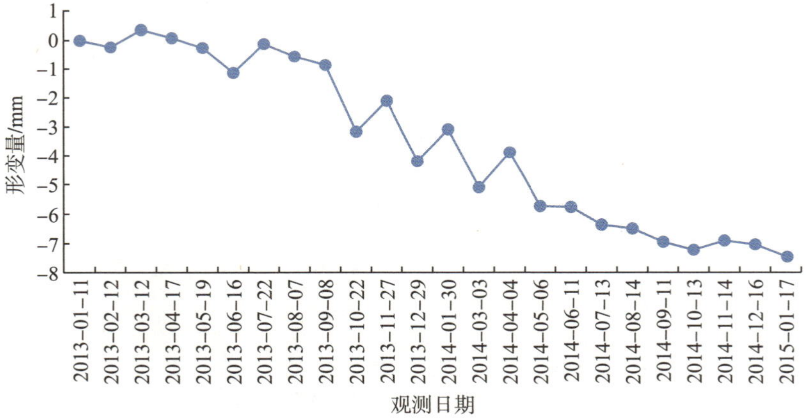

图 8-45 九州集团对面新建居民楼累积形变量

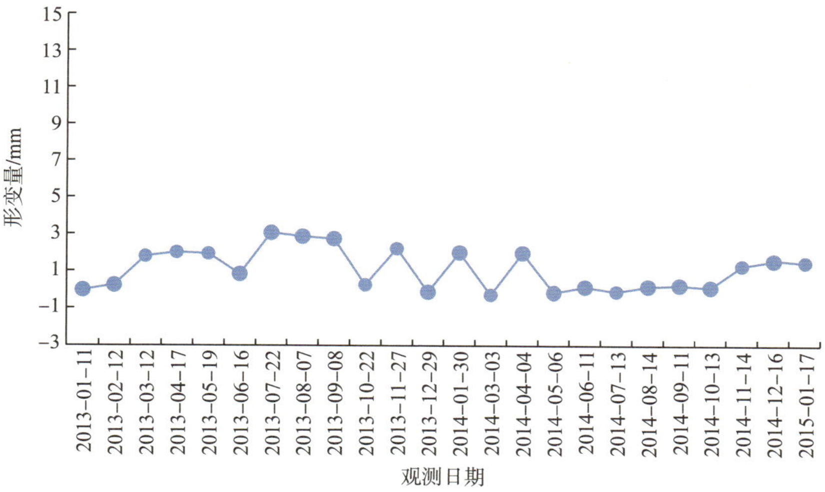

图 8-46　富临山庄部分建筑累积形变量

2. 红岩水电站

华能涪江红岩水电站由四川华能涪江电力开发公司投资开发，是以防洪、交通、土地开发、环境保护、旅游为主，兼顾发电的综合利用工程。该工程总投资 3 亿多元，装机容量为 2.4 万千瓦，建设工期为 30 个月，于 2006 年 12 月建设完工。

红岩水电站在监测时段内呈现线性沉降，平均形变速率-2.04mm/a（图 8-47～图 8-49）。

图 8-47　红岩水电站形变速率图

8.2.3.3　乐山市

共获得 701 163 个 PS 点，通过序列影像图的差分干涉处理及建模解算，得到各 PS 点的点位分布情况及其年形变速率如图 8-50 所示。

乐山市在监测时段内，形变速率最大值为 12.6 mm/a，最小值为−12.2 mm/a，平均值为−0.7 mm/a，96%的数据位于[−4.7，2.1] mm/a。部分典型区域形变情况如下。

1. 翰林路住宅小区

乐山市以北翰林路东侧一住宅小区，图 8-51(a)为腾讯街景拍摄于 2014 年 4 月的照片，(b)为 2015 年 6 月拍摄的照片，其间小区正在进行建设施工。较周边地区呈现出较大的沉降速率，平均形变速率为−3.81mm/a，如图 8-52 所示。

图 8-48　红岩水电站实地照片

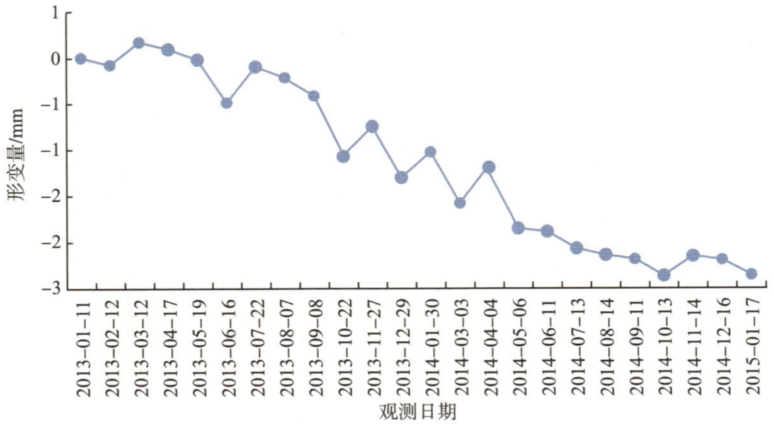

图 8-49　红岩水电站形变量累积形变量

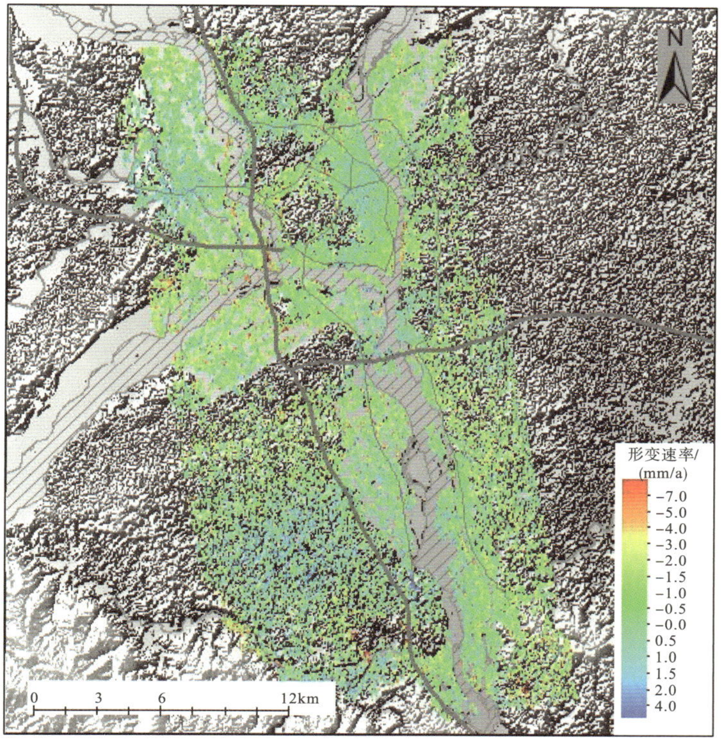

图 8-50　乐山市形变速率图

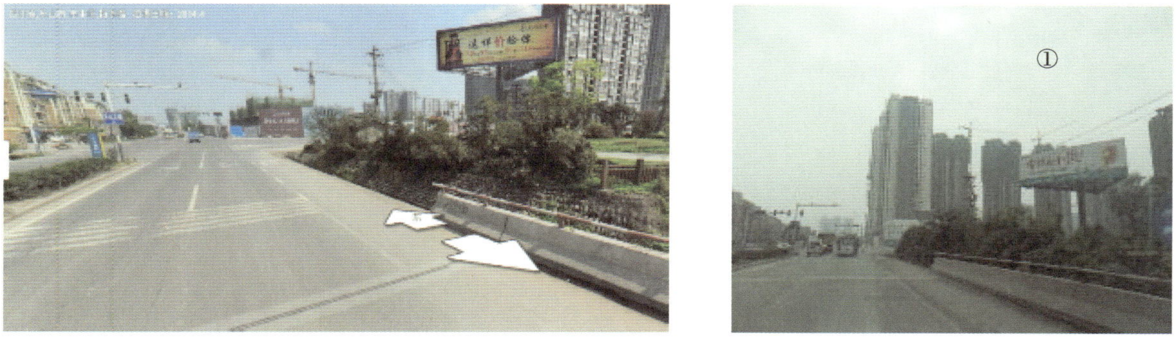

(a)　(b)

图 8-51　翰林路住宅小区实地照片

图 8-52　翰林路住宅小区形变速率图

如图 8-53 所示，小区在监测时段内呈现线性沉降趋势。

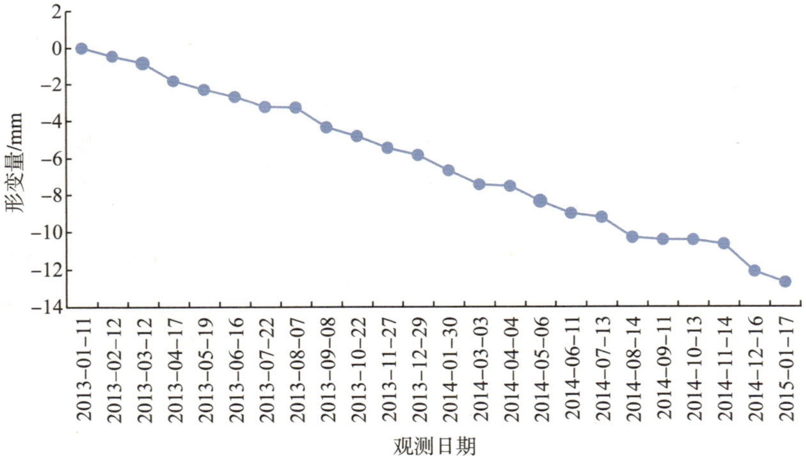

图 8-53　翰林路住宅小区累积形变量

2. 乐山大佛景区建筑

乐山大佛景区西靠近岷江一侧房屋呈现沉降趋势，如图 8-54、图 8-55 所示。

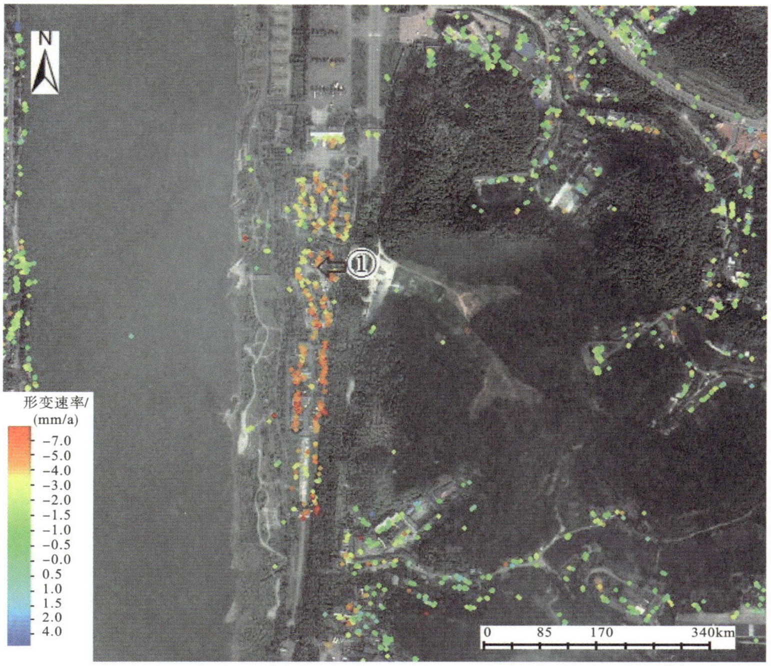

图 8-54　乐山大佛景区内房屋形变速率图

图 8-55　乐山景区内房屋实地照片

如图 8-56 所示，乐山大佛景区内房屋在监测时段内呈现线性沉降趋势，平均形变速率为 −5.22mm/a。

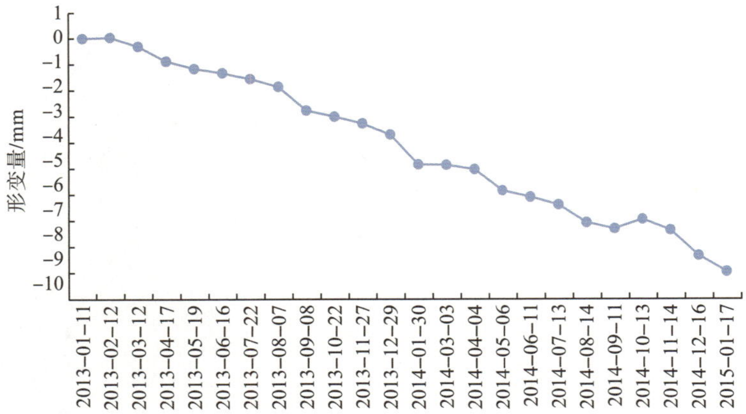

图 8-56　乐山大佛景区内房屋累积形变量

8.2.3.4　都江堰

采用相干系数阈值法在覆盖都江堰市的多幅时序雷达影像上识别选取 PS(永久散射体)点，共获得 373 267 个 PS 点，通过序列影像图的差分干涉处理及建模解算，得到各 PS 点的点位分布情况及其年形变速率如图 8-57 所示。

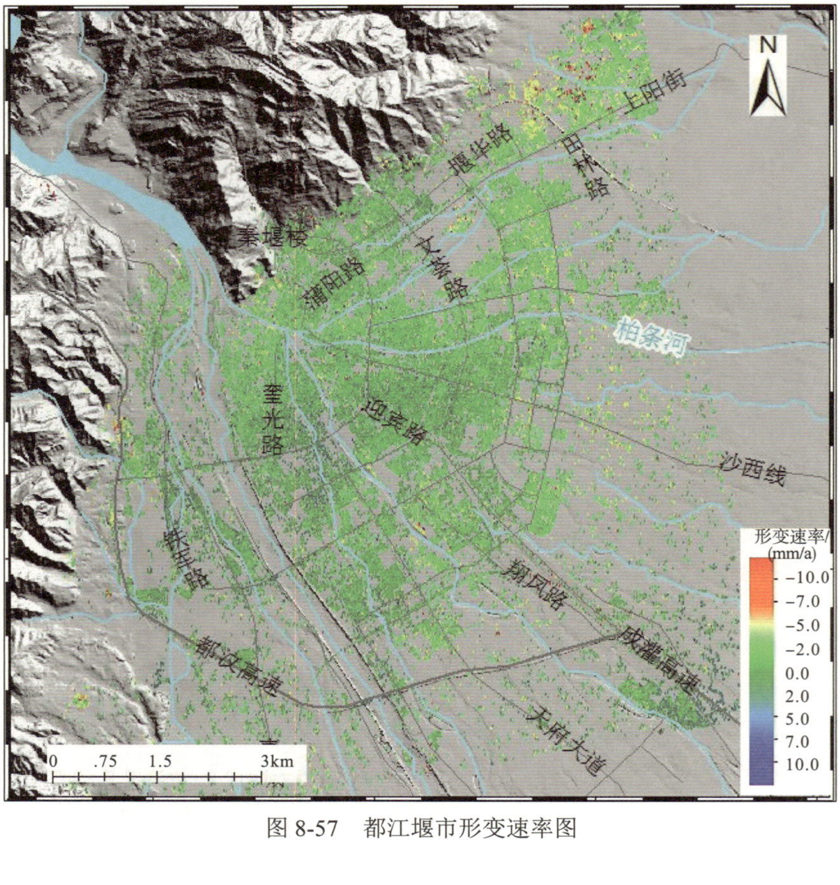

图 8-57　都江堰市形变速率图

都江堰市在监测时段内，形变速率最大值 25.4 mm/a，最小值-22.8 mm/a，平均值为-0.1 mm/a，96%的数据位于[-4.1，2.8] mm/a。部分典型区域形变情况如下。

1. 蒲阳镇

蒲阳镇在监测范围中形变量相对较大，因此选择蒲阳镇作为重点调查区域，对监测结果中形变速率明显较大的区域进行实地调查。共调查了 3 个成片的形变量大的区域：晨明汽车总部港厂房、青城万发创业园、德普建材有限公司。

如图 8-58 所示为晨明汽车总部港厂房所在地。图 8-60 上半部分为 2009 年 1∶10 000 DOM 数据，下半部分为 2013 年 1∶50 000 DOM 数据，图中编号①、②为拍照位置，黑色箭头为拍摄方向(下文相同)，图 8-59 为编号位置对应的照片。

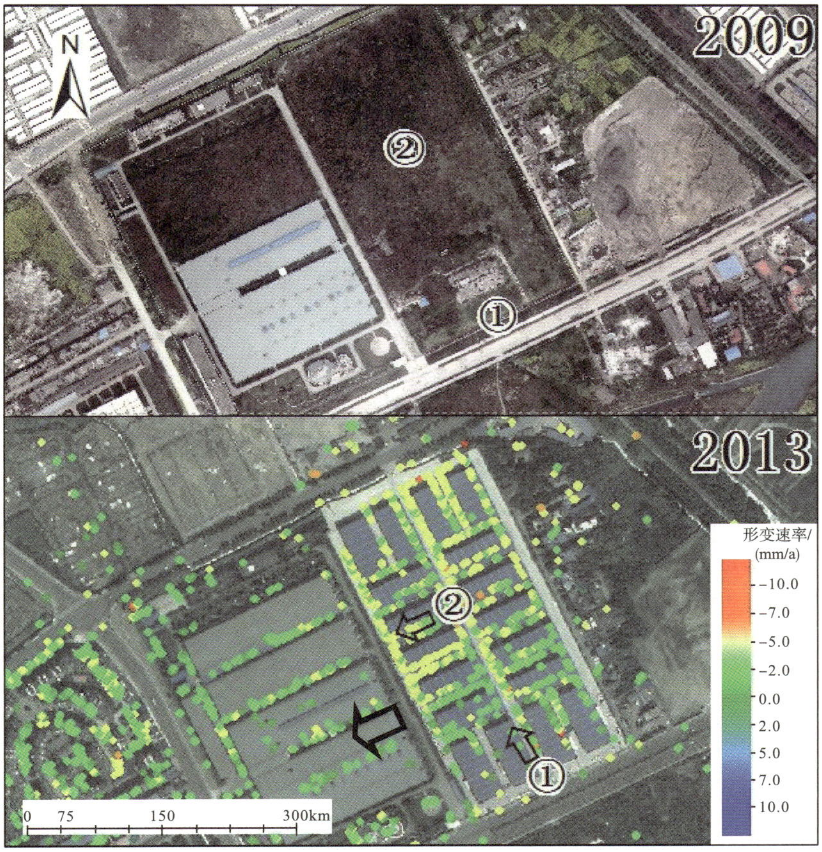

图 8-58　晨明汽车总部港厂房所在地

从数字正射影像中可以看出，厂房修建于 2009 年之后，据现场调查，厂区修建于 2012 年前后，现厂房主要用于汽修和仓储用途。

第二个调查区域主要为厂区，包括工具厂、食品、环保科技公司。主要建筑于 2009 年之后修建

（图 8-60、图 8-61）。

图 8-59　晨明汽车总部港厂房所在地实地照片

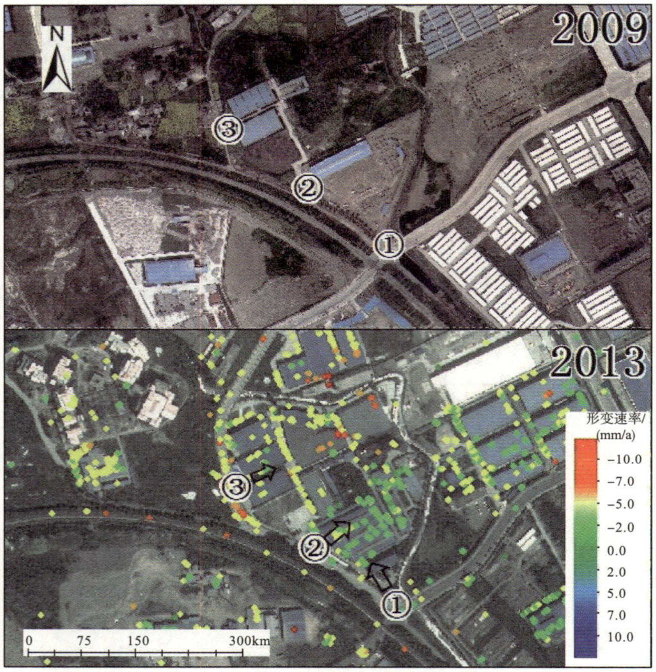

图 8-60　厂区集中区域

图 8-61　厂区集中区域实地照片

第三个调查区域为监测范围内形变量相对较大(-12.69mm/a)的区域，为成都德普建材有限公司所在地，实地了解获知厂房为2011年前后建设(图8-62、图8-63)。

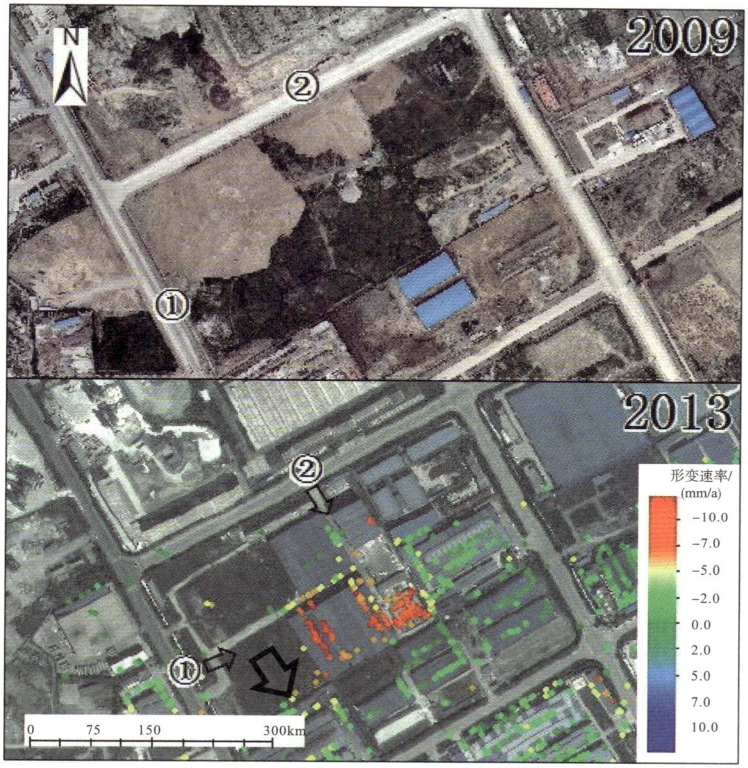

图 8-62　德普建材有限公司所在地

图 8-63　德普建材有限公司实地照片

结合雷达影像的 PS-InSAR 监测结果与野外调查结果可以得出，蒲阳镇工业园区内的厂房等新建建筑区地表沉降相对严重，分析可能的原因是新建的厂房多为低矮简易建筑，地基相对于室内大型建筑较为薄弱，沉降多为建筑物建成后的自然沉降。

8.2.3.5 核心灾区

使用 DInSAR 技术得到的龙门山断裂带地震前后形变监测成果如图 8-64、图 8-65 所示。

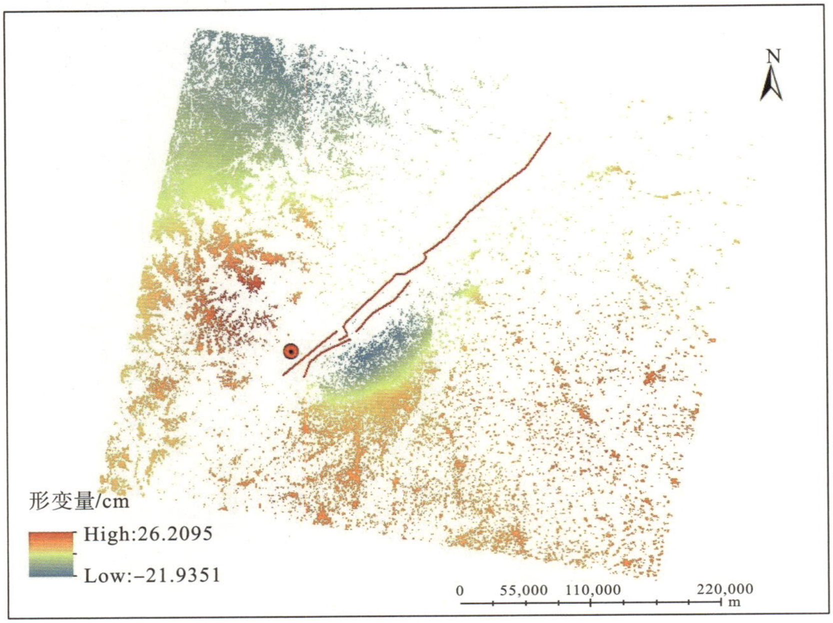

图 8-64 ASAR WS 数据同震形变图

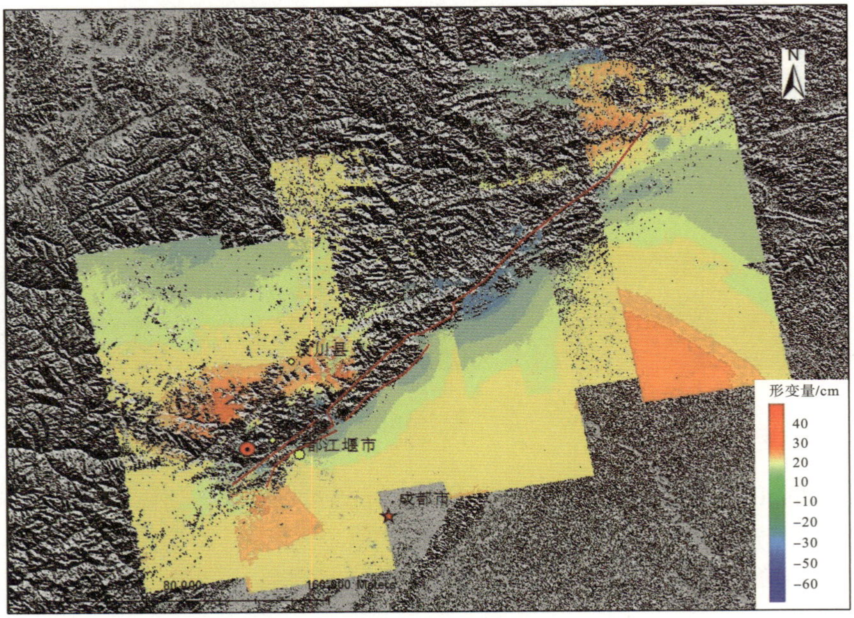

图 8-65 PALSAR 数据同震形变图

ASAR 和 PALSAR 数据获取了下盘较为完整及上盘部分的形变场，从 ASAR WS 和 PALSAR 数据得到的同震形变图（图 8-65）中可以看到，存在一条沿断裂带分布的失相干带，而汶川地震发震的断层是一条缓倾的逆冲兼走滑断层，根据该条带的分布可以推断，汶川地震断层的倾角在 NE 和 SW 段存在显著变化，而且断层活动的机制也存在相应的变化。

汶川地震后，断层上盘呈抬升态势，下盘呈下降态势。地震同震形变最大位于北川—映秀断裂带上，地震属于单向破裂地震，由南西向北东迁移，破裂的主体受北东向龙门山构造带控制。汶川地震的同震形变场范围大，同时形变量相对较大，形变大小从地震断裂带在东南方向约 60 km 的范围内，形变量从 50 cm 以上逐渐减小到几厘米，这与汶川地震震源浅破坏性大有关。

第9章 其他监测

除了前文谈到的五大监测专题，也可在农业、交通、水土流失等方面开展相关监测工作。本章选择都江堰市农业非粮化、非农化监测评价，基于 USLE 模型的大小凉山地区土壤侵蚀定量研究，四川省交通干线专题统计分析作为监测项目案例，主要从项目概况、监测内容与方法、监测结果与分析三个方面对监测工作开展情况和取得的成果进行介绍。

9.1 都江堰市农业非粮化、非农化监测评价

9.1.1 概述

根据国务院印发第三版《全国土地利用总体规划纲要(2006－2020 年)》，对未来 15 年土地利用的目标和任务提出 6 项约束性指标和 9 大预期性指标。6 项约束性指标集中在耕地保有量、基本农田保护面积、城乡建设用地规模、新增建设占用耕地规模、整理复垦开发补充耕地义务量、人均城镇工矿用地等主要调控指标中。其核心是确保 18 亿亩耕地红线。

近年来，随着土地流转快速推进，大量工商资本进入农村。工商资本下农村，给农村带去了资金、技术、人才和先进的管理理念，为农业现代化的发展发挥了积极的作用，但是一些地区“非农化”和“非粮化”现象严重。为了保证耕地红线，必须遏制非粮化、严禁非农化，绝不允许借土地流转之名，搞非农建设。

“非农化”“非粮化”监管应该利用先进的技术手段进行辅助监管，可以科学、高效地进行土地利用变化情况监测、分析与评价，可快速、准确地为监管提供数据依据。本节以农村土地承包经营权确权数据和年度地理国情监测数据为数据基础，利用 GIS 技术进行都江堰市“非农化”“非粮化”监测、分析与评价。

都江堰市位于成都市西北部，距成都市中心城区约 40km。都江堰市处于扬子板块最西边缘和青藏板块最东边缘的接合部，跨成都平原与龙门山地区两个不同自然地理区。地势西北高、东南低。高山、中山、低山、丘陵和平原呈阶梯分布状，素有“五山二丘三分坝”之说。境内最高峰为虹口乡光光山顶，海拔 4582 m；最低处为南端沿江乡清凉村，海拔 592 m，相对高差 3900 m。多种地形特征的融合，使得都江堰极具典型特征，在项目成果推广到其他区域时具有代表性。同时，都江堰市属四川盆地中亚热带湿润季风气候区，雨量充沛，气候温和，四季分明。常年气温为 10～22°C，平均气温 15.2°C，年均无霜期 269 天。适宜的气候和地理位置使得都江堰市的农业发展态势良好，农业产业成为当地产业链中极为重要一环，因此项目任务中农业监管成果也将为当地农业发展助力。

9.1.2　监测内容及方法

9.1.2.1　监测内容

基于都江堰市 2009 年农村土地承包经营权确权数据与 2015 年地理国情普查数据开展都江堰市农村土地利用变化监测与分析，以 2009 年的农村土地承包经营权确权数据为基准，以现势性较好的 2015 年国情普查数据为监测数据，进行农村土地的“非粮化”“非农化”的监测分析。

9.1.2.2　监测方法

以农村土地承包经营权数据为基准数据，以地理国情普查(或年度监测)地表覆盖数据为监测对比数据，对农村土地承包经营权数据与地理国情数据的土地按农用地、非农用地，耕地、非耕地进行分类，并通过两类数据的空间分析，得到农村土地非农化、非粮化的变化数据，进而可以进行统计分析、专题图制作等工作。

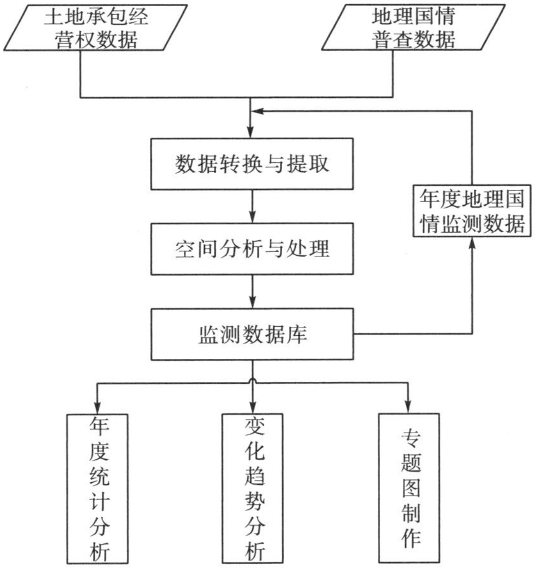

图 9-1　非农化、非粮化监测流程图

数据转换与提取：将农村土地承包经营权数据与地理国情地表覆盖数据转换为统一的数据格式与坐标系，并在地表覆盖数据中按照农用地的相关代码提取农用地要素。

空间分析与处理：通过对国情覆盖数据分类，提取农用地数据(包含耕地、园地、林地以及其他农用地)和非农用地(包含建筑区、河流等)，与承包地数据进行空间叠置分析，主要采用空间相交的计算方法，按相交后的属性分类码提取非粮化和非农化图斑数据。

建立监测数据库：利用数据管理监测数据，其中包括监测基准数据——承包经营权数据、年度非粮化、非农化监测数据等。

年度统计分析：利用监测数据库，统计所需年度的非粮化、非农化数据量，或年度间的变化量与区域位置分部特性等。

变化趋势分析：利用监测数据库，通过对多年度连续监测数据进行分析，可以把握非粮化、非农化数量与空间位置分部的变化趋势。

专题图制作：利用监测数据库，通过以上的统计分析结果，制作非粮化、非农化专题图。

9.1.3 监测结果与分析

9.1.3.1 非粮化监测

通过对都江堰市 2009 年农村土地承包经营权确权数据与 2015 年地理国情普查地表覆盖数据的各乡镇数据进行对比分析可以看出，都江堰市非粮化主要集中在南边，主要是以园地为主(其中又主要以苗圃为主)，北边及东边变化较小。由北往南呈现逐步攀升趋势，如图 9-2 所示。

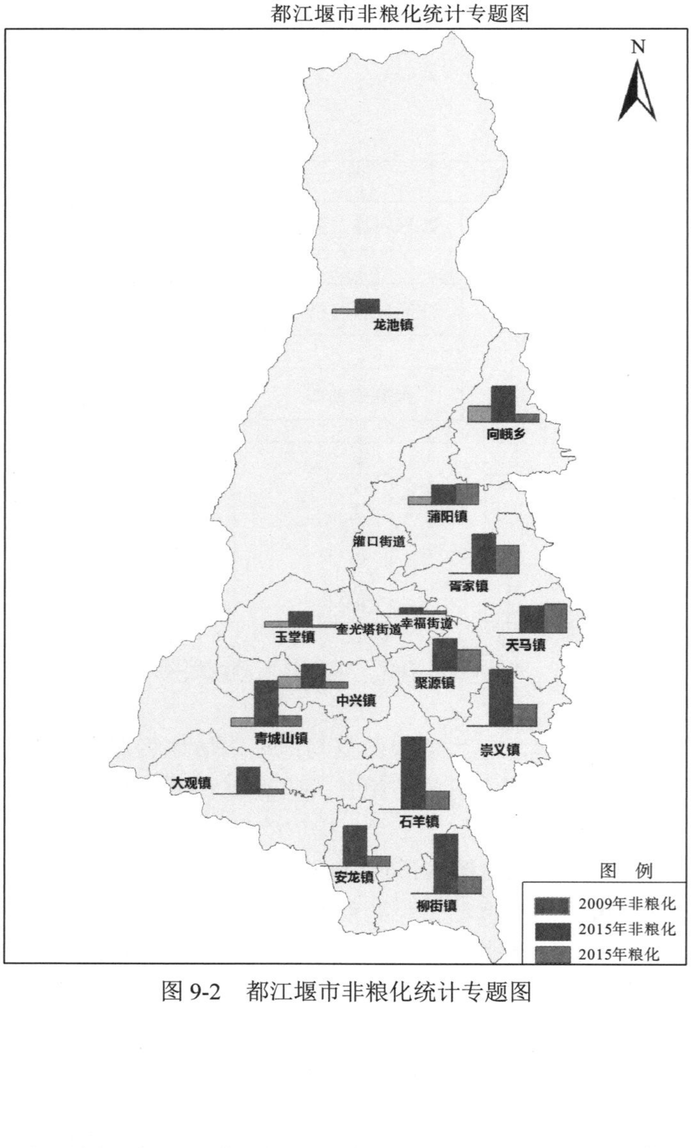

图 9-2 都江堰市非粮化统计专题图

通过对都江堰市的非粮化进行分析，非粮化主要以苗圃、园林为主，并未破坏农用地性质，只是由粮食生产转变为经济作物生产，分析主要产生的原因是城市绿化对苗木的需求带动了城市周边的苗圃、林地的转换过程。其中苗圃主要占比如表 9-1。

表 9-1 2015 年都江堰市非粮化面积统计表

行政区名称	承包地总面积/hm^2	2009 年非粮化		2015 年承包非粮化							
				园地		林地		其他		面积/hm^2	占比
		面积/hm^2	占比	面积/hm^2	占比	面积/hm^2	占比	面积/hm^2	占比		
幸福镇	360.3	0.1	0.02%	191.4	53.12%	22.4	6.21%	27.1	7.52%	240.9	66.86%
蒲阳镇	1636.5	309.7	18.92%	212.9	13.01%	393.4	24.04%	187.2	11.44%	793.5	48.49%
崇义镇	3194.1	0.0	0.00%	1945.1	60.90%	185.8	5.82%	182.6	5.72%	2313.5	72.43%
天马镇	2280.2	5.0	0.22%	861.9	37.80%	79.1	3.47%	170.7	7.49%	1111.7	48.75%
石羊镇	3657.7	0.0	0.00%	2563.7	70.09%	198.6	5.43%	172.8	4.72%	2935.1	80.24%
柳街镇	3081.9	0.0	0.00%	2157.4	70.00%	85.4	2.77%	167.6	5.44%	2410.4	78.21%
玉堂镇	713.6	219.7	30.78%	262.6	36.80%	164.2	23.01%	204.3	28.62%	631.1	88.44%
中兴镇	1222.2	470.7	38.51%	735.3	60.16%	163.7	13.39%	64.0	5.24%	963.0	78.79%
青城山镇	2299.5	329.3	14.32%	1152.9	50.14%	537.5	23.38%	175.7	7.64%	1866.1	81.15%
龙池镇	601.4	165.5	27.52%	218.7	36.36%	262.1	43.57%	69.3	11.52%	550.1	91.47%
胥家镇	2763.0	8.9	0.32%	1253.0	45.35%	159.9	5.79%	202.0	7.31%	1614.9	58.45%
安龙镇	2041.2	0.0	0.00%	1468.1	71.92%	66.8	3.27%	103.7	5.08%	1638.6	80.28%
大观镇	1270.4	0.4	0.03%	685.0	53.92%	258.0	20.31%	138.2	10.87%	1081.2	85.11%
向峨乡	1790.6	653.4	36.49%	454.7	25.39%	908.0	50.71%	106.2	5.93%	1468.9	82.03%
聚源镇	2130.4	0.0	0.00%	954.1	44.79%	234.7	11.02%	104.5	4.90%	1293.3	60.71%
合计	29043.2	2162.6	7.45%	15116.8	52.05%	3719.4	12.81%	2075.8	7.15%	20912.0	72.00%

由表 9-1 中可以看出，都江堰市的农用地非粮化表现明显，地域由北边的山区逐渐向靠近城区的南边转移。

9.1.3.2 非农化监测

通过对 2009 年农村土地承包经营权数据与 2015 年地理国情普查地表覆盖数据进行对比分析，提取各乡镇承包地的非粮化面积的情况，相对来说都比较均匀，占比也不是很多，主要表现为靠近城市周边，有少量的变化，如图 9-3 所示。

通过对承包地非农业化的分析，总计有约 1393.6hm^2 土地变为非农用地，主要去向有建筑与道路，变化量比较小，约占总的 4.8%，详细见表 9-2。

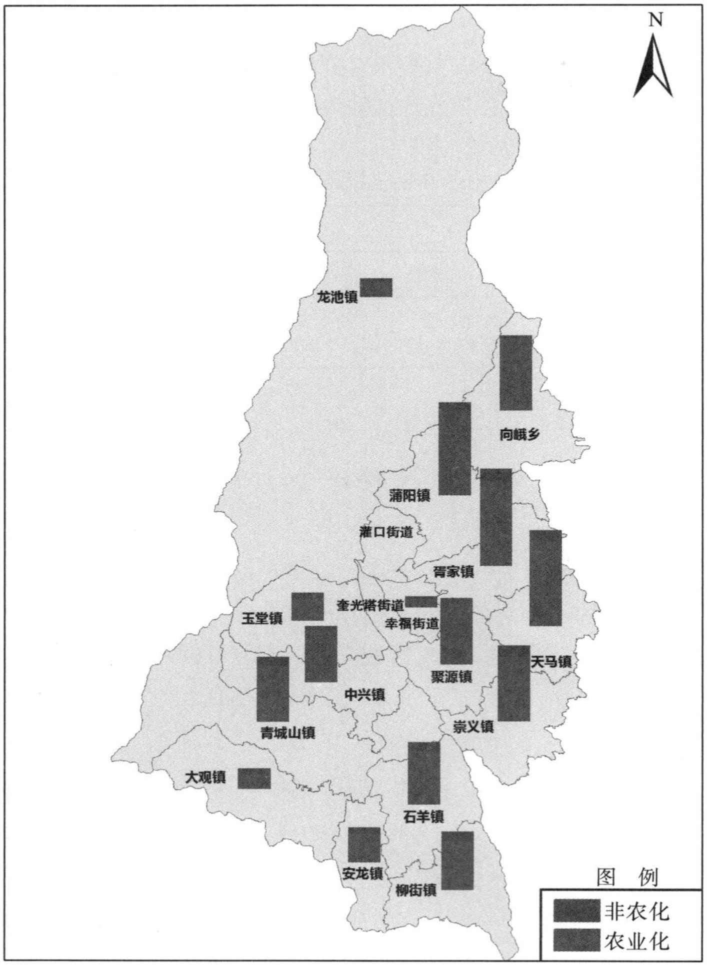

图 9-3 都江堰市承包地非农化专题

表 9-2 都江堰市承包地非农化统计表

行政区名称	承包地总面积/hm^2	2015 年农业化		2015 年非农化									
				房屋建筑区		道路		构筑物		其他		小计	
		面积/hm^2	占比	面积/hm^2	占比	面积/hm^2	占比	面积/hm^2	占比	面积/hm^2	占比	面积/hm^2	占比
幸福镇	360.3	340.1	94.38%	6.8	1.89%	6.1	1.68%	6.2	1.71%	1.2	0.34%	20.2	5.62%
蒲阳镇	1636.5	1538.1	93.99%	39.1	2.39%	36.8	2.25%	7.6	0.46%	15.0	0.91%	98.4	6.01%
崇义镇	3194.1	3040.8	95.20%	68.0	2.13%	49.6	1.55%	32.3	1.01%	3.4	0.11%	153.4	4.80%
天马镇	2280.2	2141.0	93.89%	35.8	1.57%	24.0	1.05%	78.5	3.44%	0.9	0.04%	139.2	6.11%
石羊镇	3657.7	3524.9	96.37%	68.5	1.87%	51.9	1.42%	8.4	0.23%	4.1	0.11%	132.8	3.63%
柳街镇	3081.9	2949.0	95.69%	80.3	2.61%	21.3	0.69%	28.1	0.91%	3.3	0.11%	133.0	4.31%

续表

行政区名称	承包地总面积/hm²	2015 年农业化		2015 年非农化									
				房屋建筑区		道路		构筑物		其他		小计	
		面积/hm²	占比	面积/hm²	占比	面积/hm²	占比	面积/hm²	占比	面积/hm²	占比	面积/hm²	占比
玉堂镇	713.6	639.0	89.54%	28.6	4.00%	15.0	2.10%	8.3	1.16%	22.8	3.20%	74.6	10.46%
中兴镇	1222.2	1174.2	96.08%	24.9	2.03%	18.1	1.48%	4.9	0.40%	0.1	0.01%	48.0	3.92%
青城山镇	2299.5	2180.1	94.81%	53.0	2.30%	30.6	1.33%	22.5	0.98%	13.4	0.58%	119.4	5.19%
龙池镇	601.4	564.3	93.84%	13.2	2.19%	8.5	1.41%	5.6	0.93%	9.8	1.63%	37.1	6.16%
胥家镇	2763.0	2604.2	94.25%	81.6	2.95%	46.7	1.69%	28.7	1.04%	1.8	0.06%	158.8	5.75%
安龙镇	2041.2	1961.1	96.07%	40.3	1.98%	28.3	1.39%	7.4	0.36%	4.2	0.21%	80.2	3.93%
大观镇	1270.4	1186.9	93.42%	32.5	2.55%	24.8	1.95%	6.3	0.50%	20.0	1.58%	83.6	6.58%
向峨乡	1790.6	1753.1	97.91%	9.5	0.53%	24.1	1.35%	2.7	0.15%	1.1	0.06%	37.4	2.09%
聚源镇	2130.4	2052.9	96.36%	37.4	1.76%	22.1	1.04%	17.1	0.80%	0.9	0.04%	77.5	3.64%
合计	29043.2	27649.6	95.20%	619.5	2.13%	407.7	1.40%	264.5	0.91%	102.0	0.35%	1393.6	4.80%

从图 9-3 与表 9-2 中可以看出非农化并不是很明显。

9.1.3.3　承包地利用变化情况总体监测

将农用地的粮化、非粮化及非农业化进行多元分析，可从整体分析土地的利用变化情况，如图 9-4。

通过统计数据进行分析，都江堰市 2015 年土地非农化面积约为 4.8%，非粮化比例为 67.2%，土地非粮化主要表现为苗圃、果园，根据概述里可知，最近几年都江堰市的农业合作社发展比较迅猛，因此由种植粮食变化为经济作物，非粮化表现明显；约 28.00%土地还保留粮食等种植，详细见表 9-3。

表 9-3　2015 年承包地统计表

行政区名称	承包地总面积/hm²	粮化		非粮化(不含非农)		非农	
		面积/hm²	占比	面积/hm²	占比	面积/hm²	占比
幸福镇	360.3	119.4	33.15%	220.6	61.23%	20.2	5.62%
蒲阳镇	1636.5	843.0	51.51%	695.1	42.47%	98.4	6.01%
崇义镇	3194.1	880.6	27.57%	2160.2	67.63%	153.4	4.80%
天马镇	2280.2	1168.5	51.25%	972.5	42.65%	139.2	6.11%
石羊镇	3657.7	722.6	19.76%	2802.2	76.61%	132.8	3.63%
柳街镇	3081.9	671.5	21.79%	2277.4	73.90%	133.0	4.31%
玉堂镇	713.6	82.5	11.56%	556.5	77.98%	74.6	10.46%
中兴镇	1222.2	259.2	21.21%	915.0	74.87%	48.0	3.92%
青城山镇	2299.5	433.3	18.84%	1746.8	75.96%	119.4	5.19%
龙池镇	601.4	51.4	8.54%	513.0	85.29%	37.1	6.16%

续表

行政区名称	承包地总面积/hm^2	粮化		非粮化(不含非农)		非农	
		面积/hm^2	占比	面积/hm^2	占比	面积/hm^2	占比
胥家镇	2763.0	1148.1	41.55%	1456.1	52.70%	158.8	5.75%
安龙镇	2041.2	402.7	19.73%	1558.3	76.34%	80.2	3.93%
大观镇	1270.4	189.3	14.90%	997.6	78.52%	83.6	6.58%
向峨乡	1790.6	321.7	17.97%	1431.4	79.94%	37.4	2.09%
聚源镇	2130.4	837.1	39.29%	1215.7	57.07%	77.5	3.64%
合计	29043.2	8131.1	28.00%	19518.5	67.20%	1393.6	4.80%

注：为方便统计和查看，此处非粮化面积已减去非农业化面积。

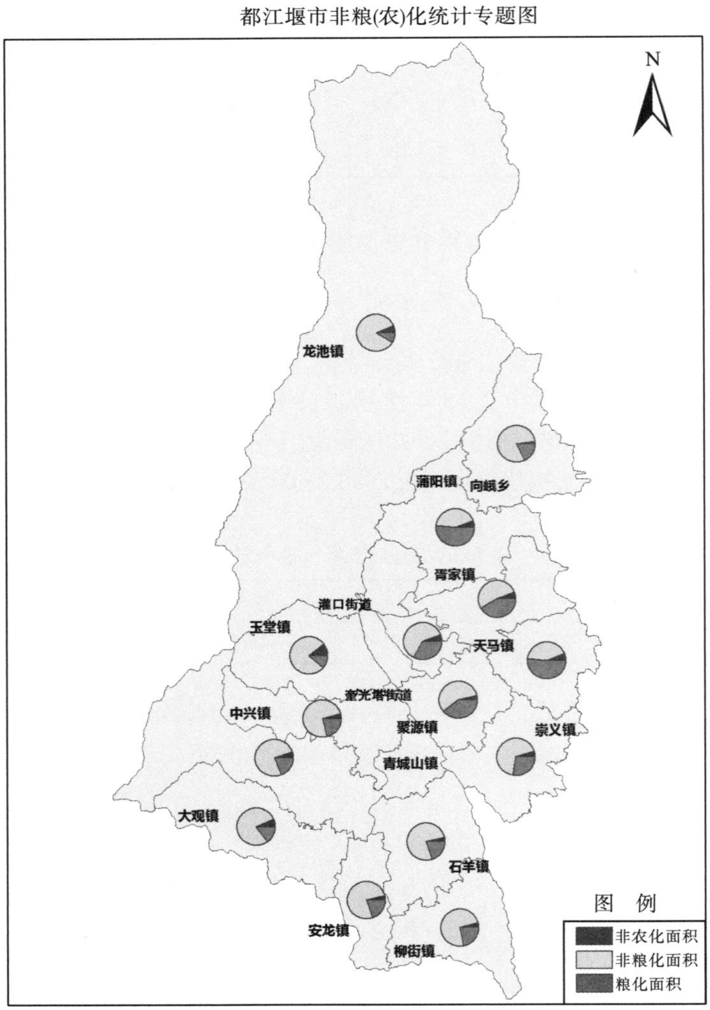

图 9-4 都江堰市土地非粮、非农统计图

9.1.3.4　典型乡镇分析

我们分别选择“一南”和“一北”两个区域进行分析，一南以石羊镇，主要以发展苗圃景观，一北以向峨乡，主要发展水果经济作物。

1. 石羊镇

该镇位于都江堰市南边，紧临温江区，受地域经济影响主要以苗圃为主，根据2009年承包地的地类情况分析，主要以耕地为主，如图9-5。但到2015年，经检测分析，大部分已转换为苗圃，如图9-6中的苗圃的覆盖范围，覆盖率达到70.09%(表9-1)。

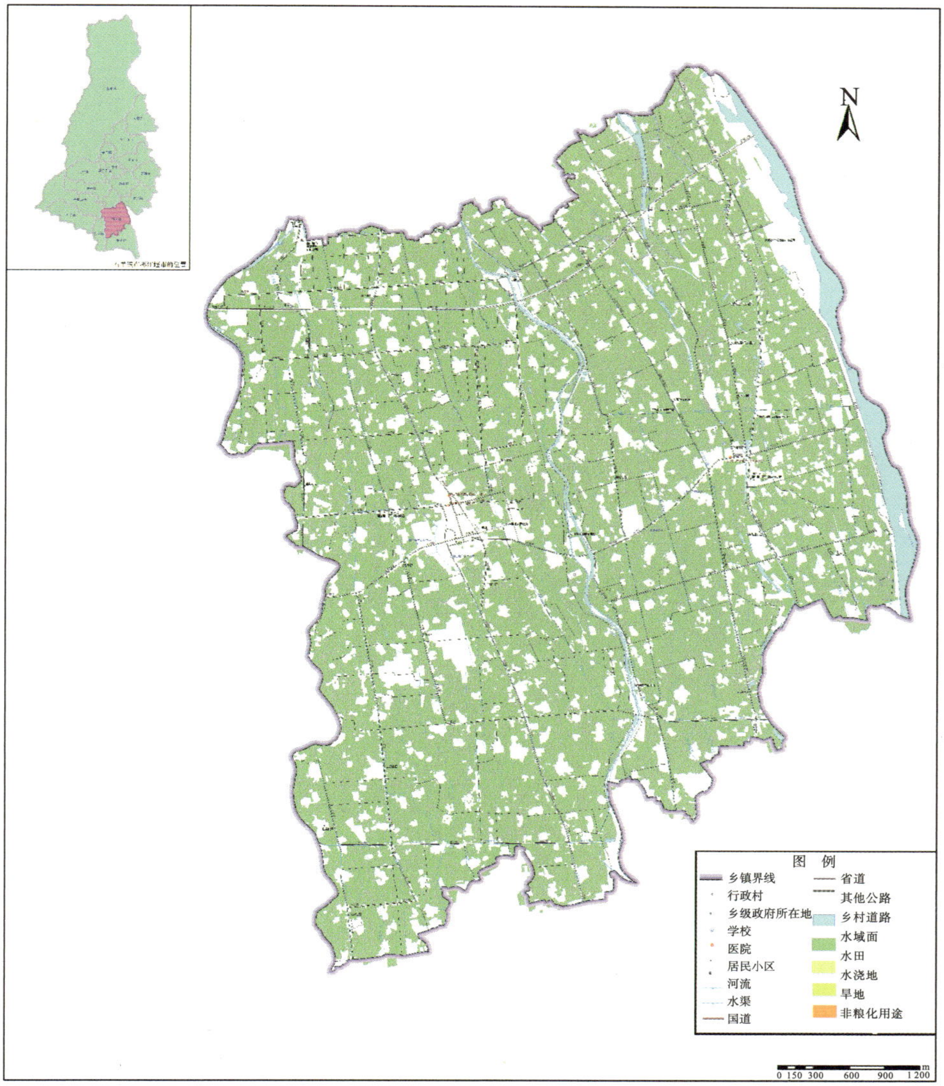

图9-5　石羊镇2009年承包地非粮化专题图

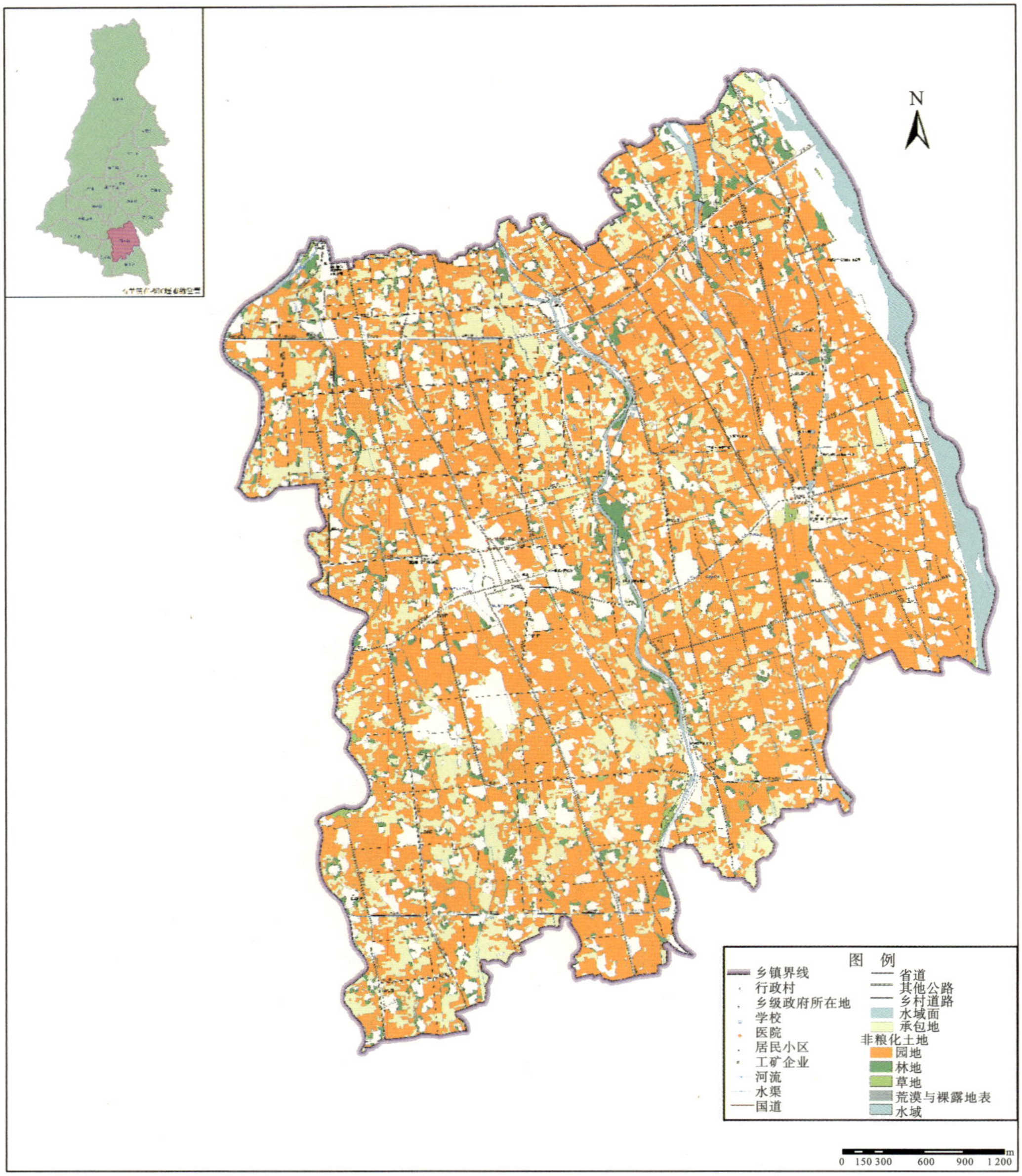

图 9-6 石羊镇 2015 年非粮化专题图

2. 向峨乡

2015 年向峨乡非粮化占总面积的 82.03%，相对 2009 年上升 45.54%，对 2015 年地理国情普查地表覆盖数据分析发现已大量的猕猴桃园地(图 9-7～图 9-9)，已形成了一定的规模。

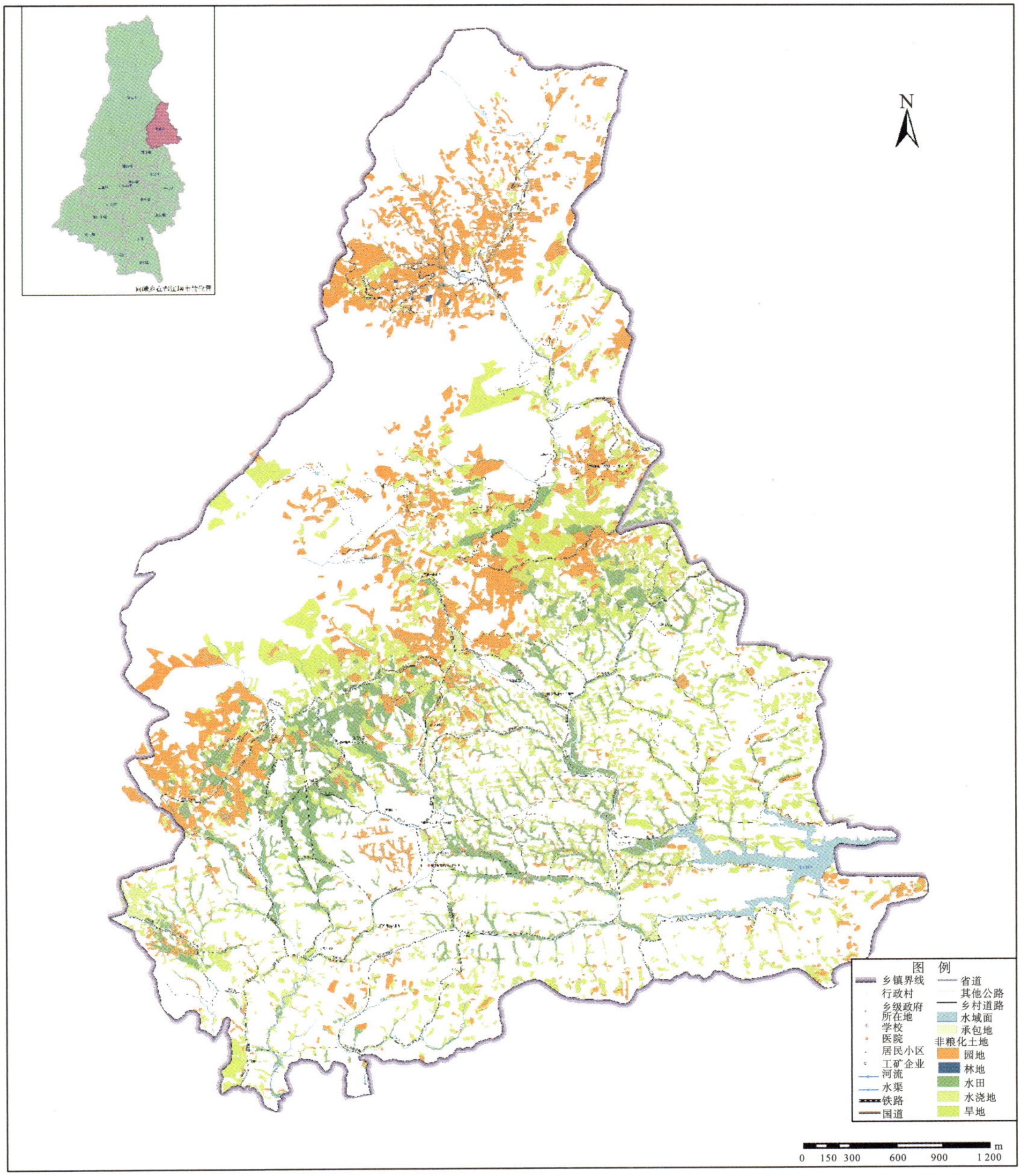

图 9-7　向峨乡 2009 年承包地非粮化专题图

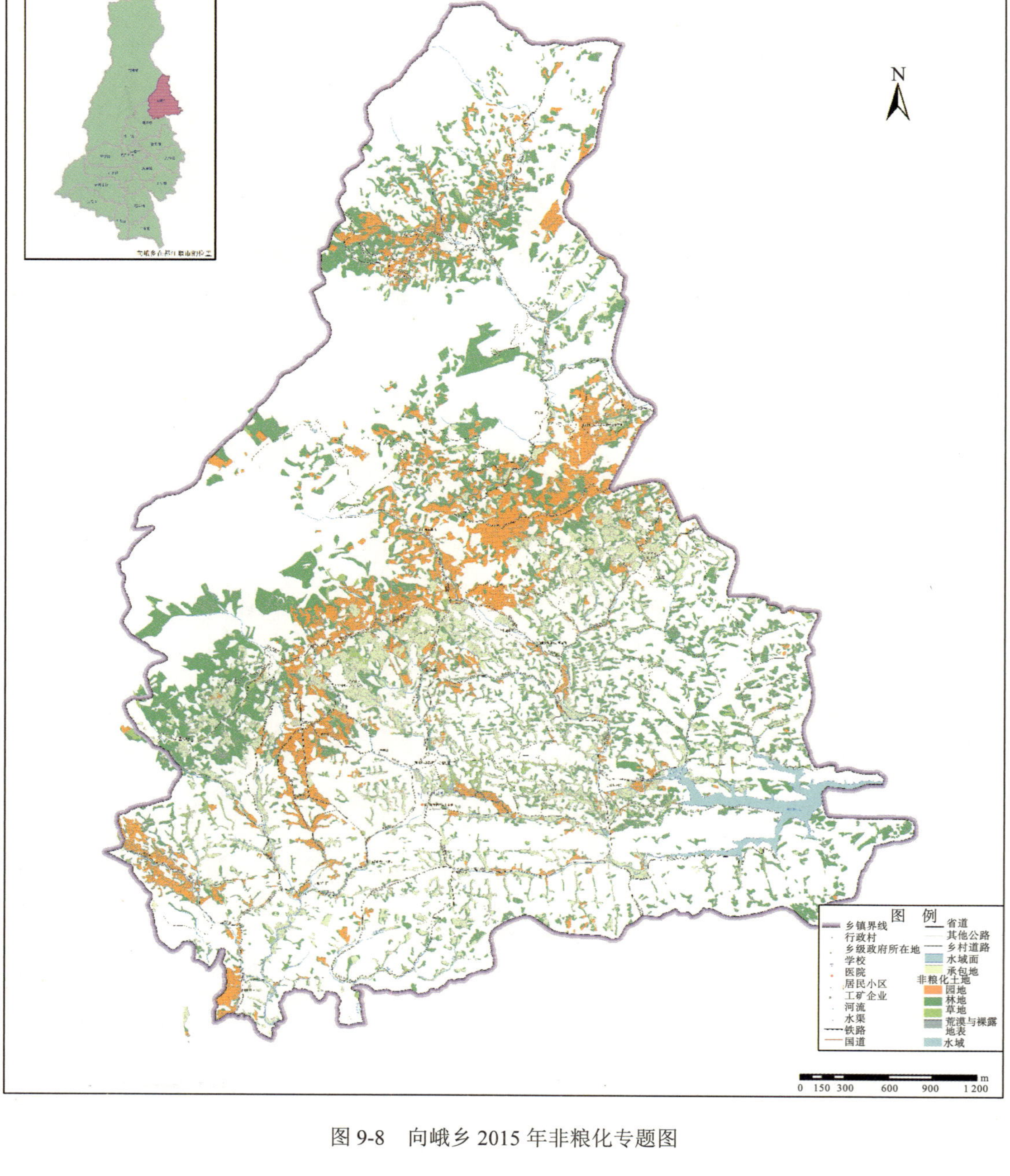

图 9-8　向峨乡 2015 年非粮化专题图

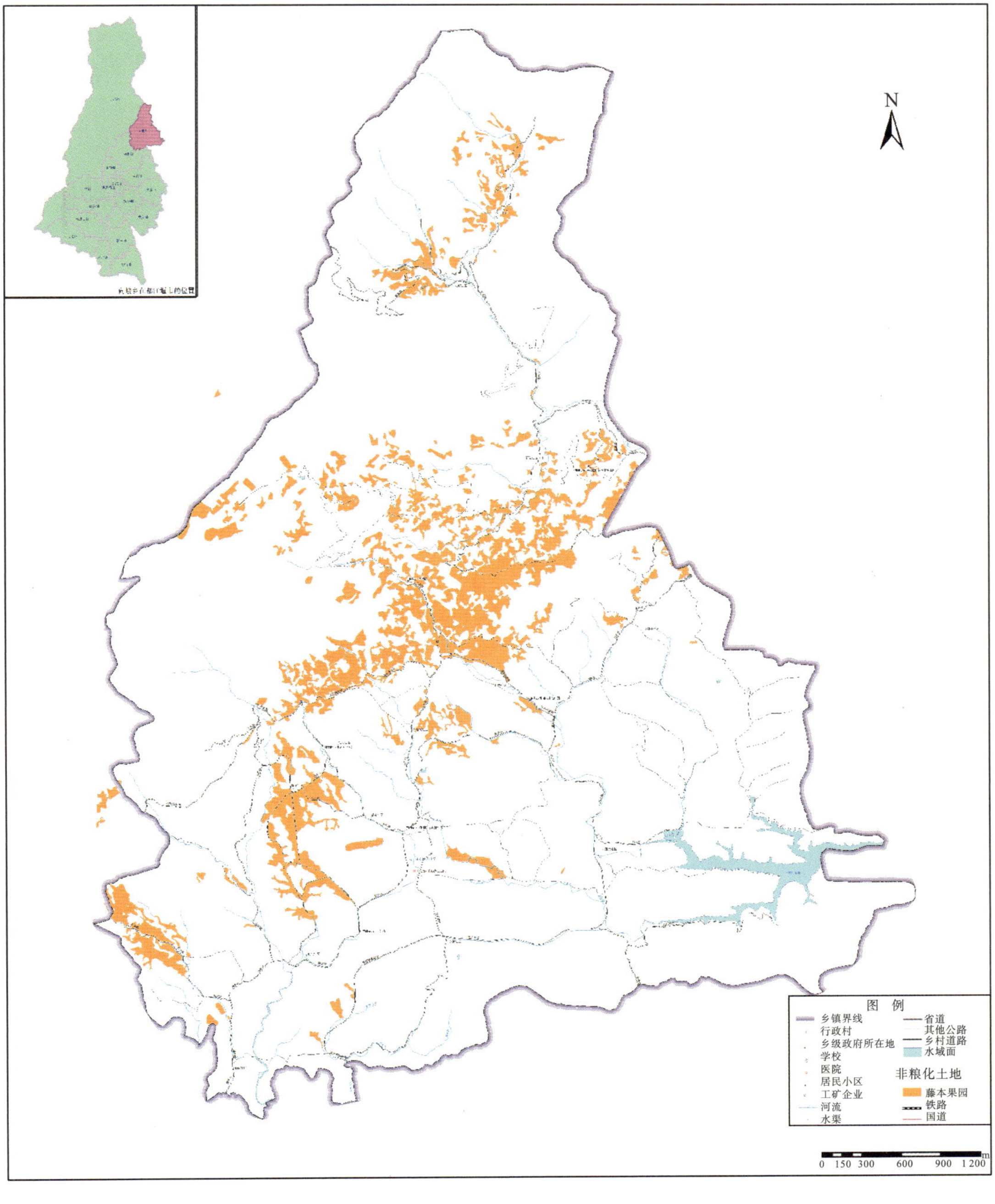

图 9-9　向峨乡覆盖非粮化(藤本植物)专题图

9.1.3.5 综合分析

经对都江堰市农用地利用 2009～2015 年的监测分析，都江堰市农用地保有量的约 95.2%还保持着农用地性质，处于良性状态。由于都江堰市正在着力发展现代都市农业与休闲农业，农用地的非粮化由 2009 年的 7.45%增长到 2015 年的 67.2%，非粮化表现明显。

9.2 基于 USLE 模型的大小凉山地区土壤侵蚀定量研究

9.2.1 概述

大小凉山地区由于植被破坏、暴雨集中等特点，成为我国水土流失特别严重的地区之一，相关的水土流失研究工作也开展得很少。《四川省国民经济和社会发展第十二个五年规划纲要》中明确要求要加强大小凉山水土保持及生物多样性重点生态功能区建设。水土流失和生态环境修复问题是大小凉山地区生态环境建设的重中之重，但由于凉山州面积较大，大部分地区属于经济欠发达，水土流失长期缺乏监测资料。以凉山彝族自治州为研究区，充分利用四川省地理国情普查成果，在通用水土流失方程的基础上，建立凉山州水土流失模型，为当地水土流失调查提供数据支持，也为基于地理国情数据开展水土流失监测提供理论支持(图 9-10)。

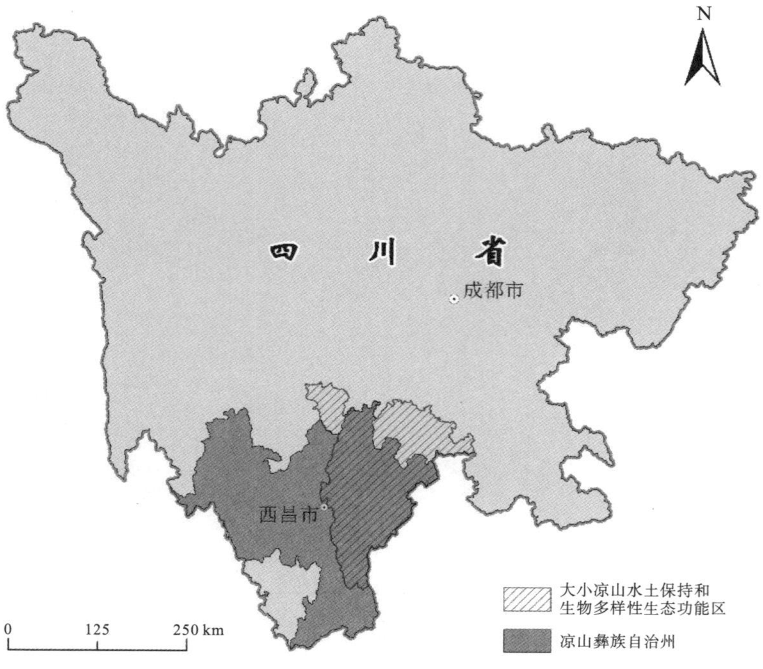

图 9-10 监测区地理位置图

9.2.2　监测内容与方法

9.2.2.1　监测内容

根据地理国情普查及专业资料，获取凉山州地区降雨侵蚀力因子、土壤可蚀性因子、坡长坡度因子、地表覆盖因子与水土保持措施因子，以开展当地土壤侵蚀量估算。

9.2.2.2　监测方法

利用遥感影像数据、地理国情普查地表覆盖数据、基础地理信息数据及土壤、气象等专业资料，基于遥感技术及 GIS 空间统计分析技术，利用土壤侵蚀量估算方法，开展凉山州地区水土流失调查与评价。具体技术流程如图 9-11。

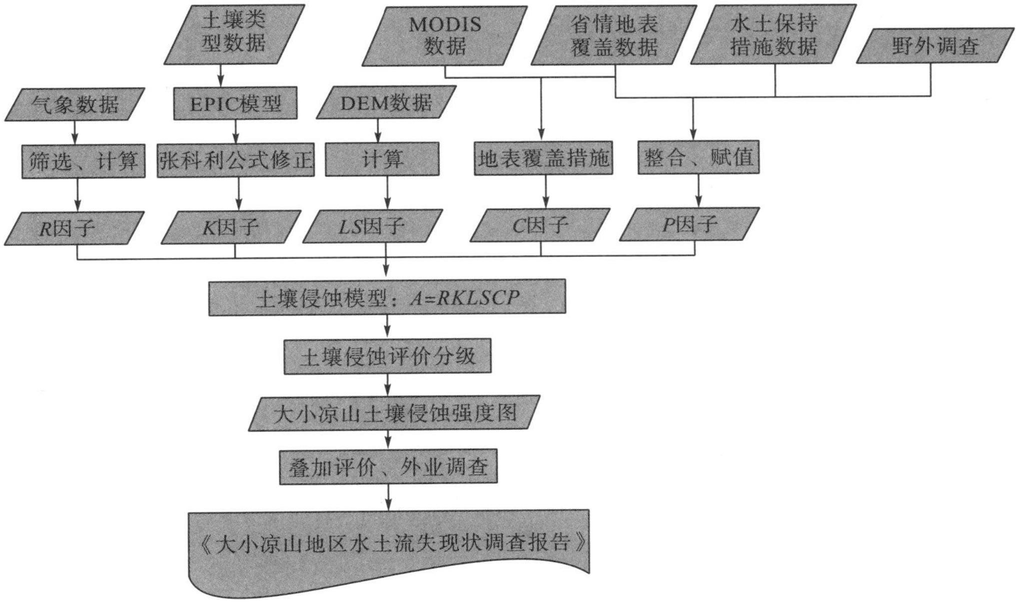

图 9-11　水土流失调查流程图

9.2.3　监测结果与分析

9.2.3.1　凉山彝族自治州水土流失强度

监测结果表明(图 9-12～图 9-15)，凉山彝族自治州平均土壤侵蚀模数为 1207.67 t/(km^2·a)，平均已达到轻度侵蚀级别；在复杂地形条件下，凉山彝族自治州土壤侵蚀的潜在可能性很高，是土壤侵蚀的极度敏感区。凉山彝族自治州土壤侵蚀面积为 15 221.15 km^2，占土地总面积的 25.19%，其中轻度侵蚀、中度侵蚀、强烈侵蚀、极强烈侵蚀和剧烈侵蚀的面积分别为：5537.03 km^2、4996.87 km^2、

2336.12 km^2、1614.21 km^2、736.92 km^2，分别占土地总面积的 9.16%、8.27%、3.87%、2.67%、1.22%。土壤侵蚀以轻度侵蚀和微度侵蚀为主，虽然其土壤侵蚀面积巨大，土壤侵蚀比例较高，但极强烈侵蚀和剧烈侵蚀面积较小，大部分地区生态环境尚处于良好状态。

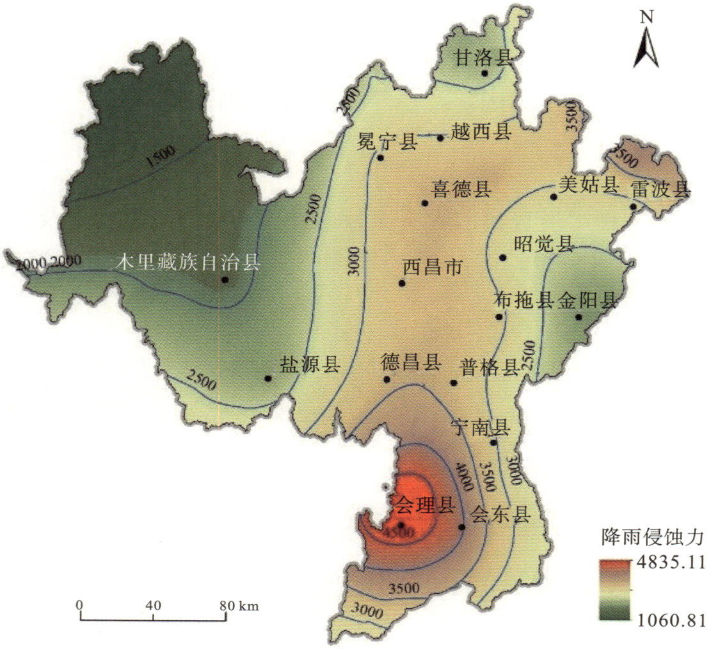

图 9-12 多年平均降雨侵蚀力分布图

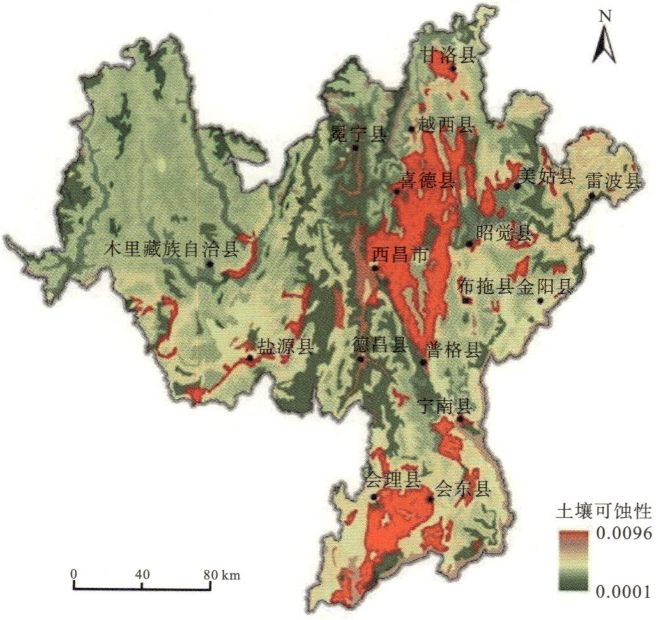

图 9-13 土壤可蚀性分布图

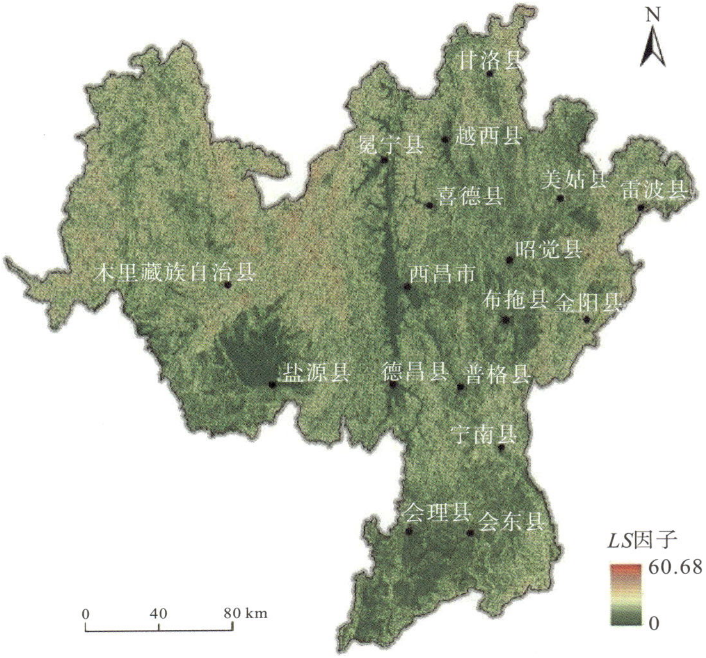

图 9-14 坡度坡向因子分布图

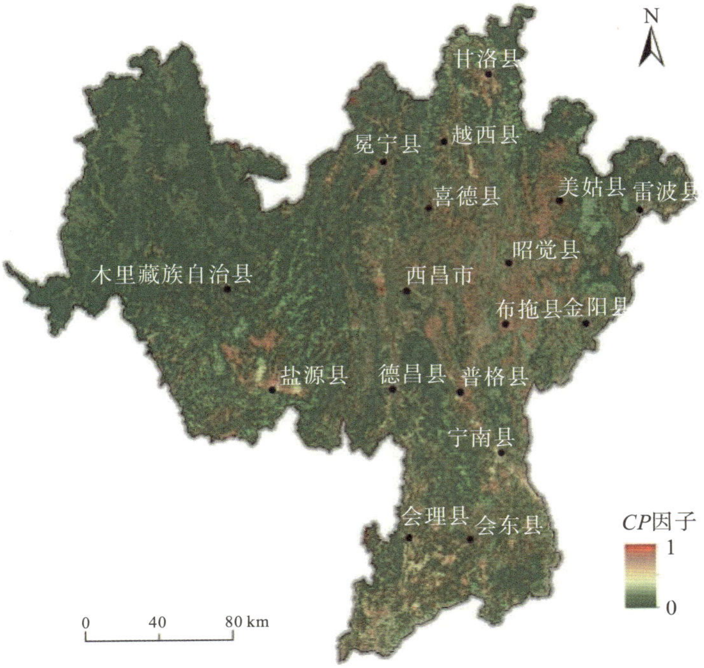

图 9-15 地表覆盖和水土保持措施因子分布图

9.2.3.2 凉山彝族自治州土壤侵蚀空间分布

表 9-4 列出了凉山彝族自治州各县(市)的土壤侵蚀强度等级面积数据。从表中可以看出，凉山彝族自治州各县(市)中金阳县的土壤侵蚀情况最为严重，其土壤侵蚀面积比例 46.53%；其次为普格县、美姑县、布拖县、甘洛县、昭觉县，土壤侵蚀面积占全县面积的比例都在 35%以上。水土流失面积最大的地区是盐源县，其次依次是会理县、美姑县和昭觉县，水土流失面积都在 1000 km^2 以上。

表 9-4 凉山彝族自治州各县(市)土壤侵蚀面积

行政区划	行政面积/km^2	水蚀面积/km^2	水蚀面积比例/%	轻度/km^2	中度/km^2	强烈/km^2	极强烈/km^2	剧烈/km^2
西昌市	2655.21	902.58	33.99	290.97	276.08	172.73	106.06	56.74
木里县	13252.7	932.03	7.03	302.91	343.95	88.98	95.25	100.94
盐源县	8406.58	1692.63	20.13	728.26	524.03	253.14	123.49	63.71
德昌县	2284.21	536.68	23.50	136.61	203.58	76.43	56.11	63.94
会理县	4522	1615.57	35.73	456.00	457.01	356.80	302.92	42.83
会东县	3224.04	889.63	27.59	289.33	282.56	200.29	96.40	21.05
宁南县	1667	556.73	33.40	216.95	176.91	108.19	47.05	7.63
普格县	1905.02	836.16	43.89	239.92	213.98	213.29	132.47	36.50
布拖县	1685	643.27	38.18	283.97	213.44	94.41	43.90	7.54
金阳县	1586.43	738.23	46.53	256.60	271.49	35.97	117.59	56.58
昭觉县	2699	1022.02	37.87	279.86	351.98	185.44	127.22	77.53
喜德县	2204.96	732.34	33.21	172.46	270.54	128.17	95.79	65.39
冕宁县	4422	857.33	19.39	518.33	221.89	84.83	26.27	6.01
越西县	2257	715.88	31.72	268.31	304.10	77.85	44.78	20.85
甘洛县	2155.98	820.48	38.06	328.53	300.96	88.55	65.27	37.17
美姑县	2573	1087.71	42.27	441.80	333.96	133.35	114.39	64.20
雷波县	2932	641.88	21.89	326.21	250.39	37.69	19.27	8.32
小计	60432.13	15221.15	25.19	5537.03	4996.87	2336.12	1614.21	736.92

图 9-16 展示了凉山彝族自治州土壤侵蚀强度的空间分布格局，从图中可以看出金沙江沿岸(雷波、金阳、布拖、宁南、会东、会理)是凉山彝族自治州土壤侵蚀较为强烈的地区，其次是安宁河流域(喜德、冕宁、西昌、德昌)和黑水河流域(普格、宁南)，土壤侵蚀强度基本在轻度以上，凉山彝族自治州西部的木里和冕宁县西部由于森林覆盖度高，土壤侵蚀强度较低，安宁河谷和盐源盆地虽然耕地面积大，但由于地势平坦，农业生产条件好，土壤侵蚀强度也较低。

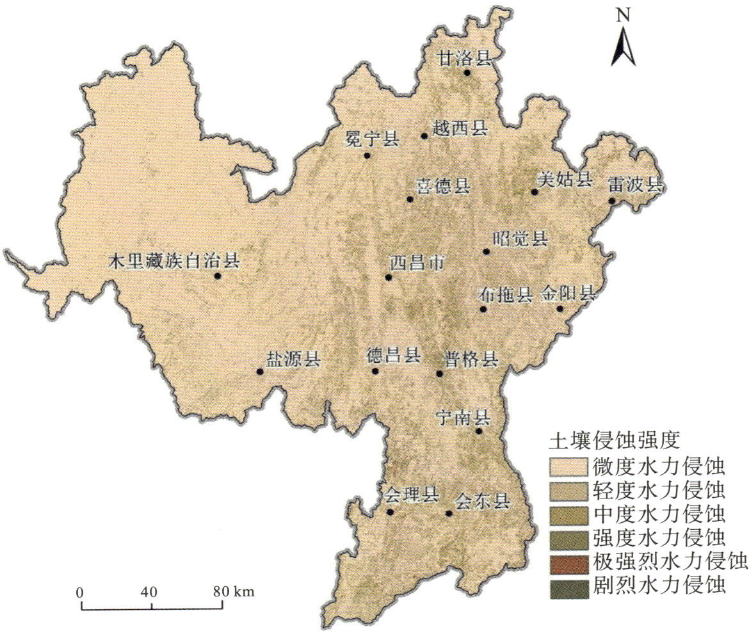

图 9-16 凉山彝族自治州土壤侵蚀现状图

9.2.3.3 凉山彝族自治州土壤侵蚀强度变化分析

收集凉山彝族自治州 20 世纪 80 年代中期遥感调查成果(1995 年)、90 年代中期遥感调查成果(2000 年)和本次水土流失调查成果进行对比分析，分析流域水土流失面积、强度、土壤侵蚀量等变化情况。从图 9-17 和表 9-5 可以看出，通过 20 多年来的水土流失综合治理和生态修复，凉山彝族自治州水土流失情况得到了有效的改善，具体体现为：

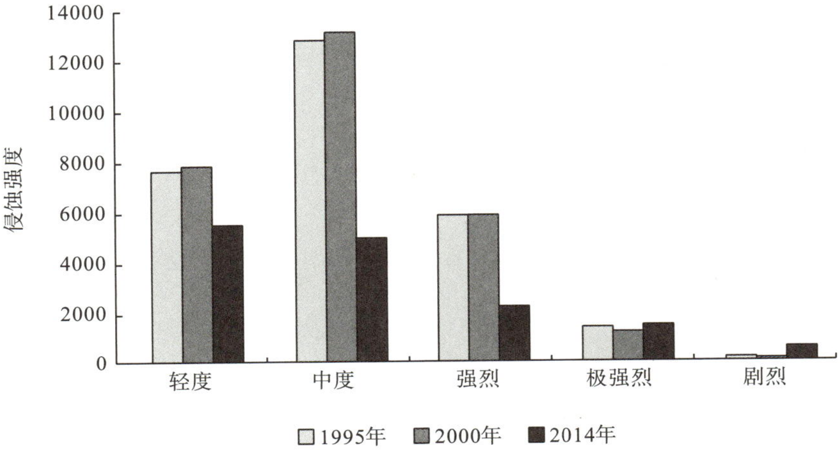

图 9-17 凉山彝族自治州土壤侵蚀强度变化图

表 9-5 凉山彝族自治州土壤侵蚀强度变化表

年份	轻度/km^2	中度/km^2	强烈/km^2	极强烈/km^2	剧烈/km^2
1995 年	7632.85	12698.12	5938.19	1532.60	270.92
2000 年	7833.56	13085.94	5917.60	1359.57	214.06
2014 年	5537.03	4996.87	2336.12	1614.21	736.92

1. **水土流失面积减少**

根据资料统计，水土流失面积由 1995 年的 28072.68 km^2 降低为 2014 年的 15221.15 km^2，减少 12851.53 km^2；水土流失面积占国土面积比例由 61.05%降到 43.64%，减少 17.41 个百分点。

2. **水土流失强度发生了改变**

轻度、中度、强度、极强度、剧烈流失面积比例由 1995 年的 12.63%、21.01%、9.83%、2.54%和 0.45%变为 2014 年的 9.16%、8.27%、3.87%、2.67%和 1.22%，虽然极强度和剧烈水土流失面积有所增加，这可能与近年来凉山彝族自治州工程开发项目建设有关，但二者占土地总面积的比例极低，主要的轻度、中度和强度侵蚀面积都有大幅度的减少，整体水土流失强度明显减小。

9.2.3.4 凉山彝族自治州水土流失防治建议

根据本书调查显示，虽然近几十年来，凉山彝族自治州水土流失情况得到了有效的改善，但该地区水土流失面积依然较大，极强烈和剧烈水土流失面积甚至有所增加，水土流失治理的形势依然严峻。针对本书调查结果和凉山彝族自治州水土流失特点，提出以下建议：

(1) 金沙江沿岸(雷波、金阳、布拖、宁南、会东、会理)地区，地质条件复杂，地质灾害多发，土壤侵蚀以重力侵蚀为主，在治理过程中，应结合地质灾害防治特点，推广相应的坡面治理工程、沟道治理工程和泥石流滩地综合利用等治理工程，有效防治水土流失。

(2) 安宁河流域(喜德、冕宁、西昌、德昌)、黑水河流域(普格、宁南)和盐源盆地(盐源)，地势相对较缓，但农业生产发达，坡耕地广泛分布，应重视坡面防护及坡耕地水土保持。

(3) 凉山彝族自治州西部(木里、冕宁西北、盐源西部)由于森林覆盖度高，生态环境好，土壤侵蚀强度较低，该地区水土流失治理应以生态环境保护为主，尽量减少人类活动对地表的扰动。

(4) 应严格遵守《中华人民共和国水土保持法》，依法治理水土流失，开发建设项目应严格执行“谁开发谁保护，谁造成水土流失谁负责治理”的原则，加强监管，落实责任，严格执法。

9.3 四川省交通干线专题统计分析

9.3.1 概述

2013 年 8 月 19 日，王宁副省长在四川省第一次全国地理国情普查领导小组第一次全体会议上要求：注意掌握四川特殊情况，结合本次普查需求，适当增加必要的普查内容，如地震灾区的区域重点、交通干线、地质灾害防治等，要通过这次普查搞得更准确。四川省测绘地理信息局高度重视，结合《关于在开展地理国情普查的同时做好普查成果应用及地理国情监测工作的通知》(国地普办发〔2014〕7号)的要求，精心部署，将四川省交通干线专题统计分析作为地理国情普查的一项专项工作来开展。

根据《四川省第一次全国地理国情普查领导小组办公室关于下达交通干线专题统计分析任务的通知》(川地普办2015年3月24日)及《四川省第一次全国地理国情普查领导小组办公室关于下达四川省第一次全国地理国情普查工作第七期计划的通知》(川地普办〔2015〕34号)的文件精神，由四川省第三测绘工程院承担四川省交通干线专题统计分析工作，摸清截至2015年6月30日的全省交通干线情况，为我省构建现代综合交通运输体系、建设更加畅通的交通网络提供服务。

9.3.2 监测内容与方法

9.3.2.1 监测内容

为了更好地响应王宁副省长在四川省第一次全国地理国情普查领导小组第一次全体会议上的要求，做好四川省交通干线专题统计分析工作，同时结合现阶段省政府和有关部门对交通干线关注的重点，以2015年6月30日为时间节点对全省交通干线进行现状分析。项目数据源为四川省第一次全国地理国情普查的数据集建设成果(以下简称“数据集建设成果”)及其他专题数据，项目内容包含四川省交通干线数据库建设、专题统计分析、四川省交通干线综合信息服务平台三大部分。具体项目内容如下：

1. 四川省交通干线数据库建设

(1)利用“数据集建设成果”，提取四川省的公路、铁路、航道和航空(机场数据)四种交通数据及部分交通附属设施［高速公路出入口、加油(气)站、汽车站、火车站、港口(码头)］，利用中国民用航空局网站的航班数据，提取四川省航空数据中的航线数据；利用公路数据建立全省具有拓扑关系的公路网络数据集，构建四川省交通干线数据库，摸清全省交通干线的空间分布现状。

(2)选择泸州市境内全长136km的长江黄金水道作为试点，采集长江黄金水道泸州段的实景数据，展示四川省长江黄金水道沿线的地形地貌与风土人情，让社会公众足不出户即可全方位浏览长江黄金水道的沿线风景，提升长江黄金水道知名度，促进我省旅游事业发展。

2. 四川省交通干线专题统计分析

(1)交通干线基本统计分析。以行政区为单元统计全省、21个市州、183个县(市、区)不同类型交通干线的长度、面积、空间分布等基本情况。

(2)交通干线现状评价。基于四川省交通干线数据库，开展全省183个县(市、区)的交通优势度评价，并结合全省经济、人口统计数据，分析四川省交通与经济、人口的空间关联性。

(3)“十二五”期间部分交通干线建设进展监测。结合《四川省“十二五”综合交通建设规划》，评估四川省“十二五”期间部分交通干线的建设现状。

(4)制作四川省交通干线专题统计分析图集。

(5)编写四川省交通干线专题统计分析报告。

四川省交通干线专题统计分析的建设内容如图 9-18 所示。

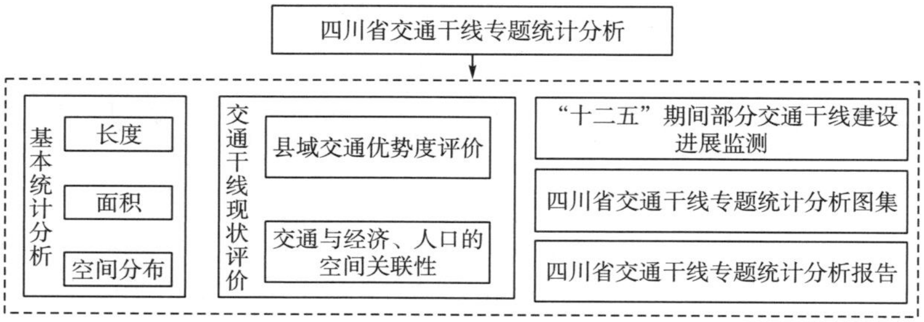

图 9-18 四川省交通干线专题统计分析内容

主要成果：全省交通干线基本统计分析成果、21 个市州的交通干线基本统计分析成果、183 个县(市、区)的基本统计分析成果、183 个县(市、区)的交通优势度评价成果、183 个县(市、区)的交通与经济、人口的空间关联评价成果、四川省交通干线专题统计分析图集、四川省交通干线专题统计分析报告。

3. 四川省交通干线综合信息服务平台

利用四川省交通干线数据库、专题统计分析成果及行业专题数据，建设四川省交通干线综合信息服务平台，实现四川省交通干线的可视化服务。服务平台基于天地图开发，通过调用天地图的地图服务，实现基础性交通干线信息展示、专题性交通干线信息展示、交通干线统计分析成果展示三大功能(图 9-19)。服务平台可以有效管理全省交通数据，为政府、部门、公众提供交通干线可视化服务，服务我省交通事业发展。

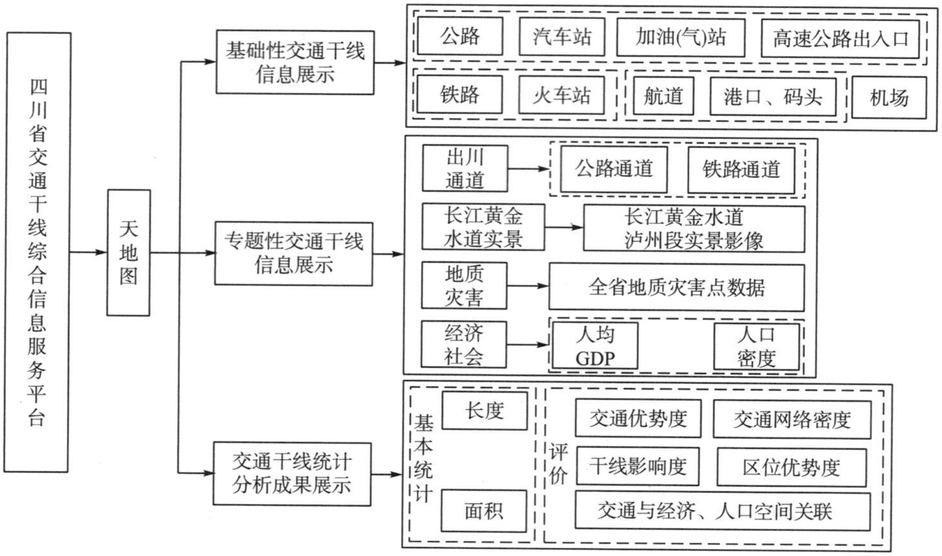

图 9-19 四川省交通干线综合信息服务平台

1) 基础性交通干线信息展示

基础性交通干线信息展示内容包括公路、铁路、航道、航空四个方面的交通干线基础信息。公路信息展示内容为全省公路及高速公路出入口、加油(气)站、汽车站等公路附属设施，铁路信息展示内容为全省铁路及火车站等铁路附属设施，航道信息展示内容为全省航道及港口、码头等航道附属设施，航空信息展示内容为全省机场数据。

2) 专题性交通干线信息展示

专题性交通干线信息展示内容包括出川通道、长江黄金水道实景、地质灾害、社会经济四个方面的交通干线专题信息。出川通道展示内容为出川的高速公路通道与铁路通道，长江黄金水道实景展示内容为长江黄金水道泸州段实景影像，地质灾害展示内容为全省地质灾害点，社会经济数据展示内容为县域人口密度与人均 GDP 等专题数据。

3) 交通干线统计分析成果展示

交通干线统计分析成果展示内容包括各区域(县、市、区)、各类型(公路、铁路、航道、航空)的交通干线统计分析成果。展示的交通干线统计分析成果包括交通干线长度、面积、县域交通网络密度、县域交通干线影响度、县域区位优势度、县域交通优势度、县域交通-经济空间关联性、县域交通-人口空间关联性。

9.3.2.2 监测方法

基于四川省第一次全国地理国情普查数据集建设成果，提取四川省公路、铁路、航道和航空四种交通干线数据，采集长江黄金水道泸州段的实景数据；以行政区为单元统计全省、21 个市州、183 个县(市、区)不同类型交通干线的长度、面积以及空间分布现状；基于交通干线数据，开展全省 183 个县(市、区)的交通优势度评价；结合全省经济、人口统计数据，分析四川省交通与经济、人口的空间关联性；结合《四川省十二五综合交通建设规划》，对四川省“十二五”期间部分交通建设进展进行评估；建设四川省交通干线综合信息服务平台，提供基础性交通干线信息、专题性交通干线信息、交通干线统计分析成果的可视化展示服务；制作四川省交通干线专题统计分析图集，编写四川省交通干线专题统计分析报告。总体技术路线如图 9-20。

9.3.3 监测结果与分析

9.3.3.1 监测结果

1. 交通优势度

交通优势度用来定量衡量区域的综合交通运输能力，主要通过交通网络密度、交通干线影响度、区位优势度三个指标综合来计算。交通网络密度用来衡量区域内单位面积国土上的交通干线长度，其数值越大表明区域交通基础设施的建设情况越好。交通干线影响度用来表达区域内部拥有的高速公路出入口、国道、省道、火车站、机场、港口等公共交通设施的综合情况，其数值越大表明区域的综合交通运输力越强。区位优势度用来衡量区域在地理位置上的优势，采用区域到中心城市的交通距离来度量，其数值越大表明区域的地理位置越好。为了统一单位，将交通网络密度、交通干线影响度、区位优势度均进行归一化处理。

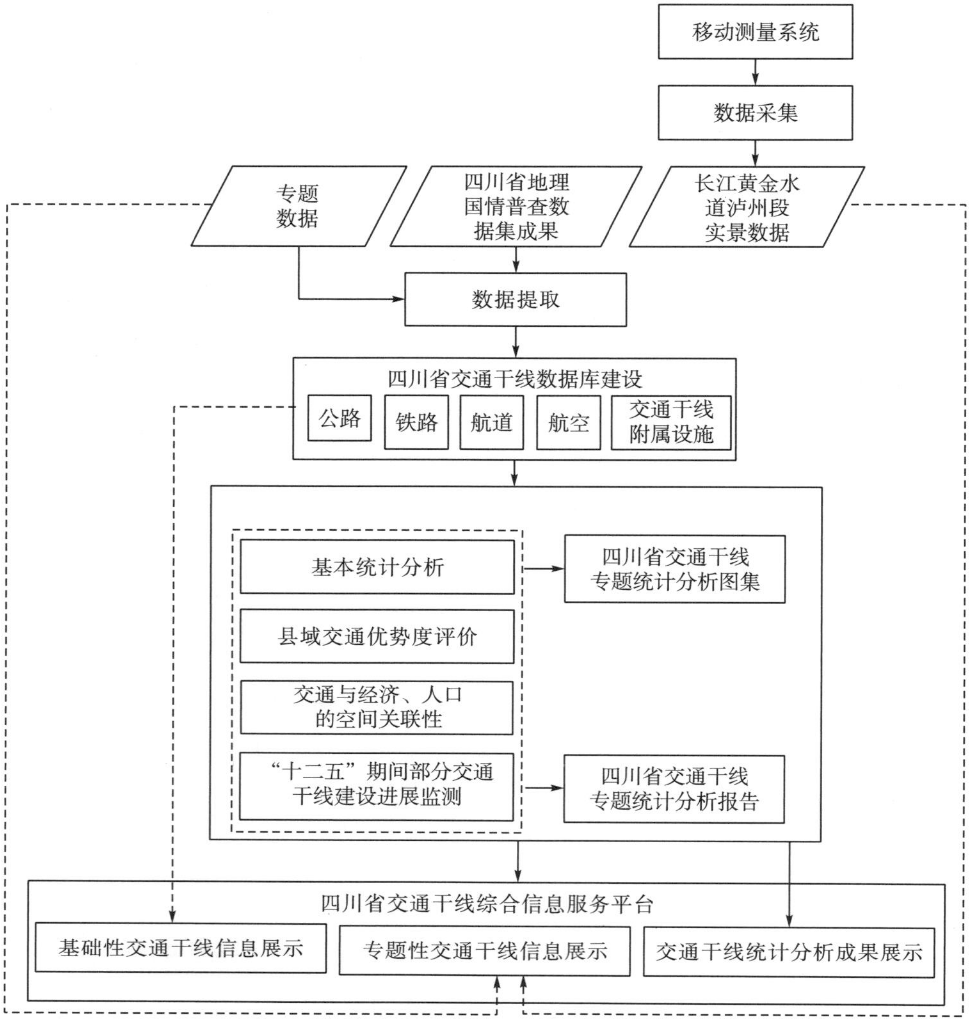

图 9-20　四川省交通干线专题统计分析技术路线图

图 9-21 是我省各县域归一化交通网络密度、归一化交通干线影响度、归一化区位优势度、交通优势度的空间分级图。

从图 9-21(a)中可以看出：四川省西部区域的交通网络密度均较小，东部区域的交通网络密度整体大于西部区域的交通网络密度。成都市所在县域的交通网络密度较大，成都市周边县域及宜宾、泸州两市部分县域的交通网络密度次之，紧接着是川东北的广元、巴中、达州等市所属县域、凉山州雅西高速沿线县域的交通网络密度，川西的阿坝州、甘孜州的各县交通网络密度较小。成都市区交通网络密集，道路等级较高，因此交通网络密度较大。交通网络以成都市为中心，向四周发散，所以成都市周边区域的交通网络密度也较大；宜宾、泸州两市是成渝经济区的重要城市，交通基础设施的建设情况较好，两市的交通网络密度也较大；川西区域虽然实现了公路覆盖，但公路的级别较低，且较少有高速公路，所以川西各县域的交通网络密度均较低。

从图 9-21(b) 中可以看出：交通干线影响度较大的区域集中在成都城市群的成都市、眉山市、资阳市，川南城市群的宜宾市、泸州市，川东北城市群的达州市、巴中市、广元市，攀西城市群的攀枝花市，凉山州的成昆铁路沿线区域。这些区域的公路及铁路网络发达，且部分区域还拥有长江黄金水道优势，所以区域的交通干线影响度较大。川西区域虽然高速公路较少，但是国道、省道较为发达，且阿坝、甘孜两州均有高原机场，所以部分川西县域的交通干线影响度也较大。

从图 9-21(c) 中可以看出：区域的区位优势度与区域到成都市的距离呈反比，即区域到成都市的距离越近，则对应区域优势度的数值越大，反之则越小。成都经济区中所属县域的区位优势度较大，其次是川东北经济区、川南经济区及川西北经济区中的东部区域，最后是攀西经济区及川西北经济区中的西部区域。

从图 9-21(d) 中可以看出：成都市所辖县域的交通优势度最大，其次是成都市周边的眉山市、德阳市、资阳市及川南城市群的宜宾市、泸州市。成都市及周边区域的交通优势度较大，是由成都市的政治经济中心地位决定的。成都市的公路、铁路、机场均较其他区域有着显著的优势。宜宾市、泸州市作为成渝经济区的重要组成城市，区域的交通基础设施建设良好，高速公路通车里程与铁路营业里程均较长，且两市均有民航飞机场，且位于长江黄金水道沿岸，区域的交通优势度也较大。

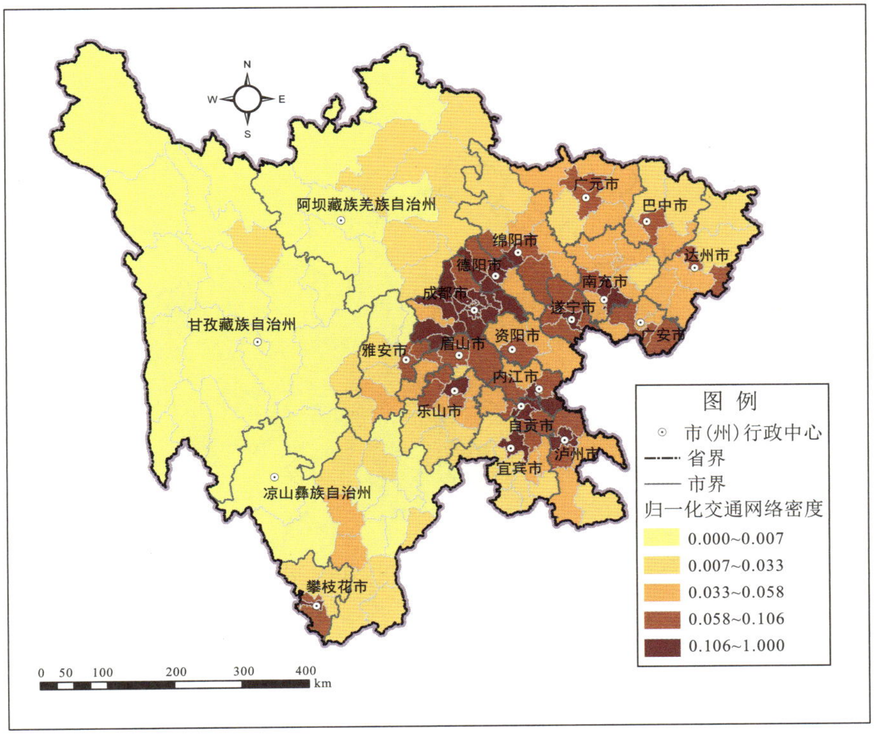

(a) 归一化交通网络密度图

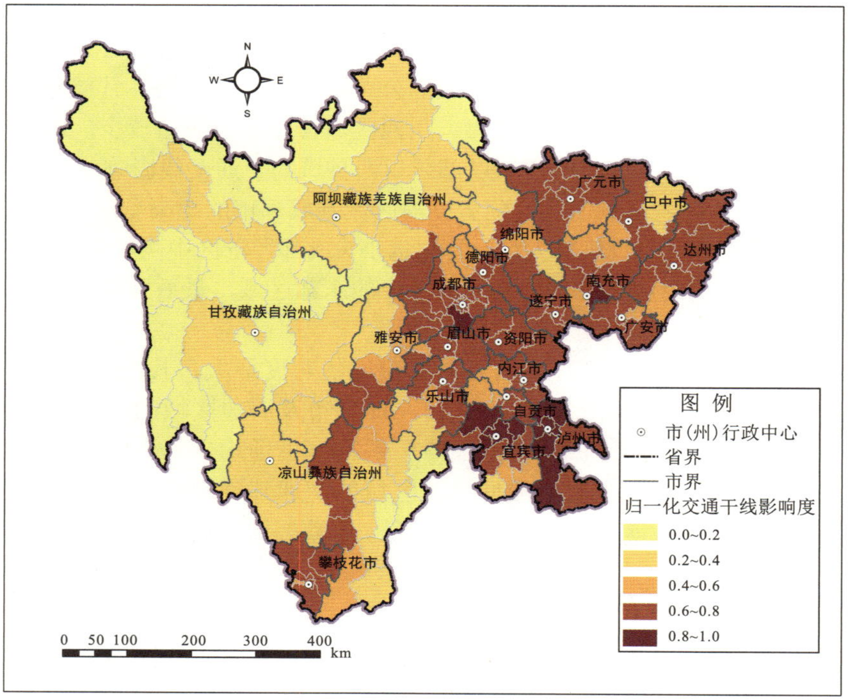

(b) 归一化交通干线影响度

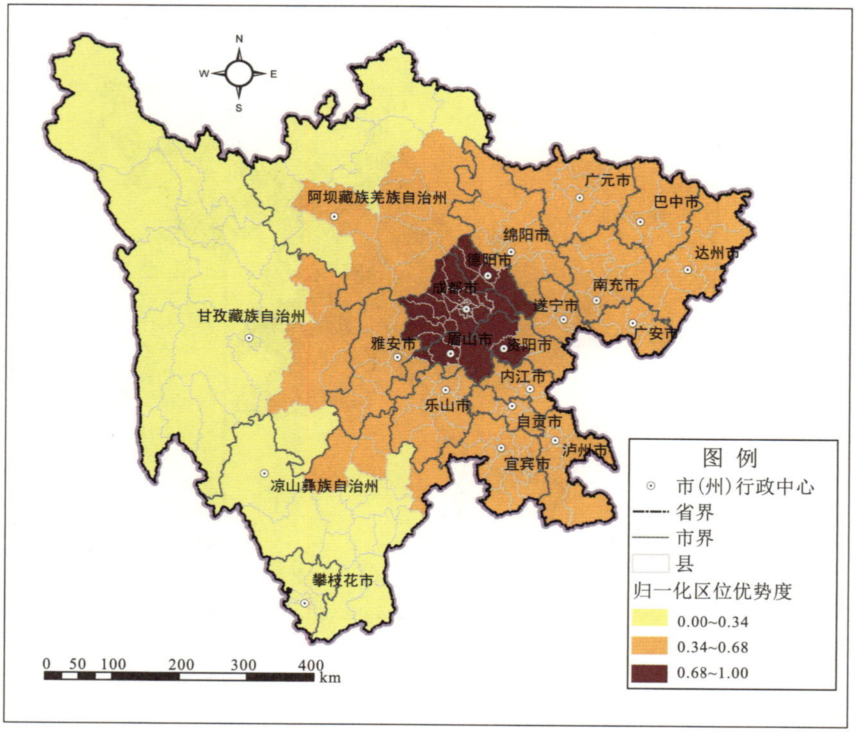

(c) 归一化区位优势度

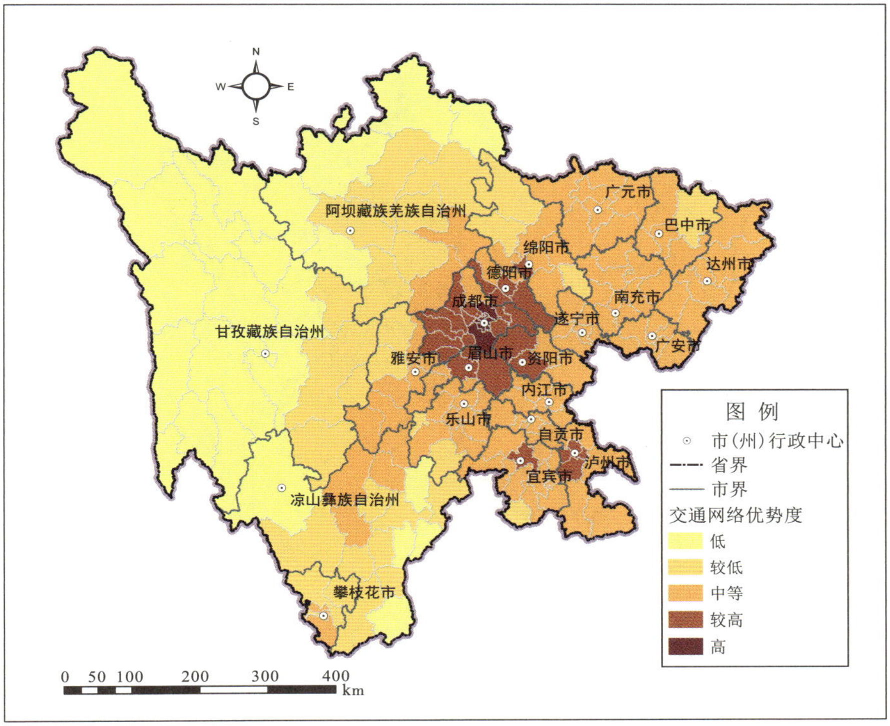

(d) 交通优势度

图 9-21　交通优势度各指标分级评级图

2. 交通与经济空间关联性

随着四川省三大发展战略的实施，四川省经济实现了跨越式发展。2014 年，全省 GDP 达到 28807.1 亿元，县域平均 GDP 为 157.4 亿元。全省 GDP 大于 200 亿元的县域个数为 51，比重为 27.9%。

四川省区域 GDP 及区域人均 GDP 的空间分布如图 9-22 所示。

从图 9-22 中可以看出：成都市及周边城市的区域 GDP 最高，宜宾和泸州两市所属部分县域的 GDP 较高，绵阳市的 GDP 也较高。成都市及周边城市的人均 GDP 最高，攀西城市群下各个县域的人均 GDP 较高。这是因为成都市作为四川省的经济中心，经济实力雄厚，且能带动周边城市的经济发展，所以无论是区域 GDP 还是人均 GDP 均是最高，攀西城市群的工业化程度较高，且人口密度较低，因此人均 GDP 较高。

3. 交通与人口空间关联性

四川省是一个人口大省。截至 2014 年底，四川省的常住人口总数为 8140.22 万人(数据来源自 2015 年四川省统计年鉴)，人口密度达到 167.49 人/km^2。全省 100 万人口以上的县域有 12 个，占全省县域的 6.6%。图 9-23 是四川省的人口与人口密度空间分布图。

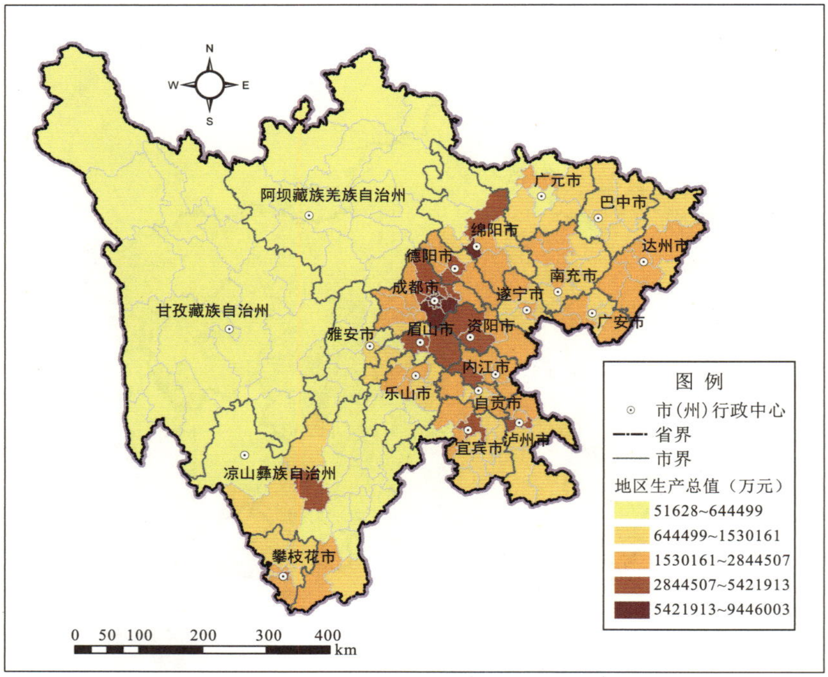

(a)四川省区域 GDP 值

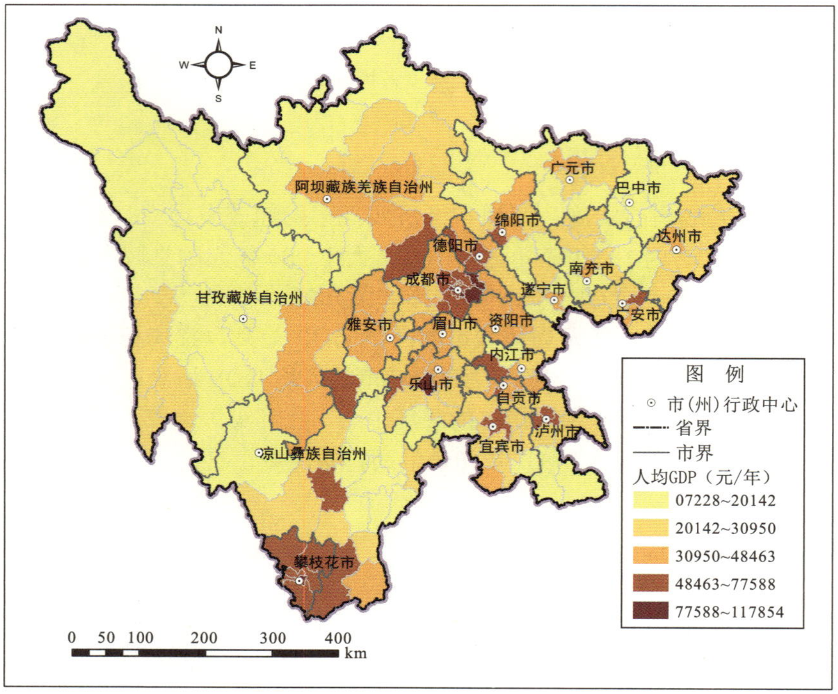

(b)四川省人均 GDP

图 9-22 四川省区域 GDP 与人均 GDP 的空间分布图

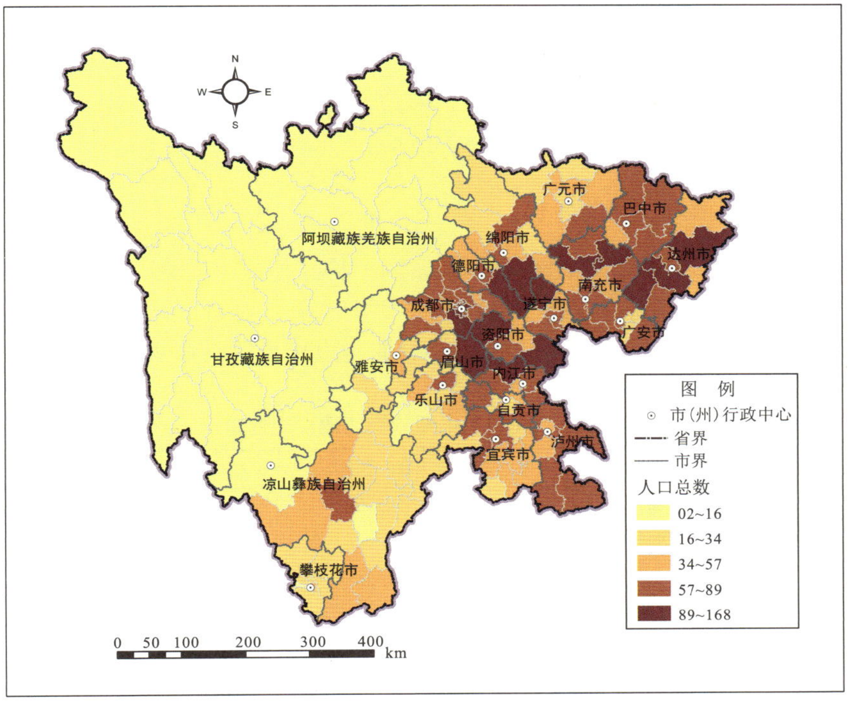

(a) 四川省区域人口总数(单位：万人)

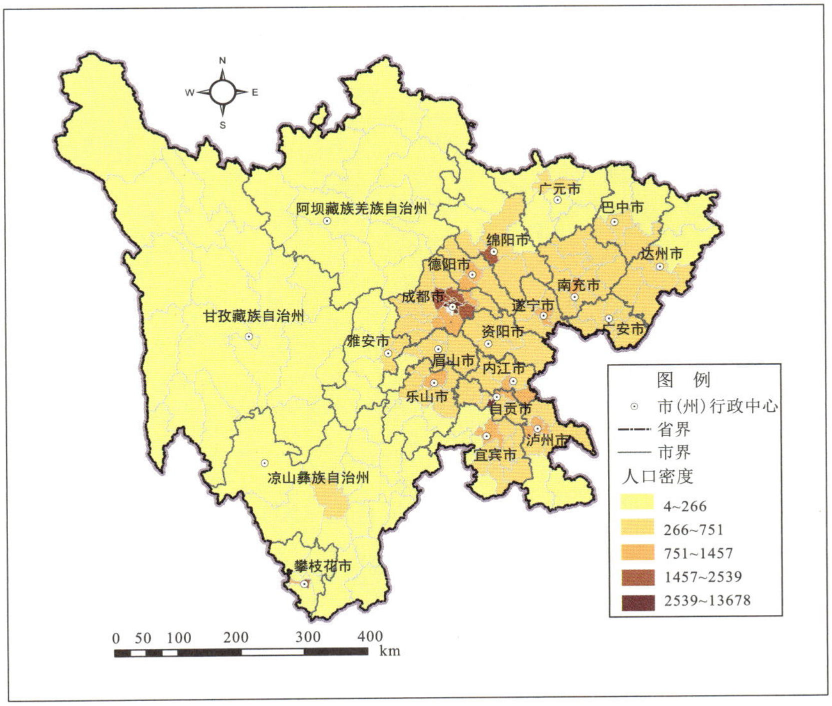

(b) 四川省人口密度(人/平方千米)

图 9-23 四川省人口与人口密度的空间分布图

从图 9-23 中可以看出：四川省人口分布不均衡。人口主要集中在四川东部区域，四川西部区域幅员辽阔，但是人口较少。四川省 92%的人口分布在 40%的东部区域中。在四川东部区域，人口又集中分布在成都平原城市群、川东北城市群与川南城市群。成都城市群、川东北城市群、川南城市群的人口密度较大，攀西城市群的人口密度相对较小。

4. “十二五”部分交通建设进展分析

交通运输是国民经济和社会发展的重要基础。为了构建便捷、安全、经济、高效的综合交通运输体系，“十二五”期间，四川省发布了《四川省“十二五”综合交通建设规划》（以下简称“规划”）。“规划”中对公路、铁路、航道、航空等交通建设作出的具体规划如表 9-6。

表 9-6 “规划”中部分交通建设规划情况

交通类型	指标	2010 年底	2015 年底	五年增长率/%
公路	高速公路里程	2681km	6350km	136.9
	铁路营业里程	3549km	6000km	69.1
铁路	快速铁路里程	740km	2940km	297.3
	铁路复线率	33%	60%	81.8
航道	内河三级以上高等级黄金水道里程	228km	544km	138.6
航空	民航机场数	11 个	14 个	27.3

结合本项目中交通干线统计分析结果，截至 2015 年 6 月 30 日，“规划”的完成情况如表 9-7。

表 9-7 “规划”完成情况表

交通类型	指标	规划目标	2015 年 6 月 30 日实际情况	完成情况
公路	高速公路里程	6350 km	5505.61 km	87%
	铁路营业里程	6000 km	3876.36 km	65%
铁路	快速铁路里程	2940 km	1743.74 km	59%
	铁路复线率	60%	43%	还差 17%
航道	内河三级以上高等级黄金水道里程	544 km	381.65 km	70%
航空	民航机场数	14 个	13 个	93%

1) 公路

截至 2015 年 6 月 30 日，全省高速公路的通车里程为 5505.61 km，少于 2015 年底规划的通车里程 6350 km，差值为 844.39 km，完成比例为 87%。与 2010 年高速公路通车里程相比，增长率为 105.4%。随着 2015 年 12 月底，成都第二绕城高速东段、遂广高速公路广安至遂宁段、巴(中)广(安)渝(重庆)高速公路广安至南充段、遂宁至西充高速公路、宜叙路宜宾至长宁段等高速公路的相继通车，“规划”中公路的通车里程目标应能够实现。

“规划”中还指出要形成 18 条进出川高速公路大通道。当前，已经建成 17 条进出川大通道，其中作为快速进出川高速公路大通道的成都经安岳到重庆的成安渝高速还在建设中。

2) 铁路

截至2015年6月30日，全省铁路营业里程为3876.36 km，其中单线铁路营业里程2225.72 km，复线铁路1650.64 km，复线率为42.6%。快速铁路营业里程(运行速度大于160 km/h) 1743.74 km，普通铁路营业里程2132.62 km，快速铁路的占比为45%。与2015年铁路规划数据相比，铁路营业里程差值为2123.64 km，快速铁路里程差值为1196.26 km，铁路复线率差值为17%。然而，随着成渝客专西段和兰渝铁路重庆至广元段(2015年12月30日通车)的通车，铁路各项指标会较为接近“规划”的指标。

“规划”中还指出要力争形成11条进出川铁路大通道。当前，已经建成的铁路大通道有7条，正在建设的有7条(其中成渝客专2015年底通车；兰渝铁路重庆至广元段2015年底通车)。

3) 航道

全省航道里程为3728.75 km，其中Ⅲ级航道里程为381.65 km，Ⅳ级航道里程为887.84 km。与2015年Ⅲ级航道里程规划数据相比，航道里程少了162.35 km。其中规划中要建成乐山至宜宾的三级航道162 km，这部分工作尚未完成，乐山至宜宾的航道级别尚属于Ⅳ级航道。

4) 航空

全省共有通航民用机场13个(不包括民航飞行学院训练机场)，全省机场直接通航城市达到171个，其中国外城市38个。与2015年的规划航空数据相比，机场数少了1个，通航城市已经超过108个，国际航线已经超过22条。

9.3.3.2 结论与建议

1. 结论

1) 四川省现代化综合交通运输体系建设成效显著

“十二五”是四川省综合交通运输快速发展的时期，公路、铁路、水运、航空均取得长足进步。四川省已经建成高速公路总里程5505.61 km(2015年底，高速公路里程为6020 km)，比“十一五”末的高速公路里程(2681 km)增加了105.4%，覆盖了四川省20个市州和120个县；铁路营业里程为3876.36 km，比“十一五”末的铁路营业里程(3549 km)增加了9.2%，覆盖了四川省的19个市州和94个县；航道覆盖了我省的18个市、75个县，Ⅲ级航道里程达到381.65 km，比“十一五”末的Ⅲ级航道里程(228 km)增加了67.4%；民航机场数达到13个，比“十一五”末的民航机场数(11个)增加了27.3%。对内，省内城市间的交通网络不断丰富，城市间的交通联系不断增强；对外，进出川大通道建设不断加强，运输能力持续增强，与省外邻接城市的交通通达性越来越好。

2) 进出川大通道建设成效显著

“十二五”期间，四川省进出川高速公路大通道与铁路大通道建设飞速发展，当前已建成17条高速公路大通道和7条铁路大通道(图9-24)，开创了大道出川蜀道不难的全新局面。

3) 四川省“十二五”综合交通建设规划落实情况总体良好，铁路、航道建设下半年面临较大压力

与“十一五”末的交通各项指标相比，“十二五”期间公路、铁路、航道、航空建设进展明显，总体建设情况良好。依据《四川省“十二五”综合交通建设规划》中的建设目标，公路、航空建设基本达到建设目标，下半年面临的建设压力较小，其中公路通车里程数已经完成规划里程的87%，随着2015年下半年第二绕城高速、广陕广巴高速公路连接线、遂广高速公路广安至遂

宁段、巴(中)广(安)渝(重庆)高速公路广安至南充段、遂宁至西充高速公路、宜叙路宜宾至长宁段的高速等的建设完工，规划里程将得到圆满完成；四川省已建成民用通航机场 13 个，完成规划目标的 93%，加上遂宁市作为飞行学院训练基地的南坝机场，则规划目标完成 100%。铁路、航道则与建设目标存在一定差距，下半年面临的建设压力较大。铁路通车里程完成规划目标的 65%，快速铁路里程完成规划目标的 59%，铁路复线率还差 17%，铁路建设在 2015 年下半年面临的压力较大。航道建设中Ⅲ级以上高等级黄金水道里程完成规划的 73%，2015 年下半年航道建设面临的压力也较大。

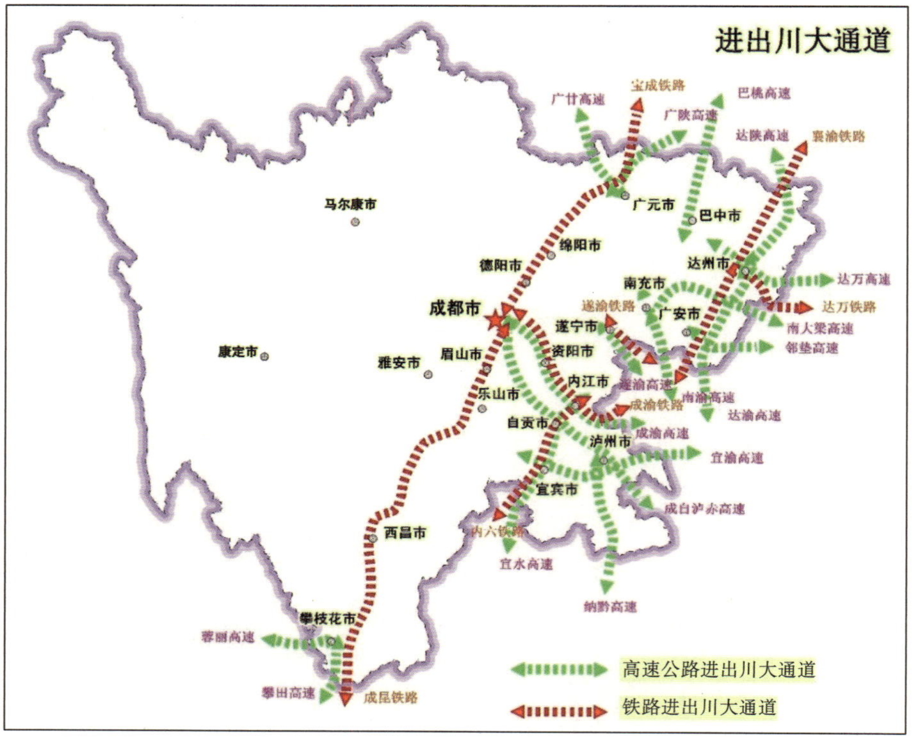

图 9-24　四川省进出川大通道图

4）综合交通建设空间聚集效应明显

四川省综合交通建设空间聚集效应显著，具体呈现以下两大空间聚集特点：其一，综合交通建设总体呈现西部较差，东部较好的空间分布特点，这是由川西为高原区域、川东为盆地区域这种地理位置决定的。川西区域人口稀疏，且交通建设成本较高；川东区域人口稠密，交通建设成本相对较低。其二，在东部区域，综合交通建设出现两个中心。一个以成都市为中心，成都市周边区域的交通优势度与其距离成都的距离呈反比，成都经济区交通优势度次之，然后是川东北经济区、川南经济区，最后是攀西经济区。另一个以宜宾市、泸州市为中心，宜宾市和泸州市位于成渝经济区中，距离重庆市距离较近，且有长江黄金水道过境，水运优势明显，因而形成另一个综合交通建设的聚集中心。

5) 区域交通优势度与区域人口密度、人均GDP之间存在正相关性，但也存在饱和值

区域交通建设能缓解区域人口密度增大带来的交通压力，促进区域GDP总量的增长。当区域面临人口密度的压力时，便会加快综合交通建设以缓解由于人口增长带来的交通压力，区域交通优势度会得到提升；当区域人均GDP增大时，便会增大交通建设投入力度以带动区域GDP增长，区域交通优势度得到提升。因此，区域交通优势度与区域人口密度、人均GDP之间呈现正相关关系，即当人口密度和人均GDP增大时，对应区域的交通优势度也会变大。但区域交通优势度存在饱和值，达到饱和值之后，区域交通优势度会达到稳定，不再随人口密度及人均GDP的变化而变化。这是因为区域的交通用地存在上限，交通建设会达到饱和。

6) 电动汽车加电站在四川省开始出现，但总体规模较小

电动汽车可以实现绿色出行，有利于保护环境。近年来，四川省不断重视新能源汽车产业的发展，持续推动电动汽车产业结构优化升级。2015年四川省政府通过了《新能源汽车产业发展规划(2015—2020)》。其中要求：以泸州市和成都市为先导，其他多个城市为重点，推广应用新能源汽车，鼓励社会资本参与建设、运营充换电基础设施。四川省已有3个加电站，实现了零的突破，但总体规模还较小，处于萌芽阶段。电动汽车的配套交通设施如充电站、充电桩的建设有待加强。

2. 建议

1) 持续加强四川省交通干线建设，形成覆盖面更广、密度更大的交通网络

四川省高速公路通车里程与铁路营业里程均取得大幅增长，但公路、铁路的覆盖面还较窄。甘孜州、阿坝州的大部分区域均没有开通高速公路，四川省还有63个县域尚未开通高速公路，甘孜州、阿坝州、雅安市的大部分区域均没有开通铁路，四川省还有89个县域还未开通铁路。部分市州虽有铁路，但铁路线路单一、路网稀疏。市州之间的连接铁路也少，相邻的乐山和宜宾、自贡和泸州、宜宾和泸州等，并没有实现铁路通达。为此，四川省要持续加强交通干线建设，提高交通干线密度、人均拥有量，形成覆盖面更广、密度更细的交通网络。

2) 加强西向进出川大通道建设，扩大北向进出川大通道，突出南向进出川大通道，强化东向进出川大通道

重点建设川藏、川青之间的公路及铁路通道，连接西藏、青海，改善四川省与西北地区的交通联系，带动少数民族地区经济社会快速发展。大力推进川青高速马尔康至久治段、雅安至康定、汶川至马尔康等高速公路与成兰铁路、川藏线成都至康定段、康定至拉萨段等铁路线路的建设，畅通四川省的西向进出川大通道。加快建成西成客专、成兰铁路，进一步扩大四川省的北向进出川大通道，提升成都—西安—环渤海地区公路通道运输能力，对接第一欧亚大陆桥运输大通道。加快建设成贵客专、成昆铁路复线、攀枝花至大理高速、宜宾至彝良高速、宜宾至威信高速、宜宾经古蔺至习水高速，进一步突出四川省的南向进出川大通道，对接泛亚公路以及孟中印缅等通道，开辟西南出海大通道。新建泸州至荣昌、资阳至潼南、成都经安岳至重庆、巴中经广安至重庆等高速公路，强化东向进出川大通道，加速构建长江上游综合立体交通走廊。

3) 积极推进成渝经济区城际铁路建设，加强城市群之间的互联互通

积极推动绵(阳)遂(宁)内(江)宜(宾)铁路、达(州)渝城际铁路、成都—新机场—自贡—泸州城际铁路(简称成自泸城际铁路)的成都—新机场段与自贡—泸州段、川南城际铁路(内江至自贡至泸

州、自贡至宜宾)、内(江)泸(州)城际铁路建设(图 9-25)，加强川东北城市群、成都城市群、川南城市群之间的联系，实现成都城市群、川南城市群内各城市之间的互联互通。川南城际铁路全面建成后，川南经济区的重要性和特殊性将会充分体现。川南各城市间的间距短、资源丰富、交通便利，未来将会成为四川经济发展的新增长极。

4) 同步推进长江经济带综合立体交通走廊建设与长江经济带生态安全屏障保护

四川省要充分依托长江黄金水道，合理布局港口，提升长江航道等级，统筹铁路、公路、航空、航道建设，加快长江上游综合立体交通运输体系和综合交通枢纽的建设。但在长江经济带建设的过程，要“共抓大保护，不搞大开发”。在长江经济带综合立体交通走廊的打造过程中，坚持生态建设与交通走廊建设并举，保护长江中上游的生态安全屏障，促进交通建设与环境保护的协调发展。

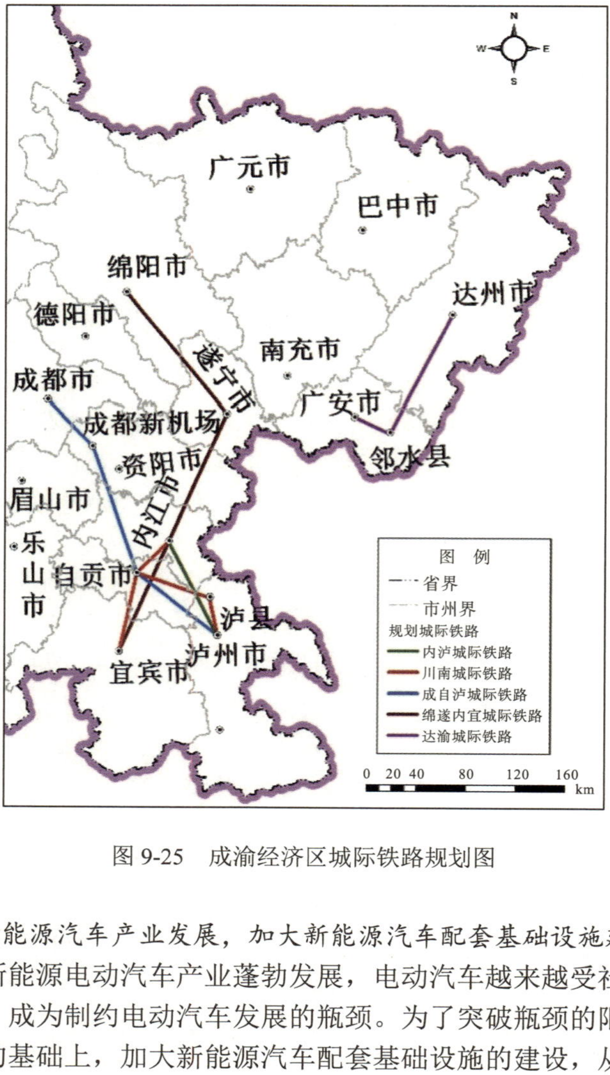

图 9-25　成渝经济区城际铁路规划图

5) 大力推动四川省新能源汽车产业发展，加大新能源汽车配套基础设施建设

近年来，四川省的新能源电动汽车产业蓬勃发展，电动汽车越来越受社会大众的青睐。但四川省目前充电站数量较少，成为制约电动汽车发展的瓶颈。为了突破瓶颈的限制，四川省要在不断优化新能源汽车产业结构的基础上，加大新能源汽车配套基础设施的建设，从而不断促进四川省新能源汽车规模的增大。

第10章 工 作 展 望

目前，四川省第一次全国地理国情普查和“十二五”期间的四川省地理省情监测任务已顺利完成，下阶段应根据四川省社会经济发展关注的重点，以地理省情监测服务为落脚点，构建四川省地理省情监测服务体系，面向政府定期开展重点省情要素监测，发布监测信息，为制定和实施四川省重大发展战略以及支撑政府科学决策提供地理省情。由于地理国情监测技术体系复杂，涉及领域广泛，为了做好今后的常态化地理国情监测工作，应进一步建设技术标准和运维机制，调整监测队伍结构、完善信息化测绘生产体系、创新监测成果应用服务模式。

一是加强技术标准与运维机制建设。在测绘与地理信息标准体系框架下，基于地理国(省)情普查与监测的数据特征，结合四川省实际，制定相应的数据规定、服务规定、应用规定、共享规定等，为四川省地理省情服务体系建设奠定统一的技术标准。开展平台管理、运行维护、共建共享等方面机制的研究，形成四川省地理省情服务体系运维机制。

二是进一步优化人才结构。构建以测绘学科与人文、自然、经济、资源等多学科相融合的人才结构，培养既懂测绘技术又懂规划建设、生态保护、资源管理、经济地理等知识的复合型人才。通过多学科知识的交叉与融合，形成“1+1＞2”的整体合力。

三是完善信息化测绘生产体系。打破传统测绘作业生产体系，以“及时、准确、客观”为原则，构建按需监测、共建共享的新型测绘作业生产体系，加快推进空间地理信息数据的深度融合。

四是创新数据应用服务模式。空间地理信息数据是各级党委政府决策的科学依据，必须深挖地理国情监测的应用属性，特别是要在生态文明建设和自然资源监管中发挥突出作用，以服务应用促进地理国情监测良性发展。

地理国情监测是一项长期的系统工程，还需要加大对科技的投入，完善技术体系等工作。相信经过不断的努力，常态化地理国情监测将可更好地满足国民经济建设与社会可持续发展的重大需求。

主要参考文献

蔡安宁，梁进社，李雪，2013. 江苏县域交通优势度的空间格局研究[J]. 长江流域资源与环境，22(2)：129-135.

蔡强国，刘纪根，2003. 关于我国土壤侵蚀模型研究进展[J]. 地理科学进展，22(3)：242-250.

陈继溢，许彪，张力，等，2015. 采用最优生成树的正射影像镶嵌线快速智能检测[J]. 测绘学报，44(10)：1125-1131.

陈俊勇，2012. 地理国情监测的学习札记[J]. 测绘学报(5)：633-635.

陈志鹏，2003. 基于纹理特征的差值变化检测方法研究[D]. 中国科学院电子学研究所.

程兰，吴志峰，魏建兵，等，2009. 城镇建设用地扩展类型的空间识别及其意义[J]. 生态学杂志，28(12)：2593-2599.

程滔，周旭，刘若梅，2013. 面向地理国情监测的地表覆盖信息提取方法[J]. 测绘通报(8)：84-86.

程钰，刘雷，任建兰，等，2013. 县域综合交通可达性与经济发展水平测度及空间格局研究——对山东省 91 个县域的定量分析[J]. 地理科学，33(9)：1058-1065.

崔鹏，韦方强，陈晓清，等，2008. 汶川地震次生山地灾害及其减灾对策[J]. 中国科学院院刊，23(4)：317-323.

邓湘金，2003. 基于模式识别知识的遥感图像变化检测研究[D]. 中国科学院电子学研究所.

董君明，1992. 浅谈植被在生态系统中的作用[J]. 生物学通报(6)，18-19.

范兰，吕昌河，陈朝，2012. EPIC 模型及其应用[J]. 地理科学进展，31(5)：584-592.

傅伯杰，1995. 景观多样性分析及其制图研究[J]. 生态学报(4)：345-350.

傅娟，2012. 基于 GIS 的新疆经济重心、人口重心与消费重心的空间迁移研究[D]. 新疆财经大学.

郭文娟，2010. 遥感影像数据融合方法及效果评价研究[D]. 河南大学.

郭垚，狝雯，2012. 区域规划评估理论与方法研究进展[J]. 地理科学进展，31(6)：768-776.

国家发展和改革委员会，2009. 珠江三角洲地区改革发展规划纲要（2008—2020 年）[Z].

国家发展和改革委员会，2010. 长江三角洲地区区域规划[Z].

国家环境保护部，2006. 生态环境状况评价技术规范（试行）（HJ/T192—2006）[S]. 北京：中国环境科学出版社.

国家环境保护部，2015. 生态环境状况评价技术规范（HJ/T192—2015）[S]. 北京：中国环境科学出版社.

何春阳，陈晋，陈云浩，等，2001. 土地利用/覆盖变化混合动态监测方法研究[J]. 自然资源学报，16(3)：255-262.

何宗友，区永洪，2016. 地理国情普查中的遥感影像融合算法分析[J]. 测绘通报(6)：79-81.

贾永红，2003. 数字图像处理[M]. 武汉：武汉大学出版社.

贾永红，李德仁，孙家炳，2000. 多源遥感影像数据融合[J]. 遥感应用与技术，15(1)：41-44.

江山，2014. “联盟”号发射“哨兵”1A 卫星[J]. 太空探索(5)：13.

蒋红成，2004. 多幅遥感图像自动裁剪镶嵌与色彩均衡研究[D]. 中国科学院遥感应用研究所.

李德仁，眭海刚，单杰，2012. 论地理国情监测的技术支撑[J]. 武汉大学学报(信息科学版)，37(5)：505-512.

李德仁，王密，潘俊，2006. 光学遥感影像的自动匀光处理与应用. 武汉大学学报(信息科学版)[J]. 31(9)：753-756.

李德仁，王密，潘俊，等，2007. 无缝立体正射影像数据库的概念、原理及其实现[J]. 武汉大学学报(信息科学版)，32(11)：950-954.

李德仁，王树良，李德毅，2013. 空间数据挖掘理论与应用[M]. 北京：科学出版社：22-24.

李德仁，张过，江万寿，等，2006. 缺少控制点的SPOT5 HRS影像RPC模型区域网平差[J]. 武汉大学学报(信息科学版)，31(5)：377-380.

李广斌，王勇，谷人旭，2006. 我国区域规划编制与实施问题研究进展[J]. 地理与地理信息科学，22(6)：48-53.

李江，2005. 城市空间形态的分形维数及应用[J]. 武汉大学学报(工学版)，38(3)：99-103.

李民录，2014. XX9A卫星数据预处理关键技术研究[D]. 中国地质大学.

李明玉，黄焕春，2009. 改革开放以来延吉市城市空间扩展过程与演变趋势研究[J]. 地理科学，29(6)：833-839.

李雪飞，李满春，刘永学，等，2007. 建国以来南京市城市扩展研究[J]. 自然资源学报，22(4)：524-535.

李逸凡，2015. 近32年黄河三角洲景观格局变化研究[D]. 山东农业大学.

廖明生，朱攀，龚健雅，2000. 基于典型相关分析的多元变化检测[J]. 遥感学报，4(3)：197-201.

刘宝元，毕小刚，2010. 北京土壤流失方程[M]. 北京：科学出版社.

刘斌涛，宋春风，史展，等，2010. 西南土石山区土壤流失方程坡度因子修正算法研究[J]. 中国水土保持(8)：49-51.

刘斌涛，宋春风，史展，等，2015. 西南土石山区水平梯田的水土保持措施因子[J]. 中国水土保持(4)：36-39.

刘军，邵振峰，2011. 基于多尺度光谱增益调制的遥感影像融合方法[J]. 测绘学报，40(4):470-476.

刘利凯，袁宗福，2014. 浅谈地理国情普查数据采集[J]. 测绘与空间地理信息(12)：201-204.

刘璐璐，邵全琴，刘纪远，等，2013. 琼江河流域森林生态系统水源涵养能力估算[J]. 生态环境学报(3)：451-457.

刘瑞，朱道林，2010. 基于转移矩阵的土地利用变化信息挖掘方法探讨[J]. 资源科学，32(8)：1544-1550.

刘盛和，吴传钧，沈洪泉，2000. 基于GIS的北京城市土地利用扩展模式[J]. 地理学报，55(4)：407-416.

刘欣，黄贤金，张兴榆，等，2009. 通州市土地利用总体规划偏离度评价[J]. 水土保持通报(6)：87-90.

吕甚悟，陈谦，袁绍良，等，2000. 紫色土坡耕地水土流失试验分析[J]. 山地学报，18(6)：520-525.

马程，2009. 空间聚类研究[J]. 计算机科学与发展，19(4)：24-26.

马娜，刘士林，2015. 区域规划实施效果评估指标体系构建研究[J]. 区域经济评论(4)：20-23.

梅安新，彭望琭，秦其明，等，2001. 遥感导论[M]. 北京：高等教育出版社.

牛俊，张平仓，邢明星，2010. 长江上游紫色土坡耕地水土流失特征及其防治对策[J]. 中国水土保持科学，8(6)：64-68.

潘俊，2008. 自动化的航空影像色彩一致性处理及接缝线网络生成方法研究[D]. 武汉大学.

潘俊，王密，2007. 多尺度的DMC彩色合成影像辐射再处理方法[J]. 武汉大学学报(信息科学版)，32(9)：800-803.

裴彬，潘韬，2010. 土地利用系统动态变化模拟研究进展[J]. 地理科学进展，9：1060-1066.

冉真，王振占，李芸，2014. Diviner红外温度与嫦娥卫星微波探测仪月表亮温的比较分析[J]. 空间科学学报，34(3)：249-261.

茹克亚·萨吾提，阿里木江·卡斯木，玉苏普江·艾麦提，2014. 基于多遥感数据的喀什市1972—2010年城市扩展研究[J]. 冰川冻土，36(3)：732-739.

沈润平，2002. 土地利用遥感监测的关键技术及其应用研究——以江西鄱阳湖地区为例[D]. 浙江大学.

史榕，许惠平，陈华根，2008. 遥感影像数据融合技术及融合质量评价研究[J]. 鲁东大学学报，24(2)：130-134.

史文中，2013. 地理国情监测理论与技术[M]. 北京：科学出版社.

司马文，2015. 2014年世界遥感卫星回顾[J]. 数字通信世界(2)：44-59.

宋春风，陶和平，刘斌涛，等，2012. 长江上游地区土壤可蚀性空间分异特征[J]. 长江流域资源与环境，21(9)：1123-1130.

孙根年，王美红，2008. 内蒙古植被覆盖与土地退化关系及空间结构研究[J]. 干旱区资源与环境， 22(2)：140-144.

孙家抦，2005. 遥感原理与应用[M]. 武汉：武汉大学出版社.

孙明哲，肖生智，2004. 区域公路网合理密度确定方法的讨论[J]. 黑龙江交通科技，27(10)：55-56.

孙威，张有坤，2010. 山西省交通优势度评价[J]. 地理科学进展，29(12)：1562-1569.

孙武，李森，2000. 土地退化评价与监测技术路线的研究[J]. 地理科学，20(1)：92-96.

唐新明，张过，祝小勇，等，2012. 资源三号测绘卫星三线阵成像几何模型构建与精度初步验证[J]. 测绘学报，41(2)：191-198.

唐寅，代数，蒋光毅，等，2010. 重庆市坡耕地植被覆盖与管理因子 C 值计算与分析[J]. 水土保持学报，24(6)：53-59.

汪韬阳，张过，李德仁，等，2014. 资源三号测绘卫星影像平面和立体区域网平差比较[J]. 测绘学报，43(4)：389-395.

王厚军，李小玉，张祖陆，等，2008. 1979—2006 年沈阳市城市空间扩展过程分析[J]. 应用生态学报，19(12)：2673-2679.

王磊，2012. 甘肃省甘谷县地质灾害危险性评价[D]. 中国地质科学院.

王密，潘俊，2004. 一种数字航空影像的匀光方法[J]. 中国图像图形学报，9(6)：744-748.

王密，潘俊，2006. 面向无缝影像数据库应用的一种新的光学遥感影像的色彩平衡方法[J]. 国土资源遥感，4：10-13.

王倩，刘学录，2009. 土地利用动态度的时间分异分析——以甘肃省为例[J]. 安徽农业科学，37(6)：2638-2640.

王淑，王恒山，肖刚，2005. 多源遥感影像融合理论、技术和应用[J]. 微型电脑应用，21(12)：1-5.

王万忠，焦菊英，1996. 中国的土壤侵蚀因子定量评价研究[J]. 水土保持通报，16(5)：1-19.

王永峰，葛亮，孙忠芳，2014. 热点分析在国情监测数据分析中的应用初探[J]. 测绘与空间地理信息，37(6)：85-86

王智均，李德仁，李清泉，2000. 利用小波变换对影像进行融合的研究[J]. 武汉测绘科技大学学报，25(2)：137-142.

王祖伟，秦其明，2002. 多源遥感数据融合及在城市研究中的应用[J]. 测绘通报(3)：22-24.

魏立飞，钟燕飞，张良培，等，2010. 遥感影像融合的自适应变化检测. 遥感学报，14(6)：1196-1211.

翁永玲，田庆久，2003. 遥感数据融合方法分析与评价综述[J]. 遥感信息，3：49-53.

吴炜，沈占锋，李均力，等，2013. 联合概率密度脊提取的影像镶嵌色彩一致性处理方法[J]. 测绘学报，42(2)：247-252.

谢博，唐耀，2015. 欧洲加速推进“哥白尼”计划[J]. 太空探索(6)：36-39.

徐德明，2012. 监测地理国情服务科学发展[J]. 中国测绘(4)：4-5.

徐勇，汤青，樊杰，等，2010. 主体功能区划可利用土地资源指标项及其算法[J]. 地理研究，29(7)：1223-1232.

徐志文，2006. 四川省地质环境状况及地质灾害发育特征研究[J]. 地质与勘探，42(4)：97-102.

杨清华，齐建伟，孙永军，2001. 高分辨率卫星遥感数据在土地利用动态监测中的应用研究[J]. 国土资源遥感，13(4)：20-27.

杨子生，2002. 云南省金沙江流域土壤流失方程研究[J]. 山地学报，20(增刊)：1-9.

佚名，2013. 欧洲全球环境与安全监测计划更名为哥白尼计划[J]. 创新科技(2)：65.

佚名，2014. 欧洲“哨兵-1A”环境监测卫星成功入轨[J]. 卫星与网络(4)：46.

俞天石，颜丹平，许延波，2012. 虹湾东缘雁列式月岭构造带形貌特征与成因模式研究[J]. 地学前缘，19(6)：37-46.

贠敏，张曼倩，2015. 多 GNSS 系统兼容，合作促进共赢——专访全球卫星导航亚洲项目总协调员 Rainer T. Horn[J]. 卫星应用(8)：13-15.

岳桢干，2015. 欧洲 Sentinel-2A 卫星即将大显身手——“哥白尼”对地观测计划简介(中)[J]. 红外，36(9)：35-44.

臧成丽，2012. 基于木桶原理的综合评价方法研究及应用[D]. 成都理工大学.

臧淑英，冯仲科，2008. 资源型城市土地利用/土地覆被变化与景观动态：大庆市案例分析[M]. 北京：科学出版社.

张继贤，2009. 论土地利用与覆盖变化遥感信息提取技术框架[J]. 测绘科学，28(3)：13-16.

张剑清，潘励，王树根，2004. 摄影测量学[M]. 武汉：武汉大学出版社.

张剑清，孙明伟，张祖勋，2009. 基于蚁群算法的正射影像镶嵌线自动选择[J]. 武汉大学学报(信息科学版)，34(6)：675-678.

张静，郭玉芳，2012. 地理国情监测中地表覆盖分类体系研究[J]. 测绘标准化(3)：8-10.

张科利，彭文英，杨红丽，2007. 中国土壤可蚀性值及其估算[J]. 土壤学报，44(1)：7-13.

张力，张继贤，陈向阳，等，2009. 基于有理多项式模型 RFM 的稀少控制 SPOT-5 卫星影像区域网平差[J]. 38(4)：302-310.

张路，廖明生，盛辉，2004. 基于正交变换的多通道遥感影像变化检测[J]. 遥感学报，29(5)：456-460.

张轩瑞，2014. 地理国情监测专题数据分类与可视化研究[D]. 南京工业大学.

张雪峰，2011. 区域性山地环境的地质灾害风险评价研究[D]. 成都理工大学.

章文波，谢云，刘宝元，2003. 中国降雨侵蚀力空间变化特征[J]. 山地学报，21(1)：33-40.

赵景柱，宋瑜，石龙宇，等，2011. 城市空间形态紧凑度模型构建方法研究[J]. 生态学报，31(21)：6338-6343.

郑新奇，王爱萍，2000. 基于 RS 与 GIS 的区域生态环境质量综合评价研究——以山东省为例[J]. 环境科学学报，20(4)：489-493.

朱永超，任志远，2012. 基于 GIS 和景观生态学的西部地区城镇建设用地扩展研究——以宝鸡市中心城区为例[J]. 干旱区资源与环境，26(4)：67-72.

Chen J，Gong P，He C，et al，2003. Land-use/land-cover change detection using improved change-vector analysis[J]. Photogrammetric Engineering and Remote Sensing，69(4)：369-379.

Elvidge C，Yuan D，Weerackoon R，et al，1995. Relative radiometric normalization of Landsat multispectral scanner (MSS) data using an automatic scattergram-controlled regression[J]. Photogrammetric Engineering and Remote Sensing，61(10)：1255-1260.

Fung T，Ledrew E F，1988. The determination of optimal threshold levels for change detection using various accuracy indices[J]. Photogrammetric Engineering and Remote Sensing，54(10)：1449-1454.

Miller L D，Nualchawee K，Tom C，1978. Analysis of dynamics of shifting cultivation in the tropic forest of northern Thailand using landscape modeling and classification of Landsat imagery[J]. NASA Goddard Space Flight Center，Technical Memorandum No. 79545，Grenbelt，MD.

Nelson R F，1983. Detecting forest canopy change due to insect activity using Landsat MSS[J]. Photogramm. eng. remote Sens. ，49(9)：1303-1314.

Nielsen A A，Conradsen K，Simpson J J，1997. Multivariate alteration detection (MAD) and MAF postprocessing in multispectral，bitemporal image data：new approaches to change detection studies[J]. Remote Sensing of Environment，64(1)：1-19.

Over M，Schottker B，Braun M，et al，2003. Relative radiometric normalization of multitemporal Landsat data - a comparison of different approaches[C]. IEEE International Geoscience and Remote Sensing Symposium，6：3623-3625.

Over M，Schottker B，Braun M，et al.，2007. Comparative Study of Relative Radiometric NormalizationTechniques for Resourcesat1 LISS III Sensor Images[C]. Proceedings of the International Conference on Computational Intelligence and Multimedia Applications (ICCIMA 2007)，3：233-239.

Pudale S R，Bhosle U V，2007. Comparative study of relative radiometric normalization techniques for Resourcesat1 LISS III sensor images[C]. Proceedings of the International Conference on Computational Intelligence and Multimedia Applications，3：233-239.

Radke R J，Andra S，Al-Kofahi O，et al，2003. Image change detection algorithms：a systematic survey[R]. Technical Report，Department of Electrical，Computer and Systems Engineering，Rensselaer Polytechnic Institute，New York，USA.

Tao C V，Hu Y，2001. A comprehensive study of the rational function model for photogrammetric processing[J]. Photogrammetric Engineering and Remote Sensing，67(12)：1347-1357.

Teillet P M，Slater P N，Ding Y，et al，1990. Three methods for the absolute calibration of the NOAA AVHRR sensors in-flight[J]. Remote Sensing of Environment，31(2)：105-120.

Todd W J，1977. Urban and regional land use change detected by using Landsat data[J]. U. S. Geological Survey Research Journal，5：529-534.

Yey A G O，Li X，1997. An integrated remote sensing and GIS approach in the monitoring and evaluation of rapid urban growth for sustainable development in the Pearl River Delta，China[J]. International Planning Studies，2(2)：193-210.

Yuan D，Elvidge C D，1996. Comparison of relative radiometric normalization techniques[J]. ISPRS Journal of Photogrammetry and Remote Sensing，51：117-126.